蒋介石 与 张学良

聂茂 厉雷 著

团结出版社

图书在版编目（ＣＩＰ）数据

　　蒋介石与张学良 / 聂茂，厉雷著. -- 北京 ： 团结
出版社，2020.1（2021.5 重印）
　　ISBN 978-7-5126-7335-9

　　Ⅰ．①蒋… Ⅱ．①聂… ②厉… Ⅲ．①蒋介石（
1887-1975）—传记②张学良（1901-2001）—传记 Ⅳ.
①K827=7

　　中国版本图书馆 CIP 数据核字(2019)第 201105 号

出　　版：团结出版社
　　　　　（北京市东城区东皇城根南街 84 号　　邮编：100006）
电　　话：（010）65228880　65244790　（出版社）
　　　　　（010）65238766　85113874　65133603（发行部）
　　　　　（010）65133603（邮购）
网　　址：http://www.tjpress.com
E-mail：zb65244790@vip.163.com
　　　　　tjcbsfxb@163.com（发行部邮购）
经　　销：全国新华书店
印　　装：三河市东方印刷有限公司

开　　本：170mm×240mm　　　16 开
印　　张：24.5
字　　数：388 千字
版　　次：2020 年 1 月　第 1 版
印　　次：2021 年 5 月　第 3 次印刷

书　　号：978-7-5126-7335-9
定　　价：69.00 元

目 录

第二章

崛 起

蒋介石站在孙中山的肩膀上，张学良坐在张作霖的臂弯里。不约而同的崛起，代表着两个极端势力的崛起，背后是芸芸众生的血泪和呐喊。廖仲恺、胡汉民、汪精卫、许崇智如何脱颖而出？蒋介石如何通过孙中山一步步走向顶点？段祺瑞、吴佩孚、曹锟、冯玉祥，他们是枭雄还是英雄？激流中的张学良呢？

第三章

统 一

统一中国是四万万人的梦想，也是蒋介石和张学良的梦想，这个梦想诞生于一个叫宋美龄的女人身上，张学良先人一步成为这个女人的知己，蒋介石却在随后倾其所有打动和拥有了这个女人。他是如何做到的？在张作霖死于皇姑屯后，张学良掌管着当时中国最大最强的军队，面对蒋介石的北伐大军，他为何没动一兵一卒、改旗易帜？

第四章

角　力

102

统一的中国实际上四分五裂，大大小小的军阀仍旧奉行他们的法则。中央还是中央，地方还是地方，冯玉祥、阎锡山、李宗仁、白崇禧、蒋介石，天下还是一锅沸腾的粥，刚刚拜行把子，随后就开战。战事正酣，张学良通电拥蒋、派兵入关，成就了自己，也成就了历史。蒋介石和张学良共同统一了中国，本质上是张学良的统一，但最终还是蒋介石的统一。

第五章

替　罪

133

当张学良挥师入关时，他不会料到他再也回不去东北；当他意气风发以哥俩好的姿态去见蒋介石时，他不会想到他即将失去一切。"九一八"这三个字太重！这是一段血与火的历史的开始。对日军"不抵抗"命令到底是谁下的？当初到底是张学良在替蒋介石顶替耻辱的罪为真，还是现在蒋介石在替张学良顶替历史的罪为实？日本人对于张学良意味着什么？共产党对蒋介石又意味着什么？不管怎么说，蒋介石坑了张学良。

第六章

浮 沉 **175**

九一八事变后，日本人扶持末代皇帝溥仪成立了伪"满洲国"。蒋介石如坐针毡，几次"下野"又归来，天下似乎依然是他的。张学良也心急火燎，集结半个中国的军队与日本人展开热河战役，却因军阀各自为战而以失败告终，从此，他失去了所有政治资本，空留巨头名号，但他仍然信奉蒋介石。

第七章

转 折 **209**

蒋介石与张学良最致命的分歧出现了。蒋介石并非从一开始就反对共产主义，但是，为何后来他会对共产党深恶痛绝？张学良接触共产主义和共产党人，并与周恩来会面，也并非信奉共产主义，只是，他唤醒和坚定了自己的信仰和情感——爱国与爱家。生存还是毁灭，抗日还是"剿匪"，是张学良与蒋介石之间最大的鸿沟，并注定两人会越走越远。

第八章

兵 变   246

西安事变是张学良与蒋介石之间恩怨情仇的转折点,从好言相劝到痛哭陈诉,张学良情真意切,蒋介石无动于衷,张学良只能迈出最后一步。这样做,张学良并没有否定蒋介石,只是否定了蒋介石的政策;他也并不是想毁灭蒋介石,只是想挽救蒋介石,挽救中国和他最后的希望。随后,他心甘情愿负荆请罪,并陪蒋介石返回南京。这一回,似乎是他坑了蒋介石。

第九章

放 逐   298

张学良选择相信蒋介石,高估了他与蒋介石的情分,更高估了蒋介石的气度。作为一名军人,他先后辗转十余个地方,被彻底软禁;而蒋介石毕竟还是念着旧情,加之宋美龄、宋子文等人和张学良的交情,否则,张学良本会命丧黄泉。蒋介石放逐张学良的同时,他也被历史放逐了,历史已经不在他预设的道路上行走,而是在更加辽阔的世界里前进。

第十章

囚　岛　　328

蒋介石失去了他的中国，被自我囚困在一座孤岛上，做一个眺望大陆的失败者；张学良也被更深地囚困在这座孤岛上，成为一个不能说的秘密。蒋介石可以放下许多，但他依然要锁住一个人，直到他郁郁归西，张学良仍然被限制。他们心中都有彼此，也想一笑泯恩仇，可最终还是回不去了。蒋介石死后，张学良送上挽联："关怀之殷，情同骨肉；政见之敌，宛若仇雠。"如此，或者刚刚好吧。

第十一章

后　世　　351

张学良说："我的事情是到36岁，以后就没有了。"历史的张学良先于蒋介石而去，凡人的张学良却于蒋介石之后活了很久，也终于等来了自由，远赴美国，那里有他的红颜知己。他终于可以像普通人一样说话了，可是，很多秘密令他感觉失语。当所有爱恨纠葛已经平息，他和宋美龄也走了，他和蒋介石的故事才算彻底结束。一个时代只留下踉踉跄跄的背影。

引子：人、历史与存在

时间是微妙的东西，历史是微妙的东西，人及其存在更是微妙的。

时间是河流，历史是沉淀，人或者被埋葬很快消失，或者被塑造成雕像成为新的存在。因此，事件本身也需要沉淀，沉淀的过程就是事件成为历史的过程。

当我们回顾20世纪时，历史绕不过很多人，这些人中间肯定包括蒋介石和张学良，即便再过一个世纪，甚至更长的时间也是如此。我们想，蒋介石是不会消逝的，就像张学良不会消逝一样，他们都是历史永恒的坐标，大坐标，无论人们以后怎样称呼与看待他们。

从某种意义上说，蒋介石身上带着"奇迹"，甚至"神话色彩"。在战乱不断、内忧外患的孱弱中国，能从一个顽童，步步为营，走上权力的巅峰，这样的轨迹让人瞠目。

从前，他是"委员长""总统""委座""总司令"，在中国最混乱的时候，他甚至兼任过一百多种职务。后来，人们称他为"独裁者""大资本家""卖国贼""反动派""不抵抗者""失败者"。他到底是怎样的一种存在？

毛泽东在评价自我时说，他一生做了两件事，其中一件就是把蒋介石赶到了台湾。从这一点我们可以看出蒋介石在历史中的分量，仅仅是作为毛泽东的主要对手，作为毛泽东手下的失败者，蒋介石就可以在长长的中国历史中占有

1

一席之地，更不用说在毛泽东建立这个国家之前，他是这个国家的核心，尽管这个核心有着种种阴暗面，但是，他维系中国运转了几十年，风云际会的几十年。

卸下历史的蒋介石，卸下所有一切从前和后来的称谓与冠冕，他只是蒋介石。作为一个人，他有着人性中所有的共同的优缺点，也有着他独特的优缺点。把这样一个人，放在人的意志体系里认识时，便没有了情感色彩，"无赖""小气""忧郁""阴暗""多疑""巧舌如簧""霸道""有大略却无雄才"都可以成为他的性格特征或文化暗语。

从历史人物角度分析，张学良的生命轨迹与蒋介石完全不同。热忱、求新、善良、爱国、忠孝、明理、正义、温文尔雅，甚至有一丝软弱，有浓重的书生意气。在那样的一个时代，中国很多的热血青年都有这些特征，这一切，让他更像一个普通的人。然而，他的出身让他的这些"正常"变成"非正常"。因为，他是张作霖的儿子！

"民国贵公子""东北皇太子""少帅"，这些都是民众自发地敬赠他的称号。

无论是人品还是长相，他都配得上这些称号。

他很幸运，因为长寿；他也不幸，也是因为长寿。虽然，他活着进入21世纪，但是依旧显得很遥远，历史在他身上停留，所以造就了两个张学良。

张学良自己说："我的事情是到36岁，以后就没有了。真是36岁。从21岁到36岁，这就是我的生命。"

他是大军阀，但不是强取豪夺之流；他跟随蒋介石，但不是走卒；他信任共产党，但不信仰共产主义。

他被人们称为"民族英雄"，也有人咒骂他是"逆臣贼子"。也许，"张学良"这三个字的本身，对他来说才是最大的意义。

当我们回顾蒋介石和张学良时，很容易发现两个人的历史是深刻地交织的。

北伐战争、东北易帜、中原大战、九一八事变、西安事变……

他们是那个时期的中国重要的两个男人。

无疑，张学良成就了蒋介石，无论是蒋介石统一中国，还是推卸对日"不抵抗责任"，到他抗日；无论张学良是帮他、怨他，还是扣押他，他们共同制造了那个大历史。

同样也可以讲，是蒋介石成就了张学良，因为张学良最重要的价值和成就都在这个过程中通过蒋介石这个"中介"体现了出来。

他们的生命交织，但是交织并不代表融合，并且始终都不融合。

他们是两个分别拥有独立人格的人，人格都足够强大，都不会向对方的人格低头，所以他们产生对撞，所以才会有西安事变。

如果没有张学良，蒋介石将会成为什么？

而没有蒋介石，张学良又会成为什么？

张学良给蒋介石的那副挽联写得很恰当：

> 关怀之殷，情同骨肉；
>
> 政见之敌，宛若仇雠。

当个人与国家不断地冲突时，缘和罪纠缠不已。他们之间的种种一切演绎成一场有关恩怨情仇的大戏，一场关于缘罪的大戏，大戏里一个中国跟着起伏变幻。

当历史渐行渐远，一切偃旗息鼓。今天，我们以历史唯物主义的视角，尽可能地走近客观历史的中心，然后轻轻地敲击键盘。我们描写的主体只有两个有血有肉的存在：蒋介石、张学良。或者说是一个更加有血有肉的存在：蒋介石与张学良。

无数的人物、事件与整个历史在这两个人身上浮现。

两个不同凡响的人，在那样漫长的岁月，把偌大的中国给扯痛了。

第一章　前　世

一开始，他只是蒋周泰，后来他才成为蒋介石。

一开始，历史与他毫无关系地发生，历史在等待某个人与她合一，后来人们知道，那个人是蒋介石。

当蒋周泰成为蒋介石，我们再回头追溯，惊奇地发现，历史居然把自己托付给了蒋周泰，一切毫无预兆。

然而，既然历史选择了他，那么，他和历史必然有某种契合。

1. "第一号"出生

十月的江南，深秋，微冷，又高又澄澈的天空，太阳洒下最后几抹清丽的阳光，船翁的号子响起，季节的宁谧降临在河流的浪花上。浙江奉化，小镇溪口，夜幕降临，幽深的街道。一座黑黝黝的大宅子里，隔着洁白的窗纸亮着一盏昏黄的灯。窗子里，一个女人在呻吟；窗子外，两个男人来回踱步。

"生了没有？好半天了。真叫人担心！"一个中年男人说。

"祖上积德，一定要是个男子，我才安心。"另一个苍老的男人说。

"省城还有一笔生意要谈，我可是要赶着回去的，这女人，唉，叫了半天也不见真动静。"中年男人说。

"狗东西，少赚笔钱会死人呀！女人不要，连儿子也不要？"老年男人不愠不火地咒骂。

"敢情你就知道是个男孩？我当然也希望是个带把儿的。"中年男人悻悻地说。

夜深了，遥远的巷子里传来一阵急促的狗叫。

夜更深了！老年男人咳嗽两声，吐一口浓痰，狠狠地骂了一句："娘希匹！"

"哇！"一声婴儿的啼哭猛烈地击碎了夜的宁静。

"娘希匹，终于生了。"老年男人欣喜若狂，眼泪差点流出来，"听这叫声，肯定是个带把儿的。"

中年男人却显得镇定："生了就好。"

两个男人，一前一后，往屋里走。苍老的接生婆端着一盆温水，迎面而来，面带微笑地说："恭喜！是个小子。"

接生婆出去后，两个男人看到一个慈眉善目的女人躺在床上，旁边放着一盏油灯，灯火跳跃。女人憔悴的面容掩盖不了喜悦，她对着两个男人微笑，仿佛打了一场胜仗。老年男人奔到床前，盯着那个婴儿，仿佛得到了一件宝物。中年男人站到床边，看着女人，脸上挤出一丝笑容。

老年男人对中年男人说："这小子好像不足月！比你当年要小多了。"

中年男人没有说话。

"这个没大碍，是个带把儿的就好。"老年男人接着说道，随后又端详起那个婴儿。他压根儿没想到这个婴儿未来的命运。

那个老年男人叫蒋斯千，字玉表，没有什么来头，只是在浙江小镇溪口白手起家开了一间小盐铺的中国人。那个中年男人叫蒋肇聪，字肃庵，是蒋斯千的次子。

蒋肇聪颇有能耐，很有生意头脑，为人踏实谦逊，乐善好施，在溪口名声很好，子承父业，把盐铺生意做大，附带经营棉、米、油、麻等，很快蒋家也成为溪口的富户。他先前有两任妻子。结发妻子徐氏于1882年去世，续房孙氏于1886年去世。躺在床上的女人是他的第三任妻子，名曰王采玉。王采玉先嫁于溪口曹家田村，丈夫英年暴病死亡，1886年再嫁给蒋肇聪时，只有22岁。

蒋肇聪在溪口算得上一个人物，他要忙于打理生意上的事情，投放在家里的时间和精力十分有限，先妻留下的几个孩子很少能得到他的照料，幸而王采玉是中国传统观念里贤良淑德、通情达理的妇女，她把那几个孩子视为己出，给予无微不至的照顾，可是，那几个孩子毕竟不是她自己的孩子，她想有自己的孩子，这个愿望没有让她等待多久。现在，她果然有了一个儿子。

这个男婴是蒋斯千的孙子，是蒋肇聪的儿子。

然而，蒋家的历史很单薄，即便富庶一方，却非名门望族，追溯历史，拿不出一个像样的人物，直到上寻到周朝才和一个大夫扯上一点关系。这样的家族并不能给这个男婴任何名望、光环或者厚重的积淀。这个男婴后来甚至苦苦追寻祖宗，想为自己找出一个名正言顺的身份。祖宗没有给他什么遗产，那么他要懂得去给祖宗留下遗产。他做到了。很多年以后，人们知道蒋斯千是他的祖父，蒋肇聪是他的父亲。

一切的一切，皆因为这个男婴是蒋介石。

时间再回到他出生的时刻。祖辈正式给蒋介石起名：蒋周泰，小名瑞元。对于蒋周泰来说，他是一个男人的孙子，是另一个男人的儿子，而更重要的是，他是王采玉的儿子。蒋肇聪对待前几个孩子的态度无疑会落到他身上，同时，他有一个生母，所以蒋肇聪放在他身上的精力更少。但是，王采玉对前几个孩子的疼爱也会播撒到他身上，且是更多的，毕竟他是她在蒋家生的第一个孩子。

与王采玉一样疼爱蒋介石的还有祖父，人老了，似乎唯一能做的事情也就是疼爱子孙，看着子孙满堂，在古老的中国传统里是极其宽慰的事情。蒋家思想还是比较传统的，尤其是对待孩子。有名望的家族会让子孙继续家族的名望很好地培养，没名望却有点势力的家族想让子孙创造名望，泽被后世，也会严格地培养。蒋家同样把希望放在蒋周泰的身上。

19世纪末的中国，还有科举制度，"孔学"仍旧是中国的主流，王采玉对儿子寄予厚望，蒋周泰4岁时，她就提出要给他找个私塾先生。蒋斯千欣然答应，但是蒋肇聪却无所谓，只求一切妻子做主。蒋周泰9岁时便熟读四书，然而这并不代表他有高人一等的学习天分，在旧家庭里，有这个成绩的孩子多如牛毛。

与其他孩子相比，蒋周泰表现出来的更多的是非同一般的顽劣和执拗。

3岁时，蒋周泰曾经当着蒋斯千把一根筷子插进喉管里，插到一半，喉咙里发出一阵可怕的"呼噜"声。蒋斯千闻声看见孙子憋得满脸通红，眼泪直流，身体收缩，赶紧让他把筷子拔出来，他却使劲地继续把筷子往喉管里插。蒋斯千害怕弄巧成拙，所以也不敢动他，最后，蒋周泰把大半截筷子插到喉管里，又拔了出来。蒋斯千怒气冲冲地骂："小混账，不知好歹，不想活了！"

蒋周泰却憨笑着说："我想试试有多深。"

又一年隆冬，蒋周泰在院子里的一口大缸前玩耍，大缸比他高出一头，装着大半缸冷水。他站在一块石头上，发现了缸里自己的影子。他笑，影子也笑，他做鬼脸，影子也做鬼脸，于是他来了兴致，找来凳子，半个身子探进水缸，却一下子跌进了缸里。他不喊救命，扭动身子，折腾了半天，喝了几口水，竟然从缸里爬了出来。浑身湿透的他，不停地打冷战，很快衣服上结了冰。等到王采玉看见儿子落魄地出现在她面前时，又爱又气，扬起的巴掌最终没落下，赶紧把他的湿衣服脱了，给他裹上棉被，为他熬热汤。那一年，蒋周泰只有5岁。

顽劣和执拗，肆意地放纵自我，这本是孩子的天性，无伤大雅，也无关紧要，然而，却让王采玉和蒋斯千更加疼爱蒋周泰，还给蒋周泰带来健康的身体。

蒋周泰生来"不够秤"，导致早年体格孱弱，而过分的不顾后果的贪玩，让他走得更多，跑得更多，锻炼得更多。传说中溪口乃陶渊明笔下之"桃花源"，故溪口又称"武陵"，山清水秀，那里的雪窦山更是闻名一方。这样的山水对一个顽劣的少年自然有着巨大的吸引力。少年时代的蒋周泰常常流连于家后的山野和屋前的溪流，爬树、捉鸟、游泳、捉鱼，重要的不是他在玩，而是他毫不顾及母亲的劝阻在撒野。但这些撒野的行为的确使他的身体一天天强壮起来。

如果孩子过于娇纵，往往会产生两种结果：父母更爱之；父母冷淡之。蒋周泰得到的是父母更多的爱，这种疼爱却在后来转了一个弯，也改变了蒋周泰的一生。随后不久，一个只存活了4年的孩子改变了蒋周泰生命的轨迹，尽管在当时看来只是一件小事，但是当蒋周泰成为蒋介石之后再去看它，却非同寻常。

1895年，蒋周泰的生命里发生了一件大事。这一年，他刚刚8岁，蒋肇聪过世。但是，蒋周泰遇到的大事不是父亲过世。在蒋介石的生命里，蒋肇聪并没有起到关键性作用，他们一起生活了8年。单纯从父子关系看，这8年对于一个孩子来讲可以构建他人性最本质的东西，可是蒋肇聪对儿子的疏远致使他没有在孩子身上留下多少烙印，因此，蒋介石对父亲也没有多少印象，这不止因为父亲在他8岁就去世了，而是在共同生活的8年几乎也是不存在的。

这一年发生的大事是——蒋周泰的弟弟蒋周传出生了。

蒋周传是王采玉的第四个孩子，在此之前，她还生有两个女儿。

对蒋周泰来说，蒋周传的出现注定了掠夺，也注定给予。

在蒋周泰之后的两个妹妹，因为旧中国重男轻女的观念，并没有从王采玉那里掠夺走多少母爱，反而加深了母亲对蒋周泰的爱。但是，弟弟不同，更因为蒋周传出生那一年蒋肇聪暴死，于是，王采玉对这个没有了父亲的儿子疼爱之至。

弟弟从蒋周泰那里掠夺了母爱，同时给予了他更多的阴郁、孤独和被抛弃的感觉。蒋周泰不得不更加顽劣，更多地在母亲面前表现得无助，以争取更多的爱。久而久之，他的顽劣和执拗转变成无赖！同时，阴郁在心里聚集，他产生嫉妒心理，继而养成睚眦必报的性格，睚眦必报的对象未必是蒋周传这个至亲弟弟，但是对弟弟的嫉妒肯定是有的，而睚眦必报的性格则作用在他人身上。弟弟的出现对蒋周泰另一个影响就是王采玉对他的管教少了，蒋周泰更加放纵自己的性格，转而到类似"金庸江湖"的世界里寻找新的慰藉，这也形成了蒋周泰的另一个重要性格——"江湖气质"。

蒋周泰这个时候把日后蒋介石在中国上演的大戏搬到了溪口小镇上，与一群孩子预演。少年的蒋周泰和小伙伴们分帮结派，自立指挥，拿着木棍，站在溪口山野里，向小伙伴发表演说，发号施令，整天厮混在一起。这种游戏，很多孩子都在玩耍，没人会想到它是一种预演，只因为他后来成为蒋介石。

1898年，蒋周传夭折了。这让蒋周泰在生活中又成了母亲的第一位，然而，王采玉精神里的第一位却被蒋周传永远地带走了。这位注定要被历史记住的母亲后来破天荒地为死去的蒋周传做了两件事情：把蒋周泰的大儿子过继给蒋周传；蒋周传死后近20年的1919年，为其举行"冥婚"，找了一王氏女子与其合葬。

王采玉对小儿子的偏爱加剧了蒋周泰对母亲的依恋，并且终生不能解脱。

同样是在1898年，中国历史上爆发了"戊戌变法""百日维新"。然而，这个历史是光绪帝的历史，是康有为、梁启超、谭嗣同的历史，与蒋周泰无关。

随后，历史又沉睡过去，等待某种玄机，某种变故。

蒋周泰距离历史还很遥远，历史在别处发生，他根本无法触摸到。

2. 与历史第一次亲密接触

如果历史可以比作一个女人，那么按照蒋周泰原来的轨迹他似乎可以很快感受到她的气息，甚至触摸到她的衣袖。可惜，历史悄悄地转弯了。

蒋肇聪死后，蒋周泰的学业并没有终止。随后的几年他又掌握了五经、儒家经典、科举文化，等等。于是"秀才——进士"这条中国文人所走的传统路线成了他将来的道路。而在真正参加考试之前，一件事情几乎改变了他一生。

1901年，14岁的蒋周泰结婚了！也许是因为弟弟的夭折，也许是因为照顾这个没有男人的大家庭太累，王采玉想找个女人来替她分担家庭的重担，照顾儿子，也尽快给蒋家添后，她决定给蒋周泰娶一个"童养媳"。

那天，整个溪口小镇都热闹起来。大红的花轿，喜庆的声乐班，喧闹的人群，轰鸣的鞭炮，还有浓浓的火药味。王采玉满面红光地接受着来自乡邻亲友的祝贺，蒋周泰却在院子里与孩子们四处追逐，仿佛这场婚礼与他无关。

花轿落地，新娘披着红盖头走出，人们四处寻找蒋周泰，最后找到他时，他的崭新的绸缎马褂已经划破了。王采玉训斥了他一顿，帮他整理好衣服，拉着他到新娘面前。蒋周泰胆怯地拉着那个女人的手，当着满堂的宾客，拜天、拜地、拜高堂、拜祖宗、夫妻对拜。王采玉坐在堂上，欣慰地看着儿子，满意地接过媳妇敬的酒。随后，蒋周泰拉着新娘走向后堂。

王采玉开始忙着招呼客人，半天过去，她才得以清闲。走到后堂，看见媳妇披着盖头，独坐空床，蒋周泰早已经不知道跑到什么地方玩耍去了。王采玉走到媳妇身前，怜爱地帮她掀起盖头。盖头下的姑娘虽然不算漂亮，但面相慈善，看见婆婆的到来，她有些慌张和害羞。姑娘叫毛福梅，奉化岩头村一个小商人的女儿，年方十九。王采玉看着媳妇，欣慰地笑了。

其实，让这个媳妇进门就代表她已经为蒋周泰盘算好了未来之路：或者考取功名，光宗耀祖；或者继承父业，做个商人，守着老婆，传宗接代。出于这个原因，她希望媳妇是个贤良淑德的女人，能好好照料蒋周泰，像她一样做个好妻子。

毛福梅后来的确成为一个好妻子、好女人。但是，蒋周泰却背弃了母亲的遗愿，成了蒋介石。当他革大清王朝的命时，也注定会革这场婚姻的命。他与毛福梅没有任何感情基础，父母之命，媒妁之言，旧式婚姻，一个照顾他的女人，仅此而已。尽管如此，毛福梅始终都履行着妻子的职责，照料蒋母，照料家业，毫无怨言。即便后来蒋介石在日本、上海寻花问柳，续弦纳妾，甚至和宋美龄成就"天作之合"，都无法更改她是蒋周泰的妻子这个事实。

她为蒋介石生了一个儿子——蒋经国。这也是这个本分忠厚的女人为蒋介石做的最重要的事情。现在来看，这场婚姻并没有阻止蒋周泰成为蒋介石。但是，在当时却不能这样认为，因为蒋周泰仍旧走在他原来的道路上。

1902年，结婚第二年，蒋周泰带着母亲的厚望，到奉化县城应考秀才的资格考试——童子试。王采玉相信以儿子的聪明才智和多年的悉心培养，考取资格应该不成问题。岂料，天不遂人愿。蒋周泰没有过关，沮丧地回到溪口。

这是一次打击，但是在蒋周泰转变为蒋介石的过程中未尝不是一个契机。考取功名，以此走上仕途，这本来是他要参与历史道路的直接动因。然而，事实却是等到他可以参加考试的时候，历史已经发生了转变。蒋周传死的那一年发生了许多大事，在"百日维新"、1900年的"义和团运动"和蒋周泰结婚那一年签订的《辛丑条约》的共同作用下，中国的科举制度已经走到了尽头，取而代之的是新兴的"洋务教学"思想，出国留学风潮和新兴革命。而这个时候蒋周泰尚且没有意识到这些，也不可能意识到，因为，在他的思想里从来就没有这种志向。

这个时候，蒋周泰并没有应和历史，这次小小的科举场上的挫败让蒋周泰把出头之路放到"洋务学校"里。最初，王采玉让蒋周泰就学于奉化当地的一座所谓"洋务学校"——凤麓学堂，后来发现所谓"洋务学校"其实是徒有虚名，学不到东西。一年以后，蒋周泰由毛福梅陪同到宁波的"洋务学校"读书，但是，在宁波蒋周泰仍旧感觉学不到东西。那个年代的中国，流行风潮，"洋务学校"遍地都是，然而真正是洋务办学的却很少，多半是为了骗取学生钱财。

此时，王采玉和蒋周泰似乎厌倦了在"洋务学校"里来回折腾。这一年，王采玉不得不把蒋周泰召回奉化，蒋周泰又回到了"诗书礼仪"的老路上，求学于奉化一位叫顾清廉的私塾先生门下，潜心研究儒家思想，正是在此时，蒋周泰迷恋上明代王阳明、曾国藩和朱熹。虽然谙熟理学，他却似乎真的是天分不够，没有成为博学多识之士的迹象。而对于顾清廉收藏的《孙子兵法》等军事典籍他也是一知半解，至于道听途说的一些革命信息蒋介石就更是没有多大兴趣。

随后，蒋周泰又进入当地另一所"洋务学校"——龙津中学堂读书。同样，回到奉化的"洋务学校"他仍然所学甚少，唯一的突破是这个学校有几个日本教师，或者有点"洋务"的味道了。正是在这里，他产生了留洋学习的念头。

1906年，日本和俄国为了争夺在中国的利益而爆发的"日俄战争"刚刚结束，在龙津中学学习3个月后，5月份蒋周泰便自费去了日本。他依依不舍地泪别母亲，第一次离开浙江，也第一次离开中国。日本，在那之前与中国有诸多渊源，在那之后则大肆入侵中国。蒋周泰到日本的前一年，"同盟会"在那里成立了。

蒋周泰去日本尚且没有革命的动机，纯粹是为了找一条出路。

可是令他没想到的是，他没有去找历史，历史却不请自来。

在自费到达日本后，他被帝国军官大学拒绝，因为日本当局明确规定只招收中国政府公派的军事留学生。蒋周泰没能得偿所愿，后来匆匆回国。但是短暂的留日让他结识了改变他一生的人物——陈其美。陈其美打开了蒋周泰通往历史的门。

陈其美是蒋介石和历史的接点，是蒋周泰成为蒋介石的接点。

陈其美，字英士，浙江吴兴人。1878年出生，比蒋周泰大9岁。辛亥革命元勋之一，比起黄兴、宋教仁，他算是晚辈，比起秋瑾、徐锡麟，他缺乏惊天动地、泣鬼神的壮举。但是，他在民国革命历史中的确占据重要地位。

陈家和蒋周泰家颇为相似，父亲为江浙商贾，不是大福大贵，却也家境殷实。幼年的陈其美和蒋周泰有几分相似，胆大、顽劣，富读诗书却无很高天分。常常领着一群孩子"打仗"，甚至挑战无人敢问津的野马。15岁那年，陈其美的父亲去世，陈家家道中落，甚至到了母亲要典当手镯以度日的境地，家庭的重担落在陈其美的身上，为了让哥哥陈其业和弟弟陈其采完成学业，陈其美不得不早早辍学，到县城典当铺做学徒，这一做就是12年。12年的学徒生涯锻炼了陈其美的意志，而过早的入世让他懂得世事艰难，更让他变得灵活多变、仗义多思又谨小慎微。

1902年，当弟弟陈其采从日本士官学校学成回国之后，他身上的家庭责任终于没有了，而弟弟向他讲述的外面的世界和革命令他大为心动。"一辈子不能就这样过了！"他暗想。第二年，他放弃了行将完成的学徒生涯，只身到达上海，在"同泰康丝栈"成了助理会计，然而，他并不安心于只做一个小职员。

20世纪初的中国上海，历史在这里冲突，种族在这里冲突，思想在这里冲突，金钱也在这里冲突，人群更是在这里冲突。十里洋场，租界林立，鱼龙混杂。有钱人多，穷人多，洋人多，黑帮多，青楼多，革命党也多。上海，十足一个大熔炉，清廷、革命、殖民共同的产物。上海仿佛就是为陈其美这样的人准备的。他怀着抱负而来，结果他没有空手而回。灵活的脑瓜让他左右逢源，而仗义的性格使他赢得了颇好的人缘，革命者、黑帮、大老板都成了他的朋友。

陈其美在上海成功了，他的成功方式也是蒋介石后来在上海成功的方式。那个时代，似乎不需要饱读诗书的人，这种局面完全是那个混乱的时代造成的。当中国从天朝上国的千年一梦中醒来时，她还不知道怎样面对未来，完全是一个"江湖"，一片混乱。她需要适应时代的混乱法则的人，懂得在混乱中利用混乱的人，这种人必须持"江湖之道"。从某种意义上来说，"民国革命"就是一个"江湖事件"，只是在那个时代"江湖事件"也要比清廷好，至少它代表中国醒了。

历史就是这么偶然。陈其美和蒋周泰有很多相似之处，只是他比蒋周泰承受过的磨难有过之而无不及。而先有陈其美，后有蒋介石，蒋介石很多方面受到他的影响。蒋介石的路应该就是他所要走的路。如果他不被暗杀，想必蒋介石迈不过他这道坎儿。可是陈其美不是蒋介石的坎儿，却成了他往上爬的梯子。

1904年，陈其美进理学传习所，研究科学、经济学，那时，他还不是个革命者，尽管他结识了革命党人秋瑾、徐锡麟等。然而，没过几年，他感觉到实业救国的渺茫，传统正道似乎已经不能解决历史问题，也不能给予他更好的前途。1906年，在弟弟陈其采的帮助下，他东渡日本，进入警监学校。

这一年，求学不成、失落的蒋周泰遇见了陈其美，因为是同乡，所以年近三十而又仗义的陈其美对年幼的蒋周泰十分照顾，两人的情谊日渐深厚。

东京喧闹的大街，一间茶馆里，两个中国人相对而坐，正是陈其美和蒋周泰。这一次，陈其美是为蒋周泰饯行，蒋周泰即将离开日本，返回中国。

"真是心有不甘，才刚来就要回去。"蒋周泰愁眉苦脸地说。

"日本国不收自费军事留学生，没办法。"陈其美笑着说。

蒋周泰说："怎能不沮丧？这一走还不知道以后如何打算，前路茫茫。此次来东洋，唯一的收获就是遇见陈兄你，可谓知己，你就是我的大哥。"

"这声'大哥'叫得我热乎。我与瑞元可谓相逢恨晚。干。"陈其美端起茶。

蒋周泰也端起一杯茶说："好，以茶代酒。"

二人一饮而尽。陈其美笑了，蒋周泰也难得地笑了。

陈其美接着说："贤弟其实不必沮丧，还是可以来日本的。如今我国家内忧外患，来日本定能有发展。你回去后可先考取国内正规军官学校，然后争取公费军事留学名额。切记，大哥在日本等你，恭候你来。"

蒋周泰响亮地应答："好！你真是我的大哥！"

但是，一想到行将离开东洋，蒋周泰顿时又快乐不起来。

"不要愁眉苦脸，走，咱们去个好地方。"陈其美说着站起来，蒋周泰明白他的话，随他付账，然后出门直奔妓院，那里就是他们所谓的"好地方"。

快活之后，两人走到大街上。蒋周泰依然不能释怀，看着热闹的人群，一切与他无关。陈其美看着兄弟苦闷，心里隐隐作痛。离别时，两人抱拳相视。

蒋周泰深情地说："就此别过。小弟一定再来找大哥。"

陈其美说："海枯石烂，日月为证，兄弟之情，不可忘记。我等你！"

蒋周泰感动得几乎流下眼泪。随后，两人分别，各自消失在大街。

1908年，一艘行往东洋的船上，载着30位保定军官学校派往日本振武学堂公费学习的年轻学员。大船行驶在浩瀚的海洋上，不停地颠簸，浪花不时涌上船舷，眼看水就要涌进船里，又落下去。船板上，留着长长的辫发的青年三三两两地坐在一起晒太阳、玩游戏，笑声不断，即将到达的日本对他们有太大的吸引力。然而，一个站在船头的青年却显得心事重重，有些落寞。此人正是蒋周泰。1906年，他带病考取了保定军官学校，如今，又如愿以偿成了公费留学生。

蒋周泰紧紧地抓住船舷，极目眺望，旁边的旗子被海风吹得发出"呼呼"的声音，跳跃的海水打湿了衣角，他全不在意。另一个青年走过来笑着说："瑞元兄想什么呢？"

蒋周泰看了他一眼，阴郁地说："我在计算什么时候能到日本。"

蒋周泰继续沉默。与他搭讪的是陈诚，后来成为他的心腹。

此刻，蒋周泰心里只想着两件事：一是到日本做些什么，二是找他的大哥陈其美。

此时的陈其美已经今非昔比。由于丰富的见识、果敢的胆识和仗义的性格，

1906年冬天，蒋周泰回国不久，陈其美加入了中国同盟会，宣誓"驱除鞑虏、恢复中华、建立民国"，并且在日渐分裂的革命党派中坚定地支持孙中山。虽然是后起之秀，但是依靠自己的才智，很快成为孙中山的干将，由于他在上海丰富的社交人脉和事业基础，他也成为上海的革命中坚，经常往返于上海和日本。

革命或者孙中山对于蒋周泰来说似乎还很遥远，在他眼里只有大哥陈其美。

下了船，蒋周泰义无反顾地投靠了大哥陈其美。他是投靠了陈其美，实际上也是投靠了革命。他和革命、历史的距离，一下子被陈其美填平了。

这时蒋周泰与革命终于有了第一次亲密接触。

这一年他21岁。

当我们回顾整个历史时，不难发现历史居然可以这样进行。历史也正是这样进行的。陈其美的那段历史突然成了蒋介石的，他在为蒋介石完成一段历史。

纵观整个历史，人的历史往往不是他一个人完成的，他们的历史无一例外地由众多人替他完成。众多人完成的历史都交给一个人，成为整个历史。然而，历史上又没有几个巨人像蒋介石一样。大多数巨人对历史的构建还是以自己的创造为核心的，而蒋介石所有的历史几乎都是由别人完成的，没有他自己的创造，更多的是继承、是收获。为他完成历史的人有很多。陈其美给他革命之路，孙中山让他成为革命骨干，宋美龄让他执掌大权，自然还有为他做了更多更重要的事情的张学良。蒋介石甚至不用去付出努力，不用去发现这些人，不用去控制这些人，这些人却将历史纷纷交到他手里。

然而，这个时候的历史尚且还不是他的。历史的脚尖已经垫高，垫高他的是孙中山，蒋介石还触摸不到她的脚踝，要想触摸到，他必须站在孙中山的肩膀上！而他和孙中山之间还有陈其美，可是，无论如何，我们可以称呼他为蒋介石了。

3. 匪徒的儿子

历史从来不是一个人的。

历史需要有一个核心，在广阔的历史脉络上还要有很多其他人。

就像一个女人，她不可能只有一个男人，她还要有很多朋友或者情人；而所谓核心，也未必只有一个人，他可能是某些人的合体。于是，张学良出现了。当把张学良和蒋介石放到一起讲述时，我们不可以简单地说"他是为蒋介石完成历史的存在"，他不像孙中山那样曾经作为历史的核心，他的历史很容易被蒋介石的历史所覆盖，完全成为蒋介石的历史。但是，他不同于陈其美和宋美龄，他创造了足够多的历史，并且没有全部给蒋介石，而是留给了他自己。他在走他自己的路，于是也就有了张学良的历史和历史的张学良。

可以称呼他是历史的"知己""情人"，甚至是与蒋介石命运共同体的历史的"丈夫"。在众多的称呼中，我们更愿意把张学良称为历史的"知己"。因为，他用他短暂的"历史生命"无微不至地照顾历史这个女人，以解剖自己的方式给了她一切。于是，他可以和蒋介石堂堂正正地平起平坐，而不是点头哈腰的仆人。

张学良比蒋介石小14岁，但是，他没有落后于蒋介石追赶历史的脚步。

与蒋周泰苦苦追逐历史不同，张学良很快就摸到了历史的脉络，因为他站在父亲张作霖的肩膀上。由于这种渊源，他与历史几乎没有距离。于是，蒋介石要早他出生十几年以追赶历史，当蒋周泰找到陈其美这个支点、成为蒋介石时，张学良刚好懂事；当蒋介石抱住历史的身体时，张学良也正好抓住历史苍凉的手。

清朝之后的中国有两个关键词：一个是"革命"，另一个是"军阀"。

这两个关键词简直就是为蒋介石和张学良预设的。蒋介石选择了革命，而张学良没有选择余地地成为军阀，而最开始，他也只是一个土匪的儿子。

1901年6月4日，一辆疾驰的马车行驶在凋敝的旷野里，颠簸的小路上腾起浓浓的尘土。小路两旁，稀疏的人群在走动——都是流离失所的难民，男人、女人裹着又旧又脏的衣物，提着篮子，扛着包裹，牵着牲口，背着孩子，迈着沉重的脚步。当这辆马车行驶过去时，难民吃力地抬起头，用干涩的眼睛张望马车的背影，喉咙里发出嘶哑的声音。马车行驶的地方是中国富饶又混乱的东北。

马车行驶进一座小城，辽宁八角台。狭窄泥泞的街道上，马车放慢速度。太阳底下，沿街睡满了乞丐，他们不会知道这辆马车承载着羸弱的历史。一个小女孩突然冲到街道上，马匹受惊地扬起前蹄，车夫站起来，死死地抓住缰绳，脸色煞白。马匹平静下来，小女孩跌倒在地，车夫对着她大骂：

"他奶奶的，找死呀！走路不长眼睛！"

小女孩悻悻地从地上爬起来，仓皇而逃，膝盖上血流如注。车里出现一阵骚动。一个女人尖叫几声，接着一个孩子的哭声响起。一个老女人从车内探出头，对车夫说："出什么事情了，还不赶快赶车回府，夫人有个好歹，小心你的狗命。快，快，回府。"老女人赶紧把头缩回车里，车夫也扬起了手中的马鞭！

车内，一个女人靠在座位上，阳光照在车窗的布帘子上，映亮她的脸庞。她满头是汗，显得虚弱，转动着眼珠子，吃力地问旁边的两个女人："到家没？"

老女人对她说："就快了，夫人！您再忍耐一下。"

那位夫人说："孩子呢？我看看。"

另一个女人将一个睡眼蒙眬的婴儿送到她身边，婴儿蠕动着小手小脚。那位夫人看着他，幸福地笑了，念道："乖乖，为娘的让你受苦了。"这位夫人就是后来的"东北王"张作霖的原配赵氏，而这个新生儿就是后来的少帅张学良。

张家原本姓李，祖籍河南大城。先祖上一男子娶一张姓女子为妻。李张两家交好，但是，张家却无后，所以抱了一李姓男孩抚养，改姓张，传至张作霖已经是第五代。1644年，清军入关，作为清廷的大本营，东北却是地多人少。于是，大批汉族人冲破禁令，逃到东北富庶之地，开荒种地，养家糊口，繁衍生息。道光年间，张作霖的祖先也逃往东北，靠烧碱种地为生。

1875年，张作霖出生于奉天海城县（今辽宁省海城市）小洼村。张作霖之父张有财是个游手好闲之徒，凭借祖上遗产开了一个小杂货铺，收入甚微。张有财嗜好赌博，欠下一屁股赌债，张作霖13岁那年，张有财被仇家债主害死。

此时的中国已经成为列强瓜分的馅饼，可谓乱世纷争，盗贼横行，民不聊生。孤儿张作霖注定不能再像他的祖先一样过男耕女织的乡间生活。地方大地主为了保护财产，都有自己的乡团武装，成员大部分是依附地主生存的农民力量。打仗、抢劫成为必须，否则将无法生存，正所谓不成盗也得盗，不为贼也要贼。

年轻时的张作霖，大字不认识几个，但是仗义豪爽，心胸豁达，胆大心细，敢作敢为。起初他跟随一位兽医学习医术，替一个地主乡团喂马，长相俊美的他21岁时与赵家庙乡绅之女赵氏结婚。后开医馆，给马看病，最后成为马贼。

在中国的版图上，东北是一块特殊的地域，衔接俄罗斯，东靠日本海，又是清廷大本营，土地肥沃，物产丰富。俄罗斯把它称为"黄色俄罗斯"，日本则想把它占为己有。后来，有了"满洲国"之称，俨然成了国中国。这一切都决定了东北有自己的存在法则，有自己的文化方式。张作霖适应了这种法则和文化方式。

1894年，中日"甲午战争"爆发，1900年，"八国联军"攻陷北京。乱世阴影更加沉重地笼罩在东北上空，打仗、掠夺更加疯狂地进行。在这个过程中，张作霖的机会来了，但是，毕竟还是土匪、马贼，远没有后来风光。

1900年，张作霖在岳父赵占元的帮助下，于暂居的赵家庙成立了一个二十多人的兵团，负责当地治安。在他的保护下，赵家庙一片安宁，他的美名传遍十里八村，二十几个村子的治安都归他管，手下的人马也增加到半百。但是，毕竟身处乱世。赵氏从怀孕就开始四处躲避战乱，这也导致张学良在马车上出生。

辽宁八角台，虽然是不大不小的镇子，但是商贾云集，乡绅富足。为了投奔辽南绿林，张作霖带兵经过此地，却不想在此打了几仗，保护了当地富商的利益，于是富商们邀请张作霖管理治安。张家也就在八角台建有小小的府邸。

这辆马车正是接赵氏来团聚的。马车停在一处像样的宅院前，车夫跳下马车，奔进院门，找人接张夫人和张公子。张夫人由家仆背着、小丫鬟扶着进了卧室。躺到床上，她掀起衣服想给儿子喂奶，可是乳房没有奶水。逃难让她的身子极度虚弱，她挤不出奶水给儿子，儿子体质也显得很差。看着可怜的孩子，张夫人很难过。仆人端来小米粥，张夫人只能将小米粥嚼碎，一口口地喂儿子。

"可千万要活下来啊！"张夫人这样想着，竟然哭了。

张作霖却不在家，出去打仗了，几日后他胜利归来，听说赵氏生了个儿子，他欢天喜地地跑回家，直奔卧室，一把抱起儿子，"心肝儿肉"地叫道："真是双喜临门！双喜临门。这小崽子就叫'双喜'吧，他可是给我带来好运了。"

当天，他大摆筵席，请手下的兄弟们痛快畅饮，喝得酩酊大醉。赵氏躺在他的身边，思绪万千："身体虚弱的孩子，又是这样兵荒马乱、惶惶不可语的日子，倒如何是好？"她推了推丈夫，想说说心里话，丈夫却鼾声大作。

1905年，八角台的宽大庙堂，念经的和尚，缭绕的香火，一个男孩子跪在庙堂前，旁边放着一个纸人，纸人上写着"双喜"。看着周围的光头和尚，男孩有些胆怯，但是父亲让他这样做，他不敢不做，也不知道该不该做。张学良体弱多病，张作霖也害怕他过早夭折，他是长子，是要继承父业的，所以不能有事。此时的张作霖的确已经有了一定的实力，生活也不再随着乱世而乱。

那时，张学良已经虚弱到"咯血"的地步，张作霖忧心忡忡，给儿子摆下"佛宴"，让儿子做一回"跳墙和尚"。和尚做完法事，"双喜"的一切都给那个纸人了。张学良则成为干净的人，然后，他被要求从低矮的寺庙墙垣上翻过去，双脚落地的瞬间，有人喊"小六子"，根据规矩，张学良也就成了"小六子"。

说来奇怪，当了一回"跳墙和尚"，张学良的身体居然一天天强壮起来。

1905年，日俄战争以俄国战败而告终，日本人由此获得了长春到大连的南满铁路的经营权，以"南满铁道株式会社"为依托，日本在东北建立了庞大的社会、政治、文化、科研和军事机构，为未来控制"满洲"、侵略中国打下基础。这也注定了张作霖在未来与日本人发生千丝万缕的关系。

张作霖很有才能，他并非一介只知道用力的武夫，或者只知道讲义气的大哥，他的脑子也十分好使。1907年，徐世昌就任东三省总督，驻守沈阳，管辖东北三省，张作霖尽心竭力帮助他剿灭东北的土匪，尤其是辽西地区。放眼整个辽西，几乎已经全是张作霖的，唯独彪悍的胡匪杜立三是他和徐世昌的一块心病。鉴于杜立三盘踞一方，作战勇猛，手下都是死忠之士，张作霖心生一计。

张作霖想智取，他拟写一封信，差人交到杜立三手里，信中尽是祝贺杜立三被朝廷招抚获封"新民府大员"之词。张作霖还自行谦恭地表示杜立三在新民府的官位比自己还高，请求他以后多多照顾，并让他速来新民府会见"省招抚大员"。

杜立三一头雾水："怎么就被招抚了呢？这其中一定有诈。他奶奶的熊！"

杜立三再笨也知道提防张作霖。

见自己的信件没有作用，于是，张作霖找来杜立三的同族叔叔前来新民府做客，此公原来是张作霖的义父。这样算来，张作霖和杜立三也有些渊源，原本同为胡匪马贼，甚至是兄弟。但是，张作霖现在是官，杜立三挡了他的路，他就要除掉杜立三。兄弟归兄弟，利益却不能冲突，张作霖还是很清楚的。

张作霖在新民府一路陪着义父，好吃好喝招待，带义父会见"省招抚大员"，而众人见了那老头也都点头哈腰。他义父便信以为真，给杜立三写了一封信。收到叔父的亲笔信，杜立三果然高高兴兴地只身前来，心想："以后再也不用过担惊受怕的日子了，日后我也是大员。"他没想到自己到了八角台就被生擒，很快就被处决了。

就在杜立三被处决之时，张作霖率领部队直取杜立三的山寨。

就此大功告成。张作霖晋升奉天巡防营前路统领，相当于旅长。

徐世昌见张作霖如此骁勇，适逢俄国鼓动辽西北洮南一带蒙古上层叛乱，便将张作霖派去平乱。张作霖带着他的辽西兵团进军蒙古草原。起初，他并不适应。加上蒙古人熟悉地形，精于射术，张作霖节节败退。后来，徐世昌给他增加军力军饷，他才重整旗鼓，派奸细打进"蒙匪"内部，里应外合，终于平定了叛乱。

此后，张作霖一直留在辽西北的洮南地区，而此时的张学良还只是"小六子"。跟着戎马生涯的父亲到处打仗，躲避战乱，他的生活没有固定的环境，张作霖又没有多少时间陪他，那些年里他的学业几乎是荒废的。他像其他孩子一样常常流连于山水游戏之中，直到7岁，他才有启蒙老师。张作霖虽然是土匪出身，但是深知子女受教育的重要性，他为儿子请来的都是当地有名的举人、大儒。

虽然7岁才读书，张学良却生性纯良，而生母赵氏又在身边无微不至地照顾、宠爱，吃穿无忧无虑，一种纯净的"公子"情结渐渐地在他身上沉淀，这就让他与他土匪出身的父亲有了本质区别。他们是不同的人，所以，从这一点上说，张作霖只是给张学良提供了历史的支点，张学良没有能力复制父亲的历史，同样，张作霖也无法覆盖张学良以后的人生。

1908年，苦居洮南的张作霖还没有最终成为张作霖。张学良的支点还不够高。离开洮南！张作霖开始等待一个机会。这个机会来了：1911年，辛亥革命爆发。从后来的故事看，辛亥革命对于张学良的意义要远远大于对于蒋介石的意义。

4. 替代陈其美

正如前文所说，蒋介石跟随了陈其美，他触摸到了历史。

但是，他仍旧没有跟随孙中山，因为中间隔着陈其美。

1911年11月4日，浙江杭州，灯火缭乱，人声鼎沸。漆黑的房屋，寻常百姓躲在屋里，醒着，坐着，或者躺着，听着屋外的嘶喊声，没有人敢点灯。

经过很长时间的躁动，一切安静下来，只有浙江巡府衙门成了火和枪的海洋。一百多号剪了头发的人，举着火把和枪支与驻守的留着长辫的清军展开激烈的战斗。阵前指挥所，一个男人坐立不安，焦急地看着前方的战斗。这个男人便是蒋介石。很快，另一个满头大汗、一身烟灰的男人冲到他身边，这个男人是王金发。

蒋介石说："战况如何？"

王金发说："他奶奶的，听说咱们要来了，巡抚早就跑了。"

蒋介石说："这是应该的，武昌之义的胜利，全国如火如荼的形势，还有上海的情况，他们不是不知道的。害怕、跑是应该的。"

王金发说："巡抚跑了，只剩下一些抵抗的残余官兵，真是死脑筋。"

蒋介石说："他们抵抗不了多久，这是好机会，一鼓作气，很快能够打下来。"

王金发说："是的，看样子，他们就守不住了——我再到前面去。"

蒋介石说："我也和你过去！今日正是你我效忠革命之时。"

说着蒋介石从腰间掏出手枪，和王金发冲到前线。前线和后方毕竟不同，烟熏火燎，血光四溅，枪子乱飞。蒋介石一脚踩到一具尸体上，差点绊倒，心里猛地收缩，冷汗流出。但是，看到奔走呼喊的人群，他的血液沸腾了，不再顾及别的。"娘希匹！死就死了。挺过去就是英雄！"蒋介石想着，冲到掩体后面，不断地放枪。放枪，是为了消灭敌人，更是为了给自己壮胆。

战斗没有持续多长时间。5日黎明，火焰熄灭，枪声也渐渐消失。浙江府衙被攻陷。蒋介石和王金发站到巡抚衙门前的阶梯上，面对手下的部队，意气风发。蒋介石招来一名士兵，口授道："速去上海，传我胜利之消息！"蒋介石手一挥，士兵消失在人群里，奔赴上海。所谓上海，就是他的大哥陈其美那里。

蒋介石去日本的前一年，陈其美奉孙中山之命，中断学业，返回上海，参与主持上海的革命工作。到达上海，陈其美人格里巨大的能量得以释放。他各处奔走，组织革命力量，联络工商，获取财力支持；创办革命报刊，宣传革命思想；加入上海青帮，拜见大佬，拉拢帮会力量；甚至请来津门大侠霍元甲，创办精武体育会，操练兵团。在此期间，为了见到孙中山，他多次往返日本和上海，在日本找蒋介石叙旧，而蒋介石每年回国，也都会到上海，跟随陈其美活动。

终于，陈其美推荐蒋介石加入同盟会，并且成为自己的心腹。

蒋介石于1910年冬从日本振武学堂毕业，随即被分配到日本北海道高田镇十三野炮联队实习。作为二等兵，其主要工作为喂养战马，替马匹洗热水澡。

1911年4月，广州黄花岗起义，6月，四川爆发"保路运动"，革命一触即发；1911年7月，陈其美、宋教仁、谭人凤在上海成立中国同盟会中部总部，准备发动革命；1911年10月10日，是中国近代历史上的大日子——武昌起义爆发，短短几天时间革命军占领了武汉三镇。随后，全国各地风起云涌，革命浪潮一浪高过一浪，陈其美在上海也准备发动革命。

"保路运动"之后，陈其美致电蒋介石，让他从日本回来，参与革命前的准备工作，准备工作结束之后，蒋介石又返回日本；上海起义前夕陈其美再次致电蒋介石，接到大哥的消息，蒋介石向炮兵队长请假两天，实际是逃回中国。回到上海，陈其美分给他王金发的"敢死队"，让他作为上海起事的先锋攻打杭州浙江巡抚衙门，于是有了上面的故事。这就是蒋介石在辛亥革命这个大历史里的几乎全部作为，可能也是蒋介石戎马一生，唯一一次拿着枪在战场上直接参与战斗。

几乎同时，陈其美光复上海，也可以认为光复杭州只是光复上海的一个部分。光复上海后，陈其美就任"沪军都督"，并组织联军光复南京。上海、南京是后来民国的龙心之地，陈其美可谓功勋卓著。孙中山在后来这样评价陈其美："为吾党健者，于沪上握东南之锁钥，其功最大。"

蒋介石没有再回日本，而是在陈其美手下做沪军第五团团长，隶属黄郛为师长的沪军第二师。陈其美、黄郛、蒋介石本为日本期间认识的好兄弟，后来正式结拜为把兄弟，闹革命、广交际，成为上海的风云人物。

辛亥革命风风火火地结束了。中华民国成立，孙中山就任临时大总统，但是，此时孙中山只知有陈其美，不知道有蒋介石。蒋介石被陈其美覆盖。

1912年3月，袁世凯在北京成为中华民国临时大总统。孙中山不得不再次到处奔走，进行二次革命、护法运动。而这个时候的同盟会内部早已经分崩离析，孙中山、黄兴被孤立，革命实力大大受挫。但是，陈其美没有背叛，他坚定地跟随孙中山，并于1913年在日本与孙中山筹建"中华革命党"，成为仅次于孙中山的人物。

同盟会内部的分歧其实早就存在，甚至可以说同盟会成立时就存在。兴中会、华兴会、光复会虽然在革命目的、中华大同的理想上是一致的，但是，各有各的宗旨，更重要的是利益冲突，在辛亥革命过程中利益冲突表现得最为严重、最为突出的是1912年光复会元勋陶成章在上海被杀，主谋是陈其美，凶手是蒋介石。

　　陶成章早在1907年就与孙中山、黄兴等产生隔阂，而光复上海、浙江的过程中，光复会成员和陈其美都想成为上海都督。最后，陈其美取得先机。此后，陈其美又想谋取浙江都督之职。而公推之人乃光复会陶成章。陶成章为人正直、理想纯洁、行为检点，向来不喜欢陈其美之流，尤其不能忍受陈其美的黑帮气质和风流之性。他甚至放言："浙江都督者，谁人皆可，唯陈其美不行。"为此，陈其美曾与他在一次会议上剑拔弩张，不欢而散。随后，陈其美动了杀机，陶成章也感到危险，处处小心，经常隐藏行踪。1912年1月，陶成章染疾，入住上海广慈医院，机会难得，为报答大哥的知遇之恩，蒋介石主动请缨，通过收买光复会的王竹卿，蒋介石找到陶成章，1月14日，将其杀死在病房里。

　　时任中华民国临时大总统孙中山闻讯异常震惊，立刻致电上海都督陈其美："万急，沪军陈都督鉴：阅报载光复军司令陶成章君，于元月十四日上午两点钟，在上海法租界广慈医院被人暗刺，枪中颈、腹，凶手潜逃，陶君遂于是日身死，不胜骇异。陶君抱革命宗旨十有余年，奔走运动，不遗余力，光复之际，陶君实有巨功，遂遭惨祸，可为我民国前途痛悼。法界咫尺在沪，岂容不轨横行，贼我良人。即由沪都督严速究缉，务令凶徒就获，明正其罪，以慰陶君之灵，泄天下之愤。切切。总统孙文。"

　　孙中山估计没明白谁是杀"陶君"的主谋，电文的倾向仿佛是清廷政府残余。而让陈其美治蒋介石的罪是不可能的，治罪蒋介石就等于自己认罪，于是，陈其美把账安到王竹卿头上，杀了他，草草交差，并送蒋介石逃往日本。

　　这次暗杀事件所表现的不只是革命党内部的矛盾，同时暴露出革命党组织的松散和随意。后来，蒋介石重新回国，孙中山不再追究，并最终又重用他。

　　袁世凯窃取了革命成果，各地组织变法革命，陈其美又把蒋介石召了回来。这个时候，陈其美的地位已非同一般，俨然就是革命领袖。正在此时，陈其美向孙中山引见了蒋介石。孙中山终于知道蒋介石的存在，但是，当时孙中山正处于一个低谷，蒋介石也就没有了用武之地。

　　1913年后的几年间，孙中山大多数时间在国外流浪，国内局势在袁世凯的控制下震荡不断。陈其美在孙中山的授意下发动了一些大大小小的反袁运动，都没有取得什么效果。蒋介石跟着陈其美行走在革命内部。1914年，国内实在做不出什么动作，陈其美又把蒋介石派往日本考察，随后令他到东北联络"反袁"。蒋介石在长春、哈尔滨一带混迹数月，他没有见到当时的东北"皇帝"张作霖，当然也没有见到刚刚13岁的张学良。一番逍遥快活之后，他沮丧地回到日本。

历史等待一个突破，这个突破不论是好的还是坏的，前进或者倒退都是一种突破，有了这个突破，历史才能往前迈进。1915年12月，这个突破来了——袁世凯在北京宣布恢复帝制，建立帝国，改元洪宪。随后，"反袁"声浪一浪高过一浪。孙中山的机会又来了，蒋介石的机会也来了，陈其美却消失了。

称帝之前，袁世凯接受了日本提出的"二十一条"，引起全国公愤。孙中山迅速组织革命力量。1915年秋，陈其美被孙中山任命为淞沪司令长官，蒋介石也被召回上海，共谋讨袁，结果失败，但是革命已经是大势所趋。紧随其后，云南都督蔡锷宣布云南独立，挑起"反袁"大旗，随后各个省份相继跟随，袁世凯才刚开始就走到了尽头，然而，他并不甘心，他企图挽回自己的败局，这一次他盯上了革命功勋陈其美。他收买了叛徒，将陈其美骗出上海，刺杀之！

陈其美死了，蒋介石悲痛！同时，他也顺理成章地成为孙中山在上海的代言人。此时，一个高潮已经过去，历史又陷入沉寂。蒋介石就像当年的陈其美一样死心塌地地跟随孙中山，后来孙中山也送给蒋介石一条通往历史的自然之路。

5. 东北"皇太子"

张作霖成为东北王的道路上，1911年的辛亥革命是至关重要的。

1911年10月10日武昌起义前，中国革命形势一触即发，东北也不例外。

本来，东北内有新军吴禄贞、蓝天蔚，外有革命党张榕、宁武，形势一片大好，但是，他们没有抓住先机，不敢成为革命之先锋，而是等待后来的武昌起义。结果，1911年5月，徐世昌走了，盛京将军赵尔巽就任东三省总督。

警觉的赵尔巽很快发现，奉天并不安宁，革命思潮涌动，新军兵马汇集，他赶紧布置城防，但是，毕竟新官上任，脚跟尚没站稳，心里诚惶诚恐。或者说，蓝天蔚等还在等待历史的那个突起点，那个突起点要等孙中山完成。张作霖却等不了了，机会错过就不会再有，胆大心细的他意识到要抓住这次机会。

1906年，赵尔巽创立盛京讲武堂，主要培训清军巡防营军官，即"奉天讲武堂"，也就是后来的"东北讲武堂"，采取日式军官管理制度，聘用日本军官教师，与蒋介石就读的"保定陆军军官学校"同为中国最早的顶级军事院校。1911年，张作霖驻守洮南，其手下各营营长张景惠、汤玉麟、张作相等被其派往位于沈阳的讲武堂学习，他们另外的任务是疏通奉天人脉，留意奉天局势。

秋天，寒意笼罩着危机四伏的奉天城。一日早晨，百姓看到大街上成群结队的士兵拖着疲惫的身子走过。听到风声，赵尔巽警觉地奔赴军事大厅，找来几个城防将领，打探怎么回事。还没等他清醒过来，一个身披风衣、头戴军帽的男人在都督府前下马，此人正是张作霖。未经通报，他私自将自己的兵马千里迢迢从洮南拉进奉天城。此时，他算不上东北最强大的，只是最强大的之一。

赵尔巽听闻，赶紧出门迎接。张作霖看见赵尔巽，立刻抱拳、屈膝，情义两全、文绉绉地说："听闻奉天局势吃紧，雨亭心急如焚，念大帅安危，遂驱马策兵千里，进驻奉天。未能先行通报，请大帅治罪。"

"雨亭兄快起来，你等此来奉天危机可解也，兄弟之心我自明鉴。何罪之有？"赵尔巽甚是感动，走过去扶住张作霖。面对当时情势，张作霖的回归让他顿觉踏实，万不会责罚。张作霖也清楚，所以才敢带兵堂堂正正地闯入奉天。张作霖又从赵尔巽那里得到大量军资、军力补给，顷刻间他掌管了奉天最强大的兵力。

武昌起义爆发以后，各地纷纷响应。蓝天蔚也要有所动作了。

蓝天蔚，字秀豪，湖北黄陂人，时任东北第二混成协协统（旅长），实际为当时奉天兵权所有者。他和其他革命者做出一个决定：运用政治手腕实现东北革命。即以开会的方式宣布东北独立，他自任关外都督。他以为手里握有兵权，赵尔巽等人就会怕他，不敢反对；另一方面他也不想把事情闹得太大，他畏惧打仗。然而，他全错了。他没有意识到张作霖的存在，他也没有意识到，成立奉天全省保安会、革命、东北独立等本身就已经把事情闹大，不打仗是不行的。

11月12日，奉天保安大会如期举行，奉天城内军、政、商各界二百多号有头有脸的人都到了。蓝天蔚已经把军队拉到奉天城下，他以为万事俱备。张作霖穿着军大衣，默不作声地跟随众人进了会场，在并不起眼的一角坐下。

会议进行当中，蓝天蔚群情激昂地说："武昌之义，全国响应，此乃大势所趋。我等应顺应民心，宣布东北独立，成立奉天省保安大会，以示响应。我想在座的各位应该没人反对吧？"他十分自信，把目光投向赵尔巽。赵尔巽低头不语，不停地摸着衣服。整个会场也一片沉寂。蓝天蔚微微笑了，他刚要顺势说些什么，突然，会场一角，张作霖从军大衣里掏出一把手枪，重重地砸在桌子上，站起来说："我反对！"全场一片哗然。赵尔巽窃笑，蓝天蔚大惊。

张作霖早已经在会场里外布置了人马，一句"我反对"说出来后，他的人控制了会场。蓝天蔚棋差一招，他没料到有张作霖这号人和他那批人马。此情此景，蓝天蔚再也待不下去，吃了一肚子闷气退场，其他主张革命的人也跟着离开。

随后，赵尔巽把蓝天蔚成功地赶到关内，独揽了东北大权。而张作霖居功至伟，被派任掌管奉军军事大权的巡防营务处总办，终于在东北独自坐大。

赵尔巽并没有意识到，蓝天蔚充其量只是一只狼，张作霖才是老虎。老虎不出笼，尚且还是只猫。张作霖对赵尔巽唯命是从，百依百顺，他为赵尔巽暗杀了革命者张榕，为了杀张榕张作霖血洗奉天，前后杀死一百多号人。张作霖之所以为赵尔巽卖命，因为赵尔巽是东北的"说话人"，更因为赵尔巽只是"绵羊"，对他构成不了威胁，于是在他掌权后也没有除去他的必要，反而张作霖义气用尽，还和他结成亲家，而他最后选择了著书写史，留下《清史稿》。只是当时张作霖不能太张扬，时机未到，在东北他已经万人之上，还必须是一人之下。

张作霖是一个识时务者。起初他靠镇压革命起家，后来所谓的"革命者"袁世凯控制局面，他认为袁世凯有足够的野心带动他崛起，于是他投靠了袁世凯，支持袁世凯就任中华民国临时大总统。袁世凯上台以后，决议整编全国军队，以为己用。他自然看不上文人气质更浓的赵尔巽，而是选择了支持他的张作霖。

1912年9月，张作霖统领的中路、前路巡防营改编为国家陆军第二十七师，驻扎军政要地奉天。张作霖为师长，陆军中将衔。这一年他37岁，正式成为"东北王"。随后的几年，随着袁世凯的短暂嚣张，张作霖的势力也不断膨胀。

张作霖是一介武夫，但对儿子的教育却十分重视，而且思想超前。或者就像当今许多没有知识的父母渴望儿子比自己更好一样，他也希望儿子比自己出色。

隆冬的天气，奉天城的雪花大如席，簌簌落下，深深的院子，一片安静，除了两个人在用简单的英语对话。"Dog！"一个老头子说。

"Dog！"一个年幼的孩子跟着念道，孩子眉清目秀，声音悦耳。

"Dog就是'犬'的意思！"老头子说。

"哦。Dog'犬'！"孩子机灵地说。

"嗯，很好。比如我们可以说'Three dogs, nine dogs'！"老头子说。

听到老先生的话，这个孩子突然皱起眉头，一脸疑惑。

看见他的表情，老头子恭敬地说："大公子，您哪点不明白呢？"

孩子感觉很不舒服，因为老先生对他太客气了，应该是自己对老先生更为恭敬才对，可是偏偏就反了过来，只因为他是张学良，张作霖的儿子。

张学良说："Nine dogs！好像不对吧？"

老先生说："哪个地方不对了？"

张学良说："您看，'nine'是'狗'的意思！'nine dogs'感觉就不对了吧。"

老先生说："您说得对，'nine'是'九'的意思。可'nine dogs'哪里不对了？"

张学良把"狗"写到纸上，老先生才明白！

原来，这位老先生是某省外交署翻译科长，广州人，毕业于香港新约书院。他在授课过程中有时候说粤语，粤语里"九"的发音是"狗"，所以先前张学良把"nine"记为"狗"，于是"Nine dogs"在他眼里就不对了。

老先生赶忙微笑着说："哦，这个是我不对，是我不对，大公子见谅！"

老先生的一番话把疑团解开了，但是让张学良更不好意思："老先生太客气了。"

窗外的雪仍旧下着，张学良脚边的红泥小火炉静静地烧着，屋里暖暖的。

临近中午，窗外突然传来一阵孩子的打闹声，几个孩子出现在门口，偷偷地往门里探。一个孩子轻轻地叫："大哥！大哥！"

张学良抬头看了一眼，是弟弟张学铭，还有其他几个"妈妈"的孩子。

他小心翼翼地说："你们先去玩儿，我还要等等！"

他的声音被老先生听到了，老先生看见门口的几个孩子，笑着对张学良说："大公子，您今天的课业到此就可以了，陪几位公子小姐玩儿去吧！"

张学良兴奋地说："那好，今天教的单词我会背下来的，老先生您放心。"说着，他收拾了课本和笔墨，跑了出去。

张学铭抓住大哥的衣服说："大哥，我们去滚雪球吧？"

张学良说："好呀！我带你们。"他一把抱起只有3岁的小妹妹张怀瞳。

妹妹张怀英说："爹不让玩雪，你们不知道吗？"

张学良拉住张怀英的小手说："不怕！反正他不在家。他不让做的事情可多了。我带你们玩儿，没事的，出了事情有我呢。"

几个孩子在雪地里滚雪球、堆雪人、打雪仗，笑声连成一片。

这便是年幼的张学良。

张作霖对这个儿子寄予厚望，除了让他饱读诗书，还为他请来有名的英语人士传授英语，可谓用心良苦。张作霖作为粗人，在孩子教育成长这方面看得竟然那么长远。只是他要打江山、做大王，没有更多的时间陪儿女们。

1912年4月，张学良失去了母亲赵氏，他和姐姐、弟弟被母亲托付给"二妈"卢氏。赵氏虽为女流，在世时却温柔贤惠，对儿子严于管教，大量阅读，除了中国儒家精粹，甚至还阅读托尔斯泰的著作，在她的耳濡目染下，张学良对善良、仁义、忠厚早有沉淀，赵氏死后，卢氏将其视为己出，更让他受益良多。另外，作为家中长子，父亲又经常不在家，正所谓长兄如父，他也早早地体会到一种责任，懂得照顾弟弟妹妹们。所有这些都造就了张学良，也注定了后来的张学良对父亲更多的是尊重、服从和继承，另外，还有一种温柔的背叛。

旧的封建王朝顷刻分崩离析，殖民者带来新的思想，革命者、进步青年追逐新的道路，这注定那个年代的人是继承的一代，又是叛逆的一代。张学良也逃不掉。他不可避免地要抛弃父亲的一些东西，培养他的背叛性格的人正是父亲。

1915年，袁世凯登基做了皇帝，张作霖被封为子爵、盛武将军，督理奉天军务兼巡按使。这又是他风光的时候，然而张作霖有自己独立的体系，虽然他响应袁世凯，但是他并不依靠袁世凯，反而袁世凯要依靠他。他所关心的是自己的利益，他所要成就的是自己的霸业。

1916年，袁世凯在一片讨伐声中倒台，潦倒而终，但是，张作霖却没有倒下去，反而比以往任何时候都显贵起来，因为，他的力量始终握在自己手中，更因为那是靠军队说话的争霸乱世，他最终靠自己的几十万兵马把东北三省全部收入囊中，他有了一个新的称号——"东北军阀"，他不与革命为伍，不与关内为伍，他有自己的领地和法则，别人奈何不了他，人们更喜欢叫他"东北王"。

就在袁世凯的江山摇摇欲坠的1916年，张作霖为15岁的张学良完婚，女方是吉林省辽源县（今辽源市）商会会长于文今之女于凤至，那一年于凤至19岁。张作霖早年曾经蒙于文今救命之恩，又闻其女"凤命"，可以带来好运，遂有了儿女婚约。于凤至家境良好，受过良好的家庭教育，天生丽质，虽然不能说倾国倾城，但是富读书、明是非，不是佳人，也是才女，张学良和张家很快都接受了她。她也确实是个称职的妻子，婚后她不仅为张家生儿育女、操持家务，还成为张学良的贤内助，为张学良出谋划策，排忧解难。甚至后来赵四小姐出现，她也大度地接受了"二女一夫"的境况，并和赵四小姐成为好姐妹，成为一段佳话。

婚姻让张学良更快地成熟起来，但是婚姻并没有成为他的枷锁。而当时对于张学良来说，婚姻并不是最重要的，最重要的还是父亲成了"东北王"。

张作霖成为"东北王"，张学良也就成了东北"皇太子"。

第二章　崛　起

　　所谓崛起，不是一个人的崛起，而应该是蒋介石和张学良的崛起，一如统一中国是蒋介石与张学良的共同梦想与追求。所以在谈论统一之前的崛起时，我们便可以说，这是两个人的崛起，两个人共同的崛起导致后来的共同结果。当我们分析他们的崛起之路时，发现蒋介石是地道的崛起，而张学良更像是成长，因为张作霖的崛起就是他的崛起，于是，他的继续成长也就成为另一种崛起。成长是需要代价的，有时这种代价甚至给历史以内伤。蒋介石和张学良沿着完全不同的方向，成为两个对立极端。最后，两个极端融合了，于是有了统一。

1. 蒋介石的崛起之路

　　1917年，孙中山没有兵权，在北洋政府、大小军阀面前几乎沉寂，抱着一腔革命热血，四处奔走，建立国民党。8月，南下护法，光复广州，在广州成立中华民国军政府，成为大元帅。蒋介石在政途、军旅上暂无用武之地，只能另谋他途。

　　深秋，夜上海，东方的西方人的城市，外滩依旧歌舞升平，闸北则一片凄冷，湿漉漉的大街上不断地有黄包车跑过，街角的小摊上油烟飘荡，生意红火。一栋楼房的某个房间，窗子紧闭，玻璃上映着昏黄的灯火，屋内三个人正在谈论。此三人正是蒋介石和陈氏兄弟：陈果夫、陈立夫。陈家二兄弟是陈其美的亲侄子，陈其美死后，两个人跟了蒋介石。因承蒙陈其美之恩，所以蒋介石对他们十分看重。

蒋介石说："总理吩咐我先在上海筹集革命资金，你们兄弟怎么看？"

陈果夫说："这自然是好，当下革命并无起色，倒不如先想法子捞些钱。"

蒋介石说："话是如此，可是怎么捞钱呢？"

陈立夫眼睛一亮，说："倒卖股票是个好法子！"

蒋介石说："我意如此，难处是没有启动资金。"

陈果夫说："如今上海，政局不稳，股票交易混乱，当下人都想发财，趁机低买高抛的确可行。至于资金我们可以寻找合作者。"

陈立夫笑着说："只要有利可图，不怕没人支持，有钱谁还不要？"

蒋介石眉头紧锁，良久，忽视眼前一亮："戴季陶怎么样？"

陈果夫惊喜："这是个好人选。"

蒋介石激动地站起来，在屋里走了几步，对陈果夫兄弟说："你们找业内朋友商量，制定一个对策，钱这方面我想办法。老子就不信抓不到钱。"

陈家二兄弟随即应和，起身，拿了衣服出门。蒋介石又想了很久，不知不觉坐着睡着了。醒来时，寒意顿袭，原来一扇窗子被风吹开了。

随后，蒋介石做了三件事：走陈其美走过的路，屈膝鞠躬，拜入上海青帮头子黄金荣门下，寻求商业上的势力保护；授意陈果夫组织上海证券第五十四号经纪人号"茂新"，经营棉麻证券；联合古董商人张静秋，结义兄弟戴季陶，组织"协进社"，取得资金来源，分摊股票，创建"恒泰号"。戴季陶为蒋介石的把兄弟，情分匪浅。

蒋介石在上海大发投机之财，其股票生意一直做到1922年。浙江人的商业头脑和精明能干在他身上得到很好的体现，历史留下一个亦军亦商的蒋介石。

1918年，孙中山的革命事业刚刚有所起色，原本支持他的桂系军阀陆荣廷不耐烦了，杀死忠于孙中山的第一舰队司令，公然造反，自立一方。孙中山失去了军队的支持，5月，只能宣布解散政府。此时，他幸有粤系军阀陈炯明的支持，组建粤军，得以保住"粤南"这块根据地。为了巩固自己的势力，增加军中亲信，以收复广州，孙中山急忙将蒋介石从上海召来广东。

3月，蒋介石放下手中的生意，欢喜地去了，他以为自己大展拳脚的时候到了。初到军中，蒋介石被任命为许崇智、邓铿所管辖的粤军第二支队中校参谋。5月，上海的歌舞厅、妓院又出现了蒋介石的身影，他与张静秋、戴季陶出现在各种应酬聚会上。而此时粤军作战正酣。这位中校参谋怎么跑到上海来了？

孙中山闻讯，赶忙加急电报，召他回去，蒋介石却是不慌不忙。蒋介石回上海，必然有原因。他所在为粤军第二支队。粤军的主力其实是陈炯明的第一支队，陈炯明自"护法运动"就跟随孙中山，作战勇猛，实力非凡，深得孙中山器重。可是蒋介石不高兴。他反对孙中山过于依赖陈炯明，扬言陈炯明有反骨，势力一大，必然造反。这话不是没有道理，然而又能怎样？孙中山总不能放弃陈炯明。

另外，所谓"粤军"自然是以广州人为主，而蒋介石乃外乡人，不受欢迎是必然的事情。这更让他不爽，于是，他想一走了之。孙中山早有发觉，亲自勉励他要以大局为重，但是，仍旧安慰不了他。许崇智、邓铿等劝阻也没有作用。所以，与陆荣廷的战斗还在进行，受了委屈的蒋介石就相当随性地回了上海。

其实，对于孙中山对陈炯明的放纵，不满意的不只蒋介石一人。许崇智、邓铿等也是有意见的。孙中山对他们都安抚过。蒋介石等人对于陈炯明的不满让第二支队的这些领导人满肚子意见，无形之中也让他们建立了统一战线，培养了深厚的交情，尤其是许崇智，日后他对蒋介石的崛起起了很大作用。但是，许崇智、邓铿终究不会一走了之，他们不像蒋介石是半路出身的军人。他们打过很多大仗，况且他们都是广东人，手下的兵还是听话的。

蒋介石的出走更像是发泄，像是挑衅，是表达自己的不满。上海至少还有他的兄弟、生意和妓女，这些可以抚慰他。

9月，他平静下来，跟随孙中山的决心还是没变，他觉得应该回去了。回到广东，蒋介石准备接受处罚。岂料，处罚没有降临，他却晋升为第二支队司令。孙中山是在安抚他，这是他始料未及的。以退为进，也就是向孙中山和世人表达他的委屈，然后再以回归表示忠诚，成为蒋介石走上权力顶点的过程中屡试不爽的撒手锏。

随后几年，蒋介石多次重施故技，不可谓全是有意为之，然而，他也确实是这个性格。作为第二支队司令，他不能任命人手让他不爽，孙中山没有给他足够的补给让他不爽，军队纪律涣散让他不爽，孙中山一味信赖陈炯明让他不爽。每一次他都负气出走，不是到上海、东京，就是回到奉化老家，旅游、寻欢、陪母亲。从1918年进攻广州夺取根据地，到1924年筹建黄浦陆军军官学校工作结束，前前后后蒋介石出走了近15次之多，也历经了很多事情。中间的1919年，在上海经过一番苦追，他娶了十几岁的陈洁如；1921年，他母亲王采玉离世。

这几年世界上发生了两件大事：1917年11月，俄国十月革命，建立苏维埃共和国；1918年11月，第一次世界大战以同盟国战败告终；一战后签订《凡尔赛条约》，建立凡尔赛体系，作为战胜国之一的中国的利益被严重侵犯，西方列强把德国在中国山东的侵略权益转交给日本。

这几年，中国和孙中山的情况则是风云突变：1918年孙中山开始攻打广州，1919年五四运动爆发；1921年，中国共产党成立；1922年，陈炯明叛乱，孙中山离开广东；1923年孙中山决定与苏联合作，实行国共合作。

蒋介石每一次的隐退，孙中山对他都容忍至极，出走时极力挽留，发信好言相劝，信中礼贤下士、以情动人，把蒋介石看成革命之不可或缺之人，称呼也不断升级：

竞存、汝为己赴前敌，军事吃紧，望即来粤，墨经从戎。

孙文　梗

西寇击破易、收拾难，须多一月始得凯旋，我军入邕宁，明后日，余当驰往巡查。速来相助。

孙文　歌

介石兄鉴：

余拟于十五日与汝为往桂林，请节哀速来，臂助一切。

孙文 麻

立转介石兄：

粤局危急，军事无人负责，无论如何，请兄即来助我。千钧一发，有船即来。

至盼！

文 冬

介石兄：

日来事冗客多，欠睡头疼，至尽早始完全清快，方约兄来详商今后各方进行办法，而急闻兄已回乡，不胜惆怅。日内仲恺、汉民、精卫将分途出发，往日本、奉天、天津等处活动，寓内闲静，请兄来居旬日，得以详筹种种为荷。

此候大安。

孙文

从中，也能看出国民革命组织的纪律涣散，因为蒋介石几乎每次都是在局势最紧要的时刻离开，也可以看出蒋介石确实是孙中山所器重的人，然而并不是唯一。事实上在年轻人当中，廖仲恺、胡汉民、汪精卫、许崇智、邓铿都是可塑之大才，而且他们都是孙中山的广东老乡，可谓嫡系，地位都要比蒋介石高。但是，不可否认，蒋介石善于把握机会，平衡关系，在这个过程中，他一步一步地崛起了。更为重要的是，蒋介石的崛起并不是靠运气，而是他对孙中山的效忠之心。

1922年6月29日，广州城外，黄埔港，永丰号军舰，情况万分危机。孙中山正在此受难——因为陈炯明叛乱了。1922年3月，邓铿被陈炯明秘密杀害。然后，陈炯明不听孙中山的命令，把部队留在惠州。蒋介石曾经强烈建议攻打陈炯明，但是被孙中山拒绝了。蒋介石气愤难耐，再次出走。很快，陈炯明在北洋政府的支持下公开叛变，炮轰广州城孙中山官邸，扬言取孙中山首级者，得赏金20万。于是孙中山逃到了这艘军舰上。也许直到此时，他才后悔没有听从蒋介石的劝告。

一天上午，天阳高高地照耀，军舰甲板被晒得滚烫。甲板上几个士兵来回走动，目光警觉。甲板下，孙中山和陈群等卫士躲在憋闷的船舱里，筹划怎样打退陈炯明，夺回广州。但是，怎么计划都显得力不从心，因为他们已经被逼到死角，动弹不得。这时，一个人果决地走下了船舱，这个人正是蒋介石。

回到上海的蒋介石曾经给陈炯明写信，希望他与总理合作，完成大业。作为素来对自己有意见的蒋介石的劝告，陈炯明当然是不会听从的。当听闻孙中山正处于生死之际，蒋介石立即从上海赶来，共赴灾难，这令孙中山十分感动。

孙中山见到蒋介石，精神一振："介石兄，你能来太好了。"

蒋介石说："听闻先生有难，我怎能心安，所以前来与你谋策略，共生死。"

孙中山说："如今我们在一条船上，如何对付陈炯明，我们正为此头疼。"

蒋介石和其他卫士白天躲在船里，晚上出去弄食物，打探广州的军事消息。孙中山想让许崇智和蒋介石率领部队阻击陈炯明，但是晚了。在船上度过50多天之后，孙中山和蒋介石不得不逃离广州，转走福建、上海。

直到后来，许崇智和蒋介石又带着部队打回广州，赶走陈炯明。

1923年，孙中山返回广州，重新夺回根据地。

这次的灾难，让孙中山意识到蒋介石先前对陈炯明的判断是正确的，危难之中也认识到蒋介石对自己的忠心，而夺回广州，蒋介石无疑立了大功。

事实上，这个时候孙中山身边能够带兵打仗的可信之人也只有许崇智和蒋介石了，廖仲恺等人更多的是领导者，而不是军人。

尽管如此，孙中山在后来确定黄埔军校的校长人选时，还是首先考虑廖仲恺，次之许崇智，最后才是蒋介石。从这个意义上说，孙中山还是明智的。虽然由于历史的选择，蒋介石最终成了黄埔军校的校长，但这一点也无损孙中山用人的策略。

1924年，广州，黄埔军校。东方刚刚泛出鱼肚白，简陋的集体宿舍里，尚且昏暗，学生还在被子里昏昏欲睡。突然，门被撞开，一个洪亮的声音喊出来："娘希匹！以为我不在你们就可以睡懒觉？都给我爬起来！"

一身戎装，腰间佩枪的蒋介石笔挺地站在宿舍的门口。十几个学生从梦中惊醒，慌张爬起来。蒋介石厉声道："不准穿裤子，都给我站到中间来，排成队。"

学生们赶紧下床，列队站到宿舍中间，默不作声。蒋介石走到他们前面，一脸怒容，看着昂首挺胸的学生，他叹了一口气，严厉地说："你们来这里是做什么的，你们应该清楚。党国出钱出力培养你们，不是让你们来睡觉的！"

"看看你们的床和被子，就像狗窝，一点都不整齐。作为一名军人，你们要懂得洁身自爱。"他在宿舍里走了一圈，失望地说，"我们是纪律严明的学校，要时刻牢记军人的纪律和责任，牢记'亲爱精诚'的校训。你们将来都会成为国家之栋梁、我军之中坚，现在不好好地严格要求自己，以后怎么成大事？"

话锋一转，蒋介石语气稍微缓和："我要罚你们整理整栋宿舍的卫生。希望你们能谨记今日之训，服从我的命令，如若再犯，必将严惩。都听清楚了吗？"

学生们整齐地向校长蒋介石敬礼，恭敬、响亮地答道："是！"

黄埔军校校长，一个并不十分显贵的职位，分量却是极重的，蒋介石经过一番苦争才弄到手，这是他崛起的最重要的资本。

1922年，在外有欧美列强压迫、内有军阀威胁的情况下，孙中山开始考虑革命的出路。这个时候他与共产国际有了接触。1923年，在广州重新建立政府后，他决定联合苏联。是年1月，孙中山与苏联代表越飞签订《孙文越飞宣言》。

7月，孙中山决定派代表赴苏联考察。派谁去呢？第一人选当然是廖仲恺，此时的廖仲恺是孙中山旁边的第一人，但是事有三急，总分先后。廖仲恺脱不了身，考察苏联在孙中山看来并不是当时最重要的事情。该怎么办呢？

此时，蒋介石委屈地向孙中山说："为今之计，舍允我赴欧洲，则弟以为无一事是我中正所能办……如不允我赴俄，则弟唯有消极独善，以求自身。"

蒋介石以"苦肉计"自荐，孙中山同意了。就这样，蒋介石8月出访苏联，参观了苏联军事院校、苏联军队和兵工厂，会见了苏联和共产国际的一些要人，包括共产国际领袖、"苏联红军之父"、列宁的亲密战友托洛茨基。此次访问，蒋介石对共产国际、苏维埃政权极尽溢美之词，并在后来将自己的儿子蒋经国交给李大钊，让其到苏联留学。

11月，蒋介石回国不久，共产国际派鲍罗廷来到广州，支援、指导孙中山工作。孙中山听从意见，改组国民党，同意"国共合作"，允许共产党加入国民党。党、政、军全盘"苏化"。1924年1月，中国国民党第一次全国代表大会在广州举行。与会代表165人，会议选举孙中山为总理，选举廖仲恺、胡汉民、汪精卫、李大钊、李烈钧等24人为中央执行委员，选举瞿秋白、毛泽东等17人为中央候补委员。蒋介石和许崇智等为军事委员会委员。从这份名单我们看出，共产党在国民党内部已经有相当的实力，因为此次会议正是在鲍罗廷的协助下举行的，"亲苏亲共"是必然；其中坚定"亲苏"的廖仲恺还是中央执行委员会三大常委之一。

在孙中山眼里党政与军队是分开的，而党政人物的位置远远高于军队人物。党政和军队如果非要集中于某人手里，那么只有他孙中山，或者还可以加上廖仲恺，他万不敢把政治地位和军事地位同时给蒋介石。蒋介石还没有那个分量。

但蒋介石为此十分不快，他公开向孙中山抱怨："想先前我与先生同生死、共患难……先生今日之于中正，其果深信乎？抑或深信乎？中正实不敢臆断！"

孙中山的确是不深信蒋介石的，至少他并没想过他可胜大任，先前经历的种种，让他感觉到蒋介石的轻浮小气，加上蒋介石早年生活并不检点，各种恶习均有沾染，在军界和政界口碑均不高，所以，在孙中山眼里，他最多也就是良将。可是蒋介石就是蒋介石，功劳更大的许崇智尚且没有叫嚷，他却先向孙中山叫嚷出来。这就是蒋介石的性格，即便是革命，他也要论斤两计酬。他明白自己要什么。

没有军事实力就无权说话，孙中山彻底明白这个道理，也终于找到道路，建立了他的国民革命军。1924年初，孙中山也开始筹建黄埔军校。孙中山中意的校长人选是许崇智，此时，许崇智任粤军总司令，但是，面对这项古往今来中国头一遭的军校改革，许崇智却感到力不从心、不堪大任，主动放弃。因为黄埔军校是苏联出资、苏联出枪，体制和模式也是苏联模式，所以在军校的筹备过程中，作为出访苏联的代表，蒋介石自然出了不少力，也安插了不少自己的亲信和朋友。最终，为了安抚蒋介石，孙中山任命他为黄埔军校筹备委员会主席，后来成为校长。

黄埔军校是个新起点，也是支撑点，可以想象不久的将来，控制中国军事的人大部分都将从这里走出，那个时候蒋介石也就成了中国军界不可或缺的人。

1924年5月，黄埔军校在广州成立。廖仲恺任党代表，蒋介石任校长，周恩来任政治部主任。孙中山在开幕式上讲话。蒋介石提出"亲爱精诚"为校训。

成为黄埔军校的校长后，蒋介石自身也发生了变化。可以说他在政治上、军事上和性格上都更成熟了。从政治上看，蒋介石知道了掩饰，收起先前决绝的"反共"态度，热烈地支持"三民主义""共产主义"。从军事上看，蒋介石尽忠职守，对学生严格要求，并且与学生同吃同住，早起晨练，巡察带队，大小事务亲自过问。从个人性格上看，蒋介石改掉以前的诸多恶习，变得勤俭节约，烟酒不沾，甚至每天只喝白开水。

蒋介石似乎了解到，只有改变自己才能成功，现在就是时候，而成功需要等待机会。当然，他的很多改变也因为另外一个人的出现，那个人就是宋美龄。

2. 东北"少帅"

"少帅",当人们谈起张学良时,总是这样称呼他。

一句"少帅"让他变得容易亲近,也让他不受沧桑岁月的风蚀。

百年、千年以后,当人们再来看这段历史,可能还会叫他"少帅"。

袁世凯倒台后,中国由北洋政府控制,张作霖在东北独自称大。北洋军阀之间又有着千丝万缕的联系,张作霖和华北三省军阀曹锟甚至是穿一条裤子的铁哥们儿,所不同的是张作霖还要和日本人周旋,这也注定了张学良生长环境的复杂。

张作霖常不归家,归家则高朋满座。虽然张作霖是粗人,但是来的客人除了他手下一些粗人弟兄外,也有文化名流、军事名人、政府要员、西方人、日本人等,每次厅堂总是灯火通明,年少的张学良也跟着夜半才睡,或者躲在厅堂后面偷听,或者坐在厅堂一角观望,甚至坐到父亲怀里,俯视满堂人等。

久而久之,耳濡目染,各种思想、知识都对他产生了作用。

母亲刚去世时,父亲还给他找了个守旧的私塾先生,一教就是几年。老先生对大清王朝念念不忘,始终坚守"身体发肤乃父母所授,不可损坏玷污"之古训。进入民国时期都十年了,他仍然辫子不剪,胡子一把,活脱脱的老态龙钟。他整天给张学良教授的是儒家思想、三纲五常。张学良连张作霖的话都敢不听,何况这位老先生?张学良犯他的忌讳剪了头发,老先生愤怒不已,张学良只是觉得很好笑。

可是,张学良毕竟活在当时的年代,当时中国又是破落的国家。跟着父亲张作霖,接触各种能人义士,总能碰到带给他启发和转变的人。这不,他就碰到了新思想。

父亲的军医王少源,奉天基督教青年会董事会的会长,既然信奉西方宗教,想必思想有一定深度,听到张学良无病呻吟"国家前途无望,活着将来也是给人家做奴隶",他心想:这个"人家"不就是日本人吗?当时的局势就是日本人企图鲸吞东北三省,张作霖与他们苦苦周旋。

王少源对张学良说:"年轻人不要总是一副无精打采的样子,这样呻吟有什么用？……多出去走走，会有新的发现。"王少源见年轻的张学良总是闷闷不乐，于是给他门票，介绍他进了青年会。

张学良一进青年会的会堂，就被一场"开堂讲课"惊呆了。在座的全是热血青年，名人能士。一位中年先生衣衫整齐，鼻梁上架着眼镜，在台上演讲。张学良很惊诧，看着满堂生疏的面孔，他有些拘谨，但是全场热烈的气氛还是感染了他，让他对听课充满期待。

只听那先生说道："人说中国已经山河破落，希望无存，这是谬论。中国怎么没有希望？中国大有希望，中国的希望是'我'。"

张学良一听便笑了，心想："如此大言不惭！你是何人，有何德何能？我家老子尚且没有这么口出狂言。"

先生又说："国人大多为此国家失望，多有自暴自弃，这是不对的。你也认为没有办法，我也这样认为，他也这样认为，普天之下，大江南北都这样认为，那中国就真该亡了，中国真的就没有希望了。如果大家都奋发图强，抱负于心，那么中国就又有了希望。这就要从我做起，从在座的各位自己做起。这就是'我'的意思了。我希望中国人不要自怨自艾，更不要埋怨他人、指望他人，坐享其成。牺牲从我做起，强国从我做起。但愿从今往后人人都能说：'中国不强有我'！"

此时，张学良收起轻蔑，立刻折服于那位先生的气度，跟着众人鼓掌。

演讲完毕，众人散去。张学良恭敬地走上台，面见那位先生。听说是张作霖的儿子，先生却表现得不卑不亢。他语重心长地说："中国的希望在于我，更在于你们，你们青年！"显然，先生没有把张学良看作特殊人物，而是一个中国的青年。张学良对先生的崇敬油然而生。从那以后张学良爱上了青年会，成了那里的常客。此先生乃大名鼎鼎的张伯苓，当时南开大学的校长，近代中国著名的教育家，周恩来的授业恩师，他曾竭力把周恩来带到南开，又竭力把周恩来送到国外读书。

张伯苓在后来多次告诉张学良："中国社会的习惯是，好人坐在屋子里叹气，坏人在台上唱戏。如果我们扪心自问是好人之列，切不可消极地坐在屋子里叹气，任凭那坏人在台上唱戏。"

这样说来，张学良也算张伯苓的学生了。历史就是这样巧合，谁也没有想到，若干年以后，西安事变的两个主角周恩来和张学良竟然同出一门！

在青年会，张学良还接触到西学、基督教，认识了奉天基督教青年会总干事普赖德（Platt），二人后来成为挚友，常常结伴而行，进饭馆、教会、游山水，谈基督，谈人性，谈博爱。张学良曾经学过的英语也派上了用场，交往中英语水平进一步提高。而普赖德作为青年会的负责人，每次来宾演讲完毕，他都会将张学良单独引见给演讲的中外名人，以单独授课，这让张学良受益颇多。这群授课名人中尤其以中国的基督教领袖、后来为蒋介石主持婚礼的余日章对张学良的影响最大。

张学良用后来的行动印证了余日章的教诲：

一、不要作伪，伪来伪去，最后伪到你自己头上；

二、要遵从舆论，不要假造舆论；

三、要牺牲自己，为大众解决痛苦，不要为解决自身的痛苦，而来牺牲大众。

为了让自己的思想得到更进一步的滋润，接下来，张学良准备出国求学。因为与日本人走得很近，加上日本是军事教育十分发达的国家，张作霖想让儿子到日本去留学学习军事，但是，因为早先的英语学习、普赖德的鼓励和青年会先进思想的影响，张学良自己打算去美国留学。陈惠生却对他说："你不宜令大帅不快，而应博他欢心，然后再谋图志愿。且你健康不佳，去美国不便，何不先请求入国内军事学校，此不过一年的工夫。一则迎合大帅之心理，二则锻炼体格。待毕业，再求学英美，学习军事，大帅必允许。而待你身在外国，再改学其他，已由你定夺。且欲将来打算贡献社会，依大帅之财富和权势，自是易有成效。"

张学良顿悟，意识到自己年轻气盛，过于冲动。如果这样放弃父亲这个支点，他就太傻了。于是他有了报考保定陆军军官学校的想法。

1918年，张学良和四个朋友奔赴北京，此时军事院校正式考试已经结束，只待发榜通知，他们只能参加补考。张作霖听闻儿子要学军事，自然高兴，张学良出发的同时，他给北京通了消息。考试时，考官竟将答案送上，张学良他们走了一回过场。结果，张学良顺利被保定陆军军官学校录取，可是他并没有去读书。第二年，张学良准备去保定时，恰逢奉天讲武堂改组重建，张作霖想："小六子没必要大老远跑到保定去，就在奉天，我眼皮子底下，能多一点照顾。"

于是，1919年，张学良以首批学员的身份进入奉天讲武堂。

在奉天讲武堂，张学良遇到了郭松龄。郭松龄于1883年出生，革命党出身，参加过辛亥革命、护法运动，曾在北京讲武堂任教，后来在东北跟随过张榕，为人正直、治军从严、锐意革命、有远见大志。当时，他是张学良的老师，后来成为张学良的挚友，再后来成为张学良的部下，最后又成为东北军的叛徒。

郭松龄对张学良说："东北军事，旧式腐败，应加改革；你既有志救国，应立志先救东北；东北军事改革，军力加强，对内对外均有重大意义；你父亲既已应允予你军事职务，你当振起精神，一心一意，做真正军人，改善你父亲的军队，这比什么事业都重大；且你比任何人机会都好，也比任何人都容易做得成功。"

张学良觉得此言有理，也说到他心里去了，给他指明了方向。后来的事证明了郭松龄的话，而张学良在东北军的作为也的确是按着郭松龄的指点进行，甚至"东北易帜"也有他的影子，只是张作霖不欣赏他这样的激进派，所以他的命短。

一切都不能掩盖张学良对郭松龄的欣赏和尊敬，张学良作为学生从郭松龄那里学会了怎样做一名军人、怎样做一名统帅、怎样带兵打仗。作为朋友他们甚至同吃同睡，达到"穿一条裤子"的地步。张学良自己都说："张学良就是郭松龄，郭松龄就是张学良。"正是郭松龄让张学良坚定了做一名军人的决心。

郭松龄成就了张学良，张学良也成就了郭松龄。郭松龄耿直、治军严谨、牛脾气，外号"郭鬼子"，他是将才，不是帅才，而张学良是要成为帅的，甚至要成为领袖的。所以后来张学良说：郭松龄宁折不弯，张学良宁弯不折。

1920年，张作霖授意，张作相提携，还在读书的张学良被任命为第三旅第二团团长；从奉天讲武堂毕业之后，张学良又顺理成章地成了上校卫队旅长。此时，以张学良的思想人格和军事才干，他已经有了"少帅"的资质，"少帅"的概念也逐渐成熟，"少帅"这个概念不同于任何严格意义上的军事将领，也不同于任何严格意义上的政治领袖，"少帅"就是独一无二的少帅。

张学良毕业，不再是郭松龄的学生，不只是名义上不是，本质上也不再是。张学良深知郭松龄之才，把他推荐给叔叔张作相，他们二人开始并肩作战。1920年，张学良和郭松龄前往吉林剿匪。1921年，张学良被张作霖派往日本观秋操。随后，张学良成为第三军团团长，军衔由少将升为中将。显然，张作霖有意提携儿子，但是又不能太过分。儿子必须立功才能名正言顺地擢升。

机会很快来了。

1922年，第一次直奉战争爆发。张学良跃跃欲试。

3. 大时代

从1916年袁世凯离世到1927年八一南昌起义，这个时期可以说是中国近代历史上最混乱的10年，仿佛回到了诸侯割据、群雄并起的战国时代。皖系军阀、直系军阀、奉系军阀、桂系军阀、浙系军阀、山西军阀、国民革命军瓜分中国势力，先有北京国民政府、广州国民政府对立，后有南京国民政府、武汉国民政府对立。同时，国际局势风起云涌，列强仍旧在中国横行，英雄与小丑轮番登场，各政府政权不断更迭，各个势力内部政权也不断更迭。能够数得上的人物太多，孙中山、黎元洪、段祺瑞、冯国璋、张作霖、曹锟、吴佩孚、张勋、徐世昌、陆荣廷、王占元、陈炯明、孙传芳、冯玉祥、张宗昌、徐树铮、廖仲恺、汪精卫、蒋介石、张学良、阎锡山、顾维钧、李宗仁、白崇禧等。

辛亥革命时期，孙中山没有从军事上掌握权力，完全靠思想、靠理想。这场革命没有从根本上解决中国的问题。

事实上，诸势力都是脱胎于革命，或者镇压革命，或者革命，但从总的趋势来看，军阀割据对封建王朝是一种革命。他们之间打打和和，有矛盾，打；有共同利益，和；仿佛滑稽戏。孙中山鞠躬尽瘁，但回天乏力。直到蒋介石和张学良的联合，加上共产党的日益壮大、日本入侵等多重作用，这种局面才算告一段落。

这个10年，前文已经有很多涉及，那是蒋介石的一面。后文也将涉及，则是张学良的一面。以孙中山1925年逝世为分界点，此前的蒋介石和张学良还没有交集、交流或交锋的可能，之后，他们则迎来他们的光辉岁月。

袁世凯死后，黎元洪就任中华民国大总统（北京）、皖系军阀段祺瑞任国务总理。两人展开角力，史称"府院之争"。

1917年，孙中山南下组织"护法运动"，皖系段祺瑞和直系冯国璋联合平定了革命。在随后的权力之争中，皖系得奉系支持，占据先机。

1917年6月，安徽督军张勋率领"辫子军"杀入京城，公然复辟帝制；7月，皖系军阀段祺瑞与直系军阀冯国璋联合，赶走张勋，皖系傀儡徐世昌就任中华民国总统（北京）。

1920年，冯国璋死后，直系军阀由曹锟、吴佩孚掌控，联合奉系军阀张作霖发动"直皖战争"。段祺瑞被迫离开北京，直系控制政府。

1922年，直系军阀由曹锟、吴佩孚与奉系军阀张作霖展开第一次直奉战争。张作霖战败，曹锟用钱财贿赂官员，成为史上最丑的中华民国总统。

1924年，奉系张作霖联合孙中山、皖系段祺瑞与直系展开第二次直奉战争。冯玉祥兵变，直系败走，曹锟被囚，段祺瑞执政北京。

1922年3月，天津，乍暖还寒，海风从东面吹来，满城柳絮飘零！街道稍显凋敝，偶有鸡鸣狗叫，庭院深深几许，厚重的木门上红色的油漆鲜艳。一条狭窄的街道上，几辆汽车依次停下，但见一个身披风衣、戎装精神的年轻人从车上走下来，后面跟着几个戴礼帽、穿袍子的随从和几个官兵，官兵手里提着几个大箱子。一行人朝那座府院走去。柳絮轻轻地落在为首的年轻人的风衣上。年轻人一表人才，步履轻盈，面容清秀俊俏，虽稚气未脱，眼神却镇定坚毅。

看门人说："站住！你们是什么人？"

年轻人微笑着说："烦劳禀报你家省长曹老爷，说奉天张汉卿特来给他请安！"

看门人上下打量张学良一番，说："你们等会儿，我去通传！"

张学良对看门人微微一笑，看门人转身消失在门里。张学良收起笑容，看了看那些礼物。未久，看门人出来，说："张将军，我家老爷有请。"

张学良点头，一行人走进府内。主人早已经走出客厅，在院子里迎接。

进到门里，张学良就看见一个年近半百的长者，穿着绸缎袍子，戴着青灰色员外帽，背着手挺着胸，满面笑容，站在当路。张学良走过去，恭敬地作揖：

"四大爷，汉卿出行办事，途经天津卫，特来拜见您老。"

这个四大爷不是别人，正是曹锐，曹锟的四弟。张作霖往昔与曹家兄弟交好，称呼曹锟"三哥"、曹锐为"四哥"，且张作霖与曹锟结成亲家，自然张学良就要叫他"四大爷"。

曹锐走过去，扶起张学良："嗯，贤侄快起来，行这么大礼，我可受不起！"

张学良笑得灿烂："您咋就受不起，您是我爹的老哥哥，亲着呢。"

曹锐听得乐呵："你爹身子骨可好？"

张学良说："托您的福，很好。他日日行操，带兵打仗，有劲着呢。"

曹锐一听"打仗"二字，稍作迟钝，然后笑了，说："进屋谈，外边风大。"

曹锐把张学良一行人带进客厅，点着旱烟。佣人随后端茶递水。喝了一口茶后，张学良说："这次来我给大爷带了点东西。"然后让人把礼物奉上。

曹锐打开箱子，里面尽是人参、鹿茸、貂皮，还有些珠宝、古玩。

"不成敬意，但请收下。"张学良轻声说。

"嗯。"曹锐笑着说道，"小子，是你爹让你来看我的吧？"

张学良嘴巴很甜，说："爹有这个意思，侄子也早想来看看您。"

曹锐说："你爹现在在哪儿？"

张学良说："大爷当真不知道？"

曹锐敲了敲烟杆："我怎么会知道？"

看了看他，张学良说："我爹正在关外。"

曹锐说："那你小子怎么来了？"

张学良说："爹在关外，离这里不远了。"

曹锐吃了一惊，烟灰撒了一地，脱口而出："他要干吗？"

张学良说："不干吗，操练军队。"

曹锐说："就是操练军队？"

张学良说："就是操练军队——您知道三大爷最近忙什么吗？"

曹锐笑了笑说："他爱干啥干啥，他的事情我操什么心！"

张学良说："大爷当真不知道？"

曹锐说："小兔崽子，怎么啥事情大爷好像都要知道似的。我算哪根葱、哪棵蒜。老三干什么我可管不着，我只是小省长。"

1916年，曹锟任直隶督军，曹锐则于1918年任直隶省省长，兄弟分掌直隶军政大权，在职期间，他镇压"五四"学生运动，并凭借省长权力，谋取私利，兼营恒源纱厂，任董事长兼总经理。1922年后半年，他才离职。

张学良笑着说："大爷现在倒是清闲了！"

曹锐满面红光地说："可不是，我有的是时间种花，玩玩鸟，逍遥！"

张学良说："如果您见到三大爷，告诉他我爹在关外操练兵马，奉天的十几万兵马都来了，让他有时间一定去看看。如果他嫌远，我爹可以到天津卫来。"

曹锐不是傻瓜，张学良明显话里有话。他和曹锟一个鼻孔出气，兄弟做了什么他心里清楚，后来，曹锟当选大总统，贿赂用的钱大部分是他出的，他也名正言顺地进了北京。那么，张作霖想做什么呢？而在当时，曹锟又做了什么呢？

原来，1920年直皖战争中，张作霖帮曹锟打跑了段祺瑞，战争结束后，二人商量善后之事时，突然冒出一个吴佩孚在大会上大嚷大叫，好不嚣张。张作霖看不惯，对曹锟说："这是哪门子人物？你我尚在，他叫嚷个屁！"

曹锟笑着说:"这是我手下的干将,师长吴佩孚。"

张作霖更生气了:"师长?在座的哪有师长?我师长一大堆也没带来一个,他嚷什么?"表面上,张作霖是对吴佩孚发飙,实际上,他是对曹锟不满:"妈了个巴子!你带个师长过来耀武扬威,好像你的地位就比我高了。"

张作霖对直皖战争后的利益分配十分在意,这点面子上的事情他也不能容忍,哪怕吴佩孚果然是号人物。可以说直系名义上是曹锟的,但在行军打仗上,他吴佩孚才是脊梁骨。会上,张作霖就两湖(湖南、湖北地区)的利益分配以及王占元(两湖巡阅使)的问题又和曹锟说了个详细。张作霖快人快语,说:"三哥,以后北面的事情,可以说就是咱俩掌握了。好好带带兵,治理好地方,让老百姓过点好日子。两湖的事情,虽然王占元先前没有帮咱,但是也没害咱。就让他好好在南面待着,也能挡着南面的对头,可不要再打仗闹什么不愉快的事情了。"

曹锟听得明白。张作霖确实会说话:让老百姓过安稳日子不假,更深的一层意思则是千万不要动王占元,仗是两个人打的,地盘要两个人分,如果动了王占元,那么他张作霖在直皖战争胜利后的利益将会大大受损。

曹锟微笑着点头说道:"兄弟说得极是。"

张作霖还是不放心,似笑非笑地说:"兄弟归兄弟,咱丑话说前头,要是你真的动了王占元,别怪为弟的到时候不讲情面。"

随后,由于曹锟把持政府,适逢白俄骚扰边境,张作霖被派去平定。趁此机会,直系策反王占元军队哗变,以吴佩孚取而代之,控制两湖。张作霖十分气恼,当即调回军队,欲开进关内。但是,他没有直接行动,而是把军队放在关外,以威胁曹锟使其收手,而此次张学良探访"四大爷"正是一种变向施压。

曹锐和兄弟联系密切,所以听到张作霖到了关外十分震惊:他突然跑到山海关,用意不言自明。张学良的探访他自然会告诉兄弟,但是,曹锟没收手。于是,1922年4月29日,第一次直奉战争爆发。

张作霖几乎倾巢出动:张作霖为总司令,兵分东西两路,四师、九旅,共12万人。老将有张景惠、张作相、孙烈臣、吴俊陞、汤玉麟等,新生代将领张学良、李景林、张宗昌、杨宇霆、韩麟春、姜登选、郭松龄齐集。

他是豁出去了。所谓兄弟情谊早就丢到了爪哇国。

曹锟也不甘示弱：任命吴佩孚为总司令，以七师、五旅共10万人列阵迎战。

两军在长辛店、琉璃河、固安、马厂等地展开激战，数日，张作霖全线败退，西路司令张景惠被俘。奉军撤出山海关，直军大有乘胜入关外之势。幸运的是，东路军第二梯队司令张学良和副手郭松龄所带的混成旅打了胜仗，守住了山海关，这对奉军来说是极其关键的，有了他的胜利，奉军便有了和直军和谈的筹码。加上直军也心有顾及，追到关外他们未必能占到便宜，东北又是日本人的势力范围，不好惹。在众多方面的调停下，直奉和谈，第一次直奉战争以奉军战败而告终。

但是，张学良牛刀初试，立了大功。他的地位得到了明显的提升，张作霖十分欣慰。之所以张学良和郭松龄部能打胜仗，主要还是因为他们的军队相当于东北军里的"新军"。特别是因为郭松龄的存在。他们治理部队的思想是新的，是纪律性部队，人人都以身作则。其他各路所以败退，多半因为领导者都是张作霖做土匪时出生入死的兄弟，作战思想陈旧，部队管理总离不开兄弟义气。

回到奉天不久，张学良向父亲建议整顿军队建设，建立海军、空军，以备他日之异常情况。张作霖因为吃了这次败仗，屈辱至极，想着一定要报仇雪恨，听闻儿子要整改军队建设，遂满口答应了。这样，由张学良主持，在日本人的帮助下，两年时间，整军经武，创设航空处，兴建兵工厂，改善军事教育，训练青年干部，派遣东西洋留学生。东北建立了陆、海、空三军一体化的新型纪律军队。张学良想用这支部队备他日异常之用，是想自强，或者就是对付日本人。而张作霖拥有了这支部队，他首先想要对付的就是"三哥"曹锟，特别是那个嚣张的吴佩孚。

又一场战争似乎不可避免。曹锟的所作所为也的确推进了又一场战争的到来。

1922年10月，北京城，老百姓都在看一场大戏，大戏的确好看。京城是那么热闹，人来人往、车水马龙、宾客云集、衣衫华美，珍稀物品、金银珠宝也运达京城。大街上灯火彻夜不熄地亮了十来天，梅兰芳、程砚秋、尚小云、余叔岩、杨小楼的京戏唱了7天。原来，这是曹锟在庆祝六十大寿。

1923年10月，北京城，老百姓的眼睛又在看一场大戏，大戏却不好看。9月的总统大选，曹锟用百万金贿赂了参选代表，590张选票，480张是曹锟的，孙文33票，段祺瑞7票，吴佩孚5票，张作霖只有可怜的1票。

曹锟正式成为中华民国（北京）第四位总统。段祺瑞不高兴，张作霖更不高兴。但是，能怎样？先忍着！吴佩孚也不高兴，但是他不用担心。他是曹锟的死党，忠诚的第一干将。所谓忠诚，曹锟明白，他也明白。此时的曹锟更加追逐政治地位，做"出头鸟"，其兵权必然会分散，吴佩孚愿意看到他的兵权分散，往自己这里集中。曹锟再怎么有能耐，只要他吴佩孚手里有兵权，曹锟就要依仗他，而做个军权在握的第二号人物要比一个军权大失的第一号人物好很多，枪总是打"出头鸟"。全中国人都在指责曹锟的闹剧，吴佩孚却成了"中国最有能力"的人。时间一点点地前进，一切都印证了吴佩孚的权力的到来。

1924年9月8日，创刊仅1年的美国《时代》杂志让吴佩孚成为第一个登上封面的中国人，封面注解：

GENERAL WU

Biggest man in China

美国人那里，吴佩孚不只是"儒雅绅士"，也是"中国最伟大者"。美国人没有选择总统曹锟，而是选择了吴佩孚，这是很有远见的。

1924年的吴佩孚坐拥中国最核心地域的兵力：南到两湖、北到直隶，在诸势力中是最强的。曹锟则成了人们议论纷纷、处境艰难的总统。

美国人甚至把吴佩孚当成最有可能统治中国的人进行了细致的描述：

他是中国最能干的军事家。他统治着除满洲之外的整个中国北方

和中原。他任直鲁豫巡阅使，北京属于他的管辖省份。尽管他赞成民主制，但其目的是用武力统一中国。……北京局势有一个特殊情况，现任总统曹锟曾是吴大帅的敌人，在曹锟当选为中华民国总统时，吴大帅没有反对，据说他被"买通"了。他不仅仅是一位军事天才，还精通文化、科学和文学。他学习很刻苦，近来开始学习英语，聘请了一位家庭教师。他只给教师一个小时的授课时间：早上4点30分到5点30分。他还以"说话柔和、手段强硬"而著称。

美国人把吴佩孚看成"中国最强者"，对，也不对。1924年吴佩孚是"中国最伟大者"，这个局面在9月8日之前还是对的，9月15日之后，一切就都变了。

张作霖岂是好惹的，他在东北的崛起可以从一个侧面看出来。

同一期《时代》描写了张学良：

MARSHAL CHANG.

His title is no empty epithet.

此为描写张学良的两个词汇，直译过来是："张元帅"，"他的头衔不是空壳"。23岁的张学良已经成为名副其实的元帅和东北不可或缺的大人物。东北有了飞机工业、汽车工业，有了中国最先进的兵工厂，这个"元帅"的分量沉甸甸的。

更让美国人意想不到的是，曹锟的干将冯玉祥也不高兴了！

冯玉祥，那个时代中国传奇人物当中一个拥有足够分量的人物。

张学良的美国朋友格林在青年会客观地评说过张学良：冯玉祥和张学良有很多相似之处。冯玉祥之所以联合奉军也有张学良与其有所交往有关。他们都有一颗爱国的心，大凡是人，出生与生活在一个国家，都有爱国之心，而比起张学良，冯玉祥多了一份粗人气质，少了一份天生的责任。但是，历史是那样，人也只能是那样。人性、理想、报复、权力、利益、金钱、地位交织在一起时，人能想到的只有"怎么让自己变得更强大""如何才能保住自身的利益"。

1928年7月2日，冯玉祥成为第三个登上美国《时代》杂志封面的中国人，美国人这样说他：

> 他站起来足有六英尺高。他不是纤弱的黄种人，个头魁梧，古铜色，和蔼。《圣经》拿在手上或者放在口袋里，虔诚的基督徒。神枪手。世界上最大的私人军队——195000人——的主人。在今天，这样的人就是中国的一个最强者：冯玉祥元帅。
>
> 这位最强者也会因他的诸多优点而令人难忘。18岁时，冯在当时的清军中当兵，拳乱（1899—1902）之后，他很快升至军官。他患溃病而受其折磨，两位中医告诉他是"不良生活所致"，想收他的医疗费，此事对他刺激和伤害甚大。这位年轻军官很清楚自己的品行，拒绝了中医的治疗，转而去北京教会医院求医并痊愈。为他治疗的基督教医生说的一番话，令他终生难忘："你不必付钱。我只要你记住，是上帝爱你，派我来为你治病的。"

先前冯玉祥是尽心效忠于曹锟的。在曹锟贿选总统的过程中，冯玉祥是主要策划者和实施者之一，于是曹锟自然器重他，而其中他必然与吴佩孚的利益发生冲突。吴佩孚竭力排挤他，他自然不高兴。

第二次直奉战争，作战的是曹锟，主战的是吴佩孚，参战的有冯玉祥。于是利害关系变得很微妙。面对直系内部的"小三角关系"和外部奉系的"大三角关系"，冯玉祥怎样才能得到最大利益？——响应奉军，对曹锟下手。

战争前，孙中山对冯玉祥进行了道义游说；战争中张作霖给了冯玉祥90万两黄金。水到渠成，只待战争。

1924年9月15日，第二次直奉战争爆发。这是中国近代历史上第一次现代化战争。张作霖出动6个军及海、空军一部，共计约15万人，分两路向山海关、赤峰、承德发起进攻。直军以吴佩孚为"讨逆总司令"调集4个军及后援军、海军、空军约20万人应战。两军激战20多日，战争转向对奉军有利的一面。

吴佩孚孤注一掷，与张作霖在山海关展开决战。战斗正紧，直军却"后院起火"。第三军司令冯玉祥率部星夜进京城，发动政变，囚禁了曹锟。进退维谷的吴佩孚最终败走，率几千残余逃往山东老家。随后，张作霖开进京城，与段祺瑞、冯玉祥会谈，冯玉祥终于成为一个人物，段祺瑞被推举为总统。

但是，这个联盟中，张作霖是权力最大的，大半个中国就由他控制了。

接着，孙中山也从广州来到北方。

本来历史的节点是第二次直奉战争的胜利，如果历史的道路是张作霖的，历史朝着张学良前进，那么肯定是这样。但是后来的历史轨道让这次胜利湮没了。孙中山的到来是历史性的一个节点，历史从此改写，朝着另一个方向前进，朝着蒋介石前进。

1923年，曹锟就任总统后，孙中山曾就"联奉打直"专门派汪精卫到奉天拜见张作霖。张作霖好吃好喝相待，革命云云，战争种种，钱财问题张作霖都欣然同意，唯独中国统一，闭口不谈，敷衍以过。但是毕竟在对直问题上达成一致，整个中国的问题可以在战后谈。孙中山还就战争问题特意给张学良写了一封信，在他眼里少帅是大才、明白之人，不同于其父亲张作霖。

汉卿仁兄惠鉴：

顷颂手书，借悉一切。所论奉省暂持冷静态度，以俟时机，实为特识。文顷致书尊公，述此后军事进行，宜由西南发难，据险与敌相持，使彼欲进不得，欲退不可。

然后尊公以大兵直捣北京，略定津保，以覆其巢穴，绝其归路，敌必可灭，正与高明之见不谋而合。望力持定见，他日运筹决胜，可为预期也。韩芳辰君来，连日讨论，悉东三省整军经武，养锐待发，曷胜忻慰。兹特倩汪精卫先来谒，一切代述。希赐接洽为荷。

专复，敬颂。

台绥孙文九月二十二日

蒋介石 与 张学良

1924年11月中，张作霖邀请孙中山北上，共商战后大计。临行，孙中山身体已有微恙。孙中山还是去了，和宋庆龄一起，从广州乘船达到天津。

隆冬时节的天津，变得热闹，变得喧嚣，穿着厚厚的棉军大衣的人物、穿着中山装的人物、穿着绸缎马褂的人物、穿着袍子的人物、穿着标准军衣的人物进进出出。一切都是因为孙中山的到来。

孙中山和张作霖进行了两次单独会谈，两次都不允许任何外人参加，尤其是张作霖不让儿子张学良参加。第一次张作霖登门拜访孙中山，张作霖高高兴兴地进去，握手、寒暄；高高兴兴地出来，握手、寒暄。第二次孙中山到曹家花园拜访张作霖，温文尔雅地进去，握手、寒暄；温文尔雅地出来，握手、寒暄。至于他们到底谈了些什么，张学良问父亲，张作霖只是满面红光地告诉儿子：

"谁说他是'孙大炮'，此人一点也不'大炮'，是个人物，我服他。"

这个"服"是"佩服"的服，不是"服从"的服，他告诉儿子的仅此而已。

说来说去，还是东北问题，南北问题，统一问题。张作霖说得明白："革命我欣赏，国民政府我欣赏，可以在南方搞，甚至可以在全国搞，但是不包括东北，东北的事情孙文不要过问。而现在'北中国'的事情孙文也似乎不要过问了，'北中国'也是他张作霖说了算。"事情就是这样，曹锟走了，张作霖来了。

张作霖有足够的理由对孙中山说"不"。

历史往哪里走？不清楚。张作霖非莽夫，更不是简单一句"日本人的走狗"可形容。东北在他手里，太平富饶，虽然有日本人在，但是他处处提防，只要日本人不动东北，可以合作。关内是他辛苦打下来的，每次战争前他都与诸将祭天拜地、喝酒壮胆、豪言壮语、视死如归。

孙中山拿他没办法，所以亲自登门，一来出于礼数，二来实在想谈个结果。可是很明显，要想拿地盘，建他的"中国"，必须打。那次登门让孙中山心灰意冷，南方的主人终究不习惯北方的一切！他被寒风击倒了。

1925年，孙中山住进北京协和医院。重病中的他接见了张学良，张学良坐到他的病榻上，他抓住张学良的手，对张学良说了一句意味深长的话：

"中国之未来在于你们这些青年身上了。"

这句看上去像是对全中国青年说的话，独自压在张学良身上。

孙中山更像是单独说张学良：中国之希望在于你张学良身上。

因为张学良是张作霖的儿子，因为张学良不同于张作霖。

或者孙中山会想：如果和他谈判的是张学良，那么事情就成了。

其实，远非那么简单。少帅虽然不同于父亲，但是毕竟是父亲的儿子，东北的少帅。让他选他也会先东北而后中国。人是那样成长起来的，东北之于他如血如肉，是他的财产，也是他的责任。"东北情结"将决定张学良的一生。

1925年3月12日9时35分，孙中山因患肝癌医治无效，逝世于北京协和医院，享年59岁。孙中山留下家事、政事、外交三份遗嘱，分别是《家事遗嘱》《政治遗嘱》和《致苏美政府遗书》：

> 余因尽瘁国事，不治家产。其所遗之书籍、衣物、住宅等，一切均付吾妻宋庆龄，以为纪念。余之儿女，已长成，能自立，望各自爱，以继余志。此嘱！

> 余致力国民革命，凡四十年，其目的在求中国之自由平等。积四十年之经验，深知欲达到此目的，必须唤起民众，及联合世界上以平等待我之民族，共同奋斗。现在革命尚未成功。凡我同志，务须依照余所著《建国方略》《建国大纲》《三民主义》及《第一次全国代表大会宣言》，继续努力，以求贯彻。最近主张召开国民会议及废除不平等条约，尤须于最短期间，促其实现。是所至嘱！

苏维埃社会主义共和国大联合中央执行委员会亲爱的同志：

> 我在此身患不治之症。我的心念，此时转向于你们，转向于我党及我国的将来。你们是自由的共和国大联合之首领，此自由的共和国大联合，是不朽的列宁遗产与被压迫民族的世界之真遗产。帝国主义下的难民，将借此保卫其自由，从以古代奴役战争偏私为基础之国际制度中谋解放。我遗下的是国民党，我希望国民党在完成其由帝国主

义制度解放中国及其他被侵略国之历史的工作中，与你们合力共作。命运使我必须放下我未竟之业，移交于彼谨守国民党主义与教训而组织我真正同志之人。故我已嘱咐国民党进行民族革命运动之工作，中国可免帝国主义加诸中国的半殖民地状况之羁缚。为达到此项目的起见，我已命国民党长此继续与你们提携。我深信你们政府亦必继续前此予我国之援助。亲爱的同志！当此与你们诀别之际，我愿表示我热烈的希望，希望不久即将破晓，斯时苏联以良友及盟国而欢迎强盛独立之中国，两国在争为世界被压迫民族自由之大战中，携手并进以取得胜利。谨以兄弟之谊祝你们平安！

孙逸仙（签字）

孙中山留下的那句"革命尚未成功，同志仍需努力"，响彻云霄。

孙中山走了，历史也站到了一个路口，路口站着两个人：蒋介石、张学良。

4. 军阀混战

孙中山去世后，最可能成为继任者的有三个人：廖仲恺、汪精卫和胡汉民。此三人有许多相同或相似之处：均为1924年国民党第一次代表大会的主席团成员，均被选为中央执行委员，均是孙中山的广东老乡，其中汪精卫和胡汉民均为地道的番禺人，三人均于早年到日本留学，均在1905年就见了孙中山，且都加入中国同盟会，均参加了辛亥革命和护法运动，均对孙中山忠心不二，均是孙中山最亲近的人，均在孙中山身边长期任重要职务。

单列出来看，又有些不同：廖仲恺，其地位在"联俄联共"之后地位得到迅速提升，因为其是坚定的"亲苏联共"人士、国民党左派领袖，暗合孙中山的思想。国民党最重要的文件《孙越协定》就是他搞定的。从孙中山去世前其所在职位可以看出，孙中山有意让其接替，似乎只有他才能真正走孙中山的路。

汪精卫，作为孙中山坚定的信徒，曾经策划刺杀溥仪之父摄政王载沣，欲与之同归于尽，长期作为孙中山的秘书，参与起草、策划各种重要文件，孙中山去世前遗嘱便是由其代拟，他是懂得权变之术的人。

而胡汉民，同样是孙中山最贴身的秘书，坚定的信徒，孙中山北上之时，国民党的事务由他代理，他甚至代理过大元帅的职务。但是，他是坚定的国民党"右派"，对苏联和鲍罗廷没有什么好感。

然而，这仅仅是从政治上考虑，只是表面。

除了这三个候选人，蒋介石要想夺权，他还必须有足够的能力和智慧对付苏联、鲍罗廷和共产党。

一个黄埔军校校长，其能力到底有多大？

孙中山在北上之际，曾专门到黄埔军校停留，会见蒋介石，看望他辛辛苦苦培养的国民革命军将士。他欣慰地对蒋介石说："看着他们，我感觉到国家有希望，国家的希望就在这里。我就算死也能瞑目了。"这番话温暖了蒋介石，也更加刺激了他的野心。

南方是国家的希望，南方是蒋介石的；北方也有一个希望：张学良。

蒋介石和张学良在孙中山的眼中站到一起。这是他们的第一份缘。

果然，事情就悄悄地转了个弯。

孙中山去世后，1925年7月，汪精卫成了国民政府常务委员会主席，并兼任军事委员会主席、宣传部长等职。

8月，廖仲恺被暗杀，矛头直接指向胡汉民。

似乎就剩下汪精卫了。

此时，蒋介石出来了。

蒋介石已经是一个有野心的成熟的军人。他的出现并非直接从政治上谋求地位。正像毛泽东后来所说："枪杆子里出政权。"蒋介石牢牢抓住了枪。

孙中山虽已去世，但北伐势必进行。因为是黄埔军校校长，国民革命军将士的校长，蒋介石成为北伐计划的主要负责人之一，这也导致了军队向他手里集中。

然而，此时尚且还有军事部长许崇智，许崇智没有野心，但是却犯了错误，一点点小错误就被抓住了：他与惠州的陈炯明有某些说不清的关系。

9月，蒋介石发动黄埔军校学生解除了许崇智的军权，蒋介石军权在握。

10月，蒋介石带领国民革命军东征惠州，一举歼灭了陈炯明部，国民政府为之振奋，广东军民也为之欢呼雀跃。

蒋介石的地位和形象彻底被改变。

那个时代，军权就代表政权，军权是真正的权力！而也像那个时代所有的军阀一样，有了军权，他们就会谋求自己的利益和地位。蒋介石也不例外。

蒋介石成为从孙中山的革命里又一个崛起的军阀，只是这个军阀掌握着国民革命军，于是他就带有了某种正统色彩。

1926年2月，北伐全面启动。蒋介石已经是国民革命军总司令。他要以孙中山的名义攻打的是同样是军阀的张作霖、吴佩孚、冯玉祥、阎锡山和孙传芳。

军事上夺得了权力的同时，蒋介石也开始在政治上动作。

政治上的动作围绕一个中心：鲍罗廷，或者说共产党。

他先是将了"反共"的"右派"一军：孙中山去世后，国民党"右派"人士在孙中山陵墓前召开西山会议，要求驱逐鲍罗廷，理由很简单：中国人的事情不应该由苏联人掌握，国民党的事情不应该由共产党掌握。

蒋介石公开指责西山会议违背了孙中山的"三民主义"，胡汉民很没面子。

接着，3月，他将了"联共"的左派一军：被中国人称为"浓缩了中国近代史"的那艘舰艇、孙中山当年逃难作为50多天藏身之所的舰艇、孙中山北上时乘坐的舰艇、先前的"永丰号"、当时的"中山舰"，开出广州港，驶向黄埔湾，舰长共产党员李之龙站在甲板上，看着平静的海面，想着到底是什么任务，他感觉海面的风浪并不大。但是舰船上历史的风浪暗地里大到覆盖了时间，可以扭转乾坤。实际上它承载着历史的任务。

随后，蒋介石以"中山舰"私自出港为由，做了三件事：控制了海军军权；声称共产党密谋造反，包括周恩来在内的20多名共产党员被监视控制起来；名正言顺地违反"三民主义"，逼迫汪精卫与共产党身后的苏联人划清界限，并最终逼得汪精卫出国"散心"。

对于蒋介石"反共产主义"之说，无从探寻根源，他自己说出访苏联，让他对共产主义深恶痛绝，但是，随后的模棱两可，对"三民主义"的坚定，让人怀疑此话。

但有一点可以肯定，他对共产党的态度随着他的地位的不同和策略的不同也会相应地变化，这表明他成熟了。

他想成为领导者，自然不想受苏联的控制。此时，他确实该"反苏"了。而中国共产党当时没有真正的实力。共产党要走的路注定是孙中山走过的路，区别在于孙中山是在清廷的政府里发动思想革命，而共产党后来要在国民党统治下的群众中撒播革命的种子。

此次，蒋介石首要的目的还是"逼汪驱苏"，他成功了。

内部平定之后，他开始北伐。北伐的一方是张作霖。此时，张作霖已经几乎把一切大权都交给了儿子张学良。

蒋介石与张学良第一次交锋就是在这样的背景下进行的。

交锋的名义是国民政府和军阀，实质是两个军阀的利益之争。

此时，军阀们也经历了游戏一样的过程。

第二次直奉战争的胜利，张作霖、段祺瑞、冯玉祥似乎成了北方三巨头，可是说白了，冯玉祥算不上巨头，因为资历太浅；段祺瑞也不再算得上巨头，因为手下兵力已经很少，只有张作霖才是第一号人物。趁着直奉战争的胜利，张作霖的各部下补充了兵力，控制了华北：张宗昌以一旅扩为三个师，为山东督办；李景林以一师扩为四个师，为直隶督办；姜登选为安徽督办；杨宇霆为江苏督办。

当时的形势颇有当年众人依靠孙中山和袁世凯成为大军阀的意思，现在在张作霖这棵大树下，他们也兴风作浪。虽然，张作霖可以控制局势，但是，地方大了，权力大了，利益多了，人心也散了，兵不好带了，他也想提拔儿子！

恰恰因为张学良是自己的儿子，张作霖怕别人说闲话，自然没有给他分地盘、充兵力，张学良抱怨，张作霖甚至还训斥张学良有野心，说："谁让你是我儿子，你就要自认倒霉。"张学良其实不怕，老爹在那里，他还怕将来没位置？可是他难以向手下人交代。更难以交代的是身边的郭松龄。想他郭松龄是个军事人才，两次直奉战争都随张学良主战山海关，他和张学良的功劳应该是最大的。虽然，张学良认他是知己、是兄弟，可是情感并不能弥补一些东西。

另一方面，张作霖不喜欢郭松龄是真，其他将领不喜欢他也是真。他不是纯正的东北一脉，除了少帅张学良拿他当号人物，别的人物都称他为"鬼子"，可见其古怪。所以郭松龄是注定要反的。但是，单凭他一个人的力量还搞不出什么名堂，他要等待时机，等待有共同利益的人联合。这个人就是冯玉祥。

1925年8月，张作霖把冯玉祥排挤出北京，最终任命他为甘肃军务督办，兼任西北边防督办。冯玉祥心里不舒坦，能用得上就是爷爷，用不上就是孙子，在大西北不毛之地，他接受了共产党和苏联的帮助，养精蓄锐，等待机会。同时，面对张作霖就要在长江以北"独大"的情形，浙江军阀孙传芳发毛了。

孙传芳，山东历城人，早年毕业于日本陆军士官学校，加入同盟会。后跟随曹锟直系一派起家，直皖战争期间，占据了浙江，势力逐渐壮大，雄踞一方，浙、闽、苏、皖、赣均是其势力范围。而当时张作霖显然是直接骑到他头上了。

该怎么办？孙传芳要起势，必须师出有名。于是他又把失势的吴佩孚找来。此时，吴佩孚到了他的发迹之地——两湖，在孙传芳的协助下，他又东山再起。

共产党的威力也显示出来，全国各地的工人运动不断兴起，让当局的张作霖不得安宁，成为各种战争的导火线和催化剂。

最著名的当然还是这一年的"五卅运动"。

1925年10月25日，孙传芳以奉军镇压上海工人运动为由，兵分五路，讨伐奉军，浙奉战争爆发。吴佩孚也趁机在汉口出山，响应孙传芳。孙传芳要夺回来的第一个地盘就是江苏南京。江苏督办为杨宇霆，此人是张作霖军中比较得宠的新生代将领，守旧派，张作霖的重要谋士，并且在奉军中大有"舍我其谁"之感，甚至不把张学良放在眼里。

嚣张的杨宇霆与孙传芳作战几天，战事失利，内部又出现叛变，他只好弃城只身逃往北京。见他回来，张作霖郁闷之极。

浙奉战争就是郭松龄的机会，也是冯玉祥的机会。毁城最怕从内部开始。郭松龄看不惯老一派的护短作风，多次进言张学良要其争取东北执行权，但是无奈张学良不可能反他老子，虽然张学良是治军治国的人才，但是他缺少野心，他得服从他老爹。

张作霖见郭松龄蠢蠢欲动，便想解除了他的军权，但是张学良又不太愿意，毕竟张作霖还是有些意气用事。后来找了个折中的办法——张作霖委派郭松龄到日本考察，其实是放逐、冷落，因为，张作霖身边的人都不想他坐大。

郭松龄实为能征善战之人，1912年张作霖暗杀张榕时，他是张榕的追随者，本来是要杀头的，但经相爱女子韩淑秀冒死拦囚车，坚持说郭松龄回奉天是来和她完婚而非革命，他才逃过一劫。但是进步的思想始终在他脑子里。此次被派往日本，他满心委屈和愤慨，似乎注定要铁了心叛乱了。

张作霖虽然不喜欢郭松龄，但是不得不承认他的军事才能。冯玉祥又要回北京了，于是，张作霖调回郭松龄，以打冯玉祥。郭松龄回来了，但没有打冯玉祥，而是联系冯玉祥，里应外合，他要打回关外，打到奉天，捣掉张作霖。

张作霖从土匪发展成统治者，遇上手下叛变还是头一遭。此时，奉军将领已经分散到华北各地，张学良在沈阳总司令部代理总司令参议，关内他的三集团军7万多人全部由郭松龄负责。郭松龄想得好，以张学良的名义造反，打到沈阳（奉天），然后让张学良回到东北，这样他可以免受牢狱之灾，也师出有名。

1925年11月，郭松龄在滦州起兵，发表"反奉宣言"，号称"东北国民革命军"。

见部下叛乱，张学良慌乱不已，心中愧疚难当，发电报问郭松龄想干什么，让郭松龄把部队撤回去，郭松龄已经不听。事已至此，张学良想前去亲自劝阻军中部下，这个劝阻当然已经不包括郭松龄。郭松龄是必死无疑了，除非张作霖被他打死他才能活。

不想张学良半途接到一封电报。

电报大意是：顷接郭松龄等通电拥举贵官为东北军政首长，余等准备引退，请即归来交替，云云。

落款人竟然是父亲张作霖和奉天省（今辽宁省）省长王永江。

天大的笑话！张学良更是羞愧，更是恐慌，更是气恼。这郭松龄到底想干什么？夹在郭松龄和父亲之间，他当然是向着父亲和东北军。张作霖把他召回，当着众将军的面来了一出"周瑜打黄盖"，坚决要处死张学良，众人当然知道什么意思，都慌忙劝阻，军心才稳定下来。

郭松龄不愧为奉军第一战将。不到一个月的时间里，他攻占山海关，夺取绥中、兴城，冲破连山防线，占领锦州。

郭松龄眼看就要打到沈阳了。

奉军全面退守辽河，张学良也亲自督战，誓要生擒郭松龄，郭松龄则想一鼓作气，攻占沈阳。

就在这个当口，日本人出面了。

郭松龄的举动已经触动了日本在"南满铁路"的利益。

此时，日本人并没有直接打郭松龄。

日本人要先寻求自己的利益。

日本人盘踞东北多年，和张作霖有着理不清的关系。但是，有一点可以肯定，只要不是要中国的地盘，张作霖可以和他们合作，牵扯到卖国的行为，张作霖不干。

于是，日本人也想找人取而代之，郭松龄就在眼前。

日本人找来郭松龄试探，郭松龄同样也拒绝了日本人的无理要求。

不合作就是敌人，在国家利益这一点上，郭松龄倒是和张作霖出奇的一致，很简单，因为他们都是中国人。

为了保证自己在东北的利益，日本人表示："不允许在南满铁路及其附属地内发生战斗。"随后在新民县巨流河轰炸了郭松龄军队。奉军出动，郭松龄和妻子化装逃走，后被俘虏。张作霖密令杨宇霆就地枪决郭松龄。一直看郭松龄不顺的杨宇霆杀之而后快，并奉张作霖之命，将其尸体示众三日。

张学良最后也没看到郭松龄一眼。

郭松龄此次叛乱，差点毁了张学良。而张学良则两边为难，父亲说给了他一个教训，而他则失去了一个挚友、一员大将。至于张学良对失去郭松龄的"阵痛"有多大可从很多年以后他不断地说到这个"与自己一体"的人的话语中体现："如果1931年郭松龄在，日本就不敢发动九一八事变。"

乘人之危是许多军阀的发家之宝，冯玉祥也不例外。他的国民革命军趁此机会迅速占领了直隶省全境，冯玉祥控制了段祺瑞北京政府。此时，吴佩孚突然停止了对张作霖的讨伐，因为他们现在有了共同的敌人——冯玉祥。

1925年底，吴佩孚和张作霖坐到了一起，共商对付冯玉祥的计划。

1926年1月，吴佩孚正式宣布讨伐冯玉祥，与此同时张作霖大军第三次入关。吴佩孚、张作霖的军队与冯玉祥会战于北京八达岭长城一带，这场战争是继第二次直奉战争以后中国近代又一次惨烈的战斗。结果，冯玉祥败走南口。段祺瑞下台，张作霖成了北京的主人。而吴佩孚不会让张作霖独自享用胜利果实。当时的形势严峻：国民革命军即将北伐、冯玉祥仍旧对北京虎视眈眈。所以，张作霖对吴佩孚好生客气，竟然答应恢复原曹锟内阁成员杜锡珪组建的内阁。

张学良为此和父亲大吵了一番，因为杜锡珪乃当年对奉军下"讨伐令"的主角，但是张作霖没有动摇，张作霖还是很有度量的，因为他要和吴佩孚联合，要吴佩孚去打冯玉祥的国民革命军，去两湖抵挡北伐军。两害相较取其轻。

两人拜了兄弟，相约"战争为先，政治后论"，先拿下南口，然后吴佩孚主要负责南方作战，张作霖主要负责北方作战。结果，南口沦陷，吴佩孚未出一兵一卒，张学良看出他的用心，浮夸、吹牛、保存自己的军事实力。最后还是靠张学良出兵才赶走冯玉祥。冯玉祥撤走山西，自己则出访苏联。

1926年7月，北伐正式启动。蒋介石带领七路军队，约八万五千人，首先向湖南开进。此前，南方"桂系军阀"已经改朝换代，李宗仁、白崇禧等替代了陆荣廷，归顺广州革命政府。北伐军虽然人数上不占优势，但是，这支部队是严格培养的纪律之师，军事将领有何应钦、李宗仁、白崇禧、陈诚等，均为日本陆军士官学校毕业，而低级别将领很多来自黄埔军校。另外，这是国民党和共产党共同参与领导的军队，虽然实际领导权在国民党手里、在蒋介石手里。于是，所到之处共产党发动的群众运动、工人运动也为国民革命军提供了道义支持。

7月，北伐军占领长沙，湖南基本被占领，随后8月份，冯玉祥从苏联回来，宣布加入国民革命军，从被讨伐者变成联合者，共同对付张、吴。

8月，北伐军进攻湖北。激战数月，革命军控制了湖北，吴佩孚退守河南。而此间，浙江军阀孙传芳持观望态度，虽然知道北伐军下一个对象是自己，但是仍旧对吴佩孚的境况袖手旁观，他是想坐收渔翁之利。但是没想到，打败吴佩孚的北伐军，兵力非但没有少，反而增加了，很多军阀兵力被纳入革命军。

1927年3月，蒋介石已经打下浙江老家，以总司令的身份风光地开进他的发迹之地——上海。孙传芳则饮恨败走，率残余部队依附于张作霖。

同样是在1927年，张作霖在北方的军事行动取得了成效，张学良率部占领了北京。张作霖也开进北京，成立安国军政府，任中华民国陆军大元帅，他的政府是当时中国的合法政府。吴佩孚依附他，孙传芳如是，山东张宗昌也如是。27岁的张学良在北方成为仅次于父亲的人物，众多老前辈都成了他的部下。

1924年春天的情况就是这样：以淮河为界，以南10个省基本上控制在蒋介石的北伐军手里；以北8个省在张作霖政府控制之下，张学良此时基本接管东北军战事。冯玉祥在西北观望，同样观望的还有山西的阎锡山。

北伐战争只是一场混战，似乎没有谁对谁错，因为战争本身就是错误。这样的战争只关系人、利益、权力、地盘。所以战争中，蒋介石和张学良也要上演和以往大时代的战争同样的种种：联合、分裂、再联合、再分裂。唯一的不同是蒋介石披着孙中山的"衣服"。但是，不可否认，从不同的路走上权力的顶点，蒋介石和张学良都是人才！

这便是蒋介石与张学良的第一次对峙，也是北京安国军政府和广州国民政府的对峙。随后接近一年的时间里，蒋介石和张学良都是这样对峙着，因为1927年对于蒋介石来说，还有更重要的事情。

第三章 统 一

统一中国是每个炎黄子孙的愿望，但有感于英雄或枭雄对历史所起的特殊作用，或者说，英雄或枭雄对历史所起的作用比一般普通老百姓的作用要大得多，所以，不少史学家便把历史进程的推动作用更多地聚焦在英雄或枭雄身上。

在20世纪二三十年代，统一中国似乎是蒋介石的事情——因为那个时代，蒋介石几乎成了中国的代名词。但实际上，统一中国其实也是张学良的事情。如果把统一中国的功劳硬要归结到蒋介石身上，那么，在蒋介石统一中国的过程中，有两个人起到了至关重要的作用，这两个人，一个是宋美龄，一个是张学良。

而张学良和蒋介石的"缘"与"罪"之起因，竟首次在宋美龄身上真正相遇。从这个意义上讲，历史是很温情的，温情得甚至有些过分，或者有些残酷。

1. 民国美男子

1925年5月30日，历史在这一天有个突起。

蒋介石与张学良

上海闸北的贫民窟里，一帮人还在进行一场对当铺的偷窃。当铺老板闻讯后，穿着拖鞋，摇晃着肥大的臀部，拿着扇子，死命且不无滑稽地追赶那几个已经偷窃成功的小贼。他上气不接下气，嘴里大骂："小瘪三，给我站住！""小瘪三，让你们屁股开花！"这帮人偷的是一块怀表，怀表是当铺老板手下的人从别处偷来的。当铺老板气喘吁吁，无功而返。几个小贼逃之夭夭，欢欢喜喜地来到小吃店叫了几碗面，吃得很香。然而，这一切都不会进入历史。

因为，他们在别处，此刻，历史与他们无关。

法租界，宽阔的街道，纷乱的人群，喧哗的赌场，成规模散布的黄包车，三教九流的人。突然，一帮穿着白洋布马褂、黑绸布裤子、腰间插着斧头的流氓在一个头戴礼帽、一身西装、手持驳壳枪的男人的带领下，气势汹汹地出现在赌场门前。赌场门口的人立刻如鸟兽散。在那群流氓砸了赌场招牌的瞬间，赌场里冲出另一群手持弯刀的流氓，两帮流氓火拼起来。赌场门口立刻变得乌烟瘴气、嘶喊不断、血流成河。很快，火并停歇，来砸场的流氓跑了，赌场的流氓们开始收拾残局，赌场恢复了平静，门口重新车水马龙、熙来攘往。赌场或者是杜月笙的，或者是黄金荣的，又或者来捣乱的是杜月笙或黄金荣的人马。然而，这一切也不会进入历史。

因为，历史仍然在别处，此刻与他们无关。

但是，历史终究被一些无关或有关的事件紧紧地抓住了。

这不，在静寂的英租界，有了一些异常。别具一格的西方建筑，高悬的"米"字旗，高贵的女皇画像，靴子、燕尾服、湛蓝的眼睛，还有公园门口挂着的写有"华人与狗不得入内"的木牌，这一切也都不是历史的主角。

忽然，英租界人声鼎沸起来。声音从街道的拐角那边传来，拐角这边是一排架着机枪的英国水兵，水兵戴着又高又重的铁盔，铁盔上的羽毛斜斜地刺向上，天空挂着一轮不落的太阳。拐角处的响声越来越大，英国水兵捏紧扳机，额头渗出细汗，那一幕终于在拐角处出现。刹那间，历史在那里定格。

首先出现的是几百个人头，几张长长的横幅和一面面握在手里的上下跳动的旗帜。紧接着，无数的人，无数的跳动的旗帜像海水一样涌入英租界的街道，英国水兵突然感觉到街道是那么窄！呼喊声像潮水拍打海岸一样，一波接着一波，内容像潮水的声音一样简单，每个人的声音出奇的一致——

"打倒帝国主义！"

"滚出中国！"

"学生无罪！"

"抗争到底！"

……

潮水般的喊声或吼声惊扰了街道旁一间房子里正在床上和一个英国水兵快活的中国妓女，英国水兵裹上睡衣，斜倚窗子，点着一支烟，吐着浓浓的烟圈。他看见街道两边的房子的每扇窗前都站满了人，那些人和他一样，在上面看着下面发生的一切和将要发生的一切。

英国水兵看不清楚下面拥挤的人群的脸，只能看到扭动的人群，黑压压的。人群是一个整体，声音也是一个整体。的确，那群人是一个整体，他们属于一个更大的整体。那个整体正在朝英租界的核心地段压过来。

呼喊的人群中，第一排，有个穿着衬裙、对襟上衣、头发上别着淡蓝发卡、腿上套着白色长袜的女学生，脖颈白皙，面容美丽。她的一只手拿着旗子，旗子上写着"打倒帝国主义"，旗子随着她和众人的喊声上下跳跃；她的另一只手坚定地攥着旁边另一个男青年的手。他们两个脸上写满青春、热情和对美好未来的憧憬，他们的目光如炬，声音如钟。那是一种希望，一种觉醒，一种责任，一种来自灵魂深处的呐喊。女学生和她的同学知道自己为什么会在那里。

半个月前，上海，日本纱厂的老板无故开除工人，拒发工人工资，并且打死了工人运动的领导者、共产党员顾正红。已经不是第一次发生这种事情，从前有，以后还会有。人们要做些什么？谁来做？学生！青春的学生，敏感的学生！

5月30日上午，两千余名学生行动起来，在上海散发传单，号召工人罢工，结果一百余名学生被殴打、逮捕。一石激起千层浪，愤怒的火山终于爆发了。

于是，有了现在的几万名学生、工人和平民的抗议行动。

只是当时那个女学生已经想不起来这些事情，一团火焰在她胸中燃烧，中国！民族！那就是火焰的中心。愤怒、青春、理想、自由就是那团浓浓的火焰。她清楚地看到对面一排黑洞洞的枪口，但是她忘记了害怕，恐惧抵挡不了愤怒和青春。

此时，站在窗边的英国水兵看着黑压压挤过来的人群，越来越恐惧。

"Get out！""Stop！""Go back！"这些话，妓女可能听不懂，但英国水兵不可能不懂。但是，从枪口下发出的喝令失去了威严，没有了效果。

"滚出中国！""打倒帝国主义！"这些话，英国水兵可能听不懂，但身边的妓女不可能不懂。她紧张地缩回了起了一层鸡皮疙瘩的脖子。

怒吼声、咒骂声沉甸甸地充斥着街道的每一个空间。

妓女立即穿好衣服，感觉到楼下的气氛已经到达一个沸点，她有些茫然，不知道是离开还是干点别的什么。

英国水兵也有些紧张，他忘记了弹一下指间的香烟，烟灰冷冷地落到地板上。

"Fire！"突然，英国水兵听到了这个词，浑身一抖。

机枪响了！妓女尖叫一声。那是一种条件反射。

鲜血、尖叫、厮打、扑倒、愤怒、慌乱……那个女学生倒在地上，不停地抽搐。男青年紧紧地把她抱在怀里，眼角流出愤怒的眼泪。

妓女和英国水兵互望了一眼，表情漠然。他们并不清楚，下面发生的这一切将会进入历史。而那些参加运动的人们也未必知道，他们正在历史的道路上。

很多年后，这个事件或这个时间真的成为了历史，那些小偷、流氓被掩盖了，那个不明所以的妓女被掩盖了，英国水兵连同他的开枪的伙伴被掩盖了，甚至那个死去的女学生的名字也被掩盖了，剩下的是"五卅运动"或者说"五卅惨案"。

当"五卅运动"成为历史，它掩盖的不只是这些人，连张学良、宋美龄也被掩盖。掩盖的还有一段若有若无的爱。

1925年6月，上海，东方最大的港口。

"五卅运动"余波尚未平息，工人罢工、商人罢市、学生罢课。但是，街道上红红绿绿的市民似乎忘记了伤痛，恢复了各自应有的生活。

这时，北方的主人，"少帅"张学良风度翩翩地来了！

英租界，国际饭店，当年上海最高的建筑。张学良下榻于此。

夜幕时分，华灯初上，张学良灰色的身影站在窗前。脚下的上海一半明亮喧闹，一半漆黑死寂。远处，黄浦江娴静如处子，泛着神秘的白光，星点的船只驶过，传来渺茫的马达声。上海这个浪漫而时尚的城市就在他的脚下，张学良有些激动。较之北方，这个喧闹的大都市果然有不凡之处。

张学良第一次到南方的上海，他人没到过，但是，大名早已经到达。作为"少帅""民国贵公子"，无论是他的战争，还是权术，或者所谓的风流韵事都早在上海传开了，成为茶余饭后的谈资，只是所有的传闻都覆盖着一层神秘面纱。

张学良此次前来是带着任务的，他是奉命平息"五卅运动"的。"这件事情处理得可以让各方面都满意吗？"他在思考这个问题，"国格是大，人命是大，和平是大。"他心里有分寸，什么该做，什么不该做，他会随机应变。

转眼，他已经到上海几天了，军、政、商各界的人都见了，外国人也都见了。大事情已经基本做好，此时，他有些累了。疲惫地坐在椅子里，睡着了。此时，很多女子入了他的梦境。梦里是大姐于凤至，大姐典雅端庄，样样得体，对着他微笑，但是，大姐也生气，脸通红。大姐为什么要生气？因为他又有了别的女人。她有很多女人，很多女人都迷恋他，很多女人都进入他的梦里，大多是交际名媛、富家小姐或某位军官的夫人，等等。

然而，那些女人留下的都是背影，一闪而过，只有几个清晰可见。

第一个清晰的女子是天津梨园名角谷瑞玉。谷瑞玉已经和他相识多年，虽然她知道张学良不能给她什么名分，但是她仍然对他死心塌地。她开朗、活泼、清秀、美丽，从第二次直奉战争就开始跟随张学良奔走战场，并将会继续跟随他在北伐战争的战场上奔走，后人称她为"随军夫人"。张作霖虽然不喜欢这个无名无分的"狐狸精"，但是，她对张学良是真心的，张作霖也只好接受现实。

　　俊美的"民国贵公子"，自然有很多人垂青。张学良的前半生的确有很多女人，他的后半生还将有很多，包括墨索里尼的千金、蒋氏"贝姨"。但是，张学良自己只承认他生命里有两个最重要的女人，二人都是他的红颜知己，对他都有再造之恩。其一就是赵一荻，又叫赵绮霞，世人称她赵四小姐。

　　赵四小姐是天津大户人家，出生在香港，排行老四，所以人们叫她赵四。从1921年直奉战争开始，天津就成了张学良的常去之处。这位"民国贵公子"行走在天津各个交际场所，无数女子对他青睐有加，少帅则一笑置之。

　　1926年，蒋介石的北伐刚刚开始，天津还是太平之地，张学良身边至少还有两个固定的女子：于凤至和谷瑞玉，但是爱的泉水仍旧叮咚作响。在一个酒会上，赵二、赵三小姐衣着光鲜，活跃人前，角落里则坐着年方十六的妹妹赵四。她是被两个姐姐拉来见识大场面的，不巧，这次就遇见了魅力四射的少帅。

　　聚会进行当中，大家都在舞池里跳舞。突然，一位年轻的人物出现，所有的灯光、音乐和舞步都停止了，女子们的呼吸也停止了。进来的是东北少帅张学良，女子们都涌向他，拉他做舞伴。赵家姐妹抢到了他，把他带到酒桌前，和他饮酒，并把妹妹赵四介绍给他。他向赵四微微一笑，赵四羞得满脸通红，不知如何是好。

　　赵家二姐妹邀请少帅跳舞。可是，少帅的心情不好，没有答应。所以赵家姐妹别处寻伴，留下少帅和赵四。心情不好的少帅只顾自己喝酒，脸开始发红，赵四突然劝他，别喝太多酒，伤身体。少帅诧异，又觉新鲜，于是和她说起话来。

　　赵四虽小，见多识广、思想进步、语言隽永、说话得体，更难得的是品性纯净。张学良觉得这个小妹妹很好，尽管她不一定理解自己的苦处，但是有人乐意安静地听自己发牢骚终究是好的，所以他一股脑儿地把烦心事情说给她听。

　　令人想不到的是，年纪小小的她，劝慰人的话语竟然很高明，每句话都能说到他的心坎儿里。于是，张学良对她顿生疼惜怜爱，认了赵四这个小妹。后来，他每次到天津，都会去见赵四小姐。赵四小姐在张学良身边感觉很快乐，仿佛一只云雀；张学良则感觉在赵四小姐面前很温暖，没有任何压力。时间长了，赵四小姐长大了一些，发现自己爱上了张学良。而张学良始终那么疼惜她，总想见到她。

1928年，赵四小姐告诉身在沈阳的张学良，她想见他。实际上，她没有告诉他原因——原因是她的父亲已经给她找了一户人家，打算给他定亲，她不想嫁人，只想念张学良。此时的张学良，父亲刚刚去世，心里的伤口隐隐作痛，赵四小姐的一句呼喊让他心动，他也开始思念她。他告诉她，可以来沈阳，他给她安排住处，并让她就读东北大学，完成学业。于是，赵四小姐瞒着家人，去了沈阳。等到她父亲发现她在定亲之前跑了，十分愤怒，登报宣布与她断绝父女关系。

到了沈阳的赵四小姐成了没有家的女孩，张学良要负责，所以他收留了她，从那以后，她陪伴了他一生。从沈阳到北平，从国外到西安，从奉化到台湾，最后再到夏威夷。她不求名分，只求在赵学良身边，很多年里她只是张学良身边的一个女人，直到皱纹满面，张学良才与她正式结婚，给他名分。

而墨索里尼的千金几乎是对张学良一见钟情。

那是1930年张学良到北平主政以后的事情。当时，墨索里尼的女婿在意大利驻华办事处做事，墨索里尼的女儿和张学良经常在各种社交场合见面，但是，张学良并不知道这位异国女子的爱，很长时间里，她只是他眼里的舞伴，是一位谈得来的朋友。她每次见到张学良，都会爱惜地对他唠叨，让他戒掉大烟（张学良早年是抽大烟的），她的那种唠叨仿佛一个妻子，可是张学良面对她的唠叨只是笑。

后来，她要离开北平，临走时约见张学良，可是没有见到。她去了上海。她的朋友告诉张学良，她走的那天没有见到他，她哭了，哭得厉害。

再后来，张学良下野，到上海戒毒。戒毒期间，她每天都打电话到他住处，向人打听他的情况。而每次打电话，她都会哭，因为她知道戒毒折磨人，她心疼他。

蒋氏"贝姨"则是当年北平有名的交际名流，原名蒋士云，人人都知道他是贝太太，妩媚、妖艳而性感，旗袍仿佛就是为她而存在的。

张学良在北平主政，同样也倾慕她的美丽和魅力，二人时常有来往。张学良把她的身份定位为"女朋友"。她后来去了美国。

时光飞快，辗转成尘。当1991年，年过九旬的张学良重新获得自由去美国探亲时，仍旧没有忘记专门去她那里一趟，小住几天。

张学良这样一位贵公子是多情的。后来，他的身边女人少了，少到只有赵一荻一个人。他对赵一荻说，如果不是西安事变，那么，三十多年里，他不可能老实地陪伴赵一荻一个人。的确，如果那样，他的生命里可能还会有更多的女人。

但是，1925年，偌大的上海，张学良的眼里只有一个女人。

那个女人令所有女人失色。这是怎样一个女人？倾国倾城的容颜，大方得体的举止，学贯中西的睿智，风韵饱满的体态，隽永秀丽的气质，文如泉水的谈吐，加上非同一般的背景——完全的一个新时代知性女子、社交名媛、大家闺秀。

这个女人后来被张学良看成其生命里另一个最重要的女人。

她是宋家三小姐——宋美龄。

墙上的钟表敲响零点的钟声，张学良的梦境被敲醒，6月22日到来。

2．上海之"恋"

张学良曾经说："我没死，关键是蒋夫人帮我。蒋先生原本是要把我枪毙的，这个情形我原先不知道，但是我后来看到一样东西，是美国的公使约翰森写的手稿，他描述宋美龄在西安事变后，曾经严肃地对蒋先生说：你要对他（张学良）做不利的事情，我就离开台湾，再把你怕的事给公布出来！这句话很厉害。"

应当说，宋美龄是爱张学良的。一个"爱"字含义很多，在开始可以解释为爱慕、热爱、爱恋、友爱、朦胧的爱，到了后来这种爱变得复杂，可以解释为疼爱、爱护、喜欢、琐碎的爱、千丝万缕的情感交织。可是追溯到源头，宋美龄对张学良的爱是纯粹的、干净的、简单的，仿佛戴望舒在《雨巷》中描写的江南小雨，那种感觉是隔着白纱窗看着一轮皎洁的柔柔的月亮，月光很近，月亮却很远。不能触摸，只能眺望；不能拥有，只能珍藏；不能放在这里，只能藏在那里。

假如宋美龄嫁给了张学良，历史将会如何改写？蒋介石还是今天这个蒋介石吗？张学良还是今天这个张学良吗？中国还是今天这个中国吗？一个人和一个国家的关系竟是如此密切，只因为她是宋美龄，只因为他是张学良。

无疑，张学良对"五卅惨案"是极为关注的。1925年5月31日，张学良在天津发表了《致上海五卅爱国学生电》："报载上海学生因援助失业工人，遭到英国巡捕开枪射击，死伤多名。展读之余，曷胜悲悼。痛我莘莘学子，竟被摧残。莽莽神州，天道何在？积弱之国，现象如斯。凡我国人，宜知奋勉。兹本人类爱群之心，谨以廉俸所入，捐助二千元。即日由中国银行汇上，慰藉死伤。宵烛寒光，力难远济，聊以尽心而已。"并在天津发动对爱国学生的募捐活动。

1925年6月14日，"五卅惨案"两周后，上海火车站。长年蹲守在这里东张西望、蝇营狗苟地生活的流氓、车夫、小贩、皮条客、乞丐等的目光都被一队人马的到来所吸引，也被一场迎接的阵势所震撼。几千号年轻的军人从几列车厢里跳下车，迎接的人也涌上前。来者正是北方的主人张学良。

面对熙熙攘攘的迎接的人群，张学良意气风发地发表演说："我张汉卿实乃军人，所说之话若有得罪之处，敬请原谅！此初来沪，我乃调停局势，化解中外冲突，我所带乃三千学生军人，所谓军人，应守军人之则。我们是来化解干戈，不是寻衅滋事。上海市民均可见证，如我手下，有触犯军法者，一定严惩不贷！"

因为"调停对象"有中、外双方，所以当天到站迎接者也有英美人士，所以需要翻译。张学良虽受西方思想熏陶甚重，但英语并非十分流利，也不好在当下高谈阔论，迎接的人群中一女子自告奋勇地站到他的旁边——此女子身穿西洋裙，手戴蕾丝白手套，脖颈上系着轻纱丝巾。女子仪态大方地将他的话翻译一番，竟是十分的流利、地道。翻译结束，女子与他相视一笑，然后退场。张学良不忘说声"谢谢"。

接着，人们欢呼鼓掌，分不清掌声是给张学良的，还是给翻译女子的。

初来乍到的张学良给人一种截然不同于脑中固定的粗俗、彪悍、世故军阀的形象。每个在场者都能看出张学良的真诚和热情，张学良天生没有掩盖自己的热情的能力，更何况他那个时候十分年轻，年方二十有五，朝气蓬勃，英姿飒爽。随后，众人簇拥着这位年轻俊美的少帅上了汽车，浩浩荡荡地开进上海街头。

方才做翻译的女子却暗自思忖："这张学良倒是与报上所说不同，竟是怎样一个人？可惜接触时间太短，难以琢磨他。"思绪平静下来，她摇了摇头，羞赧地笑了。这和她有多大关系呢？风吹动她的裙角，她浅浅一笑，钻进了一辆汽车。

当晚，上海美国领事馆，灯火辉煌、音乐缭绕、人影绰约，门前停靠着众多的小汽车。晚上7点钟左右，一辆豪华小车悄然停下。车门打开，一位公子面带微笑，被迎宾小姐恭敬地引着，走进宴会大厅——主角张学良到场了。所有人起立，掌声响起。美国领事走上前，张学良一手抚摸着衣角，一只手握住领事的手，笑着说："It is very pleasure to meet you！（很荣幸见到您）"。

美国领事见张学良用英语问候，脸上喜悦万分，立刻高声说："It is certainly my pleasure too！ This way，please."（我也万分荣幸，请！）

张学良随着领事和外国使节及其夫人们一一握手。

当天去的中国人也都是有头有脸的。张学良很快就碰到一个中年男人。

"张将军，您好呀！"中年男人戴着眼镜，笑着说。

"您好！请问阁下怎么称呼？"张学良礼貌地回答。

"在下广州人胡汉民！"中年男人抱拳，自谦地说。

张学良稍微有些吃惊地说："啊，失敬，失敬，原来是展堂先生！"

胡汉民说："张将军此来上海可还习惯？"

张学良说："汉卿乃军人，奔走惯了，上海还好。只是此次所为政务，还请先生多多指点帮助才好。"

胡汉民说：“哪里，哪里！今见将军乃三生有幸也。”

正在此时，旁边一位外国太太对着一位女士招手：“Miss　Song！　Come here please，I have something to show you！”（宋小姐，请来一下，有事情和你商量。）

这位女士也招手说：“Ok，I'm coming soon.”（好的，我就过来。）她用眼角的余光瞥了一眼张学良，并从他身旁妩媚而过，留下一团柔柔的暗香。最是那一刹那的温柔，真是让人怦然心动。张学良不禁抬了抬眼。但见此女子身穿光滑的丝绸旗袍，脚蹬高跟鞋，体态风韵，面容红润，精神饱满。他有些恍惚了。

对于上海的女人，尤其是上海的旗袍女人，后来的张爱玲写了太多，幽怨、纤细、脆弱、世故、狠毒、淡雅、风流，如此种种，甚至她自己也是旗袍女子，然而她毕竟不能穷尽，唯独缺张学良眼前的这个女人。张学良眼前的这个女人是高贵的、大方的、热情的、美丽的，有知性的冷、知性的暖、知性的柔、知性的媚，也有知性的艳。

张学良看着她的背影好久，竟然忘记与胡汉民交谈。胡汉民顺着张学良的目光看向那个女人，笑着说：“汉卿将军，可知此人是谁？”

张学良摇头：“不知道。但她今天应该给我做过翻译，如果我没记错的话。”

胡汉民说：“噢！她可是大名鼎鼎的宋家三小姐美龄啊。”

张学良“哦”了一下，说：“怪不得刚才有人叫她Miss Song！”

张学良并没有多想，他只是知道了这是一位宋小姐，他觉得胡汉民的口气也似乎太严重了，仿佛张学良不应该不知道她似的。胡汉民又补上一句道：

“您还不明白，她是宋美龄小姐——孙先生的妻妹啊！”

至此，张学良才大为错愕，竟然有些说不出话来。片刻，他兀自感叹：“孙先生的妻妹？庆龄女士我在天津见过——果然是这样，我太失礼了。”

宋美龄，其父宋耀如，字嘉树，与孙中山相识甚早。早年流落美国，后回国在上海经营出版业，专卖《圣经》，为中国第一家，靠此成为上海富商，也因此与西方文化结缘颇深。他娶妻倪桂珍，生有三女三子，个个了得。三个女儿宋蔼龄、宋庆龄、宋美龄，大儿子宋子文都是中国近代历史上响当当的人物。

宋家三姐妹的少年时代均在美国度过，就读于美国女子学校，受西方文化的影响颇深。宋美龄出生于1897年，于1907年赴美国，在佐治亚州待了5年，结束中学学业，时年，二姐宋庆龄学成返国。于是，她转入马萨诸塞州的韦尔斯利女子大学学习文学，与就读哈佛大学经济系研究生的哥哥宋子文相伴，算起来和冰心是校友。

1914年，出国学成回来、曾经做过孙中山秘书的宋蔼龄与号称孔子第74代传人、山西富商之子、美国耶鲁大学经济学研究生毕业的孔祥熙成婚，他们的婚姻是自由恋爱的结果。1915年，从美国回来的二女儿宋庆龄更是追求自由恋爱与大自己几十岁的孙中山"私奔"。宋耀如因此与孙中山绝交。

宋美龄同样追求自由，她有自己的想法。她曾与哥哥的同学刘纪文有过一段恋情，最后她觉得不合适，不了了之。她人生得漂亮，气质高贵，地位显赫，追求她的人很多，但是，很多人只是"有贼心、没贼胆儿"。

这样一个女人谁才配得起？宋美龄有自己的想法。当时的她还不是后来的宋美龄，她缺少一个最重要的身份。当时，她供职于上海儿童劳工委员会。

客人入席就座，宋美龄就坐在张学良身后的另一桌，正和美国人谈笑风生，少帅张学良对她来说似乎不是什么惊天动地的人物。酒过半酣，张学良思考良久，端着一杯红酒，走到宋美龄的身后。张学良风度翩翩地说道：

"宋小姐，您好！感谢您今天为我做翻译。"

宋美龄抬头看见张学良的眼睛，微微一笑，张学良的脸刷的红了。

"张将军，您好！"宋美龄大大方方举着杯。

张学良继续说："张某今天不知是您，多有失礼，望原谅。"

"将军严重了。"宋美龄目光灼灼，客气地说："您来上海是上海的福气。"

听到这句话，张学良顿喜。但是，宋美龄的口气更多的是出于客气。在她心里，眼前这个人物是一个大军阀的少爷，军阀就是军阀，和别的军阀没什么两样。

张学良说："张某敬您！"

宋美龄说："将军请。"

两人碰杯，各自小饮一口红酒，相互还笑。

张学良笑得纯粹，宋美龄笑得灿烂。

饭后，客厅里响起音乐，一对对男女摇曳在舞池里。不少女士争着请张学良跳舞。但他礼节性地跳了一曲后，主动走到宋美龄身前，伸手请她跳舞。宋美龄看着他的举止，心想："这位军人居然也喜好这个。"便嫣然一笑，把手伸进张学良的手里。是应酬，或者是试探。可是，她万万想不到的是少帅竟然是个跳舞高手，与她想象的军阀大为不同，他举手投足之间完全是一派绅士风度。

宋美龄知道了张学良熟悉西方文化，懂得英文，知道他的英文名字"Peter Chang"，知道他特别关心学生，这些令她惊讶和开心。而张学良知道宋美龄在美国长大，毕业于美国女子大学，他很羡慕。他们甚至用英语进行简单的对话。

说来也怪，其实，一开始本该宋美龄仰望张学良的，可是偏偏张学良一开始在仰视宋美龄。实际上很简单，宋美龄是个热情奔放的女人，但懂得遮掩自己，懂得如何出牌——在上海这个圈子里，她比张学良要如鱼得水得多。而张学良对于欣赏甚至喜欢的人，是热情的、真挚的、不加掩饰的。可以看出来，他至少是欣赏、喜欢甚至是爱慕宋美龄了，而更重要的是他打算相信宋美龄。

舞蹈跳完，两个人竟可以平视了。能和张学良平视的人一定是一个重量级的人物；能和宋美龄平视的人则不仅仅在地位上，还要在修养上都是重量级的人物。

"不要总是'将军''将军'地叫，就叫我汉卿吧。"张学良说。

"那就恕我冒犯了，汉卿。"此一叫，宋美龄热情一笑。

舞会散场，宾客告别。分手之时，张学良犹豫了一下，还是向宋美龄要了电话。宋美龄本能地矜持了一下，旋即觉得张学良这个朋友可交，于是粲然一笑，愉快地留了电话号码，并说："如果将军需要翻译，到时可以找我。"

张学良说："如此，真是求之不得。"

此时，宋美龄还是没有把张学良当成汉卿，而是将军，但是将军没有高过她。看见宋美龄的倩影消失在下起的雨里，张学良突然有些怅然：此为名媛，也真为名媛，与其他女子就是不同。究竟哪些地方不同，他又难以理出个头绪。

第二天，中外记者会，张学良亲自联系宋美龄，宋美龄如约而至。

张学良是头一遭面对众多的外国记者，有些紧张。宋美龄却在美国见识惯了，表现出大家风范，甚至委婉地替张学良救了一些场。

张学良既然是来调停冲突、稳定局势的，英国人自然是不太高兴。外国舆论也都站在英国人一方，责怪华工、学生闯入了英国人的地盘。实际上英国人隐瞒了运动的死伤情况，故意渲染学生、工人滋事的程度。

当在被问到将要怎么处理这件事情时，张学良大声地说："学生罢课、工人罢工、商人罢市，这都不是好现象。这些局面继续下去，上海市民的生活将受到严重影响。各方面利益也将有很大损失，损失不只是中国人的，各方面的人都有，外国人也是，安全和生产都不正常。我尤其要强调的是学生问题，这次事件，学生受到很大伤害，医院里躺着很多学生，你们可以去看看。我希望学生可以先回到学校上课，学习是最主要的。当然，我也不希望学生再受到伤害。各方面都能做出行动，事情回到正常轨道上来最好。"

张学良言辞委婉却又强硬。宋美龄会心一笑，斟酌后，完美翻译。

英国人听后，颇有些不高兴。因此，有英国记者闷声闷气地问：

"张将军该怎样保证种种寻衅滋事的冲突不再发生呢？"

张学良慨然道："我带来三千官兵，只要有人闹事，可随时进驻上海各地，但是我不希望再看到流血，尤其是学生。但是，我同样强调，不准再有冲突发生——请大家以上海的和平安定为重，希望各方能妥善处理，恢复秩序。"

张学良话里有话，所言直指租界，点明英国人的暴力和不合作。

英国人悻悻然，挑衅地问道："您的意思是可以派兵进入英租界吗？据我所知您没有权力进入我们的地盘，而且您带来的只是些学生军队，怎么维持治安？"

对于此提问，张学良十分光火，宋美龄看看他，不由为他捏一把汗。

张学良冷冷地扫了一眼提问者，突然大声道："你们的地盘？明确地说是租界吧。英租界也是中国的土地，中国人怎么进不得？学生军队怎么了？我张某人是军人出身，打过最艰难的仗，如果英国人想试试，那么我可以奉陪。英国水兵有多少？我几十万奉军可以进北平，就可以进上海，只要有这个必要。"

张学良为何如此激动？关键是外国人提到了中国、租界，这是侮辱了中国人的尊严。但是，如此翻译过去岂不引起中英冲突？宋美龄在翻译时不得不一番润色，把"英国"换成"外国"。当下，有些英国人听得懂汉语，但宋美龄的翻译无疑给英国人留足了面子，又鉴于张学良强硬的言辞，英国人只能作罢。

"这个少帅倒是别有一番味道！"宋美龄当下暗想。

随后两日，张、宋时有见面，会面外商，华侨、学生代表，宋皆为翻译。两人一唱一和，谈西方的民主、自由，东方的爱国、救民。偶尔，宋美龄也笑谈张学良的风流韵事，张学良很吃惊："上海的报纸真的这样写？"

"可不是么？你天高皇帝远，上海人的嘴你可管不了。"宋美龄说。

张学良叹息："舆论我控制不了，但是我可以控制自己。难道你不信我？"

宋美龄没有回答，只是莞尔一笑。

随着交往的深入，两人对西餐、音乐、舞蹈也偶有闲聊。

工作之外，两人各忙各的。虽然同在一个城市，但见面的机会并不多。

1925年6月22日，一个落寞孤寂的午夜，张学良不可抑制地想着宋美龄。躺在床上，久久不能入眠。"世间女子，多有种种，宋小姐却是不同凡响。"张学良想，"如果，如果——可惜我已经有'大姐'，有孩子。我配不上她。唉。"

张学良想主动追一个女子想到失眠还是第一次。"大姐"乃父母之命的一个，谷瑞玉乃情深义重、以身相许的一个，后来的赵四小姐也是对他忠贞不二。唯宋美龄例外，他怎么会想到她后来嫁给谁，而那个谁又将成为谁呢！

宋美龄此时也芳心涌动，脑子里只有一个名字，其他追随者，包括将来的那个人都让她抛之脑后。脑子里可不就是张汉卿吗？她在脑子里观察东北的少帅：俊美、儒雅、热情、军人风范，加上些许的青涩和冲动，此不正是爱情吗？也正是合适的人选吗？可惜他已经有妻子，她的家人会反对。再者说，他是属于东北的，总不会待在上海，而她是不能离开上海的……

失眠后的第二天，张学良还是约了宋美龄。他的理由很堂皇：自己就要走了，总不能不辞而别吧。他想见见这个他在上海邂逅的最珍贵的红颜。

张学良来到了宋美龄工作的上海儿童劳工委员会。名为探望孩子，募捐钱财衣物，实际也是想看看梦中的佳人。宋美龄在孩子身边、在办公室忙碌着。偶尔他们谈起一桩心酸的事件：一个童工被虐待致死。

活动完了，他们难得一起散步，徜徉在上海街头，宋美龄为张学良做向导。两人侃侃而谈，笑声不断。张学良看在眼里，甜在心里，也疼在心里。这种疼因为自己就要离开这里了。他没想到短短的一段时光，竟让他对她产生了留恋。

浩荡的黄浦江，长长的江堤，一把遮阳伞，两个背影！走走停停，停停走走。那是尚且还青涩的东北少帅，那是尚且还纯真的上海女子。

许多年以后，张学良说："夫人活着一天，我就能活一天。"

他做到了，他甚至做到离开人世的时候，也要走在她的后面。她活到了一百岁，他也要比她活得长，一直看到她完美地谢幕。

他说："我真正爱的人在纽约。"心酸，但是幸福。

他说："我那个时候，如果不是有太太，会追夫人的。"坦率，但是惆怅。

可是，对于宋美龄，张学良只是来上海的客人，然后，他回北方，然后，她把一切珍藏。虽然，她的心里也是有他的，虽然，她的心里也是长久地疼痛并且落寞的。皆是因为他，这疼痛和落寞她愿意完整地留给自己，于是，她什么也没有说。即便后来所有戏都演完了，只剩下他与她，她还是什么也没说。

再说，她的确没想过后来会再见面，而且再见面时已物是人非。好在，上海的一切仍然留在心里，留在心底最隐秘的部位，成为一种不变的情结，甚至伤痛。

谁能预料未来？未来的宋美龄成了张学良所说的"夫人"。

所谓"夫人"当然是蒋介石的夫人。

当宋美龄成了"夫人"时，张学良便仰视起宋美龄来——尽管后者努力做到了称呼他"汉卿"。一切皆因为蒋介石。已婚的蒋介石比已婚的张学良更大胆。

3. 婚姻与权力

不少史学家认为，蒋介石与宋美龄的婚姻是一场政治婚姻。这个观点忽略了一个事实，那就是蒋介石对宋美龄的爱。不能否认，蒋介石对宋美龄的爱是真挚的，真挚得可以冒天下之大不韪。也不能否认，宋美龄为蒋介石的执着追求所打动，也不管这种打动有没有虚荣的成分。总之，有情人终成眷属。

让我们掀开历史的灰尘，抛弃意识形态的偏见，再回头来读读下面这份声明——不论这种声明有没有作秀的嫌疑，毕竟，蒋介石这样做了。这就是蒋介石。这样的事，张学良做不出来。蒋介石做出来了，他便取得了成功。

> 余今无意政治活动，惟念生平倾慕之人，厥惟女士。前在粤时，曾使人向令兄姐处示意，均未得要领，当时或因政治关系，顾余今退而为山野之人矣，举世所弃，万念灰绝，曩日之百对战疆，叱咤自喜，迨今思之，所谓功业宛如幻梦。独对女士才华荣德，恋恋终不能忘，但不知此举世所弃之下野武人，女士视之，谓如何耳？

1927 年 10 月，一份声明或一封"情书"堂而皇之地刊登在天津天主教报纸上也可谓石破天惊。可这些文字的作者不是别人，而是大名鼎鼎的蒋介石。我们现在很难猜测，蒋介石写这些文字的真实心态，但有一点可以肯定：他是真的爱宋美龄的。他的这番举动也无疑很令宋美龄动容。

平心而论，单从外貌来说蒋介石绝对是一个美男子，跟张学良相比，也毫不逊色。然而，蒋介石年过三十五，也就是孙中山逝世前后，仿佛悟了大道，其衣着、习性大变。布袍不离身、礼帽不离头、布鞋不离脚、拐杖不离手，早起早睡，清茶淡饭，俨然一副清心寡欲、从容不迫之态。

一个人在生活上约束自己、在行为上注意收敛，往往表明其内心已经成熟，做事情已经有分寸、有把握、有长远之谋，这叫律己，叫蜕变。实际上，那些年，蒋介石的确不是从前的蒋介石了。他开始思量自己的雄心、自己的未来、自己的中国。

蒋介石 与 张学良

做一个独树一帜的领袖已经是他的目标。他要做出相应的姿态。

1927年4月，当轰轰烈烈的北伐终于告一段落，蒋介石以一个军事领袖的身份控制整个南中国、坐镇南京之时，美国《时代》杂志赠给他一个词："Conquer！"即征服！没错，他的确成了一个征服者，他的崛起是那样的迅速。虽然蒋介石是在吴佩孚登上《时代》封面之后的第三年才作为第二个中国人登上《时代》的封面，但此时的吴佩孚已经被他打得落难到河南，窝火地依附于张作霖。

然而，军事上的风光并不等于一切，是什么让蒋介石在事业达到一个新的高峰的时候竟称呼自己为一无所有的"山野之人"呢？了解那一段历史就不难理解：军事上"独裁"的人大都想实现政治上的"独裁"。蒋介石在广州政府内部已经被称为军事"独裁者"，而不仅仅是"征服者"。此时的广州政府，还在苏联人的控制之下，在"三民主义"的指导之下。人们知道"中山舰事件"只是一场阴谋，汪精卫被逼远走法国，可是蒋介石已经是"司马昭之心，路人皆知"。

有人选择跟随蒋介石，有人则选择反对。反对的人似乎还不少，来头也挺大：比如，孙中山之妻宋庆龄女士、孙中山之子孙科先生、孙中山的妻弟宋子文先生，还有相当数量的国民党右派人士，当然还有共产党和苏联人，等等。

当南方、东南、西南、西北军阀均亲近蒋介石，把张作霖一脉压缩在淮河以北、黄河以东之时，蒋介石在财政上也同时拥有着资本：上海——他的发家之地，陈氏兄弟、黄杜青帮，都是他财政上的有力支持者。他因此变得有恃无恐，心血来潮之下，他"请求"将广州国民政府设在南昌。但是，广州国民政府有苏联撑腰，又有众多有头有脸的反对派人物响应，不会对他的话言听计从。这些蒋介石的反对派决定迁政府于武昌，由从法国回来的汪精卫主持政府。

蒋介石被迫同意了。可是不久，蒋介石又心有不甘地跑到南京，建立一个临时政府。很显然，蒋介石并不甘心受苏联控制，他要做"Number One"。

一般而言，当一个人不得志的时候，或努力向上爬的时候，往往懂得遮掩自己。但是，在那个时候的中国不行。不能遮掩，因为过于遮掩等于埋葬自

84

己。蒋介石自始至终都没有过于遮掩自己的性格：无赖、多疑、小气、有大略。这种性格在孙中山逝世之后由雄心或野心带动，他变得独断、冷酷、铁血，他看准了路。"中山舰事件"是他那之前所实施的最明显的一次权术，他成功了。接下来他要按自己的法则办事情：踢开多事的苏联人，向鲍罗廷示威，拿共产党开刀。

1927年3月，上海，依旧是东方的西方人的城市，在诸多的战争中，它没有受到波及，上海的中国人在外国人的中国地盘演绎天堂和地狱。蒋介石已经回来了，这是他的城市。带领着军队，浩浩荡荡地在最繁华的大街行进，他在向上海宣言：我是征服者。陈氏兄弟和帮会立刻都成了正统，一派欢天喜地的样子。

然而，进入上海的不只是蒋介石，周恩来也来了，几乎领先于北伐军，上海几十万工人武装运动从内部攻陷了上海，武装了自己，建立了临时市政府。

北伐本来就是国民党和共产党合作之下进行的。但是，共产党思想运动的威力令蒋介石也大为震撼。他以前不是不震撼，而是没有如此震撼。他感觉自己的前进途中跟了一条尖刀般的阴影。他必须采取一些行动了。

4月12日，上海不再是平日的上海。

头戴礼帽的流氓三五成群地在街头奔走，闸北、租界都成了一种人物的天下。无数屏弱的木板门被踹开，工会，旅馆，歌舞厅，贫民窟，咖啡馆，公园，所有的旮旯被搜遍，甚至连狗洞也不放过。到处能够看到工人、学生模样的人被捆绑、押解，然后汇集。然后是刀、太阳、鲜血和头颅。

一个称号诞生——"CC"——陈氏兄弟领导的特务集团、"中国的法西斯"；一个名词嵌入历史——"四一二政变"——由蒋介石、李宗仁、白崇禧、陈果夫发动，目标是共产党、工人领袖、激进分子，结果几千人被屠杀。血，流进了历史。黑云压城城欲摧。随着"四一二政变"的发生，全国各个国统区大面积进行"清党"。

就在此前不久，汪精卫刚到上海和陈独秀会面。陈独秀称共产党坚持"三民主义"，武汉政府表示支持。共产党坚持"三民主义"，在蒋介石眼里必然威胁到国民党的统治地位。那么蒋介石要走自己的路，必须反对"三民主义"。

蒋介石与张学良

蒋介石虽然手握重兵，但是一下子陷入舆论和道义的谷底。共产党谴责他，苏联谴责他，武汉政府谴责他，就连他的儿子也谴责他。苏联莫斯科中山大学一位名叫尼古拉·伊利札洛夫的人借《真理报》发表声明说：

> 蒋介石的叛变并不使人感到意外。当他滔滔不绝地谈论革命时，他已经逐渐开始背叛革命，希望与张作霖和孙传芳妥协。蒋介石已经结束了他的革命生涯。作为一个革命者，他死了。他已走向反革命并且是中国工人大众的敌人。蒋介石曾经是我的父亲和革命的朋友。他已经走向反革命阵营，现在他是我的敌人了。

他还专门给蒋介石写信，表示"对东方发生的骇人听闻的事件表示愤怒"，同时赞美了苏联的社会主义生产制度。蒋介石对此大为光火，别人可以这么说他，但是这个苏联大学生不可以——尼古拉·伊利札洛夫正是他的儿子蒋经国。

蒋经国系毛福梅所生，1910年，蒋介石曾着力将其培养成"三民主义"的信徒；1925年，蒋经国参加了"五卅运动"。后蒋介石把他送到北京，师从李大钊，并到苏联莫斯科中山大学读书。在他的校友里有年轻的邓小平。在苏联，他加入了共产党和苏联国籍，取了苏联名字，成为共产主义的信徒，后来又娶了苏联妻子。"四一二政变"让他对父亲大失所望，毅然与父亲断绝了关系。

蒋介石到了众叛亲离的境地，虽然军队仍然由他掌控，他仍然有众多人追随。但是，武汉政府也开始公开讨伐他，并有大举东进之意。他的军队失去了武汉方面和苏联方面的财政支持，他才发现上海方面的资金支持原来是不够的。

形势悬于一线。此时的蒋介石手里有一张很有重量的牌——这也是他敢公然发动反革命政变的原因之一：宋美龄。蒋介石在道义上背叛了"三民主义"和孙中山，因为有宋庆龄，那么，他可以从亲缘上弥补；如果是孙中山的连襟，他的身份就截然不同，成为领袖也变得理所当然；蒋介石在财政上失去了主要源泉，因为有孔祥熙，那么他可以由宋蔼龄而得到财政支持，而不必担忧苏联人；蒋介石在政治上对峙着武汉政府，因为有宋庆龄、宋子文（负责军事财政，为武汉政府重要人物），那么可以由家事化解干戈。他和宋美龄的爱情与婚姻都与这些脱离不了干系，然而脱离了政治干系，爱情的确又是存在的。

是因为婚姻所以有了这些政治权力因素，还是政治权力因素而有了这场婚姻？或者不该分得那么清楚，两者本来就是一体，而蒋介石看到了婚姻，也看到了权力，所以他用一种马拉松式的追求：锲而不舍。或者说，不择手段。

宋美龄与张学良的相遇是奇遇，那么，蒋介石和宋美龄的相遇又是如何开始的呢？

随着男人地位和抱负的提高，他的装束会相应地提高，同样，他会追求相应层次的女人。这样我们就很容易理解：当蒋介石不再是蒋周泰，成为陈其美旁边的革命者或者说流氓时，他抛弃了毛福梅，选择了"交际女"姚冶诚；当他再进一步成为商人和民国的军官时，他抛弃了姚冶诚，选择了"新女性"陈洁如。

1919年，蒋介石遇到陈洁如时，陈洁如只有十五六岁，但是他像着了魔似的爱上她，因为，她是个新女性，这样和他的地位是同等的。蒋介石是个孝子，因为母亲王采玉的反对，他并没有和陈洁如立刻结婚，直到母亲1921年过世后，他才迎娶了陈洁如。为了迎娶陈洁如，他不惜写下休书，宣布与毛福梅和姚冶诚解除一切关系，并发誓今生只爱陈洁如一人，洗心革面，痛改前非。然而，仅仅一年以后，他又变了。

1922年，蒋介石随孙中山逃离"中山舰"来到上海。秋天，上海的法租界，莫里哀路，孙中山的寓所，窗前那棵法国梧桐浪漫得像一个法国男人。蒋介石正和一帮同人在房间里侃侃而谈，孙中山坐在中间。突然，仆人进屋说：

"美龄小姐来了！"

孙中山起身，走进前厅，宋庆龄在和宋美龄说话。宋美龄一边走，一边说："好冷的天气。"说完，把身上的呢子大衣脱下，挂到衣架上。

"美龄，你来了。"孙中山说。

"二姐夫！"宋美龄回头看见孙中山，笑着叫道，笑容很甜美。能叫孙中山一声"姐夫",那感觉应该很荣耀,而对她来说是那么平常,直让人嫉妒。

三个坐到沙发上寒暄一阵。宋庆龄给妹妹沏了杯茶,然后对孙中山说:

"你到里面开会吧,他们都在等你。我招呼美龄就可以了。"

宋美龄笑着说:"是啊,姐夫,你先忙吧,我和姐姐说会儿话。"

孙中山说:"那好!"于是走进内室,继续和一群同人商讨南方的事情。

会议开完,大家继续闲聊,宋庆龄和宋美龄也走了进来,众人纷纷起身向宋庆龄问好,完全没有在意一同进来的另一位女子。这个女子脸上挂着微笑。

孙中山走到宋美龄身边,扶着她的肩膀说:"各位同人,我来介绍,这位是我的妻妹宋美龄小姐。"此语一出,众人惊愕,目光全部集中在宋美龄身上。

宋美龄微笑着和大家问好,然后与姐姐手挽手坐到孙中山旁边,大大方方地与众人闲谈。人群中的蒋介石完全被宋美龄的美貌和气质震撼了,他的目光并不全在她身上,但是心思肯定全在:这个女人举手投足之间洋溢着一股高贵、大方,言谈笑语之中气质无与伦比,再看身材、红唇、眼睛、眉毛,简直完美无缺。

蒋介石陡地感到自惭形秽。没错,在宋美龄的眼中,在座同人没有分别,偶尔看见一两个英俊的军官,也只是俊美而已。

蒋介石思量很久,最后鼓起勇气向宋美龄要了电话。

宋美龄大方地告诉了他。

第一次见面仅此而已,蒋介石记住了宋美龄,宋美龄并没有记住蒋介石。

随后,不知道什么时候,蒋介石勇敢地给宋美龄写了第一封信,表达倾慕之情。然而,宋美龄只是很礼貌地回复他:可以做朋友的!后来他们以兄妹相称,蒋介石常常称呼她为"吾弟""吾妹""三弟",等等。

蒋介石向孙中山求助,希望孙先生做红娘。这似乎很滑稽。孙中山感觉这不是求亲,而是蒋介石在一声声地叫"姐夫"。蒋介石说:"我对美龄小姐一见倾心,痴心不改,如不能向她表白,我将终生遗憾。"

孙中山说:"美龄之事应由她自己做主,你自己跟她说。"孙中山深感对不住老朋友宋耀如,现在让他当说客,将耀如最怜爱的女儿许配给一个已婚多次的男人,他有点于心不忍。即便这个男人是蒋介石,即便他也器重蒋介石。

蒋介石见孙中山不为所动，便动情地说："中正已无妻室，美龄小姐应该听你规劝，希望总理能说服她与我成亲，中正之心，可待检验。"

孙中山心软，犹豫了，说："美龄心高气傲，此事再等等吧。"

孙中山当然知道蒋介石何许人也，陈洁如好生生在那里，他居然说没有妻室。不过，以蒋介石对他的忠心，他又似乎应当帮蒋介石一把。

思忖良久，孙中山将此事说与宋庆龄。宋庆龄闻讯，咬牙切齿地说："我宁可美龄死，也不愿见美龄嫁于此人。"

宋美龄心目中的男人，一定要有风度、有学识，是绅士，有地位。张学良算一个合适人选，可惜结过婚了，有缘无分。蒋介石远远不是绅士，他一生也没有成为绅士，他身上没有浪漫气息，没有文化沉淀形成的风度，即便结婚以后宋美龄生搬硬套地教给他这些东西也显得不伦不类。他的身上有着太多性格缺陷，或者说他独特的缺陷。在宋美龄眼里，他只是军人，没有什么能吸引她。

正因为此，1925年见到张学良时，心高气傲的她感到清风扑面。

然而，当蒋介石在孙中山去世后一步步崛起时，他的那些性格上的缺陷突然变成了他的魅力所在，魅力在于他对权力的追求和正走在通往权力顶峰的道路上。

其实，我们应该看到，蒋介石斗胆追求宋美龄说明他早已经有了征服中国的雄心，不然他不敢追求宋美龄，如果要配美龄，那么他这样的男人必须成为一个强者，而且是第一的强者。而在战争中他仍旧痴心地给宋美龄写信，坦言军人不知何时死去，惶惶度日里唯美龄小姐乃唯一希冀。宋美龄渐渐地被他吸引了。蒋介石的征服和痴心同时吸引了她，两者缺一不可。宋美龄欣赏他的权力，更欣赏他征服权力的心，那成为一种独特的气质，可以掩盖其他种种不足。

尤其重要的是，宋美龄可以依靠蒋介石的征服完成自己的征服。事实上后来她是完成了自己的征服。如果说蒋介石一生在骨子里还怕一个人的话，那么无疑是宋美龄，那是她对蒋介石的征服，对征服者的征服。更不用提她成为"第一位在美国国会演讲"的女人、美国人欢呼的"第一夫人"、被人戏称为

"开罗会议第四巨头",等等。

北伐节节胜利,国民党内部矛盾激化,蒋介石陷入困境时,他对宋美龄的追求更加强烈了。无奈之下,他转变策略,希望从嗜钱爱权的宋蔼龄身上寻找突破口。这一回,他真是找对人了。

宋蔼龄嫁给银行家孔祥熙是嫁对了。她考虑事情就像谈生意,生意的结果是双赢,当然她要赢更多。孙中山去世以后,怎样维持宋家的地位?怎样让丈夫赚更多的钱、获得足够的权力和政治地位?宋蔼龄认定:让三妹与蒋介石结婚。

"你想娶三妹,就要听我的安排!"宋蔼龄以不容分辩的口吻说。

"只要能跟美龄结婚,我保证做到言听计从。"蒋介石信誓旦旦。

1926年,江西九江的一艘轮船上,宋蔼龄、蒋介石已经对峙多时。宋蔼龄真是谈生意的好手。她陈述利弊,切中要害,以致有人说,如果她是一个男人,蒋介石这个位置必是她的。对峙的中心是一个老太太。而在此前,蒋介石曾多次到上海找宋蔼龄,几乎用哀求的姿态希望她能出面劝服宋美龄和母亲倪珪珍。

当蒋介石一而再、再而三地请宋蔼龄去劝说她的母亲倪珪珍时,她却清清楚楚地告诉蒋介石:"你是明日之星。你升起得快,可能也陨落得快,像其他军阀一样!你要让共产党人按照他们的道路把你扫地出门吗?武汉方面鲍罗廷的意思是要接收你的权力,交给加伦将军(苏联派到中国的将军,蒋介石在苏联认识,与之感情甚好,但是立场不同)。(迁政府于武汉)你定会被他们消灭殆尽,只是时间迟早罢了,这点无可置疑。难道你怯于斗争,乖乖接受失败吗?我要老实告诉你:你如单枪匹马,为国民党的目标奋斗,我可以说,你纵使有此精神,但却无足够的性格足以推动你的工作。但是,精神并非一切。这个解放并重建中国,制定国家宪法的重责大任,需要很大很多影响力、金钱、性格与威望。照目前情形,这些你一样都没有。环绕在你周围的,尽是些无能懦夫,其兴趣所在,无非私利而已。他们求的,无非一己的私利,并非你的目的。你要知道我说的都是真话。不过,局势也并非绝望。我想与你做成一项交易。我不但要如你所愿,怂恿我的弟弟子文,脱离汉口政府,而且还要更进一步；他和我并将尽力号召上海具有带头作用的大银行家们，以必要的款项支持你，用以购买你所需要的军火，继续北伐。我们拥有所有的关系和门路。你自己知道，你不可能再从汉口获得任何经费或支援。而作为这一切的交换条件，你不仅要高调迎娶我的妹妹美龄，也要答应一旦南京政府成立，就派我丈夫孔祥熙担任阁揆，我弟弟子文做你的财政部长。"

宋蔼龄的一番话说得明白、坦荡，她布置好了一切。

蒋介石知道自己的斤两。既然他想要的权力和美女都能拥有，又何必吝啬分别人一杯羹呢？因此，他毫不犹豫，满口答应。

回去之后，蒋介石和陈洁如坦白交底。他痛苦而真诚地说："我从未将我的任何秘密隐瞒于你，当然现在也不会，尤其如今我需要你的协助。"他将宋蔼龄的话一五一十地告诉了她，显得逼不得已，自己很无助。

陈洁如泪如泉涌。好不容易得到一个名分，突然间，又被夺走。

蒋介石重重地叹了一口气："我已走投无路。她开出很苛刻的交换条件，但她说的有道理。我不能期望汉口方面再给我任何金钱、军火或补给，如果我要继续贯彻我那统一中国的计划，她的提议乃是唯一解围之道。我现在请你帮助我，恳求你不要反对。真正的爱情究竟是要以一个人甘愿做多大的牺牲来衡量的！"

"你要我做什么呢？"陈洁如问。

"避开五年，让我娶宋美龄，获得汉口、继续推进北伐所需要的协助。这只是一桩政治婚姻。"蒋介石将"政治"二字特别加重语气，好像他并不爱宋美龄。他努力让面前流泪的女人明白：在他心里，他是爱她的。甚至说，他只爱她。

"我答应你。"陈洁如的心冷了，她明白眼前这个男人的野心。

蒋介石一把抱她入怀，百感交集，悲喜参半。

以一个女人，换取整个中国，这是很划算的，只是可惜了这个女人。然而，诚如蒋介石所说他与宋美龄之间"只是一桩政治婚姻"吗？是，却不尽是。

1927年，在南京，蒋介石与宋美龄的第一次约会如期而至。为了此次约会，他煞费苦心地思量了很久：是让美龄来南京呢，还是我去上海？

蒋介石的贴身智囊陈布雷说："宋小姐来南京，有蒋先生摆大男人的架子之嫌；蒋先生去上海，又有低三下四之疑。"

蒋介石问："那么哪里合适呢？"

陈布雷说："蒋先生往东一百里，宋小姐往西二百里，镇江最好。"

蒋介石直呼："妙哉！"

是日，蒋介石一改往日儒生打扮，特别穿了一身西装和光亮的皮鞋，由百名士兵护卫，八面威风地开进镇江。

宋美龄下车，看见迎接的阵势，满脸笑意。

蒋介石绅士般地走过去，躬身说道："佛家普渡慈航，请问宋女士可愿登舟？"

蒋介石如此不伦不类的模样让宋美龄不好意思、啼笑皆非，但她心想："难为他有此心意，不容易。"女人被追求、被爱，心里终究是很高兴的。

是年8月，历史一片混乱，历史也布满未知的转机：汪精卫终于背叛了革命，反对起共产党、武汉政府，和南京政府合并，汪精卫在政治上取得领导地位；北伐仍旧处于停止状态，北方只有归顺国民政府的冯玉祥、阎锡山等各路大小军阀在和张作霖打局部战争；共产党开始走自己的革命道路，八一南昌起义爆发。

后来人们知道，这次起义的意义不亚于辛亥革命的武昌起义。

蒋介石在重重压力下选择了他惯用的伎俩，宣布下野，回到奉化，祭拜祖宗。利用这段时间，蒋介石写了上面的声明或公开的求爱信，频频出入上海宋家。蒋介石原是一个强悍的人，强悍得杀人无数都可以不眨一下眼睛。但为了爱情，他甘愿变成弱者。一个对权力充满欲望的人敢于放弃这种欲望，这就是爱的力量。一个女人也许不会对一个强悍的人动心，但一个女人倒是容易对一个弱小的人充满同情。在宋美龄的眼里，此时的蒋介石就是一个值得同情的人。尽管她深知，这一切都是暂时的。正因为知道是暂时的，她才有胆量答应蒋介石的求婚。

然而，宋美龄的母亲倪桂珍死活不同意。这是关键。倪桂珍十分传统，她压根儿不关心蒋介石如何显赫，未来又是如何了得，再了得也比不过孙中山吧。

为了逃避，老太太干脆带着女儿跑到日本。岂料，蒋介石痴心不改，竟然追到日本。绑在一条船上的宋蔼龄也急忙追到日本。事已至此，老太太已无能为力。在大女儿的鼎力劝说下，老太太稍稍消了气，提出了一些必要条件。蒋介石叩首承诺，立即撰文见报，宣布自己和毛、姚、陈三位断绝一切关系。随后，宋家召开专门会议，虽然宋庆龄、宋子文极不赞同，但老太太松口，婚事也就定了。

1927年12月1日，蒋介石和宋美龄在上海结婚。

大华饭店，宾客云集，国民党大小人物、多国领事等一千多人到场。蒋介石由孔祥熙、刘纪文陪同入场，宋美龄由宋子文陪同入场，身后跟着孔家小少爷和小姐扶着婚纱。不知道当时刘纪文看着昔日女友"如今嫁作他人妇"有何感想，又不知极力反对婚事的宋大少爷有何感想，宋庆龄甚至没有出现在婚礼上。

婚礼原定的主持人是卫理公会教堂牧师江长川，因为蒋介石之前已有三个妻室，江长川拒绝主持，结果，蒋介石找来张学良的挚友兼恩师余日章主持。蒋、宋向基督宣誓，全体又向孙中山遗像三鞠躬。蔡元培宣读证婚书：

> 盖闻宝树延辉，异彩耀玉台之镜，早梅布馥，华楣迓翟茀之车。两姓联欢，一堂结约。兹者蒋中正先生与宋美龄女士，举行结婚礼于春江大华礼堂，良辰吉日，六礼告成，瑟好琴耽，双心默契。所愿宗熙三径，论协十篇。喜今兹约指铃章，用证鸳鸯之牒。卜他日齐眉益算，覃敷鸾凤之祥。元培等忝作证人，乐观嘉礼，爰缀吉语，藉贡欢忱，是为证。

是日，难耐喜悦的蒋介石特意在报纸上发表《我们的今天》：

> 余今日得与余最敬最爱之宋美龄女士结婚，实为余有生以来最光荣之一日，自亦为余有生以来最愉快之一日。余奔走革命以来，常于

积极进行之中，忽萌消极退隐之念，昔日前辈领袖常问余，汝何日始能专心致志于革命，其他厚爱余之同志，亦常讨论如何而能使介石安心尽革命之责任。凡此疑问本易解答，惟当时不能明言，至今日乃有圆满之答案。余确信余自今日与宋女士结婚以后，余之革命工作必有进步，余能安心尽革命之责任，即自今日始也。

婚礼既成，夫妻已定。二人携手出游美国。

蒋介石回来后，南方天下、国民政府、北伐军队已尽归他所有。正所谓婚事既成，国事亦定。中国统一、蒋介石的统一此时只差张学良那一半。而此时，他先把张学良的倾慕者变成了自己的"夫人"，张学良该做何感想呢？

4. 东北易帜

1928年2月，北伐全面展开，作战双方是蒋介石与张作霖。

蒋介石为第一路军、冯玉祥为第二路军，阎锡山为第三路军，李宗仁为第四路军，蒋、李部"沿京浦线"北上，冯、阎部沿"陇海线"东进，总兵力接近70万；张作霖坐镇北京、天津，拥兵40万，由张学良率领，另外几十万分别由吴佩孚、孙传芳、张宗昌率领，把守京津门户。

北伐军从徐州出发，进攻山东的张宗昌。4月，张宗昌大败而逃，北伐军即将进驻济南。此时，日本人慌了。山东，日本人眼里的"第二满洲"；"满洲"，日本人眼里的"第二日本"。日本人妄图以东北之张作霖和山东之张宗昌控制这两个省。

无论如何，日本人的利益是和张作霖、张宗昌联系在一起的，如果北伐军打到北京，既而关外，无疑对他们在中国的利益是巨大的损害，虽然他们并不知道蒋介石到底有没有胆量和他们对抗。在日本人眼里，蒋介石有"日式作风"，毕竟他是从日本发迹的，在日本读过书、当过兵，日本人从前对此津津乐道。可是真的到了"针尖对麦芒"的时候，他们还是更相信张作霖。

4 月中，日本田中内阁以"就地保护侨民"为由，派遣第六师团五千人马在青岛登陆，经青岛和胶济铁路沿线要地，"保护帝国臣民"。随后，日本政府又派步兵进驻济南，修筑街垒，建设电网，等等，等待北伐军的到来。

南京政府对此提出抗议，日本人不理不睬。

蒋介石要和日本人较量一下，也只是较量一下。

5 月，济南所有的牡丹都凋谢了，泉水依旧清澈，人们在清晨、傍晚和黑夜看着日本人来回游走，将会发生什么，谁也不知道。老百姓毕竟是老百姓，对他们而言，战争原本很近，战争似乎也很远。

可是这一次，所有的人都没有逃过意想不到的灾难。北伐军和日本人开火了，具体地说是日本人率先向北伐军开火了。结果北伐军不堪一击，近万名官兵被缴械。日本人嚣张起来：这就是蒋介石的实力。蒋介石的胆量又如何呢？

日本人要给他一个下马威，也要给他出一个难题。

5 月 3 日，日本人开始屠城。血流成河！平民、士兵、学生、商人一个个惨死在日本人的刀下，甚至连外交官蔡公时也被挖眼割舌、残忍杀死。

蒋介石从前没有遇到过此种难题，他以后要一直面对这个难题。现在看看他是怎样解决这个第一次的。日本人也想看看，以摸清楚他的底细。

一面是北伐军几十万军队，一面是日本人不到一万的兵力。蒋介石选择了"绕济南而行进"！然后，让张群从南京赶赴济南，与日本人谈判。日本人得寸进尺，叫嚣要国民政府赔偿损失。双方经协定签署《议定书》，曰："中日两国所受之损害问题"，俟双方"实地调查决定"。笑话，日本人何来"所受之损害"？

"攘外必先安内"这个支配了蒋介石后半生的信条，第一次展现在世人面前。北伐是打张作霖的，他不能耽搁。同时，蒋介石似乎畏惧日本人。

客观地讲，蒋介石的这种思想是他的性格与当时中国的国情所共同决定的。

辛亥革命后的十几年里，中国的一切太不可思议了。长久的混乱让蒋介石决定作为一个征服者首先必须完成征服，其他一切皆可让步。而后来，他在这条路上越走越远也与后来同样令人瞠目结舌的混乱（中原大战）有关。

蒋介石 与 张学良

可是，历史注定要在以后重演，"济南惨案"更像两个下棋的人进行的一场试探，是小规模演习。等到后来历史翻到1931年，一切就不这样简单了。

与此同时，面对举国震惊的"济南惨案"，张学良却在北京电告"息内争御外侮"！公正地说，张学良的确是爱国的，张学良对日本人极度厌恶，他是军阀，在和蒋介石打仗，但是他更是中国人。国为大，民为先！张学良十分明白，也是这样坚持的。他担心的是如果再打下去，"济南惨案"会在东北上演。

蒋介石打日本人不行，但是，打中国人确是毫不手软。继张宗昌之后，吴佩孚、孙传芳也被他三下五除二地扫平了。挡着他"安内"之路的只有张学良了。而张学良并非好战者，事实上，他对战争心灰意冷。

北伐第一阶段的1927年5月，张学良率领第三、第四军团镇守郑州之木马节火车站本该是喧闹的地方，可是却异常冷清。一身戎装，张学良站在月台，等待火车开动，这是郑州与北京之间的破烂小站。他又要到前线征战了。天际迷茫，远处一岙山，山那头是黄河，黄河那边是不可一世的蒋介石。

一个裹着头巾、双眼枯槁、皮肤松弛的老妇人孤独地坐在一排烂椅子上，身边放着拾荒用的麻袋。她刚刚从泥土里捡起别人施舍的残剩的馒头，现在正在一口口地啃着那块沾满泥土的馒头，馒头坚硬，她很用力地啃，然后喝一口冷水。但是，从她的衣着看，她不应该这样，仿佛是出身富贵人家，只是衣物脏了些。

火车站是那么的空，那个老妇人的形象在张学良眼里霎时被放大了。张学良很好奇，便凑上前温和地向她问话："您怎么会流落到此？家里没有男人吗？"

她说："死了！打仗死了。"

张学良说："那么没有儿子吗？"

她说："有，四个！出去打仗，不知道在哪儿。"

张学良说："那么您没有财产吗？"

她说："财产被征光了！"

张学良的心抽搐了一下，刺痛了一根脆弱的神经，紧接着眼睛湿了。

火车开动，老妇人仍旧啃她的馒头，然后消失。

随后，北伐军白崇禧部跨过铁桥，进驻郑州。郑州已经成为一座空城，张学良弃城而走，但绝非胆怯投降。白崇禧意外地收到张学良留下的一封信：

> 我未破坏黄河铁桥，因系中国最大建筑之一，如果破坏，一时不易修复，不忍伤国家元气，非我撤退仓促不及破坏也。我军在郑县仍存有给养甚多，非我忘记焚毁，频年战争，豫民流离可惨，何必火以灾黎渴望之粮食，我们同系中国人，假如贵军不急需，请你们把它散给灾民，这算补一补我们的罪孽。我有些重伤患的官兵，不便移动，请贵官本人道的观念，请加以医救，不胜感激。恐我们总会有见面的一日，到那时再谢吧！

不久，张学良低沉地对张作霖说："父亲，这个仗我不打了！"

张作霖大吃一惊，问他怎么回事，张学良伤感地说道："今天你打我，明天我又打你。比方你和曹三爷，还有吴子玉（佩孚），这些仗打个什么意思？结果受苦受难的还不是老百姓？我们这是在作孽，倒不如退到东北，好好把东北管理好，让老百姓过点好日子。"

此时，张学良眼里尽是那位老妇人的影子，他是真的不想打了。张作霖思量良久，也不想再打了，他当然不是因为那个老妇人。眼下这场战争他是输定了，不如和北伐军和谈，然后带领军队返回关外，自己仍旧是"东北王"。

1928年，战事很不利于张作霖。"济南惨案"更是让人心疼，尤其心疼的是张学良。他们准备和谈了。南京方面也派人来和谈了，张学良和杨宇霆接见了南京的客人。和谈还未有结果，张作霖要回东北，留下张学良善后。

此时，日本人又不高兴了。放弃北京等于放弃华北，也等于把东北全部暴露在北伐军面前。同时日本人又想趁机控制东北。张作霖不听日本人的话。实际上，那些年张作霖一直在"不做卖国贼""不让东北"这个底线上与日本人周旋。许多事情张作霖口头上表现得答应了，但是，一旦日本人真的要动东北，张作霖便敷衍了事，总之没有签字画押，一切都不生效。这一次日本人没有耐心了。

蒋介石与张学良

　　1928年6月3日，日本人在皇姑屯炸死了犹疑不定的张作霖。这声爆炸震动了整个中国。张学良忍着痛，迅速秘密返回东北，接任东北保安总司令。接着，东北军撤到关外。此时，张学良已经准备归顺南京政府，"改旗易帜"。

　　1928年7月，蒋介石进驻北京。蒋介石与阎锡山、冯玉祥、李宗仁等人在孙中山墓前举行会议，会议的主要议题是：对待东北问题。张学良从沈阳派王树翰等为代表赴会，表示愿意归顺南京政府。蒋介石大喜，决定停止对东北动兵。

　　冯玉祥却说："东北军军备甚丰，须缴出步枪若干万支，炮若干百门，尔后方能谈到投降的问题。"

　　王树翰徐徐答称："我本文人，对于军事内容不甚知晓，不过听说，像冯先生所索要那个数目的武器，可能是有的。但车辆缺乏，交通现在不大方便，运送如许的东西，有点困难，还是请冯先生自己到关外去取吧。"

　　冯玉祥当真不信张学良。可是那个时候谁对谁可信呢？蒋介石就赌张学良了，后来证明他赌对了。

　　其实，蒋介石清楚张学良是何许人也，他也清楚张学良当前是什么状况。不归顺"中央"，他就只能对日本人言听计从，张学良又绝对不是卖国贼。反观之，如果现在还要追到关外去，情况可能就糟糕了。关外之地是张学良的，不易抢夺，加上还有日本人，太复杂。蒋介石不想惹日本人，冯玉祥也不敢。"济南事件"才刚刚过去，真的追过去，他们和张学良几人谁遭殃还不知道呢。说不准他们当中就有谁叛变了，山海关两边发生的类似故事太多了。

　　后来，蒋介石单独约见王树翰，说："你不要听冯焕章的无谓言词，政府大计，乃我负责主持，我们需从长计议。"

　　东北易帜的事情随即被提上日程。蒋介石派何雪竹、张岳军、吴铁城先后来到沈阳，组成东北政治分会，南京政府任命张学良为分会主席兼东北边防司令长官，并选其为国民政府委员。

　　东北易帜原定在7月份，蒋介石又希望张学良在"双十节"完成统一，可是都不得不推迟。诚如蒋介石所看到的，张学良目前的状况只会选择，也正由于现在的状况让张学良不可能那么快"改旗易帜"。张学良面临的是什么状况呢？

　　一切都要建立在张学良不会归顺日本人的基础之上。从根本上说是张学良是一个有良心的中国人，爱东北，爱中国，想中国统一，然后好好抵御日本人。

　　此时的张学良考虑得更多。首先，他害怕北伐军真的打过来，"济南惨案"重演；其次，日本人杀死了他父亲；最后，他决定对抗日本人，要对抗日本人必须要有支持，至少是形式和感觉上的支持，归顺南京，他不至于沦落到独自与日本人对抗的境地。反观之，因为他想脱离日本人的控制，日本人必然加以阻挠，日本人之所以炸死张作霖就是想夺取东北大权，吞并东北。

　　另外，东北内部很多人也加以阻挠，特别是"亲日的"杨宇霆和常荫槐。杨宇霆早就视自己为张作霖的接班人，尽管旁人都知道那是痴人说梦，但是他自己相信。甚至有人怀疑他就是害死张作霖的帮凶，因为在"皇姑屯事件"中常荫槐刚好在张作霖的火车上，而又刚好在爆炸地点的前一站寻故下车。

　　张作霖死后，杨宇霆、常荫槐变得有恃无恐，公然想抢张学良的东北保安总司令之职，他们二人勾结，推举张作相主政，然后再取而代之。可是，张作相作为东北元勋，坚决让张学良主政，后辅佐张学良登上司令宝座。此后，杨、常便开始故意刁难张学良，把他看成乳臭未干的小子，处处高声喝令，和他对着干，要求调到东北奉天以外各省任职。显然他们想脱离张学良，自立门户。

　　张学良为了大局，一忍再忍，以德报怨。然而，这一伙人居然暗中勾结日本人，阻挠"改旗易帜"。最后，他们竟然暗中从欧洲购买了大量军火，俨然要靠着日本人造反。张学良再也不能容忍了。

　　蒋介石又派张群等人到沈阳，与张学良谈"统一"之事。"改旗易帜"已经是板上钉钉的事情了。偏偏此时杨、常提出一个涉及外交和东北政局稳定的新问题，即"要求成立东北铁路督办公署，以常荫槐为督办"，其理由是，中东铁路为中苏合办铁路，一向不接受东北交通委员会的指挥；如果成立了东北铁路督办公署，就可以将它纳入管辖之内。张学良一再推托委蛇，可是杨、常二人竟一再逼张学良，当真以为张学良就是年轻的可以欺负的孩子。

此时的少帅已经不再仅仅是张作霖的儿子，而是新的"东北王"。

他一面牵制他们二人，平息内部矛盾；一面与日本人周旋，排除阻挠。

1928年12月29日，东北党政军领导、南京国民政府代表、各外国使节（除日本使节外）云集沈阳大帅府。意气风发的张学良身着中山装，庄严宣誓东北易帜，向孙中山遗像鞠躬，沈阳、哈尔滨、长春等东北重镇的大街小巷里挂满了青天白日旗。张学良在易帜典礼上致辞：

> 民国十八年来，战祸频仍，危象迭生，人民殷殷望治，机会虽多，惜皆错过，其唯一之光明，即特总理主张，取消不平等条约，以建设强有力之政府，东北各首领矢志服从国府，目的即在于此。语云：人必自侮也，而后人侮之；国必自伐也，而后人伐之。东北今后，另换一种新的生活，希望同人做事，总要为国为民，不可自私自利。奋起精神，勤电公务，建设强有力之政府，领导民众经过此训政时期，以达到宪政时期，而将政权归诸民众，如斯则三民主义得意实现，革命方为成功也。

易帜电文曰：

> 自应仰承先大元帅遗志，力谋统一，贯彻和平，已于即日起宣布，遵守三民主义，服从国民政府，改易旗帜。

张学良在演讲中还说道："我们为什么易帜？实则效法某先进国的做法。某方起初也是军阀操权，妨碍中央统治，国家因此积弱。其后军阀觉悟，奉还大政于中央，立致富强。我们今天也就是不想分中央的权力，举政权还给中央，以谋求中国的真正统一。"

从这段演讲中可以看出张学良的理想。

中国就此统一。总体而言，蒋介石所要的统一和张学良想要的统一是两个概念。而张学良把自己理想中的消除内战、国家统一和从此走向安定富强之中国的心交给蒋介石也是一种赌博。

张学良想的是整个中国的事情，可是蒋介石就未必如此了。

作为东北易帜的后续，张学良在1929年1月处死了杨宇霆、常荫槐。1月19日，张学良邀请二人赴大帅府商谈军务。二人原本因易帜正心有不快，此番他们以为张学良想安抚他们，于是趾高气扬地去了，路上还在商谈怎么教训张学良。此时，张学良正在家中犹豫不定：杀不杀二人呢？

身边的赵四小姐说："既然你下不了决心就让老天来决定吧！"于凤至也欣然同意。二人都希望张学良处死杨、常。毕竟杨、常此前的种种行为已经让人忍无可忍，但张学良仍旧念着东北军的旧情。张学良说：

"那就抛银币吧。如果三次都是人头，那么二人必死。"

于、赵二人点头说是。银币抛出，三次都是人头！

天意如此，二人必死。

杨、常二人走进老虎厅，立刻被捆绑起来，就地枪决。

中国统一了。可是，中国真的统一了吗？

1928年7月。当蒋介石、冯玉祥、阎锡山、李宗仁等意气风发，犹如君临天下地站在北京孙中山墓前合影，宣布北伐结束、中国统一时，人们都不相信那是真的。事实上，中国远远没有统一，更大的混乱时代似乎才刚刚开始。

风嗖嗖，吹得人把脖子缩起来，吹得历史睁不开眼睛。

第四章 角 力

统一的中国真的统一了么？看上去还是四分五裂。

这真的是蒋介石的中国么？看上去又像是张学良的。

中国危机四伏，杀机四起——就在蒋介石和他的那些把兄弟之间。

而到最后，我们会发现，蒋介石的中国还是要靠张学良来拯救。

1. 风雨"中东路"

东北易帜，中国统一，似乎"蒋介石和张学良的格局"已经形成。但这是一种什么样的格局呢？是背靠背还是手握手或者别的什么态势呢？人们似乎还来不及议论、分析，一场对外战争随之爆发，转移了大家的视线。这场战争完全不同于九一八，这是他们第一次同时面对一个外来势力的问题，因为，问题出现在东北，而这个问题又是由内部挑起的。这场战争来得突然去得也突然。人们弄不清楚蒋介石和张学良各自扮演的角色和所起的作用。但有一点可以肯定，那就是：战争结束之后，蒋介石又变成了蒋介石，张学良也又变成了张学良。

中东路，这个比南满铁路长很多的铁路在中国人的意识里并没有太深刻的印象，实际上，南满铁路正是它的一部分。1898年，俄国强迫清政府签订条约，强占了旅顺口、大连湾及其附近水域，并取得了修筑中东路支线的特权。1900年，中东铁路建成，西起大连，东至哈尔滨，贯穿整个东北。1904年，日俄战争的焦点正是中东路。俄国战败，日本取得长春至大连段中东路（南满铁路）的使用权。但是哈尔滨至长春的中东铁路仍旧掌握在俄罗斯手里，后来，俄罗斯人像阎锡山改动山西铁路一样改窄了此段铁路，沿线也就被俄罗斯人控制。

1917年，俄国十月革命成功，苏维埃政权成立，国际格局发生变化。1921中国共产党成立。1923年，孙中山确立"联俄"政策。在这些事件的推动下，中苏双方签订了《中俄解决悬案大纲协定》，约定：苏联方面废除沙俄时代签订的一切损害中国主权的条约，放弃一切租借地、领事裁判权、治外法权及庚子赔款等；特别说到中东路问题——中东路系商业性质，两国共管，并制定了相关管理措施。

1923年9月，苏联又与东北张作霖签订了《奉俄协定》，规定中东路租界期限为60年，然后归还。可是，历史风云突变，1929年以前，中东路似乎只是东北与苏联的问题，但是"改旗易帜"后，中东路成了中国与苏联的问题。

当蒋介石完成征服，张学良完成"改旗易帜"后，中国已经基本和苏联断交。

蒋介石的立场很明确：共产党是敌人！

张学良要与蒋介石联合，该怎样表达诚意呢？他让共产党也成了自己的敌人。作为东北的主人，29岁的张学良逐渐成熟，但还不够成熟，现在他必须重视南京政府给他的官衔。或许验证了孙中山当年在病榻上给他的一句话："东北介于红白两帝国之间，你们东北人的责任比谁都大。"

蒋介石不是征服者，但是，在"红""白"两色之间张学良想找一个依靠，寻找他治国图强的道路，至少是东北安定的道路，靠近蒋介石似乎是不错的选择。当然，蒋介石不是省油的灯：你要依靠我，你必须拿出诚意来。

中国近代历史上，发生过两次搜查外国大使馆的事件，很惊人，也很巧合。第一次是在1927年，张作霖搜查北京苏联大使馆，结果杀死了李大钊；而第二次是张学良搜查苏联领事馆，地点换成了哈尔滨，结果引发了"中东路事件"和中苏战争。

"我同俄国没有什么关系，就是跟他们打了一仗。那时，我自不量力，很想施展一下子。不是扩张，说扩张不对。那时，要想把东北的地位提高，就必须打一仗，而且还要打胜。"晚年的张学良慢慢悠悠地如是说。

而当年的张学良在"中东路事件"之后对美国记者鲍威尔则这样慨然道："中国人民乃爱和平、重公道之人民，尤不愿用强权。此次之事，实缘俄人利用中东路为宣传'赤化'之根据地，东路许多重要俄职员，皆与'赤化'运动有关。两次发觉，证据确凿，中国当然不能允许，乃迭请理事会同意更换此等'赤化'有关之俄员，而俄方终不之理。乃取断然处置，仍以代理名义，委派继任之人，以明系属暂局。"

那么，"中东路事件"究竟是怎么一回事呢？1929年5月27日，哈尔滨特区警务处突然派队搜查了苏联领事馆，理由是"苏联在哈尔滨领事馆召开远东党员大会"，审讯了包括苏联驻沈阳总领事库兹涅佐夫和众多中东路管理局的重要职员，最后逮捕39人，搜出并扣押了大批文件，留下照片。

这样看来苏联的确在此有"赤化"行动。如此搜查"外国大使馆"事件，肯定有着最高层的指示，东北的最高层当然是张学良，而非蒋介石政府。

此事件一出，苏联方面发表严厉声明：从速释放所逮捕苏联人员，交还一切文件和财产，并强硬地宣称："因中国政府之行为已证实不愿并不知介意公认之国际公法，则苏联政府从今起对于驻莫中国代表处及其驻苏联领土上之各领馆，亦不问国际公法之拘束，而不承认其享有国际公法所赋之治外法权。"

此时，张学良通电了南京蒋介石方面。蒋介石方面询问张学良，如果南京宣布与苏联彻底绝交，东北军防是否可以应付得了。张学良表示："服务地方，守土有责，奉安期间，自由集会，中央迭有禁令。兹苏驻哈领事馆，召集'共党'秘密开会，不但扰乱地方治安，且违背中俄协定，不得已而搜查领事馆。"

6月间，苏联再次做出强硬回应，逮捕在苏华侨、华商，并且大兵压境。

张学良开始担忧。问题的关键在中东路，问题的焦点集中在是否收回中东路主权。张学良一开始还是给自己留了后路。他所以解除"苏联中东路在奉人员"是以其没有遵守"中俄"和"奉俄"两个协定。也就是说是遵照条约办事，就当下局势单方面撕毁条约是不明智的。要说真有需要撕毁条约、奋而抗之的目标应该是日本，而非苏联。因为中东路系统虽然庞大，却更倾向于商业化问题。

7月7日，蒋介石和张学良在北京碰面，这是两个人第一次见面。因为会面是为了解决"中东路问题"，所以两个人的第一次握手变得没有什么风采，不值得恢宏一笔。但是，这次张学良总算领略了蒋介石的手腕。

蒋介石义正词严地告诉张学良："英政府对驻英俄代表之一再搜查，法政府对驻法俄使之强制撤换，苏俄皆帖然就范，不敢稍抗，今独敢以最后通牒加于我者，岂非蔑视我国之无人，乃以次殖民地视我国耶？国必自伐而后人伐之，此中正平日所为垂涕而道于邦人君子之前。尤我全党同志、全体将士所当憬然反者也。今日舍努力拒俄以外，无恙；舍一致对俄以外，无出路。诸将士其同心一德，共同努力，誓贯彻废除不平等条约之目的，以完成我国民革命最后之职责。"

蒋介石又说："此次事件为我国力争独立平等之关键，非举国一致，共同御侮，更无以自存于世界。"此气壮山河之语在理，可惜用错了时间和对象。

显然，蒋介石的态度很明确：决不妥协，大不了鱼死网破，兵戎相见。而且蒋介石认为英、美、德等会站在中国一方。苏联迫于压力几乎肯定不敢发动战争，只是武力威胁换取中方妥协。

蒋介石表示，如果一旦战争，南京方面可拨款两百万，亦可派10万中央军支援。张学良似乎不便反驳。于是，7月10日，东北宣布"收回中东路权"，将中东铁路局苏方局长、副局长等59人驱逐出境，同时查封了苏方领事馆。这等于单方面撕毁了"中俄""奉苏"两个条约。此为"中东路事件"。

历史的硝烟散尽，我们来看看张学良和蒋介石拿苏联"开刀"的真正原因：

首先，当时正值南京国民政府推行"革命外交"，以武力压制和革命姿态迫使外国列强撤销在华的不平等条约之时，也是张学良要提升东北地位的契机。"革命外交"政策也和蒋介石揣度苏联的心思是一致的：以武力威胁，换取对方妥协。可是斯大林是何许人也？况且苏联社会主义建设如火如荼，苏联兵强马壮。

其次，按道理讲日本人更该成为张学良履行孙中山理想的对象，但是，张学良没有拿日本"开刀"，原因很简单：共产党已经成为蒋介石和南京政府的眼中钉，与苏联人冲突是蒋所愿意看到的。另外，张学良深知日本人的厉害，日本人对东北的控制深入骨髓，不是一朝一夕、小打小闹可以解除的。只是，他低估了苏联。

最后，张学良不想真的打仗，更多为试探，故而处处小心，凡事留有后路。不想，蒋介石暗骂"娘希匹"，认为张学良是"响尾蛇"，只知道示威，不敢进攻，一不做、二不休，踩断蛇尾巴，断了张学良的后路，逼得张学良不得不打。

蒋介石真正想打的原因至少有以下五个方面：

一、目标是苏联，"收回中东路权，以防止苏俄'赤化'东省"，这使得蒋介石出奇地想与张学良一致对外。

二、苏联未必敢打，只是武力威胁。

三、北伐结束，内部暂且安定，"安内"则可"攘外"。

四、真打是在东北，打的是张学良的部队，趁此削弱张学良的势力。

五、体现"革命外交"，履行"孙中山之理想"，树立领袖威严。

接下来的事情有点微妙，似乎朝着蒋介石所预想的那样发展。苏联没有立刻行动，7月13日，苏联和国民政府协商提出和平解决中东路问题，并郑重声明：

一、立即召集会议处理与中东路有关的一切问题；

二、中国方面应立即取消对中东路的一切断然命令；

三、立即释放一切被拘捕之苏联人员，停止一切针对苏联人民和苏联机关的行动。

苏联方面限国民政府三日内给予答复，否则将采取必要措施。

蒋介石从这份声明中更加确定苏联并不敢打仗，自信心也更加膨胀起来，心想：苏联也不过如此，想和谈？要三日为期限，我看他们是怕了。

此时，张学良却是心有余悸和挂碍，以致走到哪里都不爽。

7月的北戴河，阳光、沙滩、美女和帆船，正是避暑的好时光。张学良和两个儿子快活地在北戴河里游泳，于凤至则坐在小舟上，撑着遮阳伞，向他们微笑。游泳后，一家人撑船上岸，张学良穿上大裤衩，睡在躺椅里晒太阳，儿子在沙滩上玩耍。于凤至坐在张学良的身边，削水果。风徐徐吹动，人声喧闹。小睡的张学良并不平静，虽然眼前一片祥和，但是，战争的阴影再次笼罩在他的心头，边防两边，军队涌动，战事一触即发。平静中张学良其实有些心烦意乱。

"大姐，下午野餐去吧。咱们好长时间没有轻松地吃一顿饭了。"张学良暗自叹了一口气，懒洋洋地说。

于凤至看着张学良，笑着说："野餐当然好，孩子们最喜欢了。再抓两条北戴河的鱼，烤了吃。"

张学良眼睛望着别处，说："我倒是想钓鱼，可惜没时间也没耐性。"

下午，张学良一家人在小树林里，挑了处干净的树荫，铺上洁白的餐布，其乐融融地笑谈着。吃了饭，两个孩子一离开，张学良就收起笑容，躺到于凤至的怀里，合上沉重的眼皮。

于凤至低着头说："汉卿，你是不是有心事？"

张学良半睡半醒着说："你怎么知道我有心事？"

于凤至说："你的心思我还不知道？看你，孩子们一走就不说话了。"

张学良说："大姐，你说我搜捕苏联大使馆到底对不对？"

于凤至说："你自己觉得呢？"

张学良说："我不知道。冲突是我挑起来的，后果我就得承担，不过我当时应该是把事情想简单了。"

于凤至说："南京什么意见？"

张学良说："南京今天来电，'本原定方针，妥慎处理，持以镇静'。他们觉得俄国人不会打。你觉得呢？"

于凤至说："还不明确，不过他们限定三天给予回复，边境有兵，想是不打不可能。"

张学良说："真打起来，我未必会输！"

107

于凤至说："输赢未必，但是受损的肯定是咱们，怎么打都是在东北的地面上，都是东北军打。你总不能让中央军过来吧？蒋承诺支援，咱们也不能要。"

张学良说："这是怎么说？大姐。"

于凤至说："不怕他乱了东北的军政，也怕日本人有动静，济南的事情在那放着，你想成为罪人呢？"

张学良说："大姐倒是和我想到一起了。打起来，花的是我张学良的钱，死的是我张学良的人。"

于凤至说："那你决定怎么办？"

张学良说："祸端已起，退也不行了，真要打那就打吧，不过能避免最好。"

按照蒋介石的意思，张学良暂且没动。

7月17日，苏联宣布与中国彻底断交，撤出所有驻东北人员。

张学良更加不安了。

7月19日，苏联军队开始骚扰边境。

蒋介石电告张学良：东北防线应该严阵以待，避免冲突，暂时以守为主。

此时的蒋介石希望通过各国的压力来迫使苏联妥协，但英美等国对中国采取不支持态度。虽然，苏联与其他列强意识形态不同，但中国方面单方面撕毁条约、驱赶苏联大使的做法没有得到广泛认同。迫于压力，南京外交部声称："对苏问题乃纯粹因为防止国内'赤化'，与他国问题不同。"且只为"权宜之措施"。

南京政府想避重就轻，化解与列强的冲突。

令蒋介石欣慰的是德国也还是支持他的。国联当时签署的《非战公约》，将于7月24日开始生效，蒋介石认为，在这个日子之后，如果苏联再动武，那么必将在国际上受到指责，使其陷入被动局面，所以苏联更不会主打。

同时从德国传来消息，苏联希望再与中国交涉，以达成和平解决之共识。

这个消息让蒋介石十分欣慰：苏联人并不想打这一仗。

于是，蒋介石又电发来自德国的消息给张学良：

中东（路）问题不惟中国力避战端，俄亦无此能力。顷得德电，俄官报载，苏联人民不特不主战，且极力反对战事。又云，中东铁路地位本无保持之可能，云其交通总长宣言，除非中国侵入俄境，决不输送一兵等语。据此可知苏俄之态度矣。

张学良却坐不住了，把电文往桌子上一拍，骂道："决不输送一兵？东北边防的情况他可知晓？我不向上报军情就当真没有军情了？"

几天以后，蒋介石又接到德国消息：苏联改变主意，坚称"非改变中东路原状不谈"。但蒋介石仍不为所动，心想：此出尔反尔之势恰恰说明苏联不想打。

实际上张学良有想法了。东北军内部怨声载道，都不赞成拿东北军的家底打这一场"飞来之役"。张学良也不得不重新权衡时局。而南京方面声称"中东路事件"纯粹是防止"中国'赤化'"的"权宜之措施"，所以张学良心动了，他看到这场战争可以避免。于是，张学良表示，奉天当局无意于此时收回中东路，中东路问题仍旧按中俄、奉俄两协议解决。后通过吉林省主席张作相试图与苏联驻东北大使梅里尼可夫进行谈判。张学良还专门对苏联发送电函，提出四点建议：

一、双方各派代表定期会议，解决中东路问题；

二、苏政府另派正、副局长；

三、东路现在之状态认为临时办法，由俄正局长、华副局长共同签字办事，俟将来会议后，根据中俄《奉俄协定》规定之；

四、被拘苏方人员可以释放，苏联拘留之华人亦须一律释放。

张学良自己做主了，但是，他没有做绝，还是把电文先给了蒋介石过目。

是夜，南京的天气异常燥热，晚上，九点半过后，蒋介石回到书房，穿着青衫长袍，磨墨执笔，嘴里不停地直哼哼，不时冒出一句"娘希匹！"

宋美龄此时为他端来一杯茶，说道："Darling，你该睡觉了吧。"

蒋介石说："我睡不着，你先去睡吧！"

宋美龄坐到一旁说："你知道我是晚睡的，我怎么睡得着。我要听听唱片。"说着她就要往外走。

蒋介石说："今天就不要听了，你安分地做点别的事情。让我安稳一会儿。"

宋美龄笑着说："谁又惹你生气了？我偏要听。"

蒋介石有些生气地说："我说不要听了，你听我的就是。"

宋美龄脸色带愠，瞥了蒋介石一眼，坐到旁边的椅子上。

蒋介石见状赶紧走上前说："Darling！怪我不好，不要生气。"

宋美龄说："你倒是说说，你哪里来的气？"

蒋介石说："还不是你认识的张汉卿，他居然向苏联妥协了。不听我的命令。此扬我中华之威武、壮我民心之际，怎么可以妥协？我已三番五次下达命令，此人却抗命不从。不经中央，擅自与苏交涉，实为越权。他改的什么旗帜！"

蒋介石接着说："Darling，你对此事怎么看？"

宋美龄说："军国大事你们男人做主，我不方便开口。"

蒋介石说："但说无妨。"

宋美龄说："决不能妥协。"

蒋介石回到书桌前，说："你与我意甚同。"

宋美龄回到自己的房里，把门关上。

蒋介石又拿出他的日记，挥笔写道："苏俄离间我中央与地方之感情，张作相不察，竟提条件，恢复苏俄之权利，而张学良既恐苏俄开衅，又畏日本乘机议和，唯恐不及，毫不知权衡轻重利害，以致摇动中央方针。呜呼！"

蒋介石电告张学良：第二条绝对不行。其中意思明确，即不能归还中东路权。蒋介石对张学良放言：除一致讨俄外，别无出路；誓贯彻废除不平等条约之目的，以完成国民革命之职责。

那些天，蒋介石几乎每天都有电报，敦促张学良要坚持，必要时就打，打仗中央可以拨款，派兵，"全国军民，沉机应变，一心一德，以御外侮"。

可是谁都晓得张学良绝对不赞成中央军入东北。

反正蒋介石就是一句话：就是不还中东路权。

在此情形下，全国军民一片应和，誓要与"外敌"抵抗到底，扬我中华近代首次之威名；蒋介石同时发动了张学良许多关内好友前去劝慰。张学良骑虎难下，硬着头皮坚持下来，派出的代表蔡运升到苏联也没有谈出什么结果。

1929年8月6日，苏联远征军出击东北。苏联居然反"非战公约"而行，这是蒋介石始料未及的，同时其他国家也没有对苏联表现出强烈反对。

一句话，斯大林是什么人也！这场仗真的又要打了！

8月6日，苏联革命军事委员会发布命令，为配合苏联阿穆尔河（黑龙江）舰队对中国军队作战，组建远东特别集团军，布留赫尔（加伦将军）为集团军司令官，司令部设在哈巴罗夫斯克（伯力）。

说起加伦将军，他与中国以及蒋介石渊源颇深。当年蒋介石出访苏联，在远东便和他成为朋友，后来加伦被派到中国，曾担任第一次国共合作时期广东政府军事顾问。在反苏的蒋介石眼里，这是唯一一个不让他反感的苏联人。当年，加伦离开中国时，蒋介石为他送行，蒋介石称那次送别为他一生最伤感的送别。

8月13日，苏联兵舰两艘、陆战队员三百人、飞机两架，侵入黑龙江省绥东县境。此后几日，中苏边境冲突不断发生。张学良也只能应战了——8月15日，动员东北军6万人，组成"防俄军"严阵以待。王树常为第一军军长，兼任东路总指挥；胡毓坤为第二军军长，兼任西路总指挥；周濂为预备军军长。

8月16日，张学良在接见美国《芝加哥日报》记者时宣称：

> 苏俄不顾国际信义，蹂躏非战公约，贸然遣兵，侵入我国境内。我们尊重非战条约，屡次退让，以明开衅责任。俄方如再进逼，是甘为戎首，故已准备一切，当出全力，决一死战。

张学良还是希望苏联能够妥协，同时，希望寻求西方国家的道义支持。

9月14日，苏联通过中国驻德国使馆向南京发布了最后通牒，结果仍旧是因为"中东路权"问题不欢而散。德国调停也宣告失败。战争已不可避免。

此后，苏联军队已经在边境骚扰多日，南京方面却迟迟不下达战争命令。

张学良急了，三番五次问蒋介石到底想怎么样。时值国联大会召开，蒋介石想通过大会调停冲突。可是西方列强根本不予理会。无奈，蒋介石又要张学良力争讲和。

到了这个时候还讲和？苏联谈判人员早已回归。进入9月，东北、西伯利亚树木凋零、道路荒凉，只剩下边境线上的军队，哪里还能讲和，只能打了。

奉苏冲突从1929年10月中旬持续到11月底。苏联于10月在东线逆松花江西下，先后进行了三江口战役（东北军松花江舰队被歼灭：江平、江安、江泰、利绥、东乙号军舰皆沉没；苏联军舰被击沉三艘、击毁四艘，飞机被击落两架；三江口失陷）、同江战役（苏联目标为东北海军陆战队，海军陆战队伤亡惨重，队长李润青阵亡）、富春战役（苏军海、陆、空同时出击，东北军已经无力抵抗，富春失陷）；西线主要为陆地战役，集中在满洲里一带，战役于11月中的冰天雪地里打响，先后进行了扎赉诺尔战役（苏军在远东集团军司令官布留赫尔指挥下，以一个师以上的兵力，大炮60门、飞机20余架，并配以坦克、装甲汽车等现代武器，东北军十七旅几乎全军覆没，主要将领旅长韩光弟等全部阵亡）、满洲里战役（东北军十五旅被围，随后投降，八千余人被俘虏）、海拉尔战役（东北军两个旅的兵力，拒绝向加伦投降，结果几日后被打退，海拉尔失陷）等。

一个月的时间，苏联军队深入东北数百里，东北军死伤数万，财产损失万万，重要城池失陷，眼看苏联军就要打到哈尔滨、中东路。这个局面让张学良震惊了！

此时，蒋介石还希望张学良继续坚持下去，等待国联依据"非战公约"对苏联进行制裁。可是西方人控制的国联到底能不能给答复？张学良等不了了。

11月26日，张学良与苏联方面通电，希望谈判解决中东路问题，又电告蒋介石：此事先不要提交国联，避免断了与苏谈判后路，他要与苏联直接谈判。

张学良清楚地表明了一个观点："改旗易帜"是真，东北的事情是全国的，但更是他张学良的，东北的利益是第一位的。

蒋介石勃然大怒曰："如此大事，中央与地方政出两歧，惹笑中外！"

然而，张学良是张学良，蒋介石奈他何？

随后，果真出现了大笑话：苏联对外宣布张学良接受"奉苏冲突"和谈的相关条件；而国联则就因"中苏冲突"而引发的对苏联的可能制裁提交审议。国联的西方代表听到苏联的消息，面面相觑，此种新闻真是古往今来头一遭！

张学良完全抛开了南京政府，单独和苏联进行谈判。1929年12月22日，由东北当局代表蔡运升与苏联代表西门诺夫斯基签订了《伯力协定》。协定最重要的两条是：两国息争；中东铁路恢复到本年7月10日以前中苏共管状态。此两条中，我们都可以看到"中国"的影子，可是签署协定的却是张学良的人。

张学良可以决定东北的事情，蒋介石却决定不了中国的事情。而再看这两条协议，很明显张学良吃了蒋介石的亏，"搬石头砸自己的脚"，"赔了夫人又折兵"，中东路还是原来的样子。

我们说张学良想实现国家统一的理想没有错，洗刷侮辱也没有错，但是他选错了对象，对象不应该是中东路，而是南满铁路；不是苏联，而是日本。

再从整个事件看，我们似乎可以看到未来历史上一个庞大突起的影子——九一八。我们在想，九一八以前的蒋介石和张学良汇聚了九一八事变所有的元素，历史不是无缘无故地出现，总有它的原因、有它的道路、有它的因果。九一八以及后来的大突起——西安事变都有它的背景和渊源。

中东路问题到此还没结束。南京方面拒绝承认《伯力协定》，蒋介石愤慨难当。但迫于苏联的强硬态度，南京政府决定只对协定采取修补措施，挽回颜面。

而张学良也算认识了蒋介石。张学良说："南京只管叫我打，什么也不管。打既然不成，就得和吧，可是南京又不让管和的事，这简直就是整我嘛！"

事实上，蒋介石整你没商量。如果说蒋介石在中东路问题上得到了些什么的话，正是张学良损失的那些东西。反正打起来损失的是张学良。

这实际上是军阀的法则！那以后蒋介石还是蒋介石，张学良还是张学良。

话又说回来，后来蒋介石为什么不再坚持打，而是求助于国联了呢？可以联想一下九一八。没错，因为又有"内乱"了。他要安内，尚且不知道张学良是哪一边的，消耗他一下也好。所谓的"内乱"是"恢宏"的中原大战！

2. 军阀法则

历史可以被借鉴，可以被假设，可以被创新，可以被继承。

那个时代的中国可以说是一个大实验场。当时南京政府提出：先是"军政"，达到国家统一；然后"训政"，实现民族崛起。这和张学良所说"易帜"实为效仿"某先进国家"的想法是一致的。我们认为这个国家就是德意志。

席勒说："德意志，它在哪里？我找不到那块地方！"

歌德说："没有一个城市，没有一个地方使我们坚定地指出这就是德国；如果我们在维也纳，答案是这里是奥地利；如果我们在柏林，答案是这里是普鲁士。"

当时的中国尚且没有达到这种地步。

席勒和歌德的时代，德意志被分裂为大大小小的三百多个政权，国家名存实亡；拿破仑被打败后，德意志又变成三十八个政权，中央实际没有权力，同时俄、法等列强对其严重关注，不想德意志统一。然而，德意志靠什么最终统一起来，并且在统一之后迅速崛起？答案是"铁血宰相"冯·俾斯麦。

"国家的统一不是靠政变和谈判所能实现的，必须通过战争！"这是俾斯麦的名言、信条，也是他的道路。打败奥地利、法兰西，他创造了统一的德意志。

张学良显然是把"铁腕"的蒋介石看成了俾斯麦。可是，实际上俾斯麦非蒋介石所能比：蒋介石没有俾斯麦的学识，俾斯麦规划好了统一之后的国家将怎么办以及他将做什么；蒋介石没有俾斯麦的能力，俾斯麦可以周旋于法国、俄国，通过手段让它们在战争时保持沉默；蒋介石没有俾斯麦的心胸，胸怀广阔往往使领导者得到尊敬和信任的权杖；蒋介石更没有俾斯麦的气魄，俾斯麦可以带兵前往强大的奥地利，并随身携带毒药，破釜沉舟，誓要征服。最重要的是，俾斯麦把征服看成是对国家复兴的契机，是使命，而蒋介石的征服更像单纯的征服。

从另一方面讲，中国也不是德意志。在俾斯麦之前德意志已经分裂了几百年，而中国刚刚从大清朝的梦中醒来，列强正在瓜分，蒋介石不具备俾斯麦所处的时间和形势；从实力上讲，俾斯麦当时拥有的是德意志邦国中最强大的普鲁士，而蒋介石还不能算得上最强大，至少张学良就可以跟他一比，而且冯玉祥、阎锡山、李宗仁几大军阀也可以和他角力。另外中国不是德意志，疆域太大，战争不是短时间内可以平定一切的，种种原因导致了蒋介石并没有绝对的征服力。

德意志的统一还不仅仅因为俾斯麦。德意志的统一还有贝多芬的音乐，歌德、席勒的诗歌和美学，老黑格尔的哲学和李斯特的经济学。

一个统一的国家，不是疆域上统一那么简单，这点从蒋介石的最初统一可以看出来。德意志在长期的分裂状态下，孕育了一种共同的情感、精神和文化：德意志！这便是不同于僵硬的战争的流动性统一基础，可以称之为民族之魂。文化统一、精神统一、经济统一、理想统一加上疆域统一，这才是国家的统一。

然而，当时之中国，刚刚从延续千年的封建社会中被打醒，思想没有核心，孙中山的革命理想没有足够的时间沉淀，国人没有形成共识，此为理想不统一。文化统一是有的，但精神统一和经济统一不具备，特别表现在张学良和阎锡山身上。

张学良应该说具备理想上统一的基础，但是蒋介石有没有孙中山的这个理想则很难说。纵观种种，张学良所希冀的统一托付在蒋介石身上，换来的是失败——中原大战。而他所希冀的统一后的复兴，也随着日本的入侵化为泡影。

此为历史之借鉴！

1853年7月8日，美国军舰闯入日本横须贺港，从此敲开了日本的大门，日本选择了开国而非开战。此时，日本尚且处于"幕府统治"时期，随后明治天皇登基，平定幕府，维新图志，短短几十年，日本迅速发展。1894年，中日甲午战争爆发。日本已经从被欺凌国家转而发展为一个掠夺殖民地的现代国家。

中国同样拥有契机。中国当时比日本的条件似乎要好：不存在"割据统治"，虽然有"太平天国"。可惜的是清廷不是明治。在错过很长时间的机会后，"百日维新"爆发，还是可惜，可惜光绪帝没有实权，此机会已经丧失。

于是，日本人结束"幕府统治"时代，继而"明治维新"走上复兴之路；而与之相反，中国失去了"维新"之路，堕入类似"幕府统治"的"军阀割据"时代。

此为历史的假设。

中国的历史走到最后，落在了毛泽东身上，因为毛泽东选择了一条创新之路。适合于中国时代的创新之路，并且一路创新下去，实现了中国的独立和强大。

此为历史的创新。

再看蒋介石的统一，我们可以看到历史的继承。

不管蒋介石是张学良所认为的俾斯麦，还是自己在后来借鉴于俾斯麦的后来者希特勒，他都不可避免地从历史上继承一种法则。说到底，蒋介石只是一个控制中央军的军阀！和他可以并驾齐驱的是张学良！稍微贫弱一点的是强大的冯、阎、李。所谓法则，可以说是刘邦之于韩信，朱元璋之于常遇春，是"兔死狗烹，鸟尽弓藏"；所谓法则，也可以说是李隆基之于安禄山，是"藩王作乱"；所谓法则，可以是赵匡胤坐了天下后的"杯酒释兵权"。

蒋介石是一个征服者，又不是一个绝对的征服者，他带着合作者统一了中国，随后自然是要解除合作者的兵权；而合作者当初之所以和他合作正是为了保住兵权。矛盾因此产生，并且激化，混乱的局面注定不断在中国上演。

具体来说，蒋介石的法则是：用得着便联合，权、钱、色皆可给予，不联合就打你；打仗时蒋介石的嫡系部队绝对不打最艰难的战役，最艰难的战役都由联合的军阀打，实际为一石二鸟甚至一石多鸟；打完仗，所有承诺皆可不理会，看你军阀的势力给你定位，但有一条是"绝对要削你的兵权"，如果你明目张胆地反，那么就打你、灭你。这正是典型的军阀之道！

说蒋介石的军阀之道就以四个人为例：韩复榘、刘湘、吴佩孚、冯玉祥。

从韩复榘那里我们可以看到蒋介石是怎么对待一个出身行伍的小军阀的。

韩复榘本为冯玉祥手下干将，北伐战争期间，坚定地跟着冯玉祥，已经身为师长，反蒋后，韩复榘更是冯玉祥的主力。然而他却接受了蒋介石的钱财承诺：每月60万军费，结果就归顺了蒋介石。

1930年9月，中原大战，当冯玉祥、阎锡山与蒋介石打得难分难解之际，韩复榘突然从背后给了占据山东的阎锡山一拳，紧接着就任山东省政府主席。韩复榘大字不识几个，但是，懂得跟着蒋介石有"肉"吃。所谓有"肉"，按照军阀的想法，他是有了自己的地盘儿，终于出人头地，不用跟着冯玉祥混。中原大战结束，蒋介石翻脸不认人，每月的军费没了，韩复榘大骂："他奶奶的，你他妈不仁，我他妈也不义。"他成了"山东王"，不往南京中央交税，不听南京中央命令，不允许任何外来势力在山东作祟。

后来的军阀刘珍年，被蒋介石赶出湖南，依靠日本人盘踞山东，兴风作浪，唤作"胶东王"。蒋介石命令韩复榘打，韩复榘不闻不问。但是，后来刘珍年犯到韩复榘头上，韩复榘打了，虽胜却损兵折将。

日本人打进华北。蒋介石要韩复榘驻守黄河，这次韩复榘不能再推脱了。打！但是，蒋介石就是不给增援，明明知道韩复榘打不过日本人，战区司令李宗仁都已经派兵过去，蒋介石又命令把援兵撤了回来。

"这哪里是抗日嘛？这是要整死我韩复榘才对。"韩复榘恼了！不打了，保存实力，撤。结果一路撤下来，他几乎把山东给丢了。

蒋介石终于找到理由，除掉这个"眼中钉"。五花大绑，拖到武汉，枪毙。

与韩复榘不同，刘湘是典型的中小地方势力，且看蒋介石是怎么对他的。

1906年，刘湘投入军营，然后从一名普通的士兵一步步升上来，1916年，担任旅长，1918年，担任师长。1920年，军阀混战中刘湘成为川军第二军军长，就此崛起于蜀地。北伐战争，刘湘归顺蒋介石，加入中国国民党。1930年中原大战，四川实力派刘文辉选择支持冯玉祥，而刘湘又选择支持蒋介石。

我们说，刘湘这个时候选择跟从蒋介石就是因为"大树底下好乘凉"。而且此时，刘湘尚且不是"四川王"，只是巴县、江北和璧山的"巴璧虎"，他还没有足够的地盘儿；况且他和刘文辉是对头，自然不和刘文辉坐同一条船。

刘湘靠着蒋介石打败了刘文辉，成为名副其实的"四川王"。

如果有人牵制刘湘，蒋介石是很乐意的，但是，一旦独大问题就来了。

1933年，蒋介石命令刘湘"围剿"川北的共产党军队。刘湘不乐意，但是鉴于自己实力雄厚，他有恃无恐，还是服从了命令，结果出大事了——问题出在军师。

刘湘没有不良嗜好，不赌博、不好色、不抽大烟，性情稳重，唯独一条：迷信。他是在未出道时听了一个算命先生的话才投的军，算命先生说在这条路上他将大福大贵。于是，后来无论打仗、生病他都借助于算命先生。这次"围剿"共产党，他依然用算命先生做狗头军师，结果兵败如山倒。

蒋介石顺理成章地派中央军进入四川，负责"围剿"共产党的军队。此招数一举两得，既为了打共产党，又为了夺刘湘大权。刘湘不乐意，也只能硬着头皮答应。

1935年，四川省政府成立了。刘湘虽然还是省主席，但是，四川的确已经成了蒋介石的行政区域，刘湘在军事、财政、地盘、税收等方面均受掣肘。

西安事变，刘湘又有想法：静观其变，不支持也不反叛蒋介石，以看准机会，夺回独自统治四川的权力，于是，他收管了中央在四川的军政部门。无奈事变来得快，消得也快，刘湘大梦最终没成，却因此招惹了蒋介石。

1937年，七七事变之前，蒋介石中央军大军压境，刘湘与其对峙多时，战争一触即发。就连春节成都都被禁止燃放烟花爆竹，以免被误会是军队开火。

刘湘到底还是怕蒋介石，最终同意裁军，上交部分军政权力于南京中央。

七七事变后，蒋介石命令刘湘出川抗日，刘湘不能不从了。刘湘说："若我不亲自出川，或将以为我尚有盘踞的心理，未必能够放心西迁。因此，为了国家民族的前途着想，我不能不亲自率兵出川。"

"四川王"出了四川便大病缠身，不久便不明不白地死在汉口。

有传言说，他是被戴笠"军统"给毒死的。

历史的真相，谁又能真正解密？

再看，对落魄大军阀吴佩孚，蒋介石是怎样做的。

话说回来，吴佩孚和蒋介石被《时代》杂志前后看作两个可能统一中国的人，实际上吴佩孚和蒋介石的统一是一样的：都想靠武力使权力回归中央。

吴佩孚在最辉煌的时候，曾经说："我就是要统一中国，收回主权，恢复失地。"割据的局面总要被一脉武力实现统一，这在历史上是必然，只是吴佩孚没蒋介石那么幸运，他不是孙中山一脉，他面对的也不是张学良，而是张作霖。

北伐战争，吴佩孚彻底没落了，连躲避的地方都没有了，一路南下、西进。最后躲到了四川北洋旧部杨森那里。杨森和刘湘当时都归顺了蒋介石，但是杨森如此干了，蒋介石却没办法。吴佩孚得以在此"休养补息"，招兵买马。

不久，蒋介石要征讨此时盘踞湖北的不顺从势力唐生智，名正言顺地要杨森出手，调其出兵，名曰西路军总司令。此乃高招儿、惯招儿：一石三鸟。

吴佩孚老谋深算，向杨森支着儿说："他不想你好过，你也不要他好过。你且出兵鄂西，然后联合唐生智，反他！"

蒋介石察觉了杨森的这步棋，结果，没等杨森出兵，就以嫡系部队占领了武汉，收服了唐生智，接着便对杨森下手，以军政命令撤他的职位。杨森不吃这一套，而那边蒋介石同时让刘湘出兵攻打杨森，结果杨森一脉尽归了刘湘。

但是，吴佩孚毕竟是威名赫赫的人物，怎么甘心寂寞？

1930年，中原大战，吴佩孚在四川河市坝准备起事，北洋旧部纷纷响应，组织"兴国军"，出兵万县，结果还没出动，就被刘湘挫败。

蒋介石趁机召他回南京，但是，他不依从，他知道到了南京他就再也没有回头路了。既然吴佩孚不依从，那么，蒋介石就继续打他！吴佩孚转战甘肃，结果蒋介石又命令杨虎城征讨，吴佩孚又被打败。他再逃，蒋介石再追。无奈之下，他逃到北京，张学良给了他一个安乐窝，他就此安享天年。

他是宁愿跟张学良也不跟蒋介石。后来日本占领华北，想培植他做傀儡政府，他倒是有些骨气，与日本人一番角力，拒不答应，被日本人杀死。

下面再看看蒋介石是怎样对付实力派大军阀的。

他实施的仍旧是上面的法则，结论是：法则不灵。

他没有能力对付实力派大军阀，因为他也只是一个实力派大军阀。

以冯玉祥为例，不妨简单地说说。

一期北伐，冯玉祥归顺国民政府，"宁汉对立"时期，选择支持蒋介石。

二期北伐，北伐军中，冯玉祥成为仅次于蒋介石的二号人物。

北伐胜利，北京会师，冯玉祥言之凿凿要东北军交出武器，实际上几个大军阀都有自己的算盘，其本质还是像当年吴佩孚和张作霖共同打败皖系时一样，胜利之后这个联盟出现了分地不均问题，更要命的是蒋介石还要削弱冯玉祥等人的兵权，加强中央控制。冯玉祥等人当然不干，于是，中原大战开始了。

纵观之，中央收服地方势力，完成最终统一，需要一些法则，需要权力集中，这些都是蒋介石要完成一个统一的中国必须做的，无可厚非。然而，蒋介石有铁腕，却没有绝对的实力。于是，一切脱离不了军阀游戏，他也对付不了这些大军阀。那么，中国的统一需要有能够脱离军阀法则的人站出来，而且这个人必须是足够强大的。没错，这个人出现了。这个人就是张学良。

3. 东北复兴

俾斯麦和普鲁士的胜利还表现在经济、科技、教育、文卫和宗教的发展。普鲁士为统一以后的德意志的发展准备好了一切，最终迎接了二次工业革命。

在中国的众多军阀中，能做到经济、行政复兴的是张学良和阎锡山。

阎锡山依靠独特的交通网，煤炭工业和整齐有序的治理，把山西变为富庶的太平之地，每到饥荒时节，外省大量难民都会涌入山西，因为山西没有饥荒。但是阎锡山并没有着眼于中国统一和统一后的中国，更多的只是山西和自己的利益。这就是军阀的境界。他想的不是一个整体，而是自己碗中的"肉"。

而能够做到思想复兴的是张学良和李宗仁，两人轨迹相似，性格雷同。

张作霖和陆荣廷的发迹之路如出一辙，而张学良、李宗仁二人一个子承父业，一个取而代之，成为"新军阀"。李宗仁是诸大军阀中最先归顺蒋介石的，当然不排除地理位置的因素，桂系一脉和当时的广州毕竟是"前胸后背"，不服不行。但是，贵州和东北则绝无可比性，简直是天壤之别——东北是当时中国最发达的地方。

从这些因素来看，张学良更适合作为统一者，但是，恰恰张学良又没有俾斯麦的铁腕，那么，他需要与有铁腕的人联合，这种联合与军事野心无关。

前文所说，后来在张学良的门庭里供养过张宗昌，不仅如此，他还供养了孙传芳和吴佩孚。落难的军阀如果想活命，似乎都可以投靠他，也只有他才有势力保住他们的命，但是，不要谈打仗。他所唯一一次处决杨、常二人，也是他最后忍无可忍，因为杨、常二人勾结日本人，杀了这二人之后，他心痛万分，拉着参谋长容臻的手放到心口上说："老容，你摸摸我的心还跳不跳！"

容臻问他怎么回事，张学良叹息一声："杨、常让我给杀了。"

心太软！张学良行的不是完全的军阀之道。归结为一句话，之所以这样，是因为：张学良的原则是使中国统一，然后恢复主权，振兴民族。

的确，从父亲手中接过大权之后，张学良尽心尽力做的是复兴东北的事业。

年轻的张学良永远只有这种装束：一种是领兵作战的军绿戎装，另一种则是西装革履。这是行动与梦想的结合，也可以说是理想与现实的"联姻"。

张学良受西方思想影响很深，他在个人生活上向西方世界靠拢。西装革履，领带皮鞋，他的头发永远油亮，很少留胡须，如果留了，也会整理得很漂亮。咖啡、红酒、西洋舞步、留声机、电影他都喜爱，渐渐地，英语也练得很熟练。

网球，这项兴起于西方的运动是张学良一生的至爱。在沈阳大帅府、北戴河避暑之处、北京官邸他都设有网球场，甚至到了后来他因为西安事变而被"放逐"，他仍旧在这个"流放地"建设网球场。和他打网球的人从妻子于凤至到红颜知己赵一荻，从他年少的儿子们到监视他的特务刘乙光，从手下莫德惠到友人宋子文，从十几岁打到花甲之年。他能长命百岁，与此有关。

他不仅仅在生活方式上向西方靠拢，更重要的是西方的自由、民主和复兴成了他治理东北的目标。张学良有哈佛经济学硕士宋子文之才，这是他日后成为宋子文挚友的原因；而且他的身边有贴身智囊——澳大利亚人端纳。

端纳被认为是马可·波罗之后，中国历史上又一个重要的外国人。与马可·波罗不同的是他对那个时代的中国的影响几乎是决定性的，他影响了那个时代中国最重要的几个人物的思想的形成，参与了中国历史形成的轨迹。

"使中国摆脱奴役，屹立于东方，实现复兴。"——这是一个外国友人的信仰和宗旨。早年，端纳跟随孙中山，孙中山的很多思想由他指导，辛亥革命后的民国宪法就是他主持拟订的。后来，他成了蒋介石和宋美龄的政治顾问，西安事变他也是主角之一。在孙中山与蒋介石之后，他活跃在张学良身边。

孙中山、张学良、蒋介石，从这个过程上，我们似乎可以看出端纳的选择，那个时期他把中国的希望放在张学良的身上。张学良没有让他失望。

"经济是一国之命脉，经济上不能复兴，政治上就永远没有独立自主的一天。"年轻的东北统治者这样认为。

"要实事求是，除去一切苛捐杂税，以利民生；提倡实业，奖励生殖。"年轻的东北统治者还这样认为。

1928年，东北的军工企业在中国已经是最先进的，飞机制造，武器制造，战车制造样样齐全，随着连年的战争和日本的侵吞，民族工业却停滞不前。煤炭业、冶金业、纺织业、加工业均濒临破产，农业凋敝，人口也锐减。年轻的张学良主政后，开始了他的复兴东北计划，大力提倡振兴经济，吸收人才，接纳外地投资，减少赋税，实施政府财政支持等政策为经济振兴创造条件。

1929年，张学良亲自为《东北新建设》杂志题词。在良好政策的推动下，东北经济迅速复苏。钢铁、煤炭、纺织、加工业、电信、交通、外贸、金融、农副业均呈现日新月异的景象。以奉天纺织厂为例，因为生产扩大，引进国外先进设备，奉天纺织厂出现资金短缺现象，于是反映给张学良。张学良闻讯，立即亲自到纺织厂视察，给予财政支持，与全体员工合影留念，鼓舞全体员工的士气。

1928年，为了使东北的外贸出口更好地运转，张学良主持修建打虎山铁路，结果遭到日本人的无理干涉。张学良愤慨难耐，坚持要把路修到底。

为了配合打虎山铁路，更好地将东北的产品运出，将外面的资源引进，1930年7月2日，张学良又亲自赴葫芦岛主持"葫芦岛港"破土开工仪式，为"葫芦岛港"奠基，并明确表示"建立本港的目的，在于打倒大连（日本）港"，并预言："葫芦岛港"将成为"中国复兴之曙光"。

除了经济，张学良在教育、文化上也十分重视。他尤其重视的是教育。

"我们中国人的中国，诸位同胞都得奋起救她的危机。"这句话俨然有当年张伯苓之风范。没错，这句话就是出自他的学生、东北大学校长张学良之口。

"男儿正要闻鸡起,一寸光阴莫放松。"这更像是一位教育家、老师的口吻。说这些话的是东北大学校长张学良。他深知"教育为一国之本",一心想办教育,1928年,张作霖死后,他想拿父亲的部分遗产办一所大学,而此时正是父亲所创办的东北大学最艰难的时候,了解到情况,他慷慨解囊,3000万大洋成了东北大学的经费。张学良未满三十,成了大学校长,东北大学也成了当时中国最大的大学,每年的教育经费有160万大洋,而当时的清华大学的教育经费也不过90万大洋。

在教育体制和理念上,张学良也锐意求新,颇具超前意识。

1929年,张学良为东北大学校刊题词"急起直追"。这个时候他想起了南开的张伯苓。他聘请张伯苓为教授,后来又让张伯苓主持了东北大学教育体系的改组,把当时闻名全国的"南开模式"嫁接到东北大学。

张学良对东北大学所做的绝对不是表面上的事情,毕业典礼、班级庆典、学生聚会,甚至平常的体育活动这些平常的校园生活他都亲自参与。人们很惊讶,作为东北首脑,他居然有这么多的时间来管理学校。其实,不是他时间多,而是他认为大学的事情需要那么多时间。在张学良的推动下,1930年,东北大学马蹄形体育场内举办了东北四省运动会,整个运动会张学良全程参与。

从张作霖去世到九一八的三年多时间,虽然经历了"改旗易帜"和"中东路事件",张学良在东北的大计没有任何中断。

就是这三年,他完全抛开了南京政府和中原大战,东北实现了短暂的复兴,迈进"训政",而南方的蒋介石又重新陷入了"军政"之纷争。

但是,归根结底,张学良仍旧是个军阀,他必须重视自己的领地。

面对南方的纷争,他会怎么办?"中东路事件"让张学良不得不重新思索,该怎样对待蒋介石,怎样对待东北,怎样对待现在和未来的中国。

4. 战 争 戏

我们可以想象这样一种可笑的场面:1926至1928年,几个军阀联合起来,从中国南面打到北面，把张学良赶到最北面，中国"统一"；没过几个月，几个军阀联合起来，从北面又打到南面，把蒋介石赶到最南面，中国完成新的"统一"。

这像是场游戏。事实上，这场"游戏"差点儿变成事实。

1927年，当宁、汉两个国民政府对峙时，冯玉祥在徐州会见了蒋介石，宣布支持蒋介石，抛弃"联俄""联共"之道，也就是默认了"四一二政变"。宁汉合流之后，汪精卫等夺权之后，蒋介石负气下野，此时，北伐正紧。冯玉祥联名阎锡山电告南京：北伐非蒋介石主持而不打。果然，1928年，蒋介石顺利回来了。

蒋介石十分看重冯玉祥，看中的是他的实力。冯玉祥的实力在诸军阀中仅仅次于张作霖和蒋介石，而冯玉祥也看中蒋介石在中央的地位，首先支持蒋介石他可以得到权力，更重要的是他可以在西北边陲之地得到中央的供养和补给。

再谈阎锡山。阎锡山的发迹之路和众军阀没有两样。早年赴日本士官军事学校学习，加入同盟会，回到山西，策动革命成了山西都督。又在山西革命军与保皇势力的斗争中在山西坐大。随后，支持袁世凯复辟，成为山西督军。

袁世凯倒台之后，军阀割据，他在山西自立一方，不参与任何战争，推行"三不二要主义"：不入党、不问外省事、不为个人权力用兵，要服从中央命令、要保卫地方治安。并大力推行"六政三事"，推行水利、畜牧、麻桑、造林，等等。同时在山西建立了一整套完善的管理制度，以儒家思想为指导在山西休养生息，山西在他的调教下富足安定。与混乱的军阀战争之大中国相比，山西成了国中之国。无论是军阀，还是所谓国民革命军，只要来威胁山西，他都将其打退或者吞掉。

阎锡山养精蓄锐，坐收"渔翁之利"，更是在等待适当的时机和伙伴。

1924年，第二次直奉战争期间，他开始出击。他选择支持奉军，结果奉军真的打败了直系。获得了相当可观的利益分成后，他又销声匿迹。北伐战争来临，他成了北伐征讨的对象，这一次他是跟张作霖呢，还是跟蒋介石呢？

1927年，当北伐军打过长江，推进南京、上海后，阎锡山害怕了。

6月6日，他宣告归顺国民政府，自己也成了"党员"。

1928年2月，蒋介石在开封与冯玉祥、阎锡山会面，共商北伐大计，举杯叩头结拜为兄弟。冯玉祥和阎锡山就此分别成为北伐军中举足轻重的二号、三号人物。

1928年7月，就是这"三兄弟"，加上蒋介石的另一个兄弟李宗仁在北伐结束之时，开进北京，于孙中山墓前合影，宣告北伐胜利，中国统一。

那么，问题就来了：胜利后军队该怎么办？

早在胜利之前，阎锡山就和蒋介石达成共识：削弱冯玉祥。因为，冯玉祥的军队是北伐军中仅次于蒋介石的。阎锡山又不想开罪蒋介石，就说："他（冯玉祥）这个人靠不住，你看看吴佩孚、张作霖、段祺瑞哪个没吃过他的亏。"于是，在军队占领地盘时他们想尽办法把冯玉祥往西北和其他穷乡僻壤挤。

冯玉祥当然不爽，战争打完，部队编遣时，他有了自己的盘算：按照"强壮者编，老弱者遣；有枪者编，无枪者遣；有训练者编，无训练者遣；有革命功绩者编，无革命功绩者遣"。第一（蒋）、第二（冯）集团军各编12个师，第三（阎）、第四（李）集团军各编8个师，其他不属于各集团军的军队共编8个师。

阎锡山不同意，提出：第一、第二、第三、第四集团军各编11个师，另设一个中央编遣区，亦为11个师。他抬蒋则离间蒋冯，同时，又取信于蒋。

1929年1月，第一次编遣大会商议出结果：全国设8个编遣区：中央直属编遣区、海军编遣区、第一编遣区（蒋）、第二编遣区（冯）、第三编遣区（阎）、第四编遣区（李）、第五编遣区（张）、第六编遣区（川、康、滇、黔各军）。

编遣结果很明显：蒋介石一人控制了4个区的军队。矛盾顿时被激化了。

首先不满的是最早归顺国民政府的李宗仁。

1929年3月，蒋桂战争爆发。李宗仁被挫败，退居广西老巢。

随后，冯玉祥终于反了，河北唐生智也反了。战争还没打起来，蒋介石就策反了冯玉祥的两员大将韩复榘和石友三。放眼原北伐诸势力只有阎锡山完好无损。于是冯玉祥来到山西发动阎锡山讨蒋。阎锡山却趁机将冯玉祥软禁在晋北建安村，然后，跑去北京与蒋介石和张学良会面。

蒋介石高兴，许诺给阎锡山"陆海空副总司令"，张学良却没有明确立场。

但是，阎锡山刚回到山西，就感到不妙：冯玉祥也派了鹿钟麟和蒋介石联系，表示支持"拥护中央，开发西北"，实际上，就是把矛头指向阎锡山。

阎锡山又跑到建安村给冯玉祥赔礼道歉，表示支持反蒋。冯玉祥大喜，风风火火地大兵东进反蒋，但是，阎锡山却按兵不动，冯玉祥兵败而归。接着，粤系张发奎也反了，联李打蒋，组织"护党救国军"，结果又败。

很快，阎锡山顺利就任"陆海空副总司令"，但是他突然发现：蒋介石所谓的承诺之不过是委蛇之计，当前形势下，蒋介石是要将他们一一吃掉，先前李、冯反蒋的失败就是没有联合，而现在蒋介石肯定是要对他下手了。

预感很快被验证了，蒋介石的意思是：中央官员要进驻山西！

这是蒋介石惯用的手段，想调阎锡山出山西，就是变相地除掉阎锡山。

终于，阎锡山也反了！但是，他不能再单独行动。此时，国民党第三次代表大会也在早前于南京结束，会议的200多名重要代表清一色是蒋介石、胡汉民一派，国民党改组派、西山派怨声载道。联合的机会终于来了！

阎锡山多次电报蒋介石，为了平息叛乱，请蒋介石下野。

蒋介石严厉指责阎锡山"乱党乱国"，声称自己下野也解决不了当前局势。

于是，阎锡山联合了冯玉祥、李宗仁、汪精卫开始反蒋。

形势逼人，张学良怎么办？

张学良始终没有表态，他不想看见国家再次陷入战争的泥潭，所以他不支持阎锡山；"中东路事件"，他心有余悸，他也就没有决定立刻支持蒋介石。

1930年3月1日，张学良通电：

> 当此之时，若不各捐成见，共息争端，势必至元气亏竭，根本动摇，而外人环伺我侧者，求其大欲，亦遂起而乘之，自亡人亡，不演成灭国灭种之惨剧不止。……武力有时必需，而不可为其豆相煎之具。

3月3日，蒋介石致电张学良，说阎"不知有党国，只知有私利，做惯土皇帝，被宵小包围"。

阎锡山则给张学良发电文，想与他联合致电中央，请求中央改革。

张学良说：可以。

拟发给中央的电文来了，电文说：请蒋介石下野。

张学良说：不可以。

阎锡山等不了了。他不管张学良的明确态度，总之，张学良现在是不会动的，而且不是以后可能被拉拢的。

3月14日、15日，鹿钟麟等57名将领，通电反蒋，拥戴阎锡山为中华民国陆海空军总司令，冯玉祥、李宗仁、张学良分别为副总司令。

战争总部设立于石家庄。桂系李宗仁为第一方面军，李宗仁为总司令，由广西向湖南进兵；西北军冯玉祥为第二方面军，鹿钟麟为总司令，由陕西向河南进兵；山西军阎锡山为第三方面军，阎锡山兼总司令，由河北向山东进兵。

具有讽刺意味的是，刚刚背叛了冯玉祥的石友三，此时又反了蒋介石，成为第四方面军总司令，由鲁西南会攻济南；并内定张学良、刘文辉、何键、樊钟秀分别为第五、第六、第七、第八方面军总司令。

4月1日，阎锡山、冯玉祥、李宗仁宣誓就职。张学良却始终中立旁观。

蒋介石在军事上腹背受敌，汪精卫、陈公博等反对派又同时自立门户。

中原大战终于打响了！

战争主要以陇海、津浦、平汉几线为主，战斗最激烈的地方在陇海一线。

战争之初，双方互有胜负，但联军略占优势。

战争的另一方面则是围绕着张学良进行。

4月份和5月份，杨柳青青，松花江的水潺潺流动，东北发展形势一片大好。人们的脸上写着笑容。沈阳张学良的官邸和他与赵四在北陵的小居门前尤其繁忙。黄包车总是一次次地停，小汽车的喇叭也是响个不停，挑夫和车夫们扛着、拖着大大小小的包裹进出。于是更多的车夫和挑夫们习惯了在张学良住处附近转悠，等待生意，弄得好像一群特务一样。张学良的家丁、门卫和孩子们对此已经见怪不怪。原因很简单，每天几乎都有人带着重金、礼物上门拜访。

6月底，又来了两个人。一个个子不高，员外装，戴着眼镜，穿着皮鞋，头发油亮；一个个子很高，一身中山装，浓眉大眼，精神焕发。正是蒋介石的亲信、说客张群和吴铁城。二人毕恭毕敬地在大帅府前等待召唤，然后进门。进到门里，张学良笑脸相迎，相谈甚欢。随后，他们长住下来，先后随着张学良到葫芦岛参加开港庆典，到北戴河去避暑，曰：尽力辅佐汉卿将军，有任何事情尽管吩咐。这是蒋介石的意思，希望增加与张学良的交涉。此时，在后院的张学良的两个刚刚懂事不久的孩子嘀咕道："怎么又来人了！"

弟弟闾玗说："这些人都是干吗的？"

哥哥闾珣说："谁知道他们是干什么的。就知道送很多礼物，这个我喜欢。"

闾玗说："哥哥知道他们是谁么？"

闾珣说："这两个叫张群、吴铁城。不知道他们哪里来的。"

闾玗说："那么前些日子的呢？"

闾珣说："前些日子是什么日子？天天都有人来，谁知道。"

闾玗说："我知道有个叫陈公博（汪派），还有个同一天来的叫傅作义（阎派）。"

闾珣说："这样算那就多了。还有什么张维清（阎）、邓哲熙（冯）、覃理鸣（汪）、刘光（蒋）、李石曾（蒋）呢。"

闾玗说："还有叫温寿泉（阎）、孔繁蔚（阎）、郭泰琪（汪）、薛笃弼（冯）、方本仁（蒋）的。"

"有个家伙叫何千里（李）。"闾玗说。

闾珣说："谁知道呢，那么多人，记不清楚了，有礼物送就行了呗。"

"我们再去看看这两个家伙送来什么好东西了！"两个孩子说着跑开，惊起屋顶几只停歇的麻雀，麻雀四散飞走，被搅得不得安宁。

各派为了拉拢张学良，特别举行了几次"大规模演出"。

4月5日，为纪念和褒奖中东路阵亡将士，在东北召开国民政府的追悼大会，各派当然均派人参加。钱财、礼物当然数不胜数，其中蒋介石方面出

50万银圆慰问，对苏战争中阵亡将士梁忠甲等12人被追封"勋章"，张学良亦被"封勋"。

6月，张学良和于凤至的生日宴会，沈阳上演更大的曲目。张学良是"戏迷"，程砚秋等名角被从京师请来唱台。整个帅府华灯闪烁，歌声嘹亮，各派均送来大礼。蒋介石亲自发来贺电：

汉卿兄及凤至夫人赏鉴：

　　贤伉俪华诞，中正等远道未能趋贺，谨电祝福寿连绵，德泽广被！

蒋中正、宋美龄同叩

除了面上的功夫，几派还纷纷贿赂、拉拢张学良的部下，连张学良的副官也成了重要的人物。而这次张群和吴铁城前来，是因为局面对蒋极为不利。

蒋介石刚刚在党内向汪精卫妥协，提出"和平运动"，召开大会解决党内纠纷，汪精卫断然拒绝。而另一方面，他刚刚才通过李石曾联系张学良，希望调停反叛，张学良表示愿意执行调停，于21日、22日两日又两次致电阎、冯，主张将郑州、开封一带划作缓冲地带，撤退前线各军，立即停战；公开政见，委诸国民共同研究，以备中央采用。结果反蒋联军无意调停，想坚持到底。蒋介石急了，此次张群带来了蒋介石的委任状，任命张学良为全国陆海空副总司令，以示诚意。

但是，凡是牵扯到"封职"的事情，张学良一律敷衍。接了官职就等于"归顺"，就等于要给别人卖命了。张学良万万不会答应。

阎锡山也不断给张学良写信，说：蒋介石不是好人，有用时就拉拢你，没用时就把你一脚踢开，德邻（李宗仁）、焕章（冯玉祥）和我就是例子，愿奋起共同除之。

张学良仍旧是一个意见：愿各方息战，豆萁相煎，灭国灭民，只为外族窃喜。

张学良两边都不开罪，既为阎锡山提供军火，又明言一旦联军攻打到济南，其将不会坐视不管。

于是，蒋介石又加大了对张学良的筹码：全国陆海空军副总司令、600万金，甚至明言"只要能够拉拢张学良，支票可以不拘泥于数字"。同时承诺战后山西、河北、西北乃至整个中国北部都归张学良管制。这个价码十分高！

反蒋联军不甘人后，8月，阎锡山、冯玉祥、李宗仁、汪精卫等在北京怀仁堂召开国民党中央党部扩大会议，宣布成立国民政府，推举阎锡山为主席，冯玉祥、李宗仁、汪精卫、张学良、谢持、唐绍仪6人为委员，并给予张学良委任官员之权力，同时"新中央"任职众多东北军人士。这个价码也相当高！

阎锡山宣称：蒋介石与国、与民、与党、与公理为敌而必败。

此言非虚，却纯粹为计量，阎锡山就能胜利吗？

不管张学良想不想打仗，现在他都必须面对一个无法逃避的问题：这场仗是避免不了了，是跟蒋还是随阎？这是决定性的问题。

毋庸置疑，他选择谁，谁就将胜利。

初秋，乍寒还暖，沈阳的天空很高，高到有些冷清，太阳又有些暖，暖到有些香气。幽静小院，菊花初开，高大梧桐，树叶正在一点点干枯，鸟儿轻轻飞动，叫声悠扬婉转。窄窄的石子路上，张学良和赵一荻并肩行走。

"小妹，今天中午吃些什么好？"张学良说。

赵一荻笑着说："怎么？你想我亲自下厨？"

张学良笑了，转移话题，说："你对当下局势怎么看？怎么看蒋介石？"

赵一荻说："我看他可以成为领袖。"

"那么阎锡山呢？"张学良边说话，边俯下身子，嗅了嗅菊花。

赵一荻说："你是怎么个看法？"

张学良说："如果蒋介石胜利，那么中国可以很快统一。如果阎锡山胜利，我看中国还要乱几年。李和冯不会罢手，他们是什么人？我吃他们的亏不少。"

赵一荻说："你不也吃了蒋介石的亏？"

张学良说："那是我自找的亏。"

风吹过，张学良有点冷，替赵一荻拉了拉披肩，赵一荻笑脸相迎。张学良说："我希望快点稳定下来，仗打起来没完没了不好。汪精卫又是'赤化'

一派。"

赵一荻说："所以你已经决定了。"

张学良说："这不是我说了算，要和下面开会商讨，毕竟是大事情！"

风突然大了，吹落几片梧桐树叶，两人便走进屋子。

历史有他的吊诡：几方军阀轰轰烈烈的大战争，主战场居然在没有硝烟的大帅府，在安宁的北陵公寓，在张学良平常的温情生活里。这前方到底是死了多少人，居然变得毫无意义。打仗的人真是傻透了，战争也真是傻透了。

诚如张学良所言：内战打起来有什么意思？

9月，战争已经在山东济南激烈展开，张学良不等了。

9月10日，张学良在北陵召开东三省高级将领会议，会议通过了"通电拥蒋、派兵入关、调停大战、制止内乱、再造统一"的方针。

9月18日，张学良向全国发出拥护中央、呼吁和平的巧电：

> 窃以企图建设，首宜力弭兵争，绥定邦家，要在曲从民意。当国内衅端初起之时，良曾规劝各方勿以兵戎相见。东电所述，中外共闻。其瘏音苦口未经宣示国人者，稿本之多，几于盈尺。卒以力薄言轻，未能换回劫运。战端一起，七月于兹，庐里为墟，人民涂炭。伤心惨目，谁忍详言。战局倘再延长，势必致民食灭绝，国运沦亡，补救无方，追悔何及，此良所为栗栗危惧者也。人之好生恶死，既有同情，厌乱思治，终无二致。以良所见，无论战区内之身道祸难者，固已憔悴难堪，即战区外之幸免颠连者，亦无不和平是望。良委身党国，素以爱护民众维持统一为怀，不忍见各地同胞再罹惨劫、因敢不揣庸陋，本诸东电所述，与夫民意所归，吁请各方即日罢兵，以纾民困。至解决国是，自有正当之途径。应如何补救目前，计划永久，所以定大计而厎人心者。凡我袍泽，切宜静候中央措置。海内贤达，不妨各抒伟见，共谋长治久安之策。良如有所得，亦必随时献纳，箭效壤流，众志成城，时艰共济，庶几人民生活得免流离之苦，国际地位可无堕落之虞。是则区区所企望者也。

通电发出后，张学良从辽宁调出东北军两个军，约10万人，以于学忠和王树常分别为一、二军军长。此次为奉军第四次入关。张学良决定采用一枪不放的办法进兵关内，目的只有一个，就是平息战乱，给联军施压，达到和平。

张学良还表示如有需要还会调遣吉林、黑龙江等地的东北军。

10月9日，张学良意气风发地在沈阳就任全国陆海空军副总司令。

随着张学良的通电和东北军的入关，联军军心大乱，时局立即急转直下。

闻此喜讯，蒋介石立刻表示：

> 中正与诸君曾共患难，情同手足。诸军今日已无可退无可逃，实亦无须退无须逃……，虽取包围之势，决无剪灭之心。战事早一日停止，国家危险与人民痛苦皆早一日解除。中正皆以至诚，再进忠告。

此言的确中听，冯、阎、李也确实个个都是蒋介石的结拜兄弟。但此电实际上是响应张学良的号召，进一步与张学良联合，同时也蛊惑了联军军心。

蒋介石趁机招抚了吉鸿昌、梁冠英等联军将领，石友三又归附张学良，联军很快土崩瓦解。阎锡山、冯玉祥均通电下野，所属部队归蒋介石收编。汪精卫见势不妙，亦悄然离开太原南去。中原大战就在这样的"游戏"中草草收场。

中国真正走上了统一！又是张学良把"统一"大旗送给了蒋介石。

说到底，张学良始终想的是中国的统一与复兴！

蒋介石究竟会不会辜负他呢？或者说，历史会不会给他这个机会呢？

第五章　替　罪

那段历史是一米铁轨，是一首歌曲，是一首诗歌。

那段铁轨是东北军沈阳北大营驻地附近，南满铁路柳条湖边的一米铁轨。

那首歌曲是《松花江上》，令人哀叹，令人流泪。

歌是这样唱的，带着思乡的愁绪和万般的愤懑：

我的家在东北松花江上 / 那里有森林煤矿 / 还有那满山遍野的大
豆高粱

我的家在东北松花江上 / 那里我有的同胞 / 还有那衰老的爹娘

九一八 / 九一八 / 从那个悲惨的时候

九一八 / 九一八 / 从那个悲惨的时候

脱离了我的家乡 / 抛弃那无尽的宝藏 / 流浪！流浪！

整日价在关内流浪！

哪年，哪月 / 才能够回到我那可爱的故乡

哪年，哪月 / 才能够收回那无尽的宝藏

爹娘啊，爹娘啊 / 什么时候 / 才能欢聚一堂

那首诗歌是《哀沈阳》，马君武先生是这样写的：

赵四风流朱五狂，

翩翩蝴蝶最当行。

温柔乡是英雄冢，

哪管东师入沈阳。

告急军书夜半来，

开场弦管又相催。

沈阳已休莫回顾，

更抱阿娇舞几回。

"九一八"这三个字令人胸闷、沉重、咯血，这三个字令人感到屈辱、疼痛、刺耳。这是中华民族最沉重的日子和灾难的开始！这是世界法西斯主义疯狂的开端！这是人类最残忍的战争灾难的符咒！历史是如此戏弄人。这三个数字原本是中国人最吉利的数字。可是，它成了黑色和恐怖的象征，成了记忆中挥之不去的噩梦。

那不堪回首的一幕是在蒋介石、张学良和日本人之间上演的。无论再过多少年，无论历史风云怎样转换，这个大突起和大伤痛都无法平复。蒋介石和张学良注定要被烙在历史的胸膛上。这个历史不仅仅是中国的历史，也是世界的历史！

1. 两巨头

1930年11月7日，东北沈阳大帅府，人头攒动，笑声一片，东北要员，衣衫整齐，三两而谈，仿佛过节。内室，炕火烧得正旺，热气升腾。

于凤至坐在床边，正忙活，几个孩子在周围跑来跑去，细数着一张张清单，她说："此逢辽西大水，我又从头就负责赈灾工作，现在哪能说走就走！"

另一边，赵一荻正在帮张学良宽衣解带。张学良穿着白衬衫，对着镜子，刮胡子，梳理头发。小心地动着嘴唇，生怕刀片割伤皮肤。他自言自语地说："可是蒋介石的意思是我们夫妇都能前去，感情这肯定不是一般的会面。"

"想想也知道不是一般的会面，名义上是让你去列席国民党三届四中全会，你还不是党员。"赵一荻已经小心提着张学良的全国陆海空军副总司令的戎装走进来，"你可是帮了他的大忙，帮了国家的大忙，他还不得好好感谢你"。

"说是这样说，可人家毕竟是委员长，总司令，总统，我哪能比？也不想比嘛。"张学良嬉笑着说。

"呦，咋不能比，没有你，他是什么委员长、总司令？你可是东北少帅，堂堂50万军队的主人，一表人才，风流倜傥。"赵一荻打趣地说着，帮他穿上副司令服，戴上青天白日勋章和一等宝鼎章，细心地整理他的衣角。

张学良前后左右地对着镜子看了一番。

小儿子蹿到他身边，说："父亲，这身衣服真好看！"

张学良拉着儿子的手说："怎么样？你老子神气吧？"

于凤至笑着说："别太得意，虽然你帮了人家大忙，可是现在毕竟是去人家的地盘儿，到了那里说话做事情要得体，免得得罪什么人，特别是蒋介石。"

张学良撒开儿子的手说："我清楚，此去我会表明我的立场。我的立场是和国家民族一致的，除非他们不想国家复兴，否则得罪什么人我也不怕。"

"就看蒋介石是不是真领袖了。"赵一荻说。

"小妹这句话说得在理，此去也见见蒋介石，看看他到底是什么样的人物，你把国家都给他了，总不能不明不白。"于凤至说。

"大姐当真不和我一起去？"张学良说。

"你和那边直说吧。等我忙完赈灾的事情，立刻赶过去。南京我没去过，也想见见什么样的。"于凤至笑着说，"想那边能理解我的用心。"

张学良笑着说："要不带小妹过去吧！"

赵一荻瞪了张学良一眼，娇嗔地说："明知道我是不方便去的，还拿我寻开心，我才不稀罕去呢。"

于凤至说："汉卿，你这玩笑开得过头了，我也替小妹生你气了。"

张学良笑着说："好，好，好，我道歉！"

于凤至接着说："到了那里一定记住一件事情！"

张学良装糊涂地说："什么事情？"

赵一荻麻利地说："不准拈花惹草！"

此话一出，三人都笑了。

哨兵传话：外面已经准备妥当，等副总司令指示。

张学良该出发了。赵一荻先一步走出内室。于凤至走上前和张学良话别。她又替张学良整理了衣襟，说："到那边一切小心。"

11月的沈阳，天色渐渐黑了，北风呼啸，树木凋零，鸟儿在枝头嘶哑着嗓子号叫，街道上的行人穿着厚厚的棉衣，揣着袖子，缩着脑袋行走。一切却抵挡不了东北官员的风发义气和满志踌躇。华灯初上，浩浩荡荡的一行队伍从大帅府走出。张学良一身鲜艳的副司令戎装，头戴军帽，身前挂着满满的勋章，脚蹬军靴，手戴白手套，英姿飒爽、面带微笑地和赵一荻行走在人群的中间，之后钻进小汽车，其他官员也钻进汽车，朦胧的夜色里庞大的车队缓缓驶向奉天火车站。车队50多米长，除了官员的车子，还有运载张学良一行的生活用品、衣物的货车。

奉天火车站，灯火阑珊，月洒清辉。这里没有了往日的嘈杂和零乱，站口停着一长溜汽车。东北军政大员齐集月台，张学良和赵一荻依依惜别。

火车就要开动了，张学良与众人挥手告别。

此去南京，先经"奉津"线到天津，再由津浦线去南京。张学良随行人员有：东北政要秘书长王树翰、秘书处长叶弼亮、参议厅长何丰林、总务处长朱光沐、参谋处长鲍文樾、副官长黄显声、卫队统带刘多荃、侍卫副官长谭海、军务处长汤国祯、军需处长苏全斌，以及南京政府驻沈阳代表吴铁城、张继和刘光等。

11月的南京，深秋的季节，太阳清丽，江水如蓝，黄叶落满大街。女人们穿上暖暖的毛衣，暖暖的毛衣的缝隙里渗透着统一和平的气息。太阳落山，夜凉如水，天上的星星在即将落下的冷霜里不停眨动，站在阳台上，放眼望去，宁谧的夜色中扬子江两边一片星星点点，而他已经准备休息，正是蒋介石，穿着宽大的咖啡色棉睡衣，扶着拐杖，摸着大理石栏杆，晚风撩动他身后的布帘。

"你进到屋里来吧，站到那里风很大。"宋美龄说。

"我还不冷，清醒一下子。你莫要催我。"蒋介石说。

宋美龄说："你不冷，我冷，风全钻进来了。快进来吧。"

蒋介石走进来，关上阳台前的门，坐到沙发上，闭着眼睛，稍停片刻，说："大哥回去了？"

宋美龄说："走了！"

蒋介石端起桌上一杯热茶，呷一口，说："这个茶很好吗？"

"就不能好好和大哥谈，每次都闹僵，让我难办！"宋美龄却不接他的话，蒋介石默不作声，宋美龄又说，"你觉得大哥让你去浦口接张学良为过了？"

蒋介石说："不过分，话是有道理，毕竟这次有他才有我。但是不能那样做。一为不妥当，我去太招摇，且要从浦口把他接到哪里？难道接到这里不成？二为有失体面，我身为委员长，地位终究有别，有人会说闲话。Darling，你觉得呢？"

宋美龄此时又想到当年上海之事，那个欢迎张学良的场面。她思索一下，说："我觉得还是最高级别！张学良不同他人。"

蒋介石说："这个我清楚。我的意思是最高级别，唯独不能亲自迎接他于火车站，还是有些区别好。官员去再多也没问题。"

宋美龄说："也好，大哥也确定去迎接，他和张汉卿有些交往，算熟人。"

蒋介石哑然，道："这是怎么回事？"

宋美龄说："东北搞金融改革，张汉卿和大哥联系，推荐人才过去。"

蒋介石点头："原来如此，这样甚好。那么欢迎仪式让何应钦夫妇代你我二人前往浦口。你就准备聚会招待罢，这个你最拿手。"

宋美龄说："至于他的行辕可先设在大哥家，我和大哥说好了。"

蒋介石说："这就好——汉卿此来，我打算和他结拜换帖，以示重视和信赖。"

宋美龄却机灵地说："我看不妥！刚才还说怕招惹闲话，现在又要结拜。看看你的兄弟李德邻、冯焕章、阎锡山都是怎么对你的，还是从长计议好。"

"你说得有道理！"蒋介石"嗯"了一声，"好了，就到这里吧。我们不要再谈这个事情，头疼得厉害。该休息了。"

宋美龄不禁笑了。此时她又想到张学良，张学良已经抵达天津。

张学良在天津稍作停留，石友三等亲自登车拜见了他，随后，天津名人志士争相拜访他。张学良再次重申："此去南京早已经决定，我行事早已经为众同人所深知，与国与民我问心无愧，也就无所畏惧。"蒋介石的特派迎接专员——上海市市长张群、国府参事长贺耀祖到天津迎接张学良。此非同小可之举动！迎接仪式从南京迎到了天津，这是把张学良以国家军政首脑身份等同视之。

处理完战争的一些中原大战的善后事情后，张学良于10日登上去南京的火车，随行人员除了原来的人，又在天津增加些许，一行人浩浩荡荡向南出发。

11日，清晨7时，张学良的专列抵达济南。南京方面由交通部长孙中山之子孙科派本部参事梁寒操、津浦路局长孙鹤皋、副局长吕云前往迎接。河北省主席李景林、山东省主席韩复榘亲自登车拜见。李景林乃当年奉军干将，曾与张学良在第一次直奉战争中扼守山海关，当时张学良还和他平起平坐，并把战功归因于他和郭松龄，时过境迁，张学良如今比他老子还要风光。这就是历史的造化。

天津是张学良固定领地的最南端，济南—郑州一线则是军阀势力争夺最激烈的地方，是传统的分界线，济南以南就是蒋介石的固定势力范围了。

为迎接张学良的到来，南京方面的确没少花心思。从济南到浦口，大大小小的车站，不管张学良的专列停或不停，也不管白天黑夜，都是张灯结彩，锣鼓喧天，打出密密麻麻的横幅标语，言曰："欢迎竭诚拥护中央肃清残逆的张副司令！""欢迎坚决拥护统一的张副司令！""欢迎居功至伟、劳苦功高的张副司令！"

张学良坐在车里，心却飘了起来——他睡不着。虽说上了火车，再下火车，几步路的距离就是南京，但是这一路的情形他是未曾料到的。刚想睡去就是一个小站，他不得不打开车窗，挥手致意，还要万分小心，怕遭遇袭击，但是喜悦是抑制不了的。他必须学会承受喜悦，因为更大的喜悦还在后头。

12日凌晨，浦口车站所有到浦口的火车此时全部晚点，被压在临近站台停靠，浦口车站禁止一切旅客进入。6点刚过，一辆巨大笨重的铁甲压路车抵达浦口，紧接着站台上闲杂人员和货物被清理。众多的工作人员，在布置完标语横幅后也相继退场。浦口站变得空空荡荡。

天蒙蒙亮，南京城却早已经醒来。街道两旁的灯火，在灰白的空气里亮着，无数的炊烟升起，人们都在赶早做饭，锅碗瓢盆响个不停，男人们整理自己的装束，尽量让自己好看一些，小孩子们也爬起来，撕掉课本，准备小旗子。

清凉的水汽笼罩着安静的扬子江，江中的众多舰只已经亮着灯在徘徊，宁静的晨曦里响着嘹亮的汽笛，渡口的小船也三五成群地活跃起来，撑船的老汉带着大饼就钻出了家门。很快，江面上成群的船只从南岸开到北岸。之后，一辆辆汽车乘着晨色，行驶在宽阔空荡的大街上，汽车喇叭的响声招引来众多正在做饭的市民从窗子里探出头观看。一个穿着睡衣的妇女赶紧钻进卧室，慌张地换上衣服，把毛衣套到头上，却发现做饭的围裙还没有取下来。她的丈夫走过来告诉她：

"别急，听说是6点50分的火车，没那么快到。"

偌大的南京城，那么多的市民仿佛都在等待亲友，他们的亲友都是坐6点50分的火车。这个亲友是他们共同的亲友：全国陆海空军副总司令张学良。

6点50分，张学良的专列准时到达。此时，在火车站迎接他的有代表蒋介石夫妇的何应钦夫妇，中央各部委代表宋子文、王宠惠、李石曾、何成浚、邵力子、朱德培夫妇等，军中首要王镇华、马洪奎、刘峙夫妇，以及各机关官员等组成的600多人的迎接团队，还有军乐团奏欢迎曲。

见过各种大场面的张学良还是受宠若惊了。30岁的他头戴军帽、身着副司令服、肩披军大衣、手着雪白手套、脚蹬油亮皮鞋、嘴唇留着两撇漂亮的胡子，英姿飒爽地下了火车。他极力克制自己，微笑着和主要迎接人员一一握手。

张学良随后在迎接队伍的簇拥下上了"威盛号"军舰，横渡长江，行到江心，"威盛号"以事先约定信号通知江心的"通济舰"，"通济舰"上所有船员齐集甲板，列队敬礼，奏响军乐。乐毕，鸣礼炮19响，各国商船、军舰也升旗致敬。

上岸后，张学良自备汽车直奔南京国民政府官邸，车队由军用摩托车行驶于前开道，众官员的车阵跟在后面，特意与张学良的车拉开一定距离。沿途无数的南京市民举旗夹道欢迎。张学良隔着车窗不停地向群众示意。这就是"统一"的威力。阵势分明就是在欢迎另一个"元首"。

蒋介石与众官员等候多时。看到张学良在众人簇拥下微笑着走来，蒋介石箭步向前。张学良看见他，也是箭步向前。他把张学良拥入怀中，热情地说：

"张副司令，你终于来了。见到你，蒋某荣幸之至。"

这可是大礼，张学良被先前的种种迎接和蒋介石的一个拥抱彻底感动了，连声说道："委员长，汉卿见到您也是荣幸之至。"眼里竟然泛出泪水。

张学良是个热情的人，如果他因某个人而心潮澎湃，那么他是相信这个人了。

没错，这一瞬间，张学良把自己的身家托付给蒋介石了。

上午8时，张学良赴中央党部参加总理诞辰65周年纪念会；10时，张学良以一个党外人士的身份参加国民党三届四中全会，却成为第一号新闻人物；11时，张学良与蒋介石以相同的位置和速度登上中山陵，身后跟着东北政要、南京政要几百人，二人共同为孙中山雕像揭幕；随后，张学良回宋子文官邸休息。

在每个场合，张学良都被邀请发表演讲，他的演讲都是义正词严，言必称"和平统一""听命于中央""蒋主席""效忠""为国为民""国家复兴""责任""决心"。

极度兴奋的他连夜给东北政要发电：

汉卿此次来国府，蒙受蒋主席极为热忱之欢迎，规格之高实出学良之想象，望各界静候佳音，汉卿将会赐福于民！

在国民政府中央党部的讲话中他表示："世界上最下等的动物，才会拿权力保护他们自己，只有最低级的野兽和最低级的民族，才主张战争。十年不打仗，十年休养生息，则国家必富强。"

张学良没有忘记此来之目的，他要宣扬自己的复兴中国的道路，也在呼吁南京政府走这条道路，他自信蒋介石与自己在同一条道路上。事实上在"军政"统一后"训政"建国这一点上，张学良和南京方面是一致的，所以他受到热烈欢迎。

短短几天里，张学良参加的大大小小的会见不计其数，几乎所有的军政要人都想见他，他也都想见这些人，所以行程排得满满的。他的行踪和发言成了每天的新闻头条。所有的会面中，只有14日晚7点，在宋美龄张罗的"励志社"的欢迎晚会让他有些许失落。失落仅仅是一瞬间的，失落是因为见到了宋美龄。

"张副司令，见到你真的很高兴。"宋美龄在蒋介石的引见下说。

"蒋夫人，鄙人见到您也十分荣幸。"张学良当着蒋介石的面说。

在蒋介石面前，他们是陌生人，是第一次会面。实际上是这样的，作为蒋夫人的宋美龄，张学良的确是第一次见到。之前上海的和脑子里想念的那个女子只是一位上海姑娘，孙中山的妻妹。但是，很快，他们两个就侃侃而谈起来，而且谈得很投机，仿佛老熟人，实际上他们又真是老熟人。

18日，于凤至终于抵达南京。张学良和宋美龄驱车前往迎接。见到于凤至，宋美龄拉着于凤至的手，高高兴兴地将她带进南京。

于凤至终究是一个知书达理、温柔贤惠、大方得体之女子。宋老太太很喜欢她，宋家人也都很喜欢她。于是，宋美龄心生一想法：和于凤至结拜为姐妹！

妙！男人们还没有动作，两个女人却早先行动了。

如此，就不用蒋介石和张学良结拜，省去以后可能的麻烦，也突出了蒋介石的地位，又拉拢了张学良，也算是提升了张学良的地位。宋美龄毕竟比于凤至多了一份政治成熟或者说政治智慧，她也因此成了"第一夫人"。

此后，蒋介石可以称呼张学良"吾弟"了，于凤至则可以称呼宋美龄为

蒋介石 与 张学良

"姐姐"。张学良和宋美龄的那段上海传奇只能更深地埋藏于各自的心底。

此后的各种场合，张学良都和蒋介石平起，于凤至也和宋美龄平坐。所有的摄影留念都表明他们是影响中国历史进程的两大巨头。事实也确实如此。

12月4日，张学良以同于来时的规格被欢送回沈阳，蒋介石授予他节制"奉、吉、黑、晋、察、热、鲁、绥"8个省的军权。放眼整个北部，都是张学良的。这个局面，比他打了一辈子的仗、最终惨死在日军手里的父亲强多了。

1931年1月，张学良再次赴南京，规格与第一次无异，还与蒋介石一同检阅部队，同时，他被推选为国民议会九人主席团之一，两次主持重要会议。

这次回到沈阳后，张学良的命运彻底发生了变化。奉国民政府命令，他携带家眷什物，依依不舍却也是风风光光地进入北京，主持北中国军政大权，除了以上8个省外，北京、天津、青岛、河北也归他管辖。他未料到历史将怎样对他。

当张学良和蒋介石并肩站在中山陵前，眺望山河，挥手致意时，张学良和蒋介石的确成为整个中国的两大巨头。从形式上，从政治和军事上看都是这样。然而，正是张学良和蒋介石成了两巨头，恰恰让中国变成蒋介石一个人的了。因为在南京的时候，张学良把自己对中国的复兴期望和家当都托付给蒋介石了。

张学良在南京留下一句话："吾当谨遵总理遗训，随同兄长，尽忠党国，求国家和民族之复兴。"他是这么想的，也是这么做的。当时是，以后仍是。他甚至将东北的军舰、飞机、坦克和军队"借"给蒋介石"剿共"。

张学良能意识到他所管制的地域是中国最混乱的地方，军阀、外族都在这里，他却毅然答应了蒋介石守护中国门户的重任。张学良未必意识到的是当他带领大部分东北军入关主政后，东北已经空虚，日本人的机会来了。张学良更未必意识到的是当日本人真的行动起来时，"蒋兄长"竟然不让他奋力抵抗。更为重要的是，张学良压根儿没有意识到，1931年1月离开东北进入北京，竟是他看永远的故乡的最后一眼，从那以后，他的一生都没能再踏上那片他所热爱的故土。

北京的张学良的确已经达到了他政治生涯的最高峰，成为巨人，然而那样

142

的顶点在那样的中国恰恰是最不稳定的。从某种意义上说，他倾其全部成为这样一个巨头，想挽救中国，结果这个巨头的分量竟然只是体现在完全有资格为另一个巨头承受历史最大的"罪"。的确，可能也只有张学良能代替蒋介石受"罪"。

这是戏讽，更是事实。

2. 历史的变奏

当中原大战结束，军阀纷争因为张学良坚定地支持蒋介石而告终时，历史的变奏便开始了另一条轨迹，最终演变成了主旋律——中国的形势开始向着"蒋介石和毛泽东""中国和日本"这两个主题转变。再仔细看，其实前一个转变是巨头蒋介石的转变，后一个转变是巨头张学良的转变。

尽管如此，现在我们是站在历史的后面谈论问题，当真的站在历史的起点的时候，谁也不知道历史将向什么方向发展，谁也不能言之凿凿地说：我在历史的道路上。恰恰，那个年代人人都在想，都在说，都在做：我在历史的道路上。

历史只有一条道路，它将属于谁？

"攘外必先安内"这句支配了蒋介石一生的话，其实话里有话。

张学良说："禽兽不如的人，才会发动战争。"他清楚地意识到了，这是对日本人说的。但是，他同样说了"最低等的人，才会用权力保护自己"这句话。这句话他是对谁说的？他有没有去想蒋介石是否在这个范围内？他有没有想过蒋介石本质里只是一个军阀，一个军事独裁者？显然他没有意识到，因为他把一切都交给蒋介石了，这是因为他的另一句话："十年不战争，十年休养生息，则中国必复兴崛起。"

从内战的角度讲，张学良可以不对蒋介石的信任产生怀疑，"剿灭"共产党就是为了后来10年不战争，而且蒋介石那个时候的确已经在国统区实行"训政"。但是，关键的问题在于：作为那个时代的中国领袖，对待外敌的态度才是判断他是否具备了领袖风范的标准，特别是在对待外族侵略的态度上。"攘外必先安内"如果对一个平常人来说可以被理解，但是，如果对一个合格的国家领袖来说，绝对不能被允许。

张学良倾其一生坚持的信念是："共御外敌，国家统一，然后复兴。"但是在一开始，他不可能看见蒋介石的命脉，那个命脉还没有灼伤到他。当九一八腾空而来，当把外蒙古让出去之后，张学良痛苦地看清楚了，但是，他仍旧认为只是政策错误，而不认为是蒋介石本人的原因。

毛泽东则没有那么客气，他一针见血地说：蒋介石——人民的敌人。

这，就是认识的差异，是本质的差异。

农民的儿子毛泽东，字润之，1883年12月26日出生于湖南湘潭韶山冲一个平常的家庭。父亲是一位脾气暴躁的木匠，对少年毛泽东要求苛刻。

和蒋介石一样，毛泽东有一位伟大的母亲，是母亲对他悉心照料，支持他读书，理解他走南闯北。少年毛泽东来到湖南省城长沙打工，可是毛泽东却不同于一般的打工仔，在工作之余，他利用紧张的时间，借着油灯火，在破旧潮湿的住处，贪婪地学习各种知识，阅读各种能够得到的书籍。毛泽东对所阅读的书籍均做笔记、附录思考，长久下来，他变成一个思想如火、为人正直、饱读诗书的青年。他那天生让人吃惊的思维方式和特立独行的生活作风，让他在省城结交了很多有志向、有新思想的青年。

1911年，辛亥革命爆发，他选择跟随孙中山，真正地跟随，因为他是自己在思索：这是中国的方向。他加入了革命军。辛亥革命胜利后，他的道路开始转变。

1914年，毛泽东进入湖南第一师范。凭着非凡的才华和创新的思维，他成为第一师范文科生中的佼佼者，也得到了中国近代著名教育家杨昌济的青睐。

在湖南第一师范，毛泽东成长为了一个学贯中西、志向高远的新青年。

正像他在第一师范时和同学蔡和森所立志成为的新青年一样，他的思想也开始倾向于《新青年》杂志。

1918年，毕业以后的毛泽东听从了老师杨昌济的意见，到北大学习，在北大图书馆当管理员。在这里，他得以近距离接触中国共产主义的领袖李大钊。

1920年10月，李大钊在北京建立了中国共产党小组。

同年，毛泽东南下湖南，在湖南成立中国共产党小组。

1921年，毛泽东参加了在上海举行的中国共产党第一次全国代表大会。

尽管那时参加会议的仅仅十几个人，或者谁也没有料到，他们将成为历史的主题。正像毛泽东后来所说：当时的阵势是"星星之火，可以燎原"。

1924年，国民党和共产党第一次站到了一起。第一次、第二次国民党全国代表大会上毛泽东当选为候补中央执行委员，并在后来代理过国民党宣传部长。

黄埔军校成立，毛泽东也成为教员。

这个时候共产党更多从事的是思想工作、宣传工作，事实上北伐战争也正是在共产党以思想风暴发动人民的氛围中进行的。于是，共产党没有成为主流，而当共产党在苏联的背景下逐渐壮大起来时，国民党蒋介石便开始了疯狂镇压。

或者，蒋介石也曾在开会的时候和毛泽东对面而坐，或者也曾在黄埔军校的校园里见到毛泽东。毛泽东甚至可能会恭敬地叫一声"校长好！"但是，蒋介石怎么也不会想到这个没有什么发言机会、热情却有些土气的男人会在后来成为击败他的对手，并把他彻底打败。

要知道，那个时候共产党还是言必称李大钊，在国民党内部更活跃和更有风度的则是周恩来——这个留法归来、略带时尚、浪漫气息的美男子。然而，也正是因为毛泽东身上固有的很重的中国本土思想和一点点"土气"，他才能在那个时代想别人不敢想之中国，行别人不敢行之道路，完成别人不能完成之创新。

1925年，孙中山去世后，毛泽东似乎就已经看清楚了蒋介石的真面目。当其他共产党人士还在国民党内部寻求道路，跟随国民党南征北战时，毛泽东选择了离开。

1927年，当蒋介石发动"四一二政变"时，毛泽东已经在这几年走遍湖南农村，完成了对湖南农村的调查报告，写下《中国社会各阶级的分析》《湖南农民运动考察报告》等经典文章，为未来的道路打下了基础。

同年，中国共产党先后发动了三次武装起义：南昌起义、秋收起义和广州起义。南昌起义的意义显然十分重大，它打响了中国共产党武装斗争的第一枪。南昌和广州，一个为当时的军事中心，一个为国民党政治图腾之地。从中我们可以看到中国共产党的思路：在国民党力量的核心地带夺取力量，迅速取得革命成功。但是，从南昌起义和广州起义在后来的实际意义看都比不上秋收起义，只因为毛泽东。

秋收起义失败，毛泽东远走井冈山，却开始了一段传奇。他在这里找到了未来之路：没收地主的土地分给农民，把农民从封建土地上解放出来。不久，朱德带着南昌起义剩余部队来到井冈山与毛泽东会师。从此，中国共产党有了根据地。

在随后的几年里，毛泽东的革命思想在边远的农村地带迅速发展起来：土地改革，给农民最需要和最想要的东西；革命以"农村包围城市"的形式实现；建立革命根据地；"枪杆子里出政权"；"星星之火，可以燎原"；"反本本主义"；武装割据。

到了1930年，红色革命根据地以毛泽东的模式在中国各地纷纷形成，毛泽东所在的江西瑞金也成了红色革命的中心，并且拥有了自己的武装力量。

可以说，这个时期毛泽东的革命思想已经基本形成。

1930年底以前，蒋介石对待中国共产党的方式几乎都是政治方式，因为，国民党内部斗争和军阀混战，他的军事生活主题一直要放在北方。对于共产党的崛起方式，蒋介石称呼他们为"匪"类，因为他们在统一的中华民国里建立了自己的割据武装和政权核心，蒋介石甚至把他们视为又一个"军阀"集团。

1930年12月，中原大战刚刚结束。"再造统一"的张学良刚刚来到南京，蒋介石便把军事和政治主题同时转向共产党，动兵10万，迫不及待地向红色革命根据地发动了第一次"围剿"；1931年5月，动兵20万，发动第二次"围剿"；1931年7月，动兵30万，发动了第三次"围剿"。张学良本着统一中国、复兴民族的原则，自然是支持蒋介石"剿灭"所谓的"共匪"。作为北方的巨头，张学良把东北的飞机、坦克和士兵都无偿地"借"给蒋介石使用。

然而，毛泽东究竟不是蒋介石口中的简单的丑恶的"匪"。三次"围剿"，蒋介石都失败了。毛泽东作为世界军事历史上特立独行的杰出军事家，其军事才能、游击战术思想得以淋漓尽致地展现出来。

张学良有没有想过，蒋介石如此频繁地"围剿"毛泽东意味着什么？有如此众多的兵力、如此先进武器的蒋介石，每次都失败又意味着什么？

不能都无可奈何地归结为"天意"。至少，它说明共产党不是蒋介石所谓"国家的敌人""和平统一的敌人"，同时说明了在蒋介石统治下共产党出现的合理性。更为重要的是，它说明了历史已经不再是蒋介石一个人的了，历史的意志和轨迹在转变，它不再单独指望蒋介石的道路。当然，蒋介石不希望任何人分享他的中国权力，从前的军阀不行，张学良不行，毛泽东更不行。

蒋介石第三次"围剿"共产党的时间是1931年7月，可是第四次却已经是1933年3月的事情。歇斯底里的蒋介石为何会把两次时间拉得那么长？

因为有件大事发生了，那就是令人揪心的九一八事变。

3. 张学良与日本

1928年以后，张学良把生日改到6月3日。这一改，意味深长。

张学良的出生日期是6月4日，恰恰这一天是他父亲的祭日。

1928年，张作霖与日本的局势是这样的：北伐大军已经逼近北京，为了保存实力，也为了平息内战，奉军决定退入关外，回东北休养生息，过安稳日子。日本人则想趁此机会，占领东北，把东北从中国分离出去。其方法是：更多地修筑日本的铁路。可是，张作霖刚刚拒绝了日本方面芳泽提出的"五路修筑权"问题，那本是张作霖在郭松龄叛乱时，为了让日本出兵他曾给予的承诺，但是，现在让他签字点头，他却不承认了。合作可以，但是让张作霖当卖国贼他万万不会。

所谓"五路修筑权"，我们可以参考"南满铁路"来解读。"南满铁路"是日本在东北的咽喉，也是日本企图鲸吞东北的策源地。由日俄战争而遗留的"南满铁路"被日本人占领的同时，日本人还占有铁路沿线两侧各10公里的土地，美其名曰"保护铁路权"的需要，这些土地上允许日本人驻兵、移民、建设各种设施，实际上就是微型"殖民地"。这样的"殖民地"加上作为地区大动脉的铁路成为狭长的势力范围，日本人依托"南满铁路"在旅顺建立了关东军司令部、"南满铁路株式会社"，长期虎视东北，但是碍于"东北王"张作霖，他们一直不能采取行动。

这次，日本人向张作霖谋取"五路修筑权"的意图是"司马昭之心"。这五条铁路纵横交错于东北境内，如果都成了日本人的，那么每条两边十公里土地，纵横方圆，整个东北还不全被日本控制了？这种事情，张作霖肯定不会答应。不仅不会答应，张作霖还已经多方面联系英国和美国，和英、美走得很近，雇用英、美人士做顾问，引进英美银行机制，甚至想用英美力量来修筑铁路。这让日本人勃然大怒，张作霖不仅没有成为日本的铺路石，反而成了他们的绊脚石。

逆我者亡！奉军还在北京，东北虚空，而张作霖打算回来。日本人觉得正是时候：干掉张作霖，乱中夺取东北。驻华公使芳泽在《觉书》中明言："大日本帝国具有维持满洲治安之责任，一旦发生事故，帝国即将采取有效措施。"

1928年6月1日，北京，天色已晚，大大的月亮挂在中天，中南海怀人堂内人心惶惶，张作霖已经宣布要离开京城了，各方善后工作紧张地进行：各国公使准备撤退，行政秘书在毁灭、收藏文件，仆人衙役则收拾行李。怀人堂门外的暗区角落里，一个日本人偷偷打量，黑色的眼睛在皎洁的月光下像两个无底的洞穴，藏着无尽的秘密。这个人是日本特务竹下义晴。

沈阳，皇姑屯，三洞桥。桥上是日本的南满铁路线，桥下是张作霖的津奉铁路，奉天火车老站和满铁"奉天驿"火车站两个不同的车站就在附近。桥上是日本人的地盘儿，所以天天有日本人把守。不久前，几个佩戴日本军刀的日本军官和士兵来此勘察。为首的是日本关东军司令部高级参谋河田大佐，他的上司是日本关东军司令村冈长太郎。就在张作霖拒绝了芳泽之后不久，村冈长太郎决定派手下竹下义晴到北京刺杀张作霖。河田大佐闻讯连加摇头："刺杀万万不可，万一不成功，打草惊蛇，我方计划皆败露，以后想动手就难了。"

言罢，河田大佐目露凶光地说："此事情交给我来处理！我自有妙计。"

5月中旬，河田大佐便和手下几个军官和士兵来到三洞桥。勘察一番，河田大佐沉思片刻，脸上闪现出一丝狡黠的微笑，叹道："素嘎！"抽出雪亮的军刀在铁路上指指点点一番，然后，在空中挥舞几下军刀，刀子发出清脆的声音。

6月6日，晚上，北京中南海。天气突然有点凉，夏天的燥热退去，露水在空气中结成冷空气。张作霖穿着单衣在院子里行走，周围一片寂静，偶尔从墙院那边传来慌乱的人声。看着日日夜夜相对的一切，那么熟悉，却又陌生。一切都来了，一切又都走了，他从关外来京主政，一眨眼的时间，两年了，想着故乡，也爱着这里，在这里的时候想着回家，可是一旦该回家了，他又是那么留恋这里，究竟何处才是立业之处，安身之所？人活一世，英雄一时，总要落幕。

张作霖突然落寞地想："早知道有今天，何必当初呢？早和孙中山谈了，就不用打了。打来打去一场空，还是要回东北。"

六姨太马氏从屋里走出来，悄悄地走到他身后，给他披上一件外衣。

马氏看了他一眼，讶然道："啊，大帅，你哭了？"

张作霖立刻抹掉眼泪说："你哪只眼睛看到我哭了？瞎嚷嚷——别告诉小六！"

马氏笑着说："一个大男人还流眼泪，我嫁给你就没见你哭过。"

张作霖握着马氏的手说："男人咋就不能流眼泪？嗯，八成是老了，也他娘的容易伤感，哈哈。"

张作霖随后在书房和儿子做回奉前最后一次谈话。在儿子面前，他是一个坚强的、运筹帷幄的男人，但是，此时他也有些疲惫，但他不得不掩饰疲惫："小六，前线的事情就交给你了。和南边尽快谈了，把部队拉回去。"

张学良说："您老放心吧，这头的事情就交给我吧！"

张作霖点点头。

张学良犹豫片刻说："爹，最近那边风头紧，日本人好像有动静，您老还是小心点好。"

张作霖笑着说："小六，小日本肚里的花花肠子你爹还不清楚？他们能干啥,我知道他们想干啥。让他们撒野,看他们能弄个啥动静。"

张学良说:"战事吃紧,这场仗打得人心散了,保不齐有人要造反,日本人巴不得的。"

张作霖说:"有我这个老子和你这个小子在,谅他们也弄不出花样。你好好地把命给我保住,爹就不怕。"

张学良说:"齐恩铭(奉天宪兵总司令)的电报您老看了吧?"

原来,齐恩铭的电报是这样写的:"入五月下旬,日本宪兵于皇固屯(皇姑屯——笔者注)铁路交通路口一带戒严,行动可疑,务请大帅防备。"

张作霖说:"齐小辫,办事精明,脑袋瓜子倒是细致,就是太娘们儿气,怀疑这个那个的。你老子可不是孬种,用不着偷偷摸摸回家。"

张学良说:"您老还是谨慎为好,我看还是坐飞机回家的好。"

张作霖大手一挥说:"没这个必要。"

话虽这么说,但是,他明显地感觉到一丝力不从心,似乎还有一丝不安。即便如此,在儿子面前他不能有失形象。他是老虎,老虎临死也要保持威严。

6月3日,午夜时分,十五的月亮挂在中天,整个天际一片湛蓝,寥落的几颗星星也显得干净,北京城笼罩在一片朦胧的月光里,安静极了。时间向晚,人们大多睡去,路边的灯光越来越稀落,只有几家卖豆腐之类的小店在点着灯火赶工。遥远的地方传来渺茫的狗叫声。那声音像催命似的,令人心紧。

灯光诡异,暗影摇晃。张作霖选择此时出发。一行人在张学良、杨宇霆和孙传芳的陪同下,走出中南海西门。明亮的月色里,空气出奇的清新,大街上的建筑和什物泛着柔柔的光芒。张作霖一身戎装,手握军刀,踩在北京的大街上,像踩着漂移的梦境。他最后一次回头看了一眼中南海,他原来居住的房子,静静地立在月光下,洁白的窗纸上映着烛光,仿佛还有人在,可是已经人去楼空。

张作霖扭过头,紧闭嘴巴,朝旁边成排的手握刺刀的宪兵和宪兵后面的记者斜睨一眼,快步走向不远处的车队。在北京火车站,张作霖和送行人员杨宇霆、孙传芳等一一握手,最后抱了抱儿子张学良,笑着说:"小六,爹走了!"

张作霖真的走了,可是谁会想到是永远地走了。

1点15分，张作霖的专车从北京出发，取道天津、山海关，回老家——奉天。专车共18节车厢，张作霖坐在第八节蓝钢皮车厢，乃当年慈禧太后乘坐的花车。同行人员有潘复、刘哲、王荫泰、莫德惠、杨毓珣、何丰林、陈兴亚、于国瀚及马氏、三子张学曾等30余人，还有日本顾问仪峨诚、町野武马等。

张作霖上车的同时，竹下义晴向东北发了一封电报。

张作霖不是傻子，说他不担心，其实还是有顾虑。上车的时候，他特意叫了几个熟识的日本人同行，看见日本人待在车上他才安心。有日本人在，日本军队至少不敢对火车动手脚。这是张作霖天真的想法。

火车行至天津，张作霖稍作短暂停留，火车站又有东北人士上下，国务总理潘复送大帅到此。但是，张作霖没有注意日本顾问町野武马已经偷偷下了火车。

沈阳近了一步，危险近了一步。

6月3日白昼，火车驰骋在山海关内的山岭和平原，隔着窗户远远地眺望，张作霖不禁感慨：这片地方，我倒是打了多少仗，多少东北子弟死在这里了？如今一切回到原点，壮志成空。他多少有些伤感，眼皮突然跳了一下。

6月3日晚，火车到达山海关。黑龙江督军、张作霖的铁哥们儿吴俊升已经到这里迎接。过了山海关就是自己的地方了。这个晚上，又是黄澄澄的大月亮。窗外、月光下是东北高大的杨树和无边无际的高粱，高粱深处是星星点点的人家。蛐蛐的叫声不时传来，让人心生幽思，缅怀当年。山地宁静，清新的空气则绝对是北京城不能比的。张作霖深深地吸了几口气，放松了自己的神经，也放松了应有的警惕。他脸上露出一丝笑容：还是老家好，哪里都比不上东北。

坐在一旁的又矮又胖的吴俊升心里却七上八下，一直绷着弦，注视着车外的一草一木。东北的局势他最了解，经过"满蒙事件"和"路权问题"之后，日本人在东北更加躁动和嚣张。张作霖见吴俊升不安，便宽慰他说："别搞得草木皆兵的。你看，我这不是安全回到东北了吗，就看日本人能闹出什么名堂！有你和我在，就不信日本人能把东北给吃了。"

吴俊升未置可否，匆匆瞥了张作霖一眼，继续扭头望着窗外。

有一种感觉叫不安，它既朦胧，又清晰。吴俊升用手捕捉不到，但他的直觉和心感受到了。这个时候，火车上的日本工作人员都先后悄然离开了列车，张作霖却并没有注意到，因为日本顾问仪峨诚还在。仪峨诚应该不知道这辆火车的命运，日本人为了达到目的，不惜牺牲自己人。这种陪葬，他们认为值得。

皇姑屯，三岔铁桥上阴风乍起，人影绰约。远远地可以看见军刀在月光下闪闪发亮，模糊的日本语"咿呀"轻响。桥下日本宪兵杀死了两名中国乞丐（本来是三名，但一名逃跑，后来传话于帅府），给尸体穿上"南方特务"服装，以待诬赖为南方所为。尸体上方，铁桥下一包一包放的是150公斤的黄色炸药。更远处，众多日本宪兵正在潜伏：如果炸药没成功，就迅速偷袭，绞杀张作霖。

晚饭准备好了。最后的晚餐。张作霖、马氏等人坐在慈禧当年乘坐的大花车里，映着金黄色丝绒装饰、窗帘、金黄色座椅，围着桌子享用最后的盛宴。

吃着辣子鸡丁，马氏说："啊！辣子可真够辣的。这饭菜真好吃！"

张作霖也吃得脸颊流汗，笑着说："火车上能有什么好东西吃！回头就到家，啥子都好了。到时吃你做的饭菜，那才叫好吃。"说着，张作霖夹了一块肥猪肉，美美地嚼着，嘴角沾着油。他的心情是好，到了东北他就不怕了，和老哥们儿唠嗑，看小子、姨太太和副官们打麻将、吃瓜子，清闲享福得很。

6月4日，凌晨，火车抵达皇姑屯车站。张景惠、刘尚清、齐恩铭等东北要人到车站迎接。这个时候，警惕性尽失的张作霖却嘟囔起来："危险，危险！一路上都嚷嚷危险，都到皇姑屯了，屁动静都没有。看日本人能把我怎样？"他还将齐恩铭大大咧咧地数落了一番。的确，皇姑屯距离沈阳只一步之遥。张作霖似乎远远地都能看到他的家了。沈阳大帅府接到大帅4日抵达的消息，早在半夜就忙活成一片。大帅府的灯火整晚就没熄灭过，披红挂绿、打扫墙院、整修家具、布置宴会。小青楼里大帅最宠爱的五姨太张寿懿也在喜不自禁地对镜梳妆，只等待天亮迎接大帅归来，然后好好侍候。可是，谁能料到一切都成空了。

6月4日，凌晨，5点20分，张作霖乘的火车从皇姑屯车站向沈阳方向行驶。

天快亮了，月亮落下去，世界沉浸在一片静谧的晨曦中。凉凉的空气里，东北的青纱帐静若处子。张作霖和吴俊升坐在第八节大花车车厢，谈笑风生，虽然一夜没怎么睡，眼睛有些干涩，但是精神振奋。毕竟，要到家了。

此时，老道口三洞桥正在一副望远镜的监视之下，望远镜放在远处的"南满铁路"车沿线一日军监视岗亭。持望远镜的是日本军官东宫铁男。

5点23分，张作霖坐的火车车头上了铁桥。东宫铁男在望远镜后面数着车厢，当第九节车厢走到铁桥上时，东宫铁男按动了一个按钮。一声闷响，远远地，东宫铁男看见火车梦幻般地从中间断裂、破碎，紧接着他听到"轰隆隆"一声巨响，火车被抛到桥下，大火烧个不停，升起浓浓的黑烟，铁桥从中间断开、坍塌，没有了路基的铁轨长长地斜刺向天空。

三洞桥顿时狼藉一片，恐惧的哭喊声隐约传来。皇姑屯附近的灯相继亮了。远远地沈阳城的灯也一盏盏亮起来。4日清晨的平静被骤然打破。日本军官迅速撤离了现场。一队日本宪兵则朝事发地奔去，假装受惊去视察情况。

吴俊升当场死亡，随从人员基本上都受伤，或轻或重。很明显，炸药主要是针对张作霖那几节车厢的。日本顾问仪峨诚因为靠得比较近，也差点死亡。张作霖并没有当场死亡，脖子上开了一个大窟窿，血流如注，同时左肱骨炸断，内伤严重，当即昏迷过去。幸免于难的兄弟温守善一边大声叫喊"军医"，一边慌忙用手巾为张作霖堵住汨汨流血的伤口。

半晌，张作霖迷迷糊糊地醒来，第一句话竟是："逮住了吗？"

温守善一惊，忙心领神会地说："逮住了。"

"哪里的？"张作霖眼里射火。

"正在审呢。"温守善说。

"到底谁干的？妈……"张作霖气若游丝，已经骂不出声来。

"快别说话了，大帅。歇一会儿，喘口气——不是一般的手榴弹——看样子是日本人干的。"温守善小声说。

张作霖再次昏迷。军医匆匆赶到，进行紧急处理。张作霖似乎好了一些，一会儿阖目，一会儿睁眼。温守善不顾自己的伤情，一直守在张作霖身旁。

"呀呀，我到家看看小五——尿泡尿——尿完就走……"突然，张作霖呻呀地说，温守善知道他在说胡话。

又过了一会儿，张作霖清醒了点儿，猛地抓着温守善的衣服，一字一顿地说："打！打……狗……日本……"

齐恩铭拖着受伤的身子，配合着军医，紧张地忙碌着。闻讯赶来的人把张作霖接到车里，急急忙忙朝着大帅府开去。

日本人也来了。他们假惺惺，装得很惊讶，很悲伤。其实是来看着，因为他们已不知道张作霖是死是活。齐恩铭等人怒不可遏，直言他们的狼子野心。这队日本人显然没有得到好脸色，一个个被驱赶着滚了回去。

当天上午9时左右，张作霖已经不行了。他的内脏全部被震坏了。车子开到大帅府，众人都慌了，急忙把张作霖送进他最爱的小青楼，再也不让外人见。

奉天主要官员和帅府上下想尽一切办法救治张作霖，但是，太晚了。

临死，张作霖费尽力气，对身边人断断续续地说："不要、不要告诉、诉小、小六，我、我走了。叫小六快、快回奉天，不要、不要、坐、坐火车，带、带着部队回、来、回来。告诉小、小六以国、国家为重，别、别忘父、父仇，好好地干、干，打、打、狗、狗日本，我、我这个臭皮囊、不、不算啥啦……"

众人纷纷落泪。空气凝固了。过了好一会儿，张作霖又悠悠地醒来，像突然想起了什么似的，游丝若存地问："你、你、吴、吴大爷、咋、咋样了。"

齐恩铭附下身，摇摇头，轻声说："大帅，吴大爷走了！"

"呀哎！"听到此话，张作霖竟长嘶一声，又悲又愤。想着一生，戎马生涯，几个兄弟出生入死，不想这次撒手人寰了。一口气没上来，张作霖就此去了。

东北告急，情势危在旦夕。日本人闻讯而动，当天晚上，沈阳城就发生多起爆炸事件，自然是日本人干的。关东军临阵而待，虎视眈眈，他们在沈阳城外巡逻操练，等待攻击。但是，张作霖的死讯封锁得很严，只有东北极少数重要官员知道。日本人还不知道张作霖究竟是死是活，所以没敢轻举妄动。

张作相代理主持大局，大帅府上下对大帅之死守口如瓶，禁止闲杂人员出入，连许多达官显要也被拒之门外。帅府对外一致宣称：大帅没事，所受轻伤，病情好转中，不宜见客。日本人三番五次派人前去探望，又要送日本医生前去医治，都被断然拒绝。为了让日本人相信张作霖真的还活着，张府每天向新闻界公布大帅病情状况，药理药方皆有记录，并且附带伪造的大帅带伤吃药的照片。

对于日本官员及其夫人们的来访，张寿懿和于凤至等还要笑脸相迎，故作轻松地插科打诨，小青楼上的灯火每天也会燃烧到半夜。

就这样，日本人没了主意，只能一等再等。但是，任何等待都是有限度的。日本人并不愚蠢，他们会有自己的办法弄个水落石出。张作霖已死，东北不能无主。张学良必须在日本人知道真相之前，火速赶回奉天。

像外界其他人一样，张学良也只知道父亲在沈阳受了伤，但沈阳来的消息没有告诉他父亲已死，只是让他赶紧回去，且路上务必小心。张学良心里发急，虽然消息讲的是父亲受伤，但是，他明白这消息背后暗藏的玄机。如何回去呢？

在去沈阳的一辆运兵车上，装满火头兵，张学良剪去头发，在脸上涂满煤灰，穿上破旧的火头军军服，混在腥臭的火头军当中。一路上经过日本哨兵的重重盘问和搜查，没有被发现。就这样，张学良偷偷潜回沈阳。到达沈阳车站，张学良只带了一个同样化了装的警卫，由车站小道，不经站门，悄然返回了大帅府。

进了帅府，一家人没有认出他。张学良把脸一抹，大声道："我是小六呀！"

众人惊叫："啊？小六！""少帅、少爷，你可回来了！"顿时哭成一片。

张学良心里一紧。虽说他有准备，但还不知道事情糟糕到了什么地步。待他被领到东屋，门帘一开，他的头突然炸裂了、傻眼了。父亲的灵位、遗像摆在当门。香火正烧，烛光摇晃。前面放着一口棺材，玻璃封顶，里面正是父亲的遗体，此时，已经是6月19日，距离张作霖被炸已有两个多星期。

少帅既归，东北可定，21日，大帅府宣布了张作霖逝世的消息。

治丧会上，"猫哭耗子"的日本人前来吊唁，这些人是：日本政府特使林权助、奉天总领事林久治郎、关东军总司令村冈长太郎、代理陆军大臣斋藤恒、代理参谋长秦真次、满铁副总裁松冈洋右，日本顾问松井、仪峨诚、土肥原贤二、本庄繁等。

见到日本人前来，张学良冲动起来，他痛哭不已。父亲枉死，国仇家恨，涌上心头。他要当即召集人马，把日本人统统干掉。但是，张作相把他拦住了。

随后，张学良坚定地要归顺国民政府。日本人则极力劝阻，频繁地派人游说，让他脱离中国，自立东北。日本人誓心旦旦，一定扶持他。张学良自然不会答应，父亲是怎么做的？他清楚，父亲尚且不卖国，何况他？而且日本人杀害了父亲。与这样的仇人结盟，无异于猪狗。因此，当对中国文化熟谙的林权助前来游说时，张学良死活不肯答应。但迫于当时的形势，他不想和日本人闹得太僵，便沿用了父亲的手段，只是口头敷衍，虚与委蛇，伺机而变。然而，林权助得寸进尺，喋喋不休地发表自己的"高见"，张学良忍不住了，凛然道："我为什么不能这么做（东北独立）呢？您老忘记一件事情，忘记了我是一个中国人。"

多年后张学良回忆说："当时还是有些冲动，这句话我失言了。"

的确，就因为这句话，张学良和日本人闹僵了。日本人也再没有对张学良抱任何希望。但是，于国于民，张学良无愧。作为中国人，这句激扬意气、热血涌动的话他说得一点没错。随后，他"改旗易帜"在东北进行的一系列改革，引进欧美资本、修筑铁路、开通港口，无一不是与日本人对着干。

后来，有学者说："古往进来，封疆大吏，为国家而牺牲者，张老帅无失为第一人。"这句话说得有道理。

55岁的张作霖长眠于东北的黑土地，把东北和国家的重担交给了儿子。难怪张学良一生钦佩他，说："我父亲这个人，对我那是没得说！"

这个时候，无论如何，张学良是恨透了日本人。

而从"皇姑屯事件""东北复兴"和"改旗易帜"来看，无一不浮现一段历史的影子，那是无法回避的九一八的影子。

4. 一米铁轨的重量

柳条湖的那一米铁轨，之前的历史向这里汇聚，之后的历史从这里呻吟。

几千年以来，日本人一直在学习中国，秉着"以中国为师"的治国方针，日本弹丸之地建立封建帝制，学着中国帝王治理国家，尤其是引进了儒家思想、孔子语录。中国各家之经典在日本都被奉为上学，必读之物，所谓"仁义礼智""四书五经""茶桑棉麻"，中国儒家文化经过日本人的吸收与发展转变成大和民族之精神，今天，我们仍旧能够看到中国文化在日本的烙印，简单地以围棋就可以说明。但是，那时的日本文化却被军国主义分子扭曲成"大日本主义"！

1840年，鸦片战争爆发，强盛的"天朝上国"陡然走向没落，封建帝制摇摇欲坠，邻近的日本也开始有所察觉。旁观者清，首先觉醒的不是中国人，而是"跟随者"日本人。美国人打开了日本的大门，日本选择了开国，而非开战。

当日本人走向现代，其必然会走其他先行者之路：殖民扩张。扩张的目标自然是羸弱而富足的中国。但是，日本和其他殖民国家又有着明显不同。

首先，日本在文化版图上是地道的"东方"，而现在他首先完成了"东方"和"西方"的对接，对接是形成了，却尚未融合。日本人势必被两种文化同时影响，两种文化有着强大的冲突，也为军国主义在日本的滋生创造了环境。

其次，日本对中国的窥伺由来已久，明朝时期中国国力衰弱，日本倭寇就在中国沿海横行，瘦死的骆驼比马大，那时，他们还成不了气候，更多的是小弟在骚扰大哥。但是，日本对中国之心却从此留下了影子，而倭寇之行为正体现出日本一旦强大其本身就无法承载的膨胀——对中国下手。

1894年，中日甲午战争爆发，那场大海战，恐怕在中国历史上前所未有，手段和规模在列强侵略中国的过程中也是独一无二的。随着战争的失败，中国割让台湾、辽东半岛、澎湖列岛，并赔偿日本两亿两白银！两亿两白银，是当时日本国民生产总值的5倍！依靠着这些掠夺资本，日本迅速完成了工业化。同时，日本也看到侵略中国的可观利益。两者结合，日本的膨胀欲迅速增加不再受控。

在这种背景下，军国主义者开始渐渐地兴起于日本。当时，日本和德国的军事、教育是世界上最先进的。国民革命时代，几乎所有的中国的风流人物都是出自这两个国家的军校。

1900年，日本参与了八国联军，打进北京紫禁城，又尝了一次甜头。

1904年，日俄战争爆发，日本得到在中国东北的利益版图。以此为支撑，日本从富饶的中国东北得到巨大的经济利益，日本更加迅速地发展。

在那个时代，一个长期受到众人欺凌的国家，或者一个长期得不到重视，传统意义上没有地位的国家，一旦其强大起来，足够强大起来，其民族往往会产生非理性的膨胀欲，德国如是，日本亦如是。这种膨胀欲如果被骨子里的好战分子所利用，结果就只有一个——军国主义，德国如是，日本亦如是。

培植中国国内势力，是北洋时代列强侵犯中国的惯用手段。美、英培植吴佩孚（这是吴佩孚成为美国《时代》封面中国第一人的一个原因）；日本坚定地支持张作霖，从中日本得到了东北的矿山、修路、银行等各方面的利益。

1918年，第一次世界大战结束，日本太子裕仁摄政，他把鹰一般凶悍的目光投向中国。很快，他将成为"大日本帝国天皇"，日本军国主义者的图腾。

1919年，西方的希特勒加入德意志工人党，即后来的"纳粹党"。1920年，他控制了"纳粹党"，成为党的领袖。

时间进入20世纪20年代，世界在一战的尾巴上突然变得躁动不安。

1922年的中国，张作霖与吴佩孚的第一次直奉战争结束，张作霖退入关外，自治一方，趁这个机会日本人加强了对东北在经济、军事、领土上的渗透和控制。

1922年的日本，民主运动和军国主义疯狂碰撞，国内一片混乱，军国主义者依靠大财团和军部控制了日本，提出实行"大日本主义"，并强烈要求尽快建立"军政独裁的法西斯主义"国家，之所以提出"法西斯化"和日本的军国主义密切相关，同时，西方意大利也无疑给了它某种启示——1922年，墨索里尼的"法西斯党"控制了意大利，建立了世界上第一个军政独裁的法西斯主义国家。

法西斯源自拉丁文Fasces，本意为中间插着斧头的棍棒，古罗马体系中是权力统治的象征。"法西斯主义"这个文化符号也就成了裁定一切、控制一切、征服一切的军政、独裁、暴力统治的代表。

第一次世界大战以后，墨索里尼在意大利创立法西斯党，公开鼓吹法西斯主义。墨索里尼要让古罗马帝国尘封的辉煌和荣耀在现代重现。虽然，墨索里尼的力量始终都不够，但是，他确实带来了两个足够有力量的法西斯：日本和德国。

1923年9月1日11点58分，日本关东大地震，死亡人数达14万，同时造成巨大经济损失，日本上下一片恐慌。关东大地震的问题显而易见，这是领土和地理位置共同造成的。日本乃弹丸之地，但是随着经济强盛，人口急剧膨胀，地少人多，密度过大。日本孤立于浩瀚的太平洋，地处欧亚大陆板块和太平洋板块之间，地震十分频繁。经历了关东大地震，日本人军国主义者终于被"震醒"。他们大肆造势，宣称为了大和民族的生存，必须进行殖民扩张，目标就是中国。

结合此前的种种，日本开始对日本青年灌输军国主义思想、大日本思想、效忠天皇的理念、武士道精神，无数的日本热血青年踏上了军国主义的不归路。

日本人此时不再像欧美列强一样单纯地以经济利益为导向来对待中国。地理上的同处东方，军事上的野心膨胀，文化上的曾经一脉，甚至皮肤上的同种颜色，让日本人对中国的态度开始明确：军事占领，领土扩张。混乱的中国版图上，日本人正好有一个理想之地：东北。因为这里是传统中国的领土和政治的边缘地带，也因为这里有日本的军队——关东军。此时的东北已经被日本内阁公开宣称为"日本的生命线"。而随着一批少壮派的崛起，日本变得更加疯狂和嚣张。1927年，日本正式确立了"大日本"版图——整个中国，然后，是整个世界。日本田中义一组建内阁，在"东方会议"上叫嚣："欲要征服世界，必先征服支那；欲要征服支那，必先征服满蒙。"

1928年，张作霖最终也没做卖国者，他拒绝了"郭松龄倒奉"时为了获得日本支持口头答应的日方协议，并且要引进欧美资金，自己修建铁路。日本人炸死了张作霖，当东北扛在张学良肩膀上时，他们却发现更难以下手了。

如果说张作霖只是一块"绊脚石"，那么张学良则是日本人惧怕的"对手"。

张学良主政的1928年到1930年，东北迅速崛起，军事、经济、教育、文化鼎盛而富足。张学良甚至引进欧美资金修路开港，公然与日本人"掰手腕"，日本人却拿他没办法。张学良的几十万大军不是吃干饭的。日本人的确是怕了张学良，有张学良在，他们就不敢对东北下手。为什么说日本人怕张学良？

1929年，资本主义世界爆发经济大危机，这次大危机"规模最大、时间最长、破坏力最强"，整个资本主义世界辛苦几百年的资本积累差点就彻底被毁灭，后来美国实行"罗斯福新政"，奉行"凯恩斯主义"，才缓解了危机。

同样，这次危机也让日本一片萧条。日本国内积聚着一股恐慌、一股躁动、一股愤怒。他们想爆发出来，最直接的目标是中国东北，日本国内很多人认为正是张学良破坏了他们在"满蒙"的生命线，才导致日本的恐慌。尽管这也的确成为他们在后来爆发的导火索，但是，当时他们那么急切也只能忍着，因为张学良在东北，他们怕张学良。张学良除了自身强大的力量外，还加进了父亲的力量，以及父亲被炸死后的仇恨的力量。这，就是日本人害怕的全部原因。

历史像一辆疲惫的马车，摇摇晃晃，终于走到了1931年。

中原大战之后，中国终于实现了形式上的统一。

张学良完成了自己的志向，蒋介石完成了自己的征服。

1931年1月，沈阳的深冬。北风呼啸，松花江冰封已经近两个月。沈阳所有的大街上都落满厚厚的枯树叶。大帅府前张作霖题写的四个大字"天理人心"，挂在假山洞穴顶部，假山上的常春藤全部枯萎，只剩下密密麻麻的枯藤。

如此落寞的冬天，大帅府却不落寞。假山后面排着几辆黑色的小汽车，汽车前几个身穿西服、外披大衣的人物在等待，两边站满手持枪支和刺刀的卫兵，个个一脸肃穆。中外记者也在忙碌地做着准备。良久，大帅府里出来一行人。记者的照相机立刻闪个不停。为首的是张学良和张作相。张学良一身副总司令服装，只是没有戴军帽，头发油亮，神采奕奕。身边的张作相比他矮了一头，身穿腈纶布料为面的员外装，里面是上好的棉絮，下身一件裙子，裙角刚好到鞋子上。

张作相并非张学良的亲伯父，只是同姓宗族。当年与张作霖一起起事，与吴俊升、张景惠、汤玉麟、莫德惠、刘尚清等携手打天下。张作霖死时，并没有提到任何托孤之事。张学良不在时，奉天大局由他全权主持。当初，东北政局并不是简单的"父亲传儿子"，众人有意立张作相为东北首脑，年轻的张学良也有这个意思，可是张作相死活不答应，说："如果大帅不是这样的去法，我会接；但是现在不能，我必须支持小六！"在他力撑下，张学良成为东北的说话人。

此时，他与张学良并肩而行，徐徐走下大帅府的阶梯，旁侧跟着满面红光的于凤至、赵一荻、莫德惠、荣臻、臧式毅、刘尚清和张家的一干人。

"此次，你去北平主政也是东北的光荣，蒋某人放心把半个中国给你，看样子还是信任你的。"张作相小声在张学良耳边嘀咕说。

"这是国家复兴大事，他是派我镇住北面的局势。"张学良笑着说。

"除了你，谁还能把持得住这么大地盘儿！"张作相笑着说，"想当年，大帅进京的时候多风光——这回，你更要风光一把。"

"眼下可不是当年啦，我要做的就是他老人家没能完成的事情。"张学良说。

张学良该上车了，副官谭海为他打开车门。略一思忖，张学良伫立车前，对张作相拱手道："东北的事情就交给你了，提防点儿日本人。"

张学良又对送行人说："各位，汉卿奉中央之命令就此去北平，日后再见。"

张学良闲情若定，最后看了一眼大帅府，转身钻进汽车。于凤至、赵四、几个儿子和随行官员也纷纷上车。汽车开动，转弯行过"天理人心"的牌匾，张学良远远地看见帅府门口的人一点点散去。府门外的角落里，一个老仆人正在静静地清扫地上的落叶。老人不经意地抬起头，撑住扫帚，向车队这边望了一眼。

张学良离开了家，带走相当一部分兵力，东北事物交给了可以信赖的张作相、荣臻和臧式毅。家，已经消失在视线里。谁能想到，这竟然是张学良最后一次离开家。那是张大帅死的地方，父亲的灵位还在那里。所以，那是张学良永远的、唯一的家，可是，他竟然再也不能在那里给父亲上香了。

从那以后，那个扫地的老人也再没能见到他的少帅主人。

张学良走了，大帅府前，人散去，只有那个扫地的老人在孤独地挪着步子，身影冷清。同样冷清的是那块"天理人心"的牌匾和整个东北。

"张学良已经离开沈阳！"

一个日本特务将这个消息以最快的速度传到板垣征四郎那里。

板垣征四郎，日本关东军高级参谋，事件的直接指挥者，后来的"陆军之花"，发誓"要把一生赌在中国"的人。他的脸上露出一丝狡黠的笑容，随即他将这个消息以最快的速度传到关东军司令部。然后，是日本军政府和天皇。

"大日本帝国"长久的军国主义在肌理内积累的污垢和几年的经济大危机在精神里游荡的恐慌终于要爆发了！

1931年9月，事件的爆发一步步逼近，带着明显的征兆和脆弱的遮掩。

此时的中国，蒋介石正歇斯底里地"围剿"共产党；张学良将大批军用武器和物资支援蒋介石；汪精卫成立广州国民政府与南京对峙；"倒戈小丑"石友三借日本人兵变；张学良把近20万东北军拉进关内平乱——这是致命的。

8月1日，曾经作为张作霖和张学良的顾问的本庄繁就任日本关东军总司令。此时，日本关东军直接隶属于天皇裕仁，驻扎旅顺港，当时的人数接近两万。日方任命原来张氏父子的顾问土肥原贤二为东北特务机关机关长。

此前，日本关东军高级参谋石原莞尔和板垣征四郎已经制订了侵占东北的"柳条湖计划"，提交日本军部。关东军司令部也做好了一切准备：频繁地在沈阳城进行军事演习——军事演习是日本关东军的固定项目，日本军人作风是出了名的，夏练三伏，冬练三秋，此所谓"秋操"——1922年到1931年九一八事变期间，日本有记录的军操就有300次之多，单单在1931年7月和8月间，日本的军事演习居然达到30次之多。狼子野心，昭然若揭。

随后，关东军从日本国内运来两枚口径为24厘米的重炮。本庄繁和板垣征四郎等做好了一期作战计划，目标包括：沈阳、长春、牡丹江。主要目标为沈阳。包括：东北军驻沈阳北大营、东塔机场、兵工厂和东大营，重中之重是北大营。

北大营位于沈阳西南城郊，乃沈阳主要兵力所在，驻扎8000多名中国军人，为东北军第七旅，旅长为王以哲。

日本人在等待合适的时间，时间要精确到分钟。

1931年9月18日，在沈阳的日本间谍报告：东北边防军司令张作相回锦州老家为父亲奔丧。晚上，日本间谍又报告：王以哲在沈阳市内应酬，北大营值班者为参谋长赵镇藩。这个时间终于到了。板垣征四郎亲自布置了一切。

日本人把历史带向那一米窄窄的铁轨！

22点20分，距离东北军北大营西南方约800米的柳条湖，日本"满铁"的一段路轨。日军驻沈阳以北虎石台河本末守中尉，带领7名工兵打扮成铁路巡道员，在此用小剂量炸药，爆破了一米路轨，同时绑架杀害两名中国男子，给尸体穿上日本军装。一个假象诞生，一段漫长人类灾难史的单薄的"缘由"诞生：

中国军人杀死日本军人，炸毁日本满洲铁路，挑起事端。

22点30分，在那个时代，沈阳已经算是深夜了。

城内一片死寂，老百姓大都安静入睡了，少有一些灯火还亮着，亮着的几点灯火是地下党部、东北大学、大饭店等——没有北大营。

就在这个时候，东北大学的教授突然听见有什么东西从房顶上飞了过去，过了片刻，一声剧烈的爆炸声响了。正在宿舍里点着蜡烛偷偷看书的学生感到床铺剧烈震动，不断地响过"嗖嗖"声，远远地不断地有爆炸声，床颤抖连连。

教授走出门外张望，只见有东西拖着火红的尾巴从头上方飞过。宿舍里所有的学生都醒了，星星点点的蜡烛明晃晃地亮着，学生们爬上屋顶，向沈阳城中心眺望。整个沈阳的灯火都亮了。无数的人惊慌失措，站在天台、屋顶，朝这边张望。学生们转过身子，看见远处那个火光冲天的地点——东北军沈阳北大营。

这是日本军以"中国军人炸毁南满铁路"为理由从6公里外向北大营发射的炮弹。10分钟不到，一个"铁路事件"就被发现、侦破并发射了炮火，反应如此之快，让人怎么相信祸端是中国军人所为？"莫须有"是人类的耻辱。以此为战争理由，理由太虚弱，仿佛冷却的一段烟灰，一点推敲就脆弱地坍塌了。

接下来的事情更表明日本人的这种图谋的处心积虑。

军靴、军刀、军炮、军号……

请注意，这次不再是演习。

板垣征四郎下达命令，日军随即向北大营和东塔机场展开大规划的军事攻击。独立守备大队驻虎石台中队100人从西北方向进攻；"满铁"附属地两个中队200多名日本士兵从西南方向进攻；抚顺方向的300多名日军从东北进攻。

随后，板垣征四郎当即给日本关东军总司令本庄繁发去一份电报：

北大营之敌炸毁柳条湖铁路，挑起事端，我正与之交战。

"偷袭！"这是狼的劣行，却正是日本军国主义者的一贯伎俩。

九一八是这样，后来的"珍珠港"同样如此。

听到枪炮声，东北军还没有当成一回事，以为日本人是在演习。直到亲眼看见日本人举起枪，杀死了一名中国军人，东北军才"哎呀"一声，如梦初醒。然而，此时绝大部分东北军都在梦中，他们仍旧觉得这是演习。

日本人冲进军营，东北军的武器弹药尚且都锁在库房。众多中国军人被杀害。最后，北大营驻军残余撤到沈阳以东东山嘴子。凌晨3时，日军步兵二十九连队1000多人分三路进攻沈阳，其他几路军队进攻长春等地。同时，本庄繁带领关东军主力从旅顺开往沈阳。可悲的是，面对日本人的蜂拥而至，不只是中国军人认为是演习，就连沈阳的老百姓也都认为是演习。即便在凌晨5点，日本人打进沈阳内城小西城，人们还自欺欺人地安慰自己：只是演习，天亮就好了。

那一夜很漫长，可是天还是亮了，可是时代已经黑了。

日本人并没有撤退，大街小巷贴满日本人的告示。

日本人占领了整个沈阳城！日本人占领了长春！

这次真的不再是演习！

日本人开始屠城，沈阳已经成为日本关东军的总部，老百姓纷纷逃离家园，大帅府也人去楼空，日本人在张作霖和张学良家的厅堂里疯狂叫嚣，炫耀武力。

大帅府那个扫地的老人没有走，日本人也没有杀他，他继续在大帅府为日本人扫地。他的心头却很凉，沈阳的冬天从来没有这么冷清，大帅府的冬天更从来没有。他老了，像蝼蚁一样地活着，平凡而悲哀地活着，他的孙女被日本人强暴了，老伴儿也死了，他的眼里有泪，但是，他要活着。他心里想："少爷一定会很快带部队打回来，我要活着等少爷回来，看日本人是怎么死的。"

可是，少爷并没有很快打回来，少爷后来也没有打回来。直到老人死了，少爷也没打回来！他不可能知道，他的少爷回不来了！

随后的3个月是疯狂的，不可思议的。两万关东军，倾巢出动，9月底攻占辽宁和吉林，11月占领齐齐哈尔，1932年1月占领锦州，2月占领哈尔滨。东北全境已尽归日本。从此，东北沦陷于日本之手长达14年之久！

九一八这样的罪，中国人世世代代不会忘记。

九一八这样的罪，中国人世世代代不会宽恕。

九一八这样的罪，中国人必定会想起两个人——蒋介石和张学良。

从沈阳看，当时北大营有8000多名中国军队，日本进攻军队仅仅600人；从东北全境看，中国军队有近10万之众，日本关东军只有两万。

人们不禁要问：中国军人在干什么？张学良在干什么？蒋介石又在干什么？

蒋介石给了全体中国人最心寒、最失望的答案："不准抵抗！"

这个答案是真实的，还是史学家有意猜测的？

5. 替罪

历史居然是那么微妙！到底是当初张学良在替蒋介石顶罪为真，还是现在蒋介石在替张学良顶罪为实？这究竟是历史的公正还是他们个人的公正？

我们知道，成为张学良的主席之前，蒋介石要想尽一切办法来换取张学良一句承诺；成为副司令之后，张学良要承受重重苦难来应对蒋介石的一句命令。

这，就是蒋介石和张学良的关系。

历史的烟云过后，张学良揭开了那一层伤痛。他在晚年如是说：

> 我要郑重声明，就是关于不抵抗的事情。九一八事变不抵抗，不但书里这样说，现在很多人都在说，这是中央的命令，来替我洗刷。不是这样的，那个不抵抗命令是我下的，都说不抵抗是中央的命令，不是的，绝对不是的。

那么，九一八的当晚，张学良在干什么呢？

1931年9月18日，北京，夜幕降临，古老的帝王建筑群一片肃穆，具有浓厚中国特色的四合院亮起灯盏，方正的街道和仿古建筑纷纷挂上红灯。中和戏院，戏剧名人梅兰芳在北京开唱，北京名人悉数到场，整个门口临时成了热闹的夜市，各色小贩在此摆摊设点，排成长长的阵势，挤满街道。马蹄灯一盏盏亮着，小吃摊点在卖馄饨、饺子、油条、面条和烤鸭，油烟、水汽和人声混合成一片，让人觉得温暖。黄包车、小汽车不断地穿过熙熙攘攘的人群停在戏院门口。青衫布袍、文面书生、达官贵人、小姐淑女一个个下车走进戏院。

一辆黑色的小汽车在人群里不能动弹，司机不停地按着喇叭。原来汽车前，一辆拉有白菜、萝卜的平板车挡住了去路。

谭海从汽车里钻出来高喊："哪个的车子，赶紧拉走，快点拉走！"

张学良坐在车里，和于凤至、赵一荻嘀咕道："不知道戏开唱没有。从半截听就可惜了，梅兰芳可是大人物。"

于凤至说："感情他比你还大？看你猴急的样子，戏瘾比烟瘾厉害（张学良在北伐战争期间染上吸大烟，那段时间烟瘾犯了，一直在北京协和医院治疗）。"

张学良精神饱满地说："听着梅兰芳的戏，我哪里还想大烟、吗啡？"

平板车车主动作很慢，谭海不得不自己下车，把平板车推到一角，重新回到车里，这才将车开到中和戏院。张学良三人落地，走进戏院。谭海把车子开走。不久，谭海急急忙忙地开着小汽车重返中和戏院，在门口竟然撞翻一个卖饼的摊点，但是，他无暇顾及，匆忙下车，冲向门里。看门人向他讨票，他一把把人推开。莫大的戏园子里，好不容易才找到张学良。此时，《宇宙锋》快要收尾，正是高潮，张学良看得起劲。见谭海面色沉重，张学良笑着说："出什么事情了，戏还没完呢，你就来了？"眼睛一直盯着台上的梅兰芳。

谭海附耳："奉天急电，日本人攻打北大营。"

张学良心头一颤，立刻拉了拉于凤至、赵一荻，起身离开，返回协和医院，同时，让人赶紧通知军政要员，到医院开会。

张学良在车上说："什么时候的事情？情况咋样？"

谭海说："不是十分清楚，说日军进攻北大营和沈阳了。"

张学良说："是不是演习？"

谭海说："不清楚。"

协和医院到了，军政要员也都很快到了。张学良接到了荣臻的电话。

荣臻刚刚接到王以哲的电话，是向张学良请求指示的。

荣臻说："日本人炮轰了北大营，正在攻打北大营和沈阳。你看要怎么办？"

张学良说："王以哲他是怎么处理的？"

荣臻说："根据最高指示，'坚决不抵抗'。"

张学良说："确定不是演习吗？"

荣臻迟疑片刻说："不确定！"

张学良说："一切按照最高指示，暂行不抵抗。我再向南京请示，保持联系。"

张学良随即电告南京中央，南京的意思是："坚决不抵抗！"

沈阳附近总共驻军为两万左右，其中北大营为精锐8000多人，长春虽然兵力非精锐，但也有1万多。可是，因为奉行"不抵抗"，武器弹药，尽归库房，一夜下来，沈阳和长春均落入3000人不到的日本人手里。"不抵抗"之命令难辞其咎。

"不准抵抗"的命令究竟是谁发出的？在当时的中国能够有资格下达如此命令的只有蒋介石和张学良，二人必有一。晚年的张学良在谈到九一八当晚之"不抵抗命令"时，沉沉地说："是我下的，与中央无关。"且看张学良怎么说的：

> 我简单地讲这个道理，讲这个事实。日本人在东北同我们捣蛋不是第一次了，他捣了许多年了，捣了许多次了，每次都这样（不抵抗，大事化小，不想引起更大冲突）处理的嘛。
>
> （我给你讲个故事）这日本小兵在街上，看到东北军人的刺刀，他们就上前在刺刀上划火柴，故意挑衅。那东北小兵脾气大着呢，你来划火柴，老子就捅你一刀。但我下令，绝对不许反抗，任你捣蛋，老子就是不反抗，你再捣蛋、找借口，老子就是不让你有借口，当时都是这样的思路。

客观地说，这个思路虽然不能说"绝对的对"，却也不能说"绝对的错"。这是张作霖的一贯主张，张学良也是这个主张，虽和日本人仇深似海，但是只能忍，避免小事端，是为了防止更大的事端，因为，日本人就是想借机发动军事阴谋。

九一八之前的几个月，日本人制造了不少事端。最危险的一次就是"中村事件"。

1931年7月，日本间谍中村震太郎在大兴安岭地区进行军事侦察，被当地东北军逮捕，并以间谍之罪将其处死。日本人以此为借口，在日本国内外大肆发表反华言论，企图挑起战争。"大事化小，小事化了"，张学良最后严惩相关人员才使事件表面上得到平息。忍一时风平浪静，但是，什么时候反抗呢？

前文已经说了，日本在7月份和8月份进行了众多军事演习，其中很多演习就在沈阳周围，演练的是攻城演戏。面对这种演戏，张学良量力而行，依然采取避让态度，不与之冲突。正因为此，也就有了张学良的"不抵抗电报"：

> 今我外交渐趋积极，应付一切时，亟宜力求稳慎。对于日本，无论其如何衅事，我方无须万分容忍，不与反抗，免滋事端。希迅即密电各属，切实注意为要。

但是，张作相忍无可忍，和日本发生了一次冲突。
于是，张学良给了他第二封电报。

> 奉密电令，我国家当谨遵守非战公约，不准衅自我开。特令遵照。

东北军所说的"最高指示"，所指为何？作为东北军，很明显他们的最高指示是张学良的第一封电报。然而，张学良所谓的"奉密电令"又是谁的命令？可想而知。难道蒋介石没有发出命令，而只是张学良"假旨真传"吗？

那么，九一八当天的蒋介石在干什么？且看他当天的日记：

> 早起批阅，与妻谒陵告辞，九时半登永绥舰。下关街中水深三尺，甚为忧虑。舰中无伴侣，寂寞不堪。下午研究地图看中山全集，筹划对粤对"匪"策略，一对粤令十九路先占潮汕，十八军集中赣南。余再宣言以第一、二、三届委员，共为四届委员，余在四全会中引咎辞职，而属陈、蒋、蔡等应之，如粤不从，则以武力牵制之。对"匪"决取包围策略，以重兵掩护修路，以大款赶修道路，待路成再"剿赤匪"，否则欲速不达，难见效也。

蒋介石与张学良

由此可见，当时蒋介石正在"永绥舰"沿长江从南京去南昌的途中。其所行目的是准备"第三次'围剿'共产党"和处理"广州党内叛乱"。当然，这是白天的事情，当"柳条湖事件"发生时，当天日记已经写完，那么，再看19日的日记：

昨晚倭寇无故袭击我沈阳，并占领我营房，刻接报已占领我沈阳与长春并占领牛庄消息，是其欲乘粤逆叛变之时内部分裂而侵略东省矣。

从此日记中，我们并不能看出他到底有没有下命令。从"刻接报已占领"可以知道全程他都在关注这件事情。可以知道，他并非不知道当晚发生了什么，既然他知道，那么想必也就做了一些指示。但是，到底下达了什么命令？张学良所说"奉密电令"是否就是后世"传说"的给张学良的电文：

吾兄万勿逞一时之愤，置民族国家于不顾，无论日军怎样寻衅，绝对不抵抗！以待国联处理。

这个秘密，只有张学良和蒋介石二人心里最清楚。

我们说张学良的确下达了"不准抵抗"的命令。于是，似乎是历史让蒋介石为张学良替罪，连张学良自己也这么说。张学良说得明白："那个时候，蒋公根本就不负责任，他不负这个责任，我也根本没有向他请示的必要。我要请示也是向南京政府请示，没有必要打电报给他……"似乎一切很明白了。

但是真的和蒋介石没有干系？作为中国最高的军事统帅，说和他没干系这是不可能的。我们说，九一八当晚的第一个命令绝对是张学良下的。可是，仔细分析一下，我们发现：不抵抗日本人，张学良是有前提的。为什么呢？

李敖在《蒋介石研究》中指出一点，我们觉得很重要。看看张学良的电报："无论其如何衅事，我方务须万分容忍，不与反抗。"

问题就在"衅事"二字！张学良下达的所有命令里，"不准抵抗"的前提都是"衅事",但是,杀人、占领、侵略算不算"衅事"?

张学良在晚年说:"我下的所谓不抵抗命令,是指你不要跟他冲突,他来挑衅,你离开他、躲开他。"基于此,张学良和东北军都认为日本的军事演习都是挑衅,而太多的类似的高密度演习让他们认为九一八之夜仍旧只是演习。

臧式毅在九一八当晚还关切地问日本人想干什么。日本人答复:只是军事演习。日本人占领沈阳,臧式毅还在想:"天亮他们就该退去了吧。"

就算真的当作演习,天亮了,一切明了了,还是演习吗?为什么还不抵抗?一天不抵抗也罢,可是3个月呢!日本占领了东北全境,还是寻衅?如果还把这当成寻衅,来换取国内和平,那么,张学良可就真是历史的"大罪人"了。如果说九一八当晚的"不抵抗"命令在一开始张学良还是因为考虑"日本仅仅为寻衅"而下达的话,那么随后的"不抵抗"命令是谁下的就显而易见了。

客观地分析,于国来说,一直坚定地以国家为重的张学良不可能视沈阳沦陷于日本之侵略而不顾,不然他后来也就不用发动西安事变;于己来说,东北是他的老家,他父亲又死于日本人之手,而且他很明白,失去东北大本营对于他意味着什么:政治军事权力上他将会一无所有。如此情况下,张学良怎么可能让日本恣意"占领沈阳""寻衅三个月"?而且,后来他确实进行了强烈抵抗。

实际上,面对日本人疯狂的挑衅,张学良在石家庄与蒋介石碰过面。会面究竟说了什么内容,因为是秘密谈话,所以谁也不知道。张学良在晚年对此也绝口不提。他是想保护什么人?这个人自然是蒋介石。但是,有见证者为此做了印证——东北将领何柱国回忆说,那次会面后,他问张学良:"委员长说了什么?"

张学良说:"不得了啦,日本人要动手了,总司令要我们不要还手,让他们打,好向国际联盟说话。"

从何柱国的回忆中,我们发现这些多半又是保护张学良的话,有点夸张。实际上,张学良不再需要保护,历史也需要真相,虽然,有些真相还不能说。不过,有一点是明确的:此行会面,蒋介石的确要张学良"不抵抗",以此来缓解他"剿共"的计划，同时将日本的问题上交国联，依靠国联来处理。

张学良九一八之夜的"不抵抗"是自己的政策错误，但是，东北沦陷的"不抵抗"肯定是张学良对蒋介石的妥协。而为了让张学良妥协，听从自己的意见，蒋介石此次甚至带上了宋美龄前去。在成为蒋夫人以后，宋美龄向张学良第一次提到上海的事情，而且是主动坦诚地在蒋介石面前提出。

宋美龄一见面就热情地说："Peter！（张学良英文名）How are you！"

蒋介石微笑着说："你怎么知道他叫Peter？（我都不知道）"

宋美龄说："我认识他比认识你早。"

于是，宋美龄向蒋介石说起上海旧事，说得轻松而自然。

一旁的张学良也轻松而自然地微笑着。

蒋介石便一个劲地点头。

总之，宋美龄的出现和出现方式对张学良的这次妥协起了很大作用。

再者，从张学良在九一八事变后对外的一次演讲纪录片段里，我们可以看到那个时候真正的张学良的一些脉络，而不是别人说的，也不是事后几十年垂垂老矣的张学良所说的自己。视频中的张学良，显得很憔悴，显然他受到很大压力和打击。同时，他还在烟瘾中，军帽歪着，胡须很短，但是凌乱。他没有怎么打扮，眼睛里装满悲哀，欲哭，声音颤抖，而且语言不连贯：

日本素来反对统一以及经济的发展，所以对外宣传说东三省不是中国的一部，东三省素来是中国的一部，在历史上可以考察的，同新英格兰在美（此处先说为"满"，后改正）国的一部一样的，现在有三千万人民在东三省是他们的故乡土，所以他们这三千万人民，有九十九分都是中国人，他们也愿意为他（们）的乡土而奋斗，就是剩下一个人他们也很愿意。（此处比较长的停顿、思考）现在日本用这种暴力而占领全满洲的领土，为这个暴力之下牺牲有数千万的财产，有数千无告的这种（停顿，然后复述了"这种"）平民。（很长时间的停顿）现在因为这种暴力之下，破坏了国际的条约，尤其更破坏了以三千万人民的生命奋斗来的国际联盟，所以我自己很希望日本不要再一意（重复"一意"）地孤行，以致使世界受以更大的牺牲而不止。

这是张学良在东北沦陷时很不情愿的"不抵抗"和对故乡的爱的最好表现。

而1991年的张学良在美国接受采访口述历史时，他还是有所保留，这个时候的张学良还想覆盖半个世纪前的张学良。这就是历史，是当事人的残酷境况。张学良要覆盖60年前的自己，目的只有一个，那就是：保护蒋介石。

从头到尾，蒋介石都是奉行"不抵抗主义"，正是为了"剿灭"共产党，他放弃了抵抗。然后，求助于日本为常任理事国的国联。而张学良妥协于他了。

张学良为什么妥协呢？再造统一，南北两巨头形成的同时，张学良已经把自己的全部都奉献给了蒋介石，包括他拯救中国的志向。他认为蒋介石能够救中国，也相信了蒋介石对共产党的说法。有人说，这是愚忠；也有人说，这是愚蠢。

张学良对蒋介石可谓用心良苦，难为蒋介石一声命令毁了他的后半生，也毁了他自己。之所以要毁他的后半生，正因为他知道蒋介石太多秘密。

可是，他尊敬蒋介石，所以人们都纷纷说是他为蒋介石"替罪"的时候，他站出来摇头，并声称："后面的历史其实是蒋介石在为他替罪"。可是，张学良没有认识清楚一点，就像1991年，他在口述历史中所说的那样：

> 九一八事变我判断错误了！所以，后来国人骂我，我说你骂我九一八事变不抵抗，我一点儿不服，不认这个账，我没错。可是你要骂我作为一个封疆大吏，没把日本的情形看明白，那我承认。为什么呢？我当时判断日本不能这么做，这样做对他不利。

他是看错了日本人，他在以理性的角度思考日本人，可是日本人已经疯了。而他明明白白地说"我没错"，要为蒋介石替罪，这未免太天真了。历史就是历史！是你的罪你本该承认，不是你的罪你不该替，你也替不了。1991年的张学良应该为 1931 的张学良负责，想当年，他是怎么过的？马君武的诗歌就写在那里，笔迹未干，他就被协和医院驱赶出去——医院不敢收"卖国贼"。

历史到了今天，我们早已经明白，马君武的诗歌是一个中国人的愤怒。所谓的"朱五""蝴蝶"纯粹是无稽之谈。后来，张学良和马君武见面还一笑泯恩仇。但是，马君武说得完全在理。张学良作为北方的最高统帅，东北军的绝对和直接指挥者都应该为九一八事变负责；而蒋介石作为国家统帅则更要为九一八事变和九一八事变以后的中国负责任。至于蒋介石有没有下命令，下的什么样的命令，蒋介石清楚，张学良清楚，历史清楚，人们也很清楚。

现在，两个人不用再谈论谁为谁替罪，从根本上来说，于国于民，这一次两个人都是有罪的，这一次是"蒋介石和张学良"这个整体的罪与缘。只是，这个整体里张学良是坚决地想抵抗而不抵抗的，而蒋介石是坚决不想抵抗而不抵抗的。

这一点点的不同，是历史的局限还是时况的无奈呢？

第六章　浮　沉

"此亦为外交之转机，亦为国家统一之良机。"

这是蒋介石在1931年9月23日的日记中谈到九一八事变时说过的一句话。这意味着什么？这意味着前面的很多事情都要重新衡量。

蒋介石并没有把张学良当成自己人。我们说蒋介石是一个敏感、阴郁、多疑的征服者，他把诚心对他并期盼他实现国家统一、复兴的张学良，看成与阎锡山、冯玉祥等人同样的角色：军阀、藩王。

不难看出，他让张学良坐镇北平就是为了压制和均衡中国北部的各种力量，同时，还让张学良看着东北的日本人。所以，他让张学良把东北军大举调入关内。而张学良以全国陆海空军副总司令的身份自愿入关，着实令人慨叹。

实际上这个时候，各军阀势力还是在自己的位置上，以自己的利益为重，无论阎锡山、冯玉祥，还是韩复榘都是心有不甘、各怀鬼胎。从根本上说，全国的军事力量还是涣散的。而在蒋介石的眼里，他的中国还远远没有统一，除了中国共产党，另一个最大的隐患不是别人，而是他称之为"贤弟"的张学良。

蒋介石与张学良

1. "末代皇帝"的喧哗

1931年，蒋介石对共产党的第三次"围剿"刚刚以失败而告终，他正准备第四次"围剿"，这自然是企望以武力统一。而对于为他带来两次统一的张学良，他仍心有忧虑，只希望军阀内部彼此消耗。令他意想不到的是日本人先动手了！

"不准抵抗！"从他的日记我们可以看出他的统一策略：让日本人占领东北，吃掉张学良的根据地；求助于国联，拿回东北，权力回归中央，东北可定。

九一八事变之后，全国的爱国志士、学生涌向南京街头，请命救国，声势之大，让人震撼，也让人心疼，心冷。蒋介石却没有丝毫动摇。

蒋介石坚定地认为不应该在日本的问题上耗费太多精力，日本不是主要问题，国家的问题可以经过国联解决，而共产党才是最要命的，是"死对头"。

从某种意义上来说，他甚至希望东北暂时落入日本人之手。虽然，他又痛恨日本人，但是，他没有料到日本人已经疯了，他的如意算盘没有完全成功。

"不准抵抗！"此时，张学良的步调也和南京中央一致了。但是，意义截然不同。张学良深知日本人的厉害，他又绝对地希望抗日——父亲惨死的伤痛还时不时灼刺他。他不可能希望根据地落到日本人手里，他更不希望东北在自己手里沦陷。东北，他是肯定不想丢。

九一八事变之后，张学良的好朋友，父亲的老部下，日本关东军总司令本庄繁将张学良东北官邸的家当装满三列火车，运到北平给张学良。张学良义愤填膺。他明言："要还把整个东北还过来，给我家当我不要，烧了我也不会要。"

可是，本庄繁自然不会将东北还给他。的确，九一八事变后，日本人就已经不再是简单的两万关东军了！他们的目的是不久后成立的伪满洲国。而东北很多官员、土匪也开始做日本人的帮凶。此时，想拿回东北——难！

张学良意识到"不抵抗"的错误，还是在东北组织了辽、吉、黑抗敌政权，叮嘱张作相在东北主持大局，留守东北的许多东北军做了顽强的抵抗，尤其是在锦州、嫩江桥的抗战进行得最为激烈。东北各地同时也组织了各类义勇军与日本人战斗。这其中出现了很多爱国人物，但是，这些力量还是太微弱。

尽管后来，东北有近40万义勇军，但是毕竟义勇军的武器装备太落后，更多的只是大刀、长矛，而且又太分散，不能给日本人构成绝对威胁。我们不能否认杨靖宇、赵一曼的爱国，更不能否认他们是英雄，可是有一点必须承认，要想守住甚至夺回东北，必须得有装备精良的大规模正规军才行。正规军在哪里？

东北还有一部分人正在抵抗。张学良带领20万军队在关外，他是否会打回去是有决定性作用的。且看关键的锦州战役。

1931年，日军攻占了齐齐哈尔，随即转战锦州。结果到1932年1月才占领锦州，是的，他们在锦州遇到了最大的麻烦。张学良决定死守锦州，与日军一决雌雄，他命令荣臻以留驻东北的5个旅的兵力建立防线。日军大军压进锦州，沈阳空虚，正是夺回沈阳的最佳时机，所以张学良申请调动关内大军同时入关。

但是，蒋介石否定了他的计划。一方面因为他正在请求国联，不希望张学良打乱他的计划；另一方面他要"围剿"共产党，没有军费给张学良。而堂堂副总司令，坐镇一方的巨头张学良，本来没有必要听蒋介石的，他本可以像"中东路事件"时一样我行我素，关键是现在他没了沈阳，没有军费来源，他要依靠蒋介石了。

另外一个原因是，1931年，长江流域和黄河流域同时发生特大洪水，洪水冲出长江、黄河，淹没了整个江汉平原和黄淮平原，南京政府只顾及战事和政府权力之争，致使500万人死亡，近千万人无家可归，物资极度短缺。

种种原因，注定张学良的计划只能流产。同时，留守在锦州的3万多东北军正处在弹尽粮绝、被日军两师团和六个混成旅的重兵逼迫的困境中。

无奈之下，张学良只好向南京发送紧急电文，想死守锦州：

锦州以西，如秦皇岛、塘沽、天津，处处海滨，门户洞开。锦县（今凌海市——笔者注）一带，一有冲破，彼必同时以海军迫胁我后

　　方，并扰乱平浸，使我首尾难顾。

　　弹款两缺，敌如大举前进，即举东北士兵尽数牺牲，亦难防守。
迅饬主管各部，火速照拨，以济燃眉，临电不胜迫切，待命之至。

　　良部官兵，已有牺牲决心，良职责所在，誓效捐糜，对此大难当
前，绝非有何畏惧。

　　我军奋战应敌，激战十昼夜之久，前仆后继，死伤蔽野。

　　结果，电报过去，中央"诚恳回电"，却不见一分钱、一支枪、一个兵。

　　张学良说得已经够隐讳和严重，不明言东北将怎么样，而说北平、天津将
怎样。但是，南京方面仍旧如此。南京方面的意图很明显：打，可以，耗费你
张学良的人、财。中央要等着国联来处理收回东北，同时，又腾出手来对付共
产党。

　　一举三得！这是蒋介石精明的算盘的延续。

　　1932年1月初，日军侵占锦州；2月，占领黑龙江。东北全部沦陷。

　　此时的张学良清楚地认识到，错过九一八那个晚上，再凭他一个人的力
量、东北军的力量已经绝对不是日本人的对手。要想救中国，必须全国一起抗
日，全国都统一到这个基调上来——这也是他东北易帜的一个原因。他已经没
有任何资本，他的军队只能依靠南京政府，他也只能"不抵抗，求助于国联"。

　　此时，另一件事情的发生让张学良更加无颜面对整个中国。

　　1932年1月28日，侵略东三省行将结束的同时，日本人在黄浦江上炮轰上
海，"淞沪抗战"就此展开。在闸北，经过连日浴血奋战，国民革命军第十九
路寸土不让，尽管国民政府仍旧害怕事情闹大，不好向国联交代，不出兵援
助，不送资金支持，但是全国军民在东北沦陷的失望后，纷纷解囊援助抗日。

　　战斗打得异常激烈。日本人并没有占到什么便宜，尽管十九路军损失惨
重，但是让国人扬眉吐气。而上海毕竟又不同于东北，这里是列强林立的地
方。日本人的法则暂时在这里还行不通，经过各国的出面调停，战争被平息。

　　十九路军名扬天下，随之而来的是以将领陈铭枢、蔡廷锴和蒋光鼐名字命
名的香烟、肥皂风靡全国。"淞沪抗战"和陈铭枢、蔡廷锴和蒋光鼐着实给了

张学良这个"副总司令"一记响亮的耳光。但是,"淞沪抗战"的结果令人失望,国民政府最终还是与日本人签订了妥协的"淞沪协定"。

同时,在东北的问题上,国联还没到,日本人却先动手了,实施了他们预谋已久的计划:建立伪满洲国。溥仪,这个注定只是昙花一现、也是注定要留在历史上的名字一夜之间出现在了各大报纸头条。张学良要吐血了。

1924年,当冯玉祥在直系后院起火,反了曹锟以后,也把小皇帝"宣统"赶出了北京。年纪轻轻的"宣统"溥仪带着从紫禁城弄出来的古董,他的皇后婉容、妃子文绣和一帮前清的遗老遗少,来到天津。遗老遗少们仍旧每天对他三跪九叩,他仍旧天天抱着复国梦,在天津名流界混迹。靠着卖古董的钱,他过着奢侈的生活,迷恋和享受西洋的一切:皮鞋、礼服、礼帽、拐杖、钻石戒指、手表、留声机、古龙香水、钢琴,等等。溥仪也出现在天津各种舞会社交场合,因此,结交了张学良。同是东北子弟,同样家世显赫,两个人也颇谈得来。后来,溥仪缺钱,张学良找人买了皇家在东北老家的地,得了100万银两,给政府50万,另50万留给了溥仪。他们有交情,但是,毕竟又有区别——一个前朝皇孙,一个当世公子。

他们同样是日本人选择的"满洲国"的"皇帝",同样是经过土肥原贤二做和事佬。张学良却拒绝了土肥原的"王道论",从此不见此人,并成了日本在东北的障碍;而溥仪却感恩戴德,生怕被别人抢走皇位,做了日本人的玩偶。

在天津时,一次舞会上,溥仪戴着银丝眼镜,一身西装,和张学良边喝红酒边闲谈。此时,年轻的少帅刚带兵回来。溥仪笑着说:"汉卿,还真羡慕你,张大帅手握重兵,你将来那也是说一不二的角色呀!"

张学良喝了一口酒,笑了笑,没理会。

溥仪嬉皮笑脸地说:"军队是怎么办的(办起来,操练,等等)?"

张学良敛起笑容说:"不要问这问那,打听那个干什么,与你有什么关系?"

溥仪脸红着说:"就是随便问问嘛!"

张学良接着说:"你呀,又把皇帝老爷那套搬出来了,你就把那玩意儿去掉多松快。打听这个干吗！好好做一点事，我给你个建议！"

溥仪喝口酒说："什么建议？"

张学良说："你人在天津，那么去南开大学念书是好法子。假如你觉得南开不方便你可以到美国去念书。这样等你学成归来，国家定了，趁着你的身份将来选大总统，你机会最好，为什么呢？你有身份呀！"

溥仪听说附和道："说得是，说得是——来，喝酒。"

张学良想的是自己青年时的志向，对溥仪来说是不错的路，可是溥仪不会听张学良的劝告，要不然他也不至于沦落至此，最后籍籍无名地死去。

就在田中内阁抛出"征服中国论"之后，日本人成了溥仪家中的常客，来者都是毕恭毕敬地称呼他为"皇帝陛下"，对此他感到心满意足。接着，美国人也来了，英国人也来了。他这个"末代皇帝"的门庭突然热闹起来。这种使节聚会，典礼，高等社交集会都有了他的身影，他是"大人物"了。

无论是日本人还是美国人、英国人，他们都是寻找在中国的代言人，"末代皇帝"是不错的人选，他们都支持这位想着有朝一日复辟祖业的皇孙。可是日本人与美国人、英国人的目的又是不一样的。看见云里雾里、志满意得的溥仪，日本人不高兴了。溥仪真把自己当作一号人物了。于是，日本人公然给他送来了炸弹，是当作礼物送过来的。这和装个人头送来没区别，人头是谁的可想而知。

溥仪又开始害怕了，他明白自己终究是个"伪皇帝"，跟祖宗们不能比。不过，他从小养尊处优惯了，经不起一点风吹雨打，总要有人宠着。为了过上这种生活，他便只能对日本人服服帖帖。

1931年11月2日，东北还没有全部拿下。土肥原贤二出现在天津的"静园"。

11月10日，晚，月亮已经出来，天津又冷又静。静园深处几个人影闪动。溥仪像一个孩子一样，其"皇帝"身躯被安放进一辆汽车的后备厢。

汽车发动，发出一声太监说话的声音。然后，汽车溜着墙根，逃出天津，奔赴大沽口，登上日本商船"淡路"，回到他的祖先发迹的地方——东北。

1932年3月8日，伪满洲国成立了。溥仪像一个孩子一样，被拥簇在日本人和几个前清遗老身前，成了执政，后来，终于成了"皇帝"，年号"大同"，"政府"成员居然有张学良的长辈张景惠和臧式毅，其他归顺的大小东北军军政人员更是多如牛毛。就是这样的一出小丑戏，日本人要求全世界承认"满洲国"，要求中国承认"满洲国"。张学良只能在北京扼腕痛骂。

所谓的"满洲国"就这样堂而皇之地和中国隔山海关而立了。

想当年，明朝徐达建立这"天下第一关"时是何等意气风发，现在只剩耻辱。

而这个时候，国民政府还在等待国联来审判一切！

国联终于来了，派李顿调查团到东北调查情况，几位调查团成员穿着漂亮的衣服，坐着中国人抬着的轿子，一步步地看。这异国风情甚好，然而，东北是什么情况？尸横遍野、满目疮痍。当有良知的人们见到那荒芜的田野里、呼啸的寒风中悬挂的一颗颗中国百姓的头颅，谁会相信这场战争是中国人的错？谁会相信是日本人受到了巨大损失，出于保护自己的利益才发动了战争？日本人的利益到底是什么？

令蒋介石稍感安慰的是，由英、法、德、日、控制的国联没有承认"满洲国"，西方国家看清楚了日本扩张的真面目。"满洲国"是不能承认的，他们看到的是日本可能危害的是整个人类，而非一个中国。投票大会上只有一个国家投了赞成票：日本。于是，日本人愤怒地退出了国联，从此，不受国联干预。

日本人已经不能用理性去思考了。

这时，蒋介石才从国联道路上冷汗直流地醒过来。

而日本人并没有慌张，因为，他并不孤单。在西方，另一个更疯狂的恶魔希特勒已经起来了，成了德国总理，很快他们就是一条绳子上的蚂蚱了。

2. 一个人的"三角"

恐惧是一种病毒，它会传染。当对日本人失去了不切实际的希望，蒋介石开始恐惧于日本人的疯狂和疯狂的实力！就连与日本人斗了几十年的张学良也开始恐惧于日本人的疯狂和实力，他一个人已经打不过日本人。

此时的蒋介石需要消除这种恐惧，用镇压来实现，镇压是一种替代，一种转移，一种宣泄。"'围剿'共产党！"日本人越是疯狂，蒋介石就越觉得必须尽快"剿灭"共产党。但是，此时他已经没有国联这个希望，那么对待日本问题上，他需要牺牲一个人来挽救自己：张学良。张学良早已成为国人口诛笔伐的对象。

日本与中国的事情全部压到张学良一个人身上。一直坚信余日章的那句"要遵从舆论，不要制造假舆论"的他处在舆论的旋涡中，身体瘦弱，精神低迷，强烈的毒瘾让他备受煎熬。有时，他甚至需要一个小时就注射一剂吗啡，以振奋精神。为了工作、见客，商讨国事，最难熬的时候，他选择背部注射。如此，他才勉强地支撑下去。他不再讲究西装革履，整日布袍青衫，头发也不再油亮，又长又乱，眼睛渐渐枯槁，但是每次会见公众，他还必须面带微笑，强装无恙。

但是，他做到了跟随舆论，他资助北京大学学生到南京请愿，甚至派部下参加到请愿队伍中。无奈，南京不支持全国抗日，他只能坐以待毙。

九一八事变后的南京政府变得很微妙，因为，汪精卫又回来了。

位列国民党三大巨头的汪精卫和蒋介石有一点相同：遇事不顺便下野。蒋介石选择的是回老家，而汪精卫选择的是去国外。但是，下野的结果对两个人来说又是不同的，这成了蒋介石的手段，而汪精卫则是真的怅然了。

孙中山去世后，汪精卫的运势就急转直下。第一次北伐，蒋介石控制了军队，汪精卫心力交瘁，怅然出国；后来，汪精卫回国主持武汉大局，接着宁汉合流，蒋介石下野，第二次北伐，他又失权力于蒋介石，遭到蒋介石、胡汉民的排挤，他再次愤然出国；中原大战前夕，他从香港转回内地，联合阎锡山，在北京成立国民政府，中原大战落败，他转走广州。此时，跟着蒋介石的另一个巨头胡汉民也遭殃了，他于1931年2月也被蒋介石软禁起来，于是，汪精卫联合李宗仁一脉，五月在广州成立国民政府，并且预备九月北伐蒋介石。然而，九一八事变爆发，计划全乱。南京和广州站到了一起，在蒋介石的邀请下，双方于10月在上海召开"和平会议"。汪精卫、孙科等左派与蒋介石、胡汉民等右派对峙而立，而此时遭到软禁的胡汉民也不再帮蒋介石。"三对一"的会议商讨结果：蒋介石下野出国，南京政府权力移交广州政府，孙科成为行政院院长。

11月，"宁粤"再次合流。12月15日蒋介石下野，回了老家。

随后，"淞沪抗战"的爆发也让孙科将权力移交给汪精卫。

蒋介石和汪精卫玩得就像一个圈，一个上台，一个就下野；一个下野，一个再上台。归结起来还是政治和军事问题，蒋介石的"铁腕"调和不了党内纷争，而汪精卫的"温和"调动不了国民党军队。可是总归是谁有军权谁就能说话。

胡汉民在1933年给张学良讲了一段关于汪精卫的话很有意思。胡汉民说："当年在总理面前有两个人，一个是我，一个是谁我不说。我是主内的，他则主外，做外交的要说假话，时间长了他和谁都说假话……"他是在骂汪精卫。

话题转到"宁粤合流"。此时的蒋介石选择下野是很明智的，他避开了舆论的中心，似乎九一八事变和东北沦陷就距离他遥远了，与他无关。

更重要的一条是，他知道他还会回去。

果然，汪精卫在南京主政后，和以往相同的局面又出现了：面对九一八事变和全国的抗日浪潮，汪精卫想弄点动静，想和日本人打。打一仗也是为了稳固他的地位，塑造自己的形象，打不打得赢，打多大的战役，似乎无关紧要。他不想前几次的"再次下野"重演。可是众军阀军和蒋介石的嫡系国民革命军根本就不听汪精卫的指挥，他只得再次请蒋介石出山。

1月的奉化溪口，山野里落满厚厚的枯叶，远看过去，整座的山脉连成一体，枯树林如烟一般，冷风吹过，无数的鸟在树林中飞蹿、号叫，然后，飞到树林之上，又快速地坠入树林，消失。世间的事情皆是如此，来得快，去得也快，壮阔河山，成王败寇，转眼间就像那群鸟一样消失。一个年过四十的男人，穿着棉袍，带着黑色的礼帽，脖子上围着一条围巾，手拄拐杖，在山坡上、枯黄的野草间高高低低地行走。身后跟着两个随从。中年男人早就下过命令：

"距离我远点，不要打扰我！"

他偶尔会俯下身子，拾起地上的草芥，拿在手里揉搓，然后，再抬头看看远处。远处可以听到水流的"哗哗"声，很快水流出现在眼前。中年男人站在水流边，来回徘徊。水流是冷的！太阳在头顶照耀，把男人的影子抛进水流中，也把阳光抛进去。闪闪的光波在跳跃的水面上也是冷的，因为整个冬天都是冷的。这个男人突然显得很老，老是因为这里的一切装着他的幼年的回忆。30年前，一切是多么美好。不懂得权力，不懂得战争，不懂得世界的悲伤，不懂得责任，那个孩子是多么轻松快活，可以在母亲面前撒娇，可以在山里自由地跑动。

可是，当男孩成为男人，一切都不再由自己说了算。生命的车轮往前滚动，也只能向前滚动，道路可能是对的，也可能是错的，都由结果来裁定。

中年男人踩着几块露在水面的石头步行到水流对面。太阳下，风吹过来，他感觉到了那种冷，冬天的冷，阳光的冷。他把围巾围得更紧些。突然，一只乌鸦跳到旁边的一棵树上，对着他嘶哑地号叫。他心头紧缩，脸色顿变。他立刻挥动拐杖，驱赶那只乌鸦。后面的两个随从也立刻捡起地上的石子丢向那只乌鸦，乌鸦并没有立刻逃走，中年男人仍旧不停地舞动拐杖。最终那只乌鸦不再叫了。

等到三个男人走到不远处，那只乌鸦又开始叫了，不停地叫。

"我无法控制它！"中年男人默默地想，"那只乌鸦——中国、日本、共产党、张学良。"边走边想，他内心的恐惧不断地壮大，他不得不咬紧牙来控制恐惧。

"不！我要控制，控制住恐惧——控制中国、张学良、产党、日本人。"

可是，一不小心，中年男人脚下一个趔趄，倒在地上，他竟然像个不能再苍老的老年人，此刻，他的肩膀隐隐作痛，但是没人知道。两个随从赶忙上前要扶起他。他厉声说："不要，我自己来。"坐在地上的他突然看见衣角上沾满枯黄的刺球。于是，他不打算立刻起来了。他要弄掉刺球。他一颗颗地拔掉刺球。等到衣服干净了，他还是不想起来，风继续徐徐地吹，他觉得坐着很舒服。

"委座，您不想起来了？"一个随从小声地说。

"娘希匹！哪个说我不想起来？"坐在地上很舒服，不用行走他很舒服，一个趔趄倒下再也不用爬起来很舒服。但是，他必须起来。他是蒋介石。

蒋介石站了起来，继续向前走。他终于到达了目的地——一座巨大的坟墓。坟墓巨大，巨大得苍凉，苍凉衬托出那种巨大。那是一座依山而建的圆形丘冢，水泥平台上落满枯黄的叶子，风一吹，叶子冷清地滚动。周围没有人家，也没有别的坟墓，于是这座坟墓的庞大恰恰成为它的肃杀和孤独，成为它的可怜之处。

蒋介石走过去，在坟墓前伫立良久，沉默不语。

两个随从只能看见坟地入口处的"慈庵"石碑和远处蒋介石的背影。只见他随后围着坟墓打转，不时用手摸一摸坟上的尘土，但是，看不见他的眼睛。

"我是从这里走出去的，我还会回到您的身边，母亲大人，儿子将带着荣耀回来，家族从来没有的荣耀。"蒋介石默想的是不是这些？

这里的确是他精神的源泉，每次落寞他都会回到这里，回到这里更加落寞，和这座坟墓一样的落寞，但是落寞恰恰是他阴郁敏感性格里的养分。每当他重新走出这里，他就要试图打败这种落寞，坚定地要控制一切。此刻，他又感觉到那种落寞。

等他回到住所，副官从门里走出来，说："委座，南京来电，想你回去主持大局。"

"娘希匹，就知道他们没本事。又是哪个发的电报？"蒋介石绷着脸说。

副官说："是汪精卫和胡汉民。"

"娘希匹！"蒋介石又骂一句，接过电报。

没过多久，蒋介石的"疗养"结束了，回到南京，就任军事委员长。

"满洲国"成立，无论是南京政府还是张学良都承受着巨大压力。全中国都在要求抗日，日本人则叫嚷要中国承认"满洲国"，而抗日却迟迟没有动静。这个时候全中国只有复出的蒋介石有能力抗日了。汪精卫为行政院院长，没有军事权力；而张学良已卸任副总司令，出任"北平绥靖主任"一职，也没有了军事实力。

蒋介石呢？蒋介石要办理他自己的事情！

蒋介石 与 张学良

1931年11月9日，中国共产党在江西瑞金成立了"推动革命斗争，代表人民利益"的"中华苏维埃共和国"，毛泽东为人民政府主席，朱德为军事委员会主席。他们掷地有声地提出：推翻与外国"帝国主义"签订的"不平等条约"。这对蒋介石来说无疑是当头一棒。蒋介石为在他所建立的"统一的中华民国"内部出现这样一个政权而疯狂，直呼："宁可被日本人亡国灭种，也要消灭共产党。"

刚复职，蒋介石就组织了"鄂豫皖三省'剿匪'军"，以总司令名义奔赴汉口，抱着"攘外必先安内"的决心，对军队进行"'围剿'共产党"的激情洋溢的演讲——那种像希特勒一样歇斯底里、手脚并用、振聋发聩的具有煽动性的演说。

手握南方豫、皖、鄂、闽、浙、湘、赣7个省的兵力，蒋介石浩浩荡荡地准备第四次"围剿"共产党苏区，把抗日压力都留给了南京政府的汪精卫和北京的张学良。没有实际兵权，十分郁闷，于是，汪精卫只能把气往张学良头上撒。

汪精卫和张学良早就相识。1927年，当汪精卫随孙中山北上，会见第二次直奉战争的胜利之师时，与张学良相识。张学良对汪精卫为了革命而不惜自我牺牲、刺杀溥仪之父醇亲王载沣的壮举甚为欣赏。说来也是，民国"四大美男"之首，孙中山最得力的左右手，代总理拟写遗嘱，实为了得之人。年轻的张学良好结交朋友，又佩服汪精卫，互有好感，成了一面之缘的朋友。

但彼一时，此一时。现在的形势不一样了。

全国的军队因为军阀法则的维系和利益关系还是愿意由蒋介石来主持军队，张学良自然也是听从于蒋介石。为了调和这两个可以分担自己压力的角色，蒋介石对双方都有安抚，三人成了一个"三角"，实际是蒋介石一个人的"三角"。

1932年6月18日，行政院院长汪精卫和行政院副院长宋子文飞抵北京，配合国联调查工作，而实际上汪精卫另有想法。张学良为了迎接南京方面人员的到来，特意注射了吗啡，打起精神，亲自迎接。但是，话没说几句，矛盾就出现了。

汪精卫拿出了蒋介石的亲笔信，信里说：我现在正在忙于"剿灭""共匪"，汪精卫则有些事情要和你谈谈，你和他好好地谈。怎么好好地谈呢？

"你应该出兵和日本人打！"汪精卫直言不讳。

"你这话是什么意思？"来者不善，张学良对他的好感一下子荡然无存。

"全国要求抗日，政府压力很大，必须打一仗平民愤。"汪精卫不识相地说。

"我听不明白，你的意思是怎么打？"张学良说。

"现在你手里的兵最多了！"汪精卫想当然地说："打一仗就可以稳定局势。"

"要打可以，如果是全国军队一起打，我十分希望，如果只是让东北军打一打而不管输赢，我不干。"张学良说。

"你还是爱惜你的军队。"汪精卫说。

"我是爱惜我的军队，但这样打只有失败，无关痛痒，死的都是我的士兵。换来什么？我张某人从来不会拿自己手下人的性命来换自己的政治前途！"

此语可谓直截了当，击中汪精卫的要害。

汪精卫气得一脸铁青："你这话是什么意思？"

"现在靠我一个人的力量打不败日本人，不能白白送死。要打全国一致。如果非要我一个人打，那么，蒋主席下命令，他下命令我打，哪怕我的人死完，我还是会执行命令。那是军令。"很显然，张学良明白只靠东北军已经不是日本人的对手，抗日必须成为全国的主题。还有一层意思就是：你汪精卫的命令我不听。

汪精卫一无所获。张学良见势说："我得打针去了，有话后面再说。"

也不等汪精卫是如何反应，张学良起身而去。两人就此不欢而散。

当晚，张学良偕同宋子文朝北海而去。

"眼下这个仗，除非蒋介石支持你，不然是没办法打！"宋子文说。

"还是你知道我的心思。"张学良说。

"不过，我那妹夫眼下还在'剿共'，一时半会儿还是不成。"宋子文无奈。

"也只能这样，我现在是没钱打仗。你南京要是支持，我看还是有必要打，我也敢打，因为，我觉得日本人不会就此罢手的。"张学良说。

张学良和宋子文不是一般的关系，两个人私交甚好。甚至在后来，两个人还订了儿女婚事，只是还没等儿女婚嫁，就被西安事变搅黄了。张学良南京之行就是住在宋子文家，后来，西安事变张学良被送军事法庭，宋子文还为他求情。二人有很多共同语言，可是，提到钱，宋子文还是心虚，只能把话题往北海上扯。

"北海不愧为北海！皇家的地方就是不一样。"宋子文说。

"可惜溥仪那小子在东北却做出那档子事情，还有我那些不争气的部下。想来惭愧。"张学良说。

"不提，不提！"宋子文笑着说。

张学良也无奈地笑了，抬头望了望东北的方向，又看看平静的北海。

"何时才能打回去？"张学良默念道，眼中却是一片茫然。

再说汪精卫，回到南京的他硬是咽不下张学良这口恶气。没过多少日子，蒋介石在庐山又催汪精卫提供军费，汪精卫飞上海找宋子文，遭到宋子文拒绝。

7月，热河告急的电报接连送到南京。汪精卫连续召开谈话会议，但未拿出切实可行的方案来，却电令张学良，再次指示出兵抵抗。言曰："……国难日深，凡我军政长官，应督饬所属，从今努力，共谋捍卫。"

张学良还是不从，坚持要全国抗日，如果让他一人打，必须蒋介石下命令才行。汪精卫想找蒋介石商讨，但是蒋介石不来南京，也不准汪精卫去庐山，只是让他和张学良好好谈。汪精卫恼了。8月，他再次致电张学良，其中言语句句厉害，都是对着张学良，暗里也骂了蒋介石。他要求张学良和他一起下野：

　　北平张主任汉卿兄勋鉴：

　　　　溯兄去岁放弃沈阳，再失锦州，致三千万人民、数千万里土地陷于敌手，敌气益骄，延及淞沪，赖第十九路军及第五路军奋死抵御，为我民族争生存，为我国家争人格，此本常之事，非所望于兄。然亦冀兄之激发天良，有以自见。乃因循经年，未有建树，而寇氛益肆，热河告急，中央军方事"剿匪"，溽暑惟兄用兵最多，军容最盛，而敌兵所扰，正在兄防以内。故以实力言之，以地理之便利言之，抵抗敌人，兄在职一日，断非他人所能越俎……，今兄未闻出一兵放一矢，乃欲借抵抗之名，以事聚敛。自一纸宣言抗御外侮以来，所责于财政部者，即筹五百万，至少先交二百万；所责于铁道部者，即筹三百万；昨日，则又以每月筹助热河三百万责之于行政院矣。当此民穷财尽之际，中央财政竭蹶万分，亦有耳目，兄宁不知，乃必以此要挟，诚不解是何居心。无论中央无此财力，即令有之，在兄实行抵抗以前，弟断不忍为此浪掷。弟诚无似，不能搜刮民脂民膏，以缩兄之一人之欲，使兄失望于弟，惟有引咎辞职，以谢兄一人，并以明无他。惟望兄亦以辞职谢四万万国人，毋使热河、平津为东北锦州之续，则关内之中国幸甚。惟兄裁之。

汪兆铭鱼（六日）

汪精卫的每一句话都像耳光狠狠甩在张学良脸上，张学良被批得体无完肤。但是汪精卫的用心不得而知：让张学良打日本人，耗张学良的财，死张学良的人，汪精卫的政府不想给军需，更不可能给军队支援。张学良当即回电：

得汪院长来电，极为痛心，值此外侮日亟、千钧一发之际，原应共赴国难，私人之间，讵容再生意见？汪先生如欲余去职，尽可直告，何必牵涉其自身，更何必于电文内栏入远于事实之语。自九一八以还，余个人身家性命均早置之度外，更何论乎去留。惟余为负有地方治安之责任之人，事实为去留颇难自由。自今以后，立当部署所属，准备交代，绝不能拂袖而去，而危及治安。

张学良的回电算是十分客气。张学良想要收回东北，此时万万不能没有兵权。另外，他也暗地里表示：你汪精卫没有资格撤我的职，只有蒋介石才可以。

几日以后，张学良再次复电汪精卫。这一次言语更是委婉。他解释了此前军需财政的个中缘由，并且表示如果想让他下野可以直说，不必把他自己牵扯进去，国家需要他。此电一出，汪精卫更是气愤难耐，他哪能受得了这种婉转？

张学良越是婉转，越显得汪精卫"里外不是人"。

给汪精卫发电的同时，张学良向蒋介石请求去职："奉职无状，累及汪公，反躬循省，唯有自怨自艾。顷已电请中央罢免现职……"

只是电文中张学良清楚地表明：北平暂时还需要他，在新的人员未选定之前，他会尽忠职守，不会负气离开。

针对张学良在电文中所提："自卫必先准备，准备非财莫类，良职责所在，凡有吁请，均自卫所必须。"汪精卫发电中央，强烈谴责。说来说去还是想要张学良打，但是不给支持，理由也很冠冕堂皇：张学良的军事经费应该由自己在管辖地区筹备。可是，当时的中国实际仍旧是"类军阀"统治，每个地方都有自己的势力。南京中央也只有浙、苏、皖、赣、豫五省和湖北一半的财政税收可以归国库，其他地方基本上财政税收都是地方把持，不能回归。拿着这些税收，南京要供养17个省的军队、中央政府和全国教育等相关机构建设。

为此，早于1928年，南京中央军费和政治费用就已经减半，其他各种社会费用基本处于停滞状态，中央也确实没有多少钱。汪精卫曾公开声称：

自"一·二八"以来，兄弟和蒋介石同志商量关于内政问题，虽有种种应该改革的地方，但因顾全目前各方面的事实，故采取柔和政策，欲大家团结一致，共赴国难，虽对于各方面有不满意，但总要柔和的进行。柔和政策与内政修明有无矛盾，当然有的，但取了坚强政策，虽然可以减少牵掣，而同时可以使团结分散，故想等各种条件齐备后，再来充实我们的力量。

我们可以看出，这是不支持"淞沪抗战"的一个原因。从整体上看，这也是蒋介石不支持立刻抗日而是寻求国联的原因之一。

此时，张学良名义上是北平主政，控制半个中国，但是那半个中国也是最混乱的，阎锡山、冯玉祥的地盘他动不了，财政也就动不了，他想自筹军费，那么要靠自己的地盘——东北，可是东北已经不在。类似财政的问题同样出现在军事上，不只是对于张学良，对于蒋介石的中国也是如此，在后面将强烈地体现出来。所以这个仗要张学良怎么打？归根结底，这都是军阀法则惹的祸。

那么，中央从可以控制的几个省里筹集的财政大部分去哪里了？财政跟着中央军队走，中央军队又哪里去了？军队和经费只允许国民政府在"抗日"和"剿共"之间选择其一，而蒋介石义无反顾地选择了"剿共"，而此次本着"一举歼灭共产党"的"剿共"到最后还是未果，却没有人指责他"浪费财政和军队，不干正事"。

"正事"到底是抗日呢，还是"剿共"？是不是"经费"问题就可以掩盖不抵抗外来侵略问题？这样少的"经费"当然要拿来干"正事"，只是"正事"的定义各人不同，但是由蒋介石说了算。在蒋介石的字典里，"剿共"才是正事。

由此可见，整个烂摊子是蒋介石弄出来的，蒋介石又不想失去汪、张二人，所以让他们"好好谈"。事实是根本就没得谈。僵局持续下去，汪精卫和张学良之间电文不断，新闻发布会更是一个接着一个，二人相互指责。蒋介石倍感压力，汪、张二人对战其实是把压力和责任往他这里推，于是，他对二人都是极力劝解、挽留。

最后，蒋介石没有拦住汪精卫，只得同意负气的汪精卫暂行离职，出国散心。

而对于张学良的离职，他是万万不会答应的。蒋介石在日记中写道：

> 如鱼（八月六日）日能略加忍耐，不发表攻击电文，则出兵之计可成，今竟激成北方将领之怨愤，而使此计中阻，未审汪氏能自悔鲁莽否也。

　　说到底，蒋介石也希望张学良和日本人打一仗，但是，问题不在汪精卫，关键还是在于他自己。他想用张学良的钱和人与日本人主动打一场胜不了的仗，来转移国内舆论方向和政府纷争。对此，张学良在晚年说："他（汪精卫）辞职了，我也就辞职了。但是，我辞职后中央又挽留了我，他辞职就走开了。"

　　说这话时张学良是有些得意的。事实上不知道他是否看清楚了：在蒋介石眼里，张学良的价值比汪精卫大。北平的烂摊子需要张学良来扛。更进一步说，整个日本在东北和未来华北的事情他都需要张学良替他扛。

　　张学良乐意镇守北平，并没看清楚蒋介石的策略，他以为蒋介石在"剿共"结束以后，甚至在"剿共"未成功前的必要阶段会坚决抗日，可是蒋介石已经有和日本求和的打算。在以后很长的时间里，张学良都没有看清楚这一点。

　　南京方面同意了张学良辞去"北平绥靖主任"一职，改任北平"代理自兼会委员长"。此时，张学良又成了北方的巨头！鉴于北面的形势，蒋介石立起张学良这个巨头，正是为了牺牲他来保全自己，也只有张学良有这个分量。

3. 消失的张学良

从某种意义上说，张学良的消失成全了蒋介石第三次控制中国的局面。
然而，张学良怎么会消失呢？这又是一种怎样的消失呢？
1931年12月，蒋介石电告张学良：

　　倭寇北犯侵热，其期不远。此间自中正回京后，已积极筹备增援，其共存亡，并已密备六师，随时可运输北援，粮秣弹药，中正到沪亦备办。甚望吾兄照预定计划，火速布置，勿稍犹豫。今日之事，惟有决心可以救民心，虽败犹可图存，否则必为民族千古罪人。请兄急起，如何，盼复。

　　日本占领锦州之后，咽喉要地"天下第一关"山海关已经暴露在眼前。张学良忍无可忍，火速派第九旅旅长何柱国驻守山海关，在关内一带布置防区，决心与日本在热河决一死战，誓将日本人挡在长城之外。为何是在热河与日本决一死战呢？

　　1932年3月，日本建立了臭名昭著的"满洲国"。"满洲国"的领土划分竟然堂而皇之地包括东北三省和热河省。热河，乃华北与东北的中间地带，濒临长城一线。日本人的意图很明显：占领热河全境，彻底地让"满洲国"在长城以外成为"国中之国"。张学良必须应战。随着时间的推移，热河一战越来越近。

　　1933年1月初，日本借故寻衅开火，声称为保障"满洲"利益要求开放山海关南门，并由日本军队驻守。张学良不肯，日本人随即攻打山海关。军事长官铃木的军队在飞机、坦克的配合下来势汹汹，何柱国单兵作战，坚持三昼夜，士兵尽亡。山海关最终沦陷。山海关一丢，举国哗然。失去山海关，整个中国都危险了，尤其北京和天津。日本人之心昭然若揭，蒋介石也不能再坐以待毙了。

　　2月中旬，行政院代理院长宋子文、军政部部长何应钦、外交部部长罗文干等纷纷来到北平，为保卫热河助威打气。张学良振奋。与此同时，全国各地的抗日人士也齐集北平。黄炎培、朱庆澜、熊希龄、杜重远等发起组织的东北热河后援协会在北平成立，朱庆澜任会长，张伯苓、蒋梦麟、胡适、阎宝航等各界名流60多人出席会议，会议决议通电全国，呼吁团结御侮、奋起援助前方作战。

　　随着行政大员和抗战人士而到来的是东北各抗战义勇军和山西、西北的军队。

　　整个中国的抗日力量似乎都在朝北平、热河汇聚，这次要动真格的了！

　　2月17日，凌晨，张学良偕同一干行政大员，带着车队，摸着下半夜的月亮浩浩荡荡朝承德开进。张学良和宋子文同坐一辆小汽车，一路笑谈。

　　天亮的时候，车子开进山区。因道路破损，车子开始颠簸不止，车窗外，寒风呼啸，树木凋零，流民三两可见，远处山峦起伏，长城越来越近。

张学良说："汪精卫还是跑了，他葫芦里卖的什么药，我清楚。"

宋子文说："你们两个这么一闹，委员长可不好收场。委员长还是看重你，把这边的事情交给谁都不放心，只有你有这个能耐。"

张学良说："话是说得一点没错，但是要凭我一个人的力量挡住日本人，那是不可能的。要让我打早就应该打，九一八那天晚上就该打。现在才让我一个人打，有点让我为难。有时想想，我真有点后悔当初带兵入关，不然就不会有九一八那档子事，国家也不会落到这个地步。"

宋子文笑着说："你还在怪委员长那个时候不让你打？人有三急，事分轻重。其实我也不太赞同他'剿'共产党，'剿'来'剿'去钱花了，人死了，还是没见什么结果。"

张学良说："我不是反对委员长'剿共'，你也说了凡事要有轻重，那你说说，'抗日'和'剿共'到底哪个重些？"

宋子文反问道："你倒是说说哪个重些？"

张学良无奈地说："要我看当然是打日本人为第一。"张学良是来气了，一气就咳嗽出来，孱弱的身体也跟着颤抖。

宋子文说："你也别气，小心身子。孰重孰轻他蒋某人心里应该有个底，先前时候未到，现在不是表示全力支持你了吗？"

张学良喘了一口气，笑着说："蒋某人这次看样子是动真格的了，他表示要给我6个师的中央军。"

宋子文说："先别管他，我这边肯定会给你支持的，财政上我做你的后盾，你放心打好了。"

张学良说："咱说句实在话，你做行政院长，我比较放心，你来北平我更放心。汪精卫——我不吃他那一套。"

宋子文说："呦，你还在生汪兆铭的气呀！"

张学良说："打仗必须有财政支持，失了东北我到哪里去自筹？他明明知道我有本难念的经，还说我搜刮民脂民膏，我张学良是什么人？我不气才怪呢。"

宋子文笑着说："要说错，委实不在你。汪兆铭是有些想当然了。我清楚你的难处，这不就来支持你了吗？"

张学良拍拍宋子文的肩膀，说："知我者，子文兄也。"

临近中午，车队过了长城北古口，长城外一片肃杀，风更大了。

宋子文看了看背后的长城，对张学良说："这地方你可打了不少仗吧？"

张学良说："两次直奉战争那可是了不得的战争，全靠大帅在。"

提到父亲，张学良脸上突然出现几丝怅然。

宋子文见状，脸色也凝重起来。

张学良说："我对不起他老人家，想他尸骨未寒，我居然把他辛苦打下的基业给毁了，也给东北和国人带来灾难。"

宋子文安慰道："你看你，老把责任往自己身上揽。错又不全在你，何必如此自责呢？哦，对了，说说当年直奉战争的情况吧。"

宋子文看张学良不悦，就想转移话题。

张学良说："那都是汉卿年轻时候作的孽。直奉战争打来打去都是自己人打自己人，没什么可称道的，老百姓跟着遭罪。现在中国成这个样子也都是内战害的，所以我这个人一直主张国家统一，不要打内战，内部的问题可以谈嘛。"

宋子文说："听你这话又是在怪蒋某人了。"

张学良说："我可没有怪他，是你说的啊，别赖在我头上。"

两人大笑。张学良说："不过内战确实让我吃了不少苦头，就看现在我的难处，还不是内战造成的？"

宋子文说："什么难处？你倒是说说看。"

张学良说："名义上我在北平主政，可是我这五省三市的当家说话算话不？有几个人听？你我都清楚，我是想把北边搞好——可是有心无力，又出了日本人这个事情。现在我怕的是，阎、冯二人这个时候给我难看，那就不是小问题了。"

宋子文说："当此形势，以大局为重，希望他们会拥护你。我们这些人也是能说上几句话的，统一一下思想。"

张学良说："难！我入关可是将了他们一军，让他们不能翻身了。现在的问题，财政就表现得很清楚。希望军队不要再出乱子。"

宋子文似笑非笑，沉默起来。张学良开始颤抖，不停地抱着身子，抖着鼻子吸气，口中轻轻呻吟。

宋子文说："你又要打针了！"

张学良说："自作孽呀！"连忙让副官停车，跟着的医生到车下给他注射了一针吗啡。回到车上，良久，张学良才恢复精神。

宋子文说："你的毒瘾是够厉害的，这一路上你下了几回车了。"

张学良说："年轻的时候造的孽，现在离了这个恐怕活不了了。"

宋子文说："你现在也不老嘛。"

张学良说："你看看我现在的落魄样。说句老实话，我就是为打日本人才争这最后一口气，这身子骨让毒给毁了。"

宋子文说："我看你得离开这玩意儿，不然你以后是不好过，戒了它吧！"

张学良抖擞了精神，说："戒，我打算戒。眼下不行，日本人在，我要打日本人。热河一役，胜利我就戒，倘若失败我也不打算活了，殉国，不用戒啥毒了。"

宋子文说："这话严重了，还是要活着。"

张学良话锋一转说："我现在还在想一个问题，就是这个汤二虎。"

宋子文笑着说："就是你父亲的老哥们儿汤玉麟？"

张学良说："不是他还有谁？这个二愣子，你看他就是贼眉鼠眼，仗着是大帅的把子，占着热河7年了。打'郭鬼子'他就在，这7年他在热河可没少作威作福，坏事干尽了。给你说，前段时间，他这老小子还想跟了日本人，被我给阻止了。我觉得他靠不住，想召他回北京，让宋哲元去承德任职。我是想，一来宋哲元是少壮派，有实力，有胆识；二来他是冯玉祥的人，也让冯、阎看看我的诚意。我张学良不是以公徇私之人。可是，汤玉麟不敢来北平。"

宋子文说："为什么呢？"

张学良说："还是内战留的隐患——他是怕我杀他。想当初，这帮大帅的东北哥们儿都觉得我是个小毛孩子，在他们面前没脾气，可是我把杨宇霆给毙了。打那之后他们就怕我了，汤二虎是怕我把他也给毙了。"

宋子文瞪着眼睛，说："你厉害啊！"

张学良叹了一口气，说："这次他最好不要闹乱子，不然我非把他毙了。"

2月17日傍晚，张学良一行人到达了承德。承德方面为此召开盛大的欢迎晚会。晚会上宋子文、张学良联名致电日内瓦中国驻国联代表团，向世界各国声明中国政府和民众抵抗日本侵略的决心。同时张学良、张作相、汤玉麟、万福麟、宋哲元、冯占海等27名将领向全国通电，表示抗战决心。

全国上下都在坚决支持张学良，的确是动真格的了。此时，聚首北平的各爱国人士，翘首以盼，整个中国也在为之振奋，国家存亡在此一战！

面对中国做出的电告，日本人迅速有了回应，他们果然就要出兵了。

19日，回到北平，张学良开始部署整个作战计划。

这次的作战场地对东北军来说很熟悉，两次直奉战争他们打遍了这里的每一寸土地。张学良对于哪里是关键区域，在哪里驻守，已经了然于胸。

此次，中国共集结部队近17万，分两个集团军：张学良自兼第一集团军总司令，辖4个军团，由于学忠、商震、宋哲元、万福麟分任军团长；前三个军团担任津沽、榆滦和冀北的防务，第四军团参加热河作战。主要负责南路作战。第二集团军由张作相为集团军总司令，由张作相第六军团和汤玉麟第五军团组成。第六军团由4个部分组成，张作相之子张廷枢为师长的第一一二师，为军团直辖部队。第五军团下辖第三十六师和4个军团直属旅，汤玉麟兼第三十六师师长。第二集团军配置在热河中路的承德、叶柏寿（今建平）、凌源、朝阳、北票一线，和平泉、建平（今建平镇）、开鲁、围场、赤峰一线，主要负责北路作战。

日本以锦州为大本营，兵分四路，派出第六、第八两个军团，两个步兵混成旅团，一个骑兵旅团，一个飞行连队，一个重炮队和一个坦克队，加上归降日本的两个伪满军，共10万人，大举来进。

1932年2月23日，热河保卫战打响，10天之后的3月3日，热河沦陷。中国人长久等待的一次对日本的关键大战就这样惨淡收场，究竟为何？

首先，内部不和。冯玉祥和阎锡山的部队不听指挥，在南线，各军暗地里都有想法，甚至有人公然对抗张学良，张学良的军事部署无法落实。

日军占领北票、朝阳，热河守军节节败退，全部防线动摇之际，张学良在顺承王府召开紧急会议，布置防务。张学良将热河地图铺在地板上，要求西北军将领宋哲元把守冷口、喜峰口一线。宋哲元当众拒绝，他的理由是"兵力单薄，难以抵抗"，张学良说"不必担心，让东北军何柱国护你侧翼"。宋哲元又表示不愿意与"败军之将"合作。何柱国是在山海关败了，但是确实是打到不剩一兵一卒，全力以赴地死守了3天。但是，宋哲元就是不肯，张学良只好忍了。

晋军阎锡山的两个骑兵旅则在关键时刻，为保存实力，按兵不动，甚至更有孙殿英部争夺热河地盘，从中作梗。

其次，作战布置匆忙。基本上在日本人打来之前，各部队还未到达指定地点，这一点尤其体现在北线。战争发起之前张作相就提出：不应该这样匆忙，军事上还没有做好准备就虚张声势，只能招惹日军迅速进攻。张作相是有能耐之人，张作霖那一代东北军，就数他和张作霖能耐最大，他不像汤玉麟这个"二愣子"、地地道道的土匪。

那么，何为张作相所言的"虚张声势"？

面对如此大的抗日气氛，张学良和宋子文的士气都空前高涨，于是这场战斗从12日准备到开战只用了10天。之所以看上去有那么大的军团数是因为将各旅在原番号上加一百人，直接升级为师而造成，兵力实际未变。北线，张作相应该是最有能耐的人，无奈的是他的部队很多是义勇军，有些是刚刚从山西临时调来的军队，他们不熟悉地形，有些部队到了热河失陷时也没有到达指定位置。

再者，汤玉麟的问题。汤玉麟果然就是个"草包""二愣子"。本来第二集团军的设置就是为调和他的问题而设置的，让他和老哥们儿张作相主持，张学良自己主管由各军阀部队组成的第一集团军。可是，他不甘心张作相做总司令，而自己做副总司令，于是和张作相生气，不让他从热河拿到充足的物资，张作相的指挥权实际成了空架子。按说，北线他自己的部队可以拿到物资了，又是最熟悉热河的，在那里囤积7年，要说找不到位置不可能，要说没有感情也不是不可能的，可是恰恰是在那里囤积7年，他的部队和他一样享受惯了，也"草包"惯了，都想着自己。日本人打过来，飞机扔几枚炸弹、炮兵放几枚重炮，这些部队就散了。

2月23日，汤玉麟电告张学良称："系我战线过长，兵力分散，故集中兵力，缩短战线，诱敌深入，与敌决一死战。"实际他是在造谣——他想逃走。

果不其然，3月1日，汤玉麟谎称赴前线督战，扣留200余辆前方军用汽车，装载私人财产、鸦片和女人运往天津。他则在几天后率1000人弃城而逃。其时，汤玉麟一枪没放，日本人兵临承德，军心大动。张学良勃然大怒，派张作相抓他正法，可是这"草包"又逃往了察哈尔。等到张作相到达承德时，承德已经空了，各路人马也停止了前进，只剩张作相一个光杆儿司令。

黎明十分，日本人的枪声已经很近了，张作相坐在承德府衙的门槛上，对着空空的大街，满脸灰尘，衣衫不整，叼着旱烟，老泪纵横。想大帅一世英名，想东北大好河山，想东北军曾经辉煌，且如今都让把兄弟汤玉麟这老小子毁了。最后，他在两名随从的力劝下上了一辆破烂的军车，逃到儿子那里。

最后，很重要的一点就是蒋介石的问题。

热河战役如此重要的一战，关乎整个中国的命运，在放弃了东北三省之后，这次蒋介石是怎么做的？号称"全国总动员"的热河战役，只是张学良和华北的事情，其实远远称不上"全国"，蒋介石和中央军根本没有参与。

当时，蒋介石正在南昌布置对江西苏区的第四次"围剿"，这次"围剿"从头年冬天就开始准备，最终在2月集结兵力50万。先前，他向张学良承诺了6个师的中央军兵力，由于广东李宗仁的军队不听他的调遣来参加"围剿"，他只得撤掉3个师。就在热河战役的头一天，蒋介石开始大举进攻苏区。而派去热河的3个师，在3月26日才开始北上，到达北平时，热河已经全部沦陷。

另外，这次热河之战，各路军阀部队本来是电请蒋介石亲临北平督战的，想一想如果蒋介石这个北平军分区委员长到北平督战，那么，先前种种是不是会有所改善？

综合来看，热河战役之败又是中国几大军阀相互对立的体系导致的。可以说，是军阀割据带来了中国的灾难。

热河既丢，张学良于3月7日向南京政府请辞。

蒋介石与张学良

蒋介石偕宋美龄再次奔赴石家庄与张学良会面。张学良觉得蒋介石是来挽留他的，他认为："蒋介石应该意识到此次战败的教训和后果的严重性，或者已经有全中国抗日的决心。"张学良甚至已经在为反攻热河做计划。

3月8日，张学良到达保定，蒋介石也同期到达石家庄。但是，张学良首先见到前来的宋子文。张学良顿时心里有种不好的预感。事情果然也是如此。

宋子文说："委员长要我和你商谈一些事情。"

张学良说："子文兄，你有什么话就直说，委员长有什么意思？"

宋子文说："我说了你可不要激动。"

张学良顿时变了脸色，说："那你不要说了，我知道什么事情了！是不是要我下野？想是这样。"一激动，张学良又咳嗽出来。

宋子文说："我对不住你，这次不是小事情。为息民愤，你和他一定要有一个下野的，只能委屈你了。你是什么意见？"

张学良说："我没意见，丢了热河我是该下野，我已经向中央请辞了。我也想趁这个机会休息休息。"张学良强忍着悲痛。

随后，蒋介石接到宋子文的消息，为防止丢面子和意外事件，他确定张学良愿意辞职才动身去保定。而张学良此时还必须在保定火车站身着戎装，列队微笑迎接他。到达保定，蒋介石把张学良拉到自己的火车上，语重心长地说："现在全国一片哗然，舆论沸腾，你我首当其冲。你我现在同舟共济，若没有一人跳下去，以息全国之民愤，难免同遭灭顶之灾，是你跳，还是我跳？"

"热河沦陷，为弟愧对国家民族，当然是我先跳。"张学良说。

"你不用太沮丧，虽然战役失败，但是国家是可以保住的，人民也看到了我等抗日的决心，你是有功劳的。眼下可以和日本人讲和，然后请国联出面。"蒋介石说，"国内的问题才是大问题，共产党一日不除，国家一日不得安宁。内乱平定，抗日大计可迅速执行。"随后，蒋介石把与日本人求和的方法和好处一一道来。张学良越听越气，羸弱的身子抖个不停，用手掐着大腿，保持镇定。

"国内舆论压力很大，你先到国外去散散心吧，手续和资金政府会负责。你放心，这只是暂时的，等到时机成熟，风波平息，我会把你调回来。党国还

200

是非常需要你的。"蒋介石说。

蒋介石最后说："我就此告别，南方战事正紧。你好好保重，有事情你和子文谈，尽管和他提要求，子文可以代表我。"

张学良答应得很好。蒋介石大手一挥，面带微笑，就此告别。

宋子文和张学良好好谈了"后事"，最重要的当然是东北军的问题，这也是蒋介石最头疼的问题。东北军被遣散成4个军，分别由东北军少壮派于学忠、何柱国、王以哲、万福麟率领。北方军政大部分还是由东北人士担任。

随后，宋子文让张学良尽快去上海，等待出国。

宋子文大手一挥，忧心忡忡地也走了。

张学良回到车厢，毒瘾发作，蜷缩一团。谭海见状立刻叫了王卓然和端纳（两位皆系东北军政），说："副司令在房间里偷偷地哭呢，你们赶紧去看看吧。"

王卓然和端纳进去，心疼地扶起张学良，不停地安慰。张学良却哑然失笑，说："我没事，给你们讲个故事。说'有一个日本人，端着刺刀闯进一对夫妇家里，日本人命令男人跪在地上磕头，另一边强暴了女人，男人果然一直在地上磕头，女人不停地叫。完事，日本人提着裤子走了，女人骂男人不争气，男人却说自己占了便宜。原来男人趁日本人强暴妻子的时候，少磕了几个响头。'各位其中意思你们自己看吧，王老师，你把这话翻译给端纳先生，让他也想想。"

说罢，张学良走出火车。他已经下野了。

东北军将领火了，誓言："干脆和蒋某人干起来得了。我们不让少帅走。"

可是张学良说："不能这样，你们要好好地活着，留着这点抗日血脉，等我回来，打回老家。"天地苍茫，河山北望，立在那里，张学良眼里只有泪水。

"赞助革命丢爸爸，维护统一失老家！"林语堂说中要害，张学良的确是为了维护"救国图存"的道路才走到这一步，可是，换来的终究只是冷嘲热讽。

张学良下野，国内反对势力终于平息，蒋介石的中国安宁了。

张学良替蒋介石扛了所有的罪，罪替完了，蒋介石甩了张学良。

4. 归去来

1933年3月12日，张学良入住上海福煦路八十一号，远离战争的喧嚣，洋房别致，小院幽雅，青草荫荫，远远地他还能看见他初次来上海时住的帝国饭店。兄弟宋子文来了，在门前给了他一个拥抱，但他却感觉不到温暖。

宋子文说："出国手续已基本上办好，你就安心在上海住几天，好好把身子养好。我建议你趁身上没有职务，把毒瘾给戒了。"

张学良感叹说："还戒什么毒？我这副臭皮囊就这个样子了，于国于民都已经没有用了。"

宋子文说："还是戒了好，你看看你现在的样子，萎靡不振，都是毒给害的。这么多年你行军打仗受了多少影响？现在难得清闲一阵子……"

张学良说："你让我打日本人我就打，让我下野我就下野，让我出国我就出国，现在让我戒毒是不是我就要戒毒？我什么都要听你的了。"

张学良在发脾气。宋子文知道他郁闷，心疼地说："你可不能自暴自弃，委员长还是会让你回来的，到时抗日可不能没有你。东北军也不能没有你。"

宋子文拿张学良当真朋友，说话都是实话，也是好话。

张学良说："还拿抗日当幌子，我戒不了，没有巴文耐鲁（毒品名称），我的日子没法过，你不用再劝我了。"

宋子文笑着说："你还真来脾气了。我不是说你，你想想，过阵子你要出国，你这个落魄样子让外国人看了不笑话？笑话你也罢，你可是代表中国的，人家不是连中国人也笑话了？中国人都是你这个形象？"

张学良不置可否，但是，他心里已经有数了，因为，宋子文说到他心坎儿里了。

张学良的毒瘾还是第一次北伐战争时染上的。1926年，冯玉祥在南口与"直奉两军"血战，拿下南口，随即北伐军大举挥进，河南告急。张学良于11月带兵进攻郑州。结果三面被围，战事吃紧，此时张学良压力重重，而手下先乱阵脚，不断出现消极情绪，许多将士请求撤退。张学良闻讯赶到前线督战。

张学良在阵前气愤难耐："撤退，谁讲的撤退，谁的意思？"

人群里突然走出一位老军官，面不改色地说："是我的意思！"

看着这位老先生，张学良随即想发作。可是，这老军官也是德高望重的人，他一出来，其他将士也都纷纷站到张学良面前，个个看着张学良的眼睛，意思是："我们都是这个意思，你要是处置他，就连我们一起处置"。

张学良憋得脸通红，却没有办法，大骂道："不准撤退，哪个撤退我毙了哪个，我要是撤退你们就毙了我。"

张学良拂袖而去，可是越想越气，走到了东北军将领老乡韩春麟那里，见他屋里亮着灯，就想去向他诉苦。门一开，烟雾缭绕，韩春麟正在炕上抽大烟。烟雾呛得张学良直咳嗽。张学良捏着鼻子说："我说你啥时候也好这口了？"

韩春麟立刻坐了起来，叫道："呦，少帅呀，军规可没说不准抽大烟呀！"

张学良笑着说："看你吓成那熊样，我又不是来拿你的。"

韩春麟说："那你这是？"

张学良说："别提了，被那帮前线将士给气的。"

韩春麟说："咋回事？你倒是说说。"

张学良一五一十地说给韩春麟听，越说越气，脖子都粗了。

韩春麟指着大烟说："我说少帅，别生气了。抽两口这个，消消气！"

张学良说："你少来，那可是上瘾的。"

韩春麟说："抽一点儿，没事，包管你就没气了。"

张学良竟是拿了烟枪，调了一坨烟泥，躺下，抽起来。

那晚上，韩春麟的窗子一直亮着灯，窗外大风吹了一夜。

第二天，张学良精神恢复了。那帮将士也确实争气，一口气打下了郑州。

可是，大烟张学良却是戒不掉了。

回到奉天，张作霖看见眼圈发黑、浑身发抖、嚷着要抽大烟的儿子，气得浑身直哆嗦，大骂："你这个小畜生，看看你那熊样！准是那小狐狸精给你塞的烟坨子。抽死你，我懒得再管你！"张作霖所骂的"狐狸精"正是那个时候张学良的"随军夫人"谷瑞玉，张作霖看不惯她，以为是这个出身梨园的"戏子"给儿子灌的鸦片。说是不管，他还是想法给张学良弄鸦片，同时琢磨着怎么医治。

后来张学良听了奉天局一位马医生的建议，注射日本的一种药剂"巴文耐鲁"，效果甚好，就不用抽鸦片了。张学良接受了意见，又依赖上"巴文耐鲁"和吗啡。

到达上海不久，张学良实施了自己的戒毒计划。

宋子文请来德国人、上海疗养院的米勒博士负责张学良的戒毒工作，并严令任何外人接近张学良，包括于凤至和赵一荻都不能擅自接近张学良。而张学良则在床头放了一把手枪，装满子弹，召集手下人说："谁也不准拿毒品给我，不管我是什么情况，就是戒毒死掉也不准拿毒品给我，谁要是违背命令，我就毙了他。"

这米勒博士也真是镇定严格之人，他是张学良的老相识，张学良曾经多次资助他在各地办医院，但是戒毒时他对待张学良毫不手软。每天从张学良浮肿的身体里抽取毒脓、坏血，再注射药剂。张学良则一个人关在屋子里浑身发烫，死去活来，抓心挠肺，竟然在混沌癫狂中坚持了一周。结果，张学良戒毒成功了。

张学良在戒毒后疗养了些许日子，终于恢复了往昔的风采，整个人精神起来。

1933年4月11日，张学良在于凤至、赵一荻、端纳等人的陪同下登上意大利"康脱罗素伯爵号"邮轮，远洋出国。宋子文、杜月笙等人在港口为他送行。

就在张学良于上海戒毒出国的同时，蒋介石向江西苏区发动了第四次"围剿"的总攻，结果以失败告终。而当张学良到达国外时，5月，蒋介石又与日本人签订了委曲求全的《塘沽协定》。这个时候的日本显然还没有做好最后的准备，他们的目的还暂时只是东北，中国又太大，军力、物力暂时还都供应不了这么长的战线；同时，侵略中国全境毕竟太招摇，日本不想独自成为世界的敌人，日本还在等待朋友。这一年，希特勒当选德国总理，并借"国会纵火案"掌握了德国的大权，而最后的战争还要再酝酿几年。此后，蒋介石又把全部精力放在了第五次"围剿"江西苏区上，这一次他动用了百万大军。

与此同时，蒋介石和张学良的矛盾又一次爆发了。

这一次的张学良是"隐性的"。矛盾还与另外一支抗日部队有关。

毛泽东后来告诉埃德加·斯诺，第五次反"围剿"时他犯了重大错误：共产党没有和福建军队联合起来对付蒋介石，否则蒋介石在中国就没有后来了。所谓福建军队，不是别的军队，就是蒋介石自己的军队，名震全国的第十九路军。

1932年3月，蒋介石下野归来，重掌军事大权。回来后，蒋介石做的第一件事情，就是将主张抗日的第十九路军从上海调到了福建。蒋介石想让这支骁勇善战的军队来打共产党；即便第十九路军不打共产党，他也不希望第十九路军再在对日问题上惹事。随着日本人在长城外的嚣张和蒋介石的不抵抗，第十九路军愤怒了。

1933年11月20日，第十九路军在福建起义，成立"福建人民革命政府"。声称："蒋介石弃民族危机于不顾，独裁持续六年，全世界人民对他的丑恶和不正当之行为已深恶痛绝。"陈铭枢还打电报给蒋介石，指责他"不顾民族的愿望，倒行逆施"，要求他下台，甚至通电广东和广西国民政府联合出兵反蒋。

此时，蒋介石正在筹划对江西苏区史无前例的第五次"围剿"，无法抽身对付福建，于是调东北军前去镇压。东北军不愿意：一则，当时中国最主张抗日的三支军队就是共产党军队、东北军和第十九路军；二则，在东北军眼里蒋介石"对不起"张学良；三则，张学良走后，中央并没有给他们允诺的财政支持。无奈之下，蒋介石到闽西亲自指挥，分三路进攻，并从南京政府调出空军从温州和株洲的临时机场出发，进行空袭，最后，平定了主张抗日的第十九路军。

"福建之乱"让蒋介石改变了对张学良的策略。他本不想让张学良回国，怕张学良回来又拿"抗日"搅乱他"围剿"的计划。但是，现在面对全国一片反对声音，他感到力不从心，又需要有人"代扛"了，于是，电请张学良尽快回国。

张学良在欧洲的主线行程是这样的，意大利——法国——英国——德国——瑞典——芬兰。在意大利，他会见了墨索里尼；在巴黎他参观了巴黎公社，拜谒了无名烈士公墓；在伦敦他安了家，孩子在伦敦当地学校入学；在德国，他参观了兵工厂并会见了德国国防部长。

接到南京方面的电报，张学良把于凤至和儿女安顿在伦敦，从罗马转回香港。

1934年1月，张学良到达香港。此时，在粤桂系反蒋的胡汉民专门会见了他，想联合他反蒋，说蒋介石"为人私欲过重，缺乏忠诚，不足以为民族复兴的领袖"。

无奈，张学良谢绝了胡汉民的忠告。因为，此次游历欧洲更加坚定了张学良对蒋介石的拥护，张学良在欧洲期间日夜想着三件事情：国难、乡患、家仇。

在意、法、德的游历也让张学良坚定了三个信念：爱国救国、拥护领袖、军事独裁。这三点看上去是冲突的，但是在意大利，他错误地认为是人们对墨索里尼的坚决拥护使得国家统一崛起；在德国，他错误地认为德国因为军事独裁，可以使军权回归中央，在任何时间就可以完成全国军事化，以对抗外国侵略。

其实他没看到这两者对内的法西斯统治是为了对外侵略做准备。

张学良唯一坚定对的是爱国救国和他在巴黎无名烈士公墓前的眼泪。

然而，回头看，他之所以坚定"拥护领袖""军事独裁"，实行法西斯，正是因为他有感于中国军事分裂，总是内战，民心不一，国家不能凝聚成一体。

自然，他所说的"领袖者""独裁者"就是蒋介石，所以他拥护了蒋介石。

1934年1月8日，张学良到达上海，随即发表公告：

> ……。意、德于大战残破之后，皆能转否为泰，而为领袖者亦忠诚无私，努力奋斗。返顾国内，争做领袖者太多，猜忌斗争，阻人成功，而成既不能令，又不受命之亡国症，宁受外侮，而不许自己兄弟来统治。全国人若不愿为亡国奴，必大彻大悟，容许一领袖有实验机会，发展效能。……国家如有用我地方，自度力能胜任，决不敢偷

闲；不能胜任，则不敢一误再误。维持和平，促进统一，向生产建设
之路迈进，乃始终不变之志愿。如志不得行，拟再出国调查研究。

再后来，他会发现自己大错特错，错的不仅仅是德国和意大利成了日本，
还有他错信了墨索里尼、希特勒和蒋介石三个"领袖"。

随后，他和蒋介石会面。见到精神焕发的张学良，蒋介石倍感欣慰，更
让他欣慰的是张学良坚定地拥护他，并提出"法西斯化"，这正和蒋介石的心
意——实际上他已经有了"法西斯化"的想法。

早在1933年，蒋介石就提出：社会军事化是法西斯主义的三个基本要素之
一（另外两个是国家至上原则和忠于领导），并组建了法西斯机构——蓝衣社。
就在张学良回来后不久，他在中央控制的地区实施了"新生活运动"以对抗中
国共产党的"一切为了人民"。而在军事上蒋介石也已经借鉴德国人。1933年，
希特勒取得权力时，蒋介石就邀请了一位著名的德国战略家来华，让他接替原
常驻中国德国顾问一职，此人是塞克特将军。第五次"围剿"的战略便由他制
定，后来希特勒甚至派他到中国担任德国军事顾问团的团长。

此时的张学良抱着"先帮助蒋介石平定内乱，随后和蒋介石一起抗日"
的想法，坚定地站在了蒋介石的身边。投桃报李，蒋介石也将"剿共"这
件让他备受全国指责的事情交给了张学良，因为很多事情只有张学良可以替
他扛。

是年2月7日，蒋介石任命张学良为"豫鄂皖'剿匪'副总司令"。

3月1日，张学良赶赴汉口，就职督战第五次"围剿"。

张学良再次成为第二号巨头，只是这次很短暂，而且很冤屈。

此时的张学良并不清楚他要打的共产党是什么样的人。只因为他一直在北
边主持对付日本人的问题，无暇顾及其他的事情。简单地说，当时他眼里的共
产党就是蒋介石所说的"匪"，而这个符号跟他脑海里的"流寇"和"占山为
王"的"强盗"是联系在一起的，所以，他打得义无反顾，并且很成功。

1934年10月，蒋介石的第五次"围剿"成功了。

蒋、张二人又完成了国家的又一次"统一"。蒋介石开始着手国家"法西

斯化"。而张学良所期望的"统一"和"国家权力集中"后，蒋介石曾信誓旦旦地承诺的"打日本人、救中国"的大话，以及让张打回老家的愿望会实现吗？

第七章 转 折

张学良遇见共产党，是张学良的转折，更是历史的转折。

在此之前，张学良把自己的身家性命交给了蒋介石；在此之后，张学良没有这么盲从了，他开始考虑另外一种可能，即便他仍旧还是把自己的身家性命交给了蒋介石，但是，他已经开始自我回归。

回顾历史，我们发现，这一时期，蒋介石仍旧走在一条路上，他不知道拐弯，也不想拐弯。但是，张学良不同，张学良拐弯了，而历史也鬼使神差地进入了他的弯道中。

1. 一个问题

"To be or not to be？ It's a problem！"

"生存或毁灭？这是一个问题。"

莎士比亚笔下人类永恒的问题转移到张学良身上竟是那么的恰当："'剿匪'或'抗日'？这是一个问题。"

从根本上来说，"抗日"是张学良不变的主题，而且现在他必须面对这个问题。不同的是，他的意识里，"剿匪"是为"抗日"服务的。可是，他有一系列的问题搞不明白："剿匪"到底是在"抗日"之前，还是在"抗日"之后？这种"剿匪"的事到底值不值得去做？为什么蒋介石"剿"了多少年的"匪"竟是越"剿"越多，为什么"匪"有着如此强大的野性生命力？这中间究竟有什么玄秘？

张学良先前在北方主持抗日，所以主张先抗日；出国以后，他脱离了中国的实际和蒋介石的实际，主张起法西斯；回到国内，见到蒋介石，他坚定地认为如果想抗日必须先帮蒋介石"剿匪"。凡此种种，张学良都没有彻底地把中国的形势看清楚，因此他总摇摆不定，而无论是抗日还是在国外的见闻，他都没有了解清楚共产党的所作所为，这是他分析整个中国国情时所欠缺的一个重要因素，所以当他回到国内，亲自到武昌"剿匪"行营参与到与共产党的战争的最前线、切实地感受这场"内战"时，他的头脑又困惑了，并注定要再次受到冲击。

当"剿匪"发生在身边时，张学良在国外建立的体系又开始动摇了。

他说："在内战中我们是一寸一寸地争夺土地，而在外敌侵略之下，却是一省一省地丧失土地。这样必将丧失民心，最终结果是政府与人民同归于尽。"

摆在面前的问题不得不让张学良去思考，既然要打共产党，共产党到底是什么样的党？蒋介石把共产党说成"匪徒"，"匪"绝对是个贬义词，这代表蒋介石对他们的藐视，仿佛他们是"乌合之众"。可是，这个所谓的"匪"为什么那么得民心？为什么蒋介石用了8年的时间还是"剿"不灭他们？

都说"要想打败对手必须先了解对手"。共产党这个时候是张学良的对手，张学良有必要了解他们：究竟共产党是不是简单一个"匪"字可以概括的？从另一个方面来说，出于私人原因，共产党究竟是什么样的，对他来说始终还是个谜。他想了解共产党。

于是，一些特殊的人物出现在那段历史舞台，影响了张学良。

　　早起在院中散步，见骊山上有二人，向余对立者约十分钟，心颇异之。及回厅前，望见西安至临潼道上，有军用汽车多辆向东行进，以其时已届余每日治事之时间，即入室办公，未暇深究。黎天才等忽来求见，事前未约定，殊觉突兀。

此乃蒋介石关于西安事变的《西安半月记》正文之开首3句话，开篇提到的第一个人就是黎天才。蒋介石把西安事变的起点定在此人身上，想必他与西安事变有着莫大的联系，或者他与张学良有着莫大的联系。我们不妨来看看。

黎天才，原名李渤海，山东蓬莱人。此人的确大有来头，他曾跟随李大钊，任中共北京市委书记，才华颇为了得，李大钊十分欣赏他。

1927年10月，张作霖派人抄了北京的苏联大使馆，李大钊被捕，英勇就义。

同时被捕的还有李渤海，但是，张作霖十分赏识他的才华，遂对他进行改造，留为己用，让他在东北军中做重要谋士。在奉期间，李渤海更名为黎天才，曾为张学良私人秘书，参与东北易帜，后来，构建东北情报网，他的政治、党务、情报工作的才华深得张学良欣赏，也就一直在张学良身边活动。

1934年张学良回国，任"鄂豫皖三省'剿匪军'副总司令"，黎天才旋即被张学良召至武昌，并授命组建武汉机要处，其才华甚至惊动蒋介石，蒋介石想拉拢他为己用，黎天才不为所动。后张学良考虑仅仅从军事上和蒋介石博弈他已经没有优势，所以想同时从政治、政党上参与到国家事务当中，遂组织东北军和黄埔系组建政党"四维学会"，黎天才是政党组建的策划人和党政纲领的起草人。

黎天才虽然脱离了共产党，但是他的信仰并没有完全丢失，思想上仍旧受共产主义的影响，处于国共两派之间，更确切地说是他有自己的体系。这是他在党务、情报等方面能力十分突出的原因所在。在东北军和"剿匪军"期间，他利用职务之便，安插和邀请了很多先进分子宣传马列主义或者是在军中任要职。这些人包括罗章龙、吴雨铭、李希逸和潘文郁，其中最重要的人无疑是潘文郁。

潘文郁原名问友，又名成文，号冬舟，襄阳人。1925年加入中国共产党，同年赴苏留学，任中共中央驻莫斯科共产国际代表团秘书长。1928年，中共六大在莫斯科召开，潘文郁任俄文翻译。不久，在共产国际六大会议上担任周恩来的译员，后为"中共北方局"情报人员。1931年，在北平被捕，脱离共产党。

潘文郁与黎天才私交甚好，脱党以后在黎天才的支持下，翻译过《资本论》的一部分，代黎天才主持过《北方周刊》，宣传抗日，等等。1934年，经黎天才推荐，潘文郁来到武昌"剿匪行营"任张学良的秘书，后任机要处秘书。

"剿匪"的岁月旦，张学良行走在华中的山山水水之间，看着山河破碎、人民流离失所，面对这场内战，他陷入沉痛的思考，加之东北军内部怨声载道，埋怨他不回去打东北、夺故乡，却在那里和共产党打个没完，东北人成批地战死，他心痛、扼腕，可是只能忍。

八月天，长江水暖，阳光耀眼，蝉躲在树丛里不停地叫唤，叫得人也跟着烦躁。武汉"剿匪"行营指挥部里，张学良穿着短裤，手里拎把竹扇，走进机要处办公室。黎天才一身整齐，正在办公室里审查文件，身后的电扇不紧不慢地转着，他不停地抹汗、喝水。张学良不声不响地走到他的办公桌前。

"天才！"张学良喜欢这样戏称他。

"哪位？"黎天才仍旧埋头看文件。

张学良忍不住笑了，听见笑声，黎天才抬头一看，不觉叫出来。

"呦，是副司令呀！罪过，罪过。您快请！"说罢，他赶紧给张学良倒茶。

张学良看着他满头大汗，指了指电扇，又指了指手里挥动的竹扇，笑着说："你这台洋玩意儿还是不如我的这个好呀！"

黎天才笑着说："别提了，这台老古董还是先前的主人留下的，你看这扇叶子慢得要死，没有一点风。"

张学良坐定，扇着竹扇，笑着说："看你整的这一身西服，不热才邪门呢！"

片刻，黎天才问："副司令今天来有何指示？"

张学良笑着说："没什么特别指示，来看看你和潘文郁。"

说着张学良从衣袋里拿出一本小册子，正是他差人编撰的《"匪情"辞通》。

黎天才说："副司令，这个你还天天带在身边呐，我都看见好几回喽。"

张学良说："'剿匪''剿匪'，不了解'匪情'怎么'剿匪'？工作需要嘛！"

黎天才不由得笑了。

"天才，关于这本小册子，有些地方我还得向你请教。"张学良一脸严肃地说，"我总觉得对共产党的一套了解的还不够清楚。"

黎天才看了看张学良，呷一口茶，笑着说："副司令了解那么清楚干吗，'剿'完不就得了嘛！"

张学良眉头一皱，说："话是这么说，可是我还是想'剿匪''剿'得明明白白，这么个'剿'法我心里不踏实。"

黎天才能感觉到张学良话里有话，更能感觉到张学良心里的些许震动。可是他也明白自己的位置，不便多言。他笑着说："副司令，这个我也不在行，你还是问问潘文郁。当日你命令我机要处制作这个小册子，我是交给他编纂的。"

张学良说："我正有此意。他人在哪儿呢？"

黎天才说："刚才还在，你等会儿吧，他应该很快回来。"

说曹操，曹操就到。只见潘文郁从外面满身是汗地回来了。"副司令好！"潘文郁进来见到张学良，略微惊讶，随即便给张学良敬了个大礼。

"潘秘书，你好！"先前潘文郁做他的秘书，他十分满意。

潘文郁忙活了一通，坐到椅子上，汗仍旧直流。

张学良说："我说你们也是认死理，光着膀子多舒服，又没有外人。"

潘文郁连忙称"是"，脱了外套，黎天才却笑了："要脱你们脱，我可不脱。"

张学良把潘文郁拉到身边，扇着风，说："我有个问题想请教你们。"

潘文郁说："别客气，副司令有话吩咐就是。"

张学良说："我在国外考察的时候，有个想法——能救中国的只有共产主义或者法西斯。共产主义在中国没有条件，所以中国必须实施法西斯才能得救。你们怎么看？"

黎天才笑了笑，端着茶水说："共产主义？法西斯？依我看什么能救中国什么就是合适的，什么能得到人民的赞扬和支持什么就是合适的！"

　　黎天才聪明，这话说了等于没说，但是，明明又是将了蒋介石一军。

　　潘文郁不想绕圈子，便真诚地说："主义是一方面，主义的领导者是一方面，如果领导者不行，领导者又有私心，那么什么主义都是妄谈。中国的问题还要靠中国人自己去解决。作为一个中国人，不想拯救自己的国家，那么还谈什么？"

　　潘文郁说得直接，是针对蒋介石的，却也给了张学良一巴掌。

　　"文郁说得在理。"张学良心里一动，"一个中国人如果不图拯救自己的国家那还算中国人吗？我张某人日思夜想的都是这个问题。想我是民族的罪人，我很想打回东北去，无奈眼下……"

　　黎天才在一旁不再说话，脸上不时闪过一丝捉摸不透的笑容。

　　潘文郁说："副司令不必过于自责，功过是非自有定论。"

　　张学良说："'剿匪''剿'到现在，打得越厉害，我承受的压力越大。我的军队总是嚷着要打日本人，我眼下还只能打'匪'。越打越没信心，所以我想深入了解一下共产党。"说罢，张学良把《"匪情"辞通》拿给潘文郁看。

　　潘文郁说："这个好办，《"匪情"辞通》是我编的，副司令有什么疑问尽管问。"

　　张学良说："你还不明白我的意思？我说了要'深入'了解，我想看看他们的理论基础——听你说过，你翻译过《资本论》，能不能弄一本给我？"

　　潘文郁有点吃惊，缓过神来说："这个好办，其他几本也可以给你弄来，俄文的，我可以给你当翻译。其他的'共匪'纲领书目我也可以给你搞到。"

　　张学良说："如此甚好！"

　　黎天才在一旁静静地看着，仿佛一个旁观者，却又是如此全神贯注。

　　果真没过多久，潘文郁便把马克思的《资本论》《辩证唯物主义》，布哈林的《共产主义ABC》以及列宁的《"左"倾幼稚病》等全送到了张学良的身边。

　　后来的一天，张学良正在办公桌前埋头苦想，新秘书送来一杯茶。

　　张学良突然叫住他问："你是怎么看共产党的？"

　　秘书一听，吓坏了，半天说不上话。

　　张学良看了秘书一眼，自言自语道："依我看，共产主义是消灭不了了，即使'剿灭'了红军，也'剿灭'不了共产主义，'剿灭'不了共产党。这全世界都有共产主义，怎么能'剿灭'呢？'剿灭'了红军，共产党还是在人心里。"

　　秘书一听，更加吓坏了，以为张学良中邪了。

　　张学良看了看满脸恐惧的秘书，挥挥手让秘书走了。

　　1934年冬天，整个汉口都是湿漉漉的，张学良第一次体会到南方冬天的湿冷，武汉很少有雪，他不禁怀念起故乡的大雪。有大雪的日子真好啊！大雪天，在温暖的房间里，围着一堆火，品茶，看书，多好啊！可现在客居异乡，心里慌慌的，感觉随时会有什么事情发生。

　　一天中午，蒋介石的一封电报突然到了武汉，电文要张学良将"剿总"秘书潘文郁立即逮捕监禁。其大意是：发现鄂豫皖三省总部机要秘书潘文郁与"匪"勾结，证据确凿。潘在黎天才掩护之下进行"匪谍"阴谋已久，着即一并来京。

　　张学良一看，骂了一句，"什么'匪'不'匪'的。他们还是我的老师呢。"随即将电报撕碎，公然违背命令，把潘文郁、黎天才自行处理，贴身留在身边。

　　蒋介石见久久没有动静，火了，证据确凿，他要张学良火速办理。

　　此事是如何发生的呢？说来颇有意思：1934年10月，国民党进入江西中央苏区后，收缴了部分中共机密文件，文件中意外地发现有鄂豫皖"剿总"参谋处印制的所属部队团以上主要领导的姓名、兵力、驻地表的抄写本。这份表册本是机密文件，显然是武汉"剿总"内部的人泄露的，"剿匪"军中只发给团以上的带兵主要官员，而机要处秘书潘文郁领有一本。

　　1935年初，中共河北省委、中共北方局特科的杨青林叛变，供出了潘文郁。原来，潘文郁虽然脱离了共产党，但是他没有脱离共产主义，仍旧接受了中共北方局的任务。

　　此时，调查表面上与黎天才无关，所以张学良力保了他。但是，潘文郁必死无疑。该怎么办呢？张学良想：不能把潘文郁送回南京，保不齐会惹出更大的乱子。

张学良在狱中见了这位良师益友，问他有什么想法。

潘文郁说："我请求副司令在武汉把我处决了，不知道这个要求高不高？"

张学良一阵辛酸，潘文郁却铮铮硬骨，劝他不必难过。张学良沉默，潘文郁便直言直说："你也知道我不能去南京，我怕到了南京说不该说的话。此事我一人为，一人当，与旁人无干系。我死了什么都解决了，只是不能死在南京。"

张学良流着眼泪说："我答应你，不让你死在南京。你还有什么要求？"

潘文郁笑着说："副司令，男儿有泪不轻弹。我潘某人知道您对我是真心的。希望我死后不要牵连我的家人，另外可否帮我照顾我的妻儿？"

张学良说："此事一定办到。"

临走时，张学良问潘文郁："老师，难道你一点都不怕死？"

潘文郁哈哈大笑，朗声说道："死，谁都怕，但要看为什么而死。为理想而死，为正义而死，我不怕！"

张学良说："为什么？"

潘文郁望着张学良说："因为我做的事情是正确的！我的生命价值全在这里！"

这句话重重地撞在张学良的心脏上，他的心脏颤动得厉害。

"正确的事情"，"生命价值"。什么才是正确的事情呢？什么才是有"生命价值"的？对于张学良来说，这是一个问题。突然，张学良眼睛发热：潘文郁不就是共产党吗？是不是共产党都这样不怕死？是不是他们都有自己的追求和信仰？是不是他们都能为理想舍生取义？这与年轻时的自己又有什么区别呢？

"这就是我要'剿'的'匪'吗？我究竟在做什么？"张学良的头脑混沌起来。

2．问题的继续

古城西安，绿肥红瘦。铜黑的城墙，琉璃的瓦片，肃穆的大雁塔，汩汩的渭水，这里的每寸土地、每块砖头、每滴水都浸透了中国厚重的历史，浸透了中国的失落与辉煌。面对这个到处都在散发着中华民族伟大历史的城市，张学良会有什么感觉？不是"俱往矣"，而是在心头，在心灵深处，在他的肉体上，有一把刀子在一寸一寸地割。中国往昔的荣耀与现在的孱弱会把他撕裂。

长征，亘古未有的壮举。在蒋介石军队的围追堵截下，1934年10月，中国共产党中央红军离开江西，开始了人类历史上独一无二的"大迁徙"。

布莱恩·克洛泽在《蒋介石传》中这样说："长征是一篇史诗，岁月的更替，意识形态的差异，都不能使之失色。"

晚年的张学良则说："红军经过二万五千里长途疲惫，还能击败东北军，是值得深思的。我常对我的部下说，我们都是带兵的，这万里长征，你们谁能带？谁能把军队带成这个样子，带得都跟你走？还不是早就带没了？"

长征的确是一个奇迹，一如长城是世界奇迹一样。

蒋介石此时正忙于两广叛乱，而他的"历经八年，誓'剿匪'于全境"的志愿继续由张学良主持。面对红军的长征突围，蒋介石在贵州、云南、四川等地纷纷围追堵截，均以失败告终——红军成功地到达了陕北。

1935年9月12日，"武汉'剿匪'行营"关闭，随后，西安设立"西北'剿匪'司令部"，张学良带着东北军奔赴西安，又是副总司令，又是代理总司令职务。

9月底的一天，张学良乘专机抵达西安。陕西省主席邵力子，第十七路将领杨虎城到机场迎接。下了飞机，迎着西北的风沙，一身戎装、手戴白手套、英姿飒爽的张学良先跟邵力子拥抱，然后握住头戴礼帽、手持拐杖的杨虎城的手。

"杨将军！"张学良声如洪钟，面带一丝迷人的微笑，副司令的气派十足。

"张司令，你好，一直盼望你的到来呀！"杨虎城开怀大笑。

张学良心里有底，东北军入陕不是简单的事情，毕竟这里是杨虎城的地盘。

杨虎城出身草莽，为漠北"刀客"，劫富济贫，后归顺革命军。

1926年，北伐战争，西安城被围困，正是张学良的"直奉联军"所为。杨虎城率部队，死守城池，誓到一兵一卒不言后退，西安缺兵少粮，饿死3万人。冯玉祥五原誓师，归顺国民政府，出兵保住西安。事后，杨虎城用"功满三秦，怨满三秦；生也千古，死也千古"来形容守城，西安也成了他的大本营。

张学良虽说是"剿匪"的，可是兵权都要归他，而且他要带东北军来，难保他不会夺地盘。为此，张学良派部下杨毓珣到西安先行与杨虎城会面，说明张学良的意思。杨毓珣是袁世凯的驸马爷，和杨虎城系同宗本家。

张学良握着杨虎城的手说："想必杨驸马已经见过你了吧？"

杨虎城说："见了，我们谈得很好。"

张学良说："我奉委员长之命令，此次来陕只有一个目的——'剿匪'，其他事情都不是重点。来到西安打扰杨将军贵地，还请多多见谅。"

杨虎城笑着说："张司令这是哪里话？为国为党，誓死效忠，乃我等之本分。你来，等于这里有了主心骨。杨某自当悉心辅助，西北军听从杨将军调遣。"

张学良高兴地说："如此甚好。你我乃军人，应当齐心协力、誓死效忠党国。如今之国家内忧外患，任人鱼肉，都是我等之不愿看到的。日本人之所以如此之嚣张，完全因为'共匪'在内作乱，让日本人得了机会，我们应该尽快'剿灭'他们，以换国家之统一，对外之抗争。"

杨虎城点头，说："张司令所言甚是。如今'共匪'残余行程万里，来到陕北，已气数殆尽，想必应该可以很快歼灭。"

张学良的左手摸着右手，微笑着说："我也是此意，希望尽快完成此大计，我方能率领东北军与日本人大干一场，打回东北去。"

张学良一直强调一点：东北军只是来"剿匪"的，"剿"完自当离去打日本人，不会赖在西安不走，他想让杨虎城放心。杨虎城当然不可能完全放心，不过对张学良的话他倒是相信的，他笑着说："以后东北军和西北军都是一家人，还分什么你我。你的住处我已经安顿好了，先住在新城大楼，那地方环境不错。"

张学良说："那就有劳将军了。"

邵力子见两位军人谈得投机，便懒得多嘴，只是频频点头，略作附和。

未几，张学良一行人上了车，直去新城大楼。

至此，西安狂沙大作，风云突起。此时的张学良虽然已经对共产党有所了解，但是，面对"残余"的共产党，他觉得可以尽快"剿灭"，这样不仅可以很快立功，而且在"剿匪"结束之后他就可以打回他念念不忘的东北去了。

基于这样的形势，他又开始觉得：虽然共产党的思想是好的，也可能是代表人民的，但是，共产党确实是搅乱了国内局势，引来"内忧"，拖住了蒋介石，所以日本人才有机可乘。他这么想是因为他的思考角度不同，这个时候他思考的核心是蒋介石，当后来他换个角度思考时，发现同样的一件事情原来用另一种解释也可以，而且更恰当。张学良的这种思想是建立在"共产党红军可以被尽快消灭掉"之上，那么当他发现并不是他所想的那样时，他势必会再次动摇。这在随后的西安事变中可见端倪。

此时，共产党中央红军还没有到达，红二十五军已经到达陕北，会合陕北刘志丹部，部队不过7000人，而且红二十五军是主力，但是经过了万里长征，疲惫不堪，缺粮少草。另一边是东北军近17万人，还没算上第十七路军的人马。

力量的对比如此悬殊，完全是一边倒的形势。

尽快打，来一个灭一个，张学良这样认为。时间越快，他越有乘人之危之嫌，但对待敌人，用不着手软。何况，他害怕，这共产党有变戏法，不小心就变出一大批人马来。蒋介石"剿"了8年，不都是这个样子的吗？

9月底，张学良果决下令：兵分两路，调动11个师的兵力，向陕北进发。

原本张学良以为很快可以"歼灭"红军，可战事刚开始，东北军第一一〇师就被围歼在甘泉，师长、团长全部阵亡。接着，第一〇七师六一九团又被歼灭，团长高福源被俘。此时，各路红军已经相继来到陕北。

这简直是神话。张学良惊呆了——这究竟是一支什么样的部队啊？

就在这时，毛泽东、朱德和周恩来也到达吴起镇前线。

"不要打！"张学良眼前猛地晃动着一个人，那是潘文郁视死如归的豪情。如果共产党是这样的一群人，他怎么也打不过他们。即便消灭了他们的肉体，他们的精神也是不可战胜的。与这样的人对抗，是不明智的。

张学良第一次体会到红军游击战的威力，也第一次体会到蒋介石失败的原因。

10月中旬，他和杨虎城奔赴南京参加国民党"五全大会"，临走时，千叮万嘱部下："不要打，先不要打！"南京开会期间，张学良却接到西安电报：第一〇九师在直罗镇被歼灭，师长牛元峰阵亡；第一〇六师的一个团也被歼灭。

"你们这帮混蛋！"接到消息，张学良怒不可遏，拿起电话，他对西安方面的东北军第五十七军军长董英斌大声吼道："叫你们不要打，不要打！都当成耳旁风了！到底是谁下的命令？我回去毙了他！"

董英斌无奈地答道："是中央总部派来的晏道刚参谋长。咱们有一个师被困甘泉，所以，我们全面进攻，解甘泉之围，不料中了'共匪'埋伏。"

张学良听到晏道刚的名字，气得脖子通红，说道："什么狗参谋长！不准再打，原地待命，等我回去！"随即把电话重重地砸下去。

回头再去开会，蒋介石正在会场上讲话。当蒋介石讲到《对外关系之报告》时，张学良再也听不下去了。蒋介石说："和平未至绝望之期，绝不放弃和平；牺牲不到最后关头，绝不轻言牺牲。"张学良苦笑，心想："和平？日本人打个没完！牺牲？我张学良正在牺牲！"

"五全大会"之后，张学良回到西安。他已经住进西安市东门里金家巷公馆。他是有地方住了，可是，西安大街上到处可见死难东北军将士的妻儿老小无家可归地流浪。张学良痛心疾首，东北军更是怨声载道："这样打下去怎么是办法？共产党还没'剿灭'，东北军就先完蛋了，还谈什么打回老家？"

张学良再次陷入了"剿匪"和"抗日"的旋涡。而当他又一次回到南京，请求给阵亡的两个师两个团的东北军战士家属发放20万抚恤金时，蒋介石竟断然拒绝了——不仅拒绝了抚恤金，同时，还取消了第一一〇师和第一〇九师的番号。这算什么？卖命的是我们，得利的是你们，关键时刻撒手不管的还是你们！

"这仗怎么打？我张学良居然连20万都不值了。"张学良冲进宋子文家，见到宋子文便火冒三丈地吼道。

宋子文笑着说："慢慢说，什么事情把你气成这个样子？"

说着请张学良抽烟吃茶。张学良说："你别给我这个，我没心情。你倒是说说，他让我去'剿匪'，结果我丢了两个师的人，问他要20万抚恤金不过分吧？他竟然不给。我张学良现在混得连20万都不值了。"

宋子文说："你又在说蒋介石呢？"

张学良满脸通红地说："除了他还有谁敢给我张汉卿气受。"

"想我东北人丢了自己的家乡，现在是到哪里，哪里嫌弃，哪里都不如家好。看着我东北男儿背负国仇家恨，到处给他打仗，日夜想的还不是希望他能快点抗日，我们可以打回老家去。东北人现在成了什么？军人到处打仗，妻儿老小跟着到处跑。你可以去看看西安大街上流浪的东北人，那些老人，那些孩子。为什么是这样？为什么我们东北人要流离失所？我们没有家！我们活该！"

张学良显然是真的动气了，把头扭到一边抹眼泪。

宋子文心里很不是滋味儿，说："你别说气话，什么叫你们活该。现在这个情形，我清楚是谁造的孽！"

宋子文劝了好久，张学良平静下来。宋子文让妻子张乐怡端了点水果，准备了些好菜，他要留张学良吃饭。张学良随机诉苦道："子文兄，南京这地方我也只能来你这里诉苦。我本想找蒋夫人的……"

话音未落，宋子文居然厉声道："找她干什么？现在她和她那委员长丈夫是穿一条裤子的人！"

张学良有些吃惊。显然，宋子文说话的口吻，也是有气的，难道自己这一诉苦竟然也把他的一肚子苦水搅和了？张学良试探地问："子文兄何出此言？"

宋子文生气地说："你大概还不知道吧？不怕你笑话！我给人家扇了一耳光，我可是堂堂'国舅'爷。可是人家就是敢打你。"

张学良委实心惊，随即笑着说："哪个还敢打你？"

宋子文气呼呼地说："不就是我那委员长妹夫——这是没有外人，我才说。除了宋家和他知道，说出去丢人——人家是想打你就打你，你能怎么样？"

张学良说："说来听听。"

宋子文没好气地说："这巴掌可也有你一份呀！"

张学良摸着脑袋说："怎么？你们的家事，关我什么事？"

"唉，哪里是家事呀？"宋子文摇摇头，说："热河沦陷，你不是下野出国了吗？看着你那个样子，我心里别提多难受了。我当时还夸下海口说做你后盾的，想是对不住你。可是他更对不住你，说了要给你6个师，转头只给3个师，这3个师也没到，他拿军队、拿钱都去'剿'共产党，怎么都不支持你，我就气他这一点。可是，他'剿'了多少回了，也没见他成功。你在国外的时候，他50万的军队没'剿'成功。接着又来一次，这次可大了，你也见着了，扬言百万军队，要我这财政部每周提供166万军费。这是什么规矩？中央财政乱成什么样子了？整个无政府、无预算、无计划，都是他搞的。我不愿意给他，结果闹起来。我顶嘴，他的巴掌就甩在我脸上来了。"

"哦。"张学良有些感动于宋子文的真诚，说："原来是这么回事，敢情我在前线打仗，还多亏了你挨这一巴掌。"

宋子文继续着自己的话题，说："该出的财政必须要出，就像你说的抚恤金，这是天经地义的嘛。可是他是该出的不出，不该出的偏偏……唉。"

张学良说："我觉着他始终没把东北军当成他的军队。换句话说，除了中央军，哪路军队他都没看成自己的，如果是中央军，这抚恤金早发下来了。诚然，东北军听我张学良的，但是却是在为他卖命，他不管不问，难道让我张学良养活？我要是东北没丢——啥也别说了，错就错在我当时不该听他的话。我看他这意思，非要把我这点东北军给折腾完才甘心。"

宋子文说："你跟他讲道理？难！他只认他的理，别人不准说话，只能服从。我早就对他'剿匪'看不顺眼了。难为我在国外学了那么多东西，回到国内一点也用不上。"

张学良说："那么，子文兄，你认为我当下还应不应该'剿匪'？"

宋子文想了想说："你自己看呢？"

张学良说："我骑虎难下。不'剿'说不过去，'剿'更不是办法。"

宋子文说："军事上的事情我帮不了你，也不想过问。但是我不赞成'剿匪'，我不想看他这个样子处理财政。"

张学良说："我不妨实话告诉子文兄，现在我觉得，日本人之所以这么猖獗，就是因为委员长肆无忌惮地'剿匪'。内战不好打，想灭掉共产党不是一朝一夕的事情，共产党不是'军阀'那么简单。等这内战打完，中国不知道什么样子了。如今委员长一再向日本人求和，我不知道他是什么想法，《何梅协定》是让我最恼火的。求和要是出于他本意我绝对不原谅他。"

宋子文说："他是不是本意求和日本人我不知道。但是'剿匪'我听腻了，也听烦了。我觉得共产党的问题可以作为政治问题看待，完全没必要动这么大的干戈，毕竟都是中国人嘛。西方不都是多党合作嘛，哪来这么多钱'剿匪'？要说有钱，也去打日本人，这才是正道！"

宋子文不想"剿匪"有他自己的考虑，出于这种考虑他和张学良有着共同的阵痛。宋子文毕竟是受过高等教育的人，西方的民主、自由、法律在他心里有十分的重量，他想要的政府是严谨的，不是某个人的；再者，他很早就跟着二姐夫孙中山从事政府工作，他是尊敬孙中山的，对日问题上他是主张抗日的，虽然没有那么强烈；国共合作时他和共产党打过交道，算是国民党"左派"，他也认识周恩来和毛泽东，曾经一同共事，虽说交情不深，却也算是曾经的同志。

此时的张学良也把视角转换了，这个视角的中心是共产党，他得出不一样的结论，就是：因为委员长肆无忌惮地"剿匪"，国家混乱，日本人才这么猖獗。而不再是：共产党造成国家混乱，委员长"剿匪"，日本人才这么猖獗。

这个视角一转，中国的历史接下来也就开始转了。这就是张学良的分量。

3．一个裁定

性格缺陷与权力结合，制造的是畸形的统治者——希特勒是，蒋介石也是。

软弱、极度敏感、不自信、多疑、自我，导致易消沉、易发怒、易猜疑、易独裁，加上他的专制性领导才能导致膨胀的征服欲、控制欲，最终在蒋介石那里产生了一个歇斯底里的裁定："'剿匪'先而不'抗日'先！"

蒋介石对待共产党的态度的形成，还要回到更早的1923年10月。

1923年10月底，蒋介石到达苏联以后，对新兴的社会主义苏联的一切都有他自己的看法和感受。但是，整个过程，他唯一遵从的是孙中山和他自己。

10月到11月，苏联已经开始冷了，并且将一直冷下去。蒋介石带着孙中山派出的代表团，一到莫斯科就感觉到这里的天气他不能适应，如火的激情迅速消失，且有些懈怠。烦躁的他开始怀念老家。不过，很快，苏联的一切又让他新奇。

观看演出时，他会注意到台上的一切都印着"苏维埃制造"的印记，这让他感觉到这个国家所有的东西都是那么一致；观看芭蕾舞，看着女子任意曲折的身体，他感叹"神奇""不可思议"；观看兵工厂，他觉得苏联的军事的确很严密，也的确很先进；参观农场，看见那些热火朝天的劳动场面，妇女和男人们一样地不知疲倦，脸上充斥着热情，让他很惊讶；参观学校，聆听教育人民委员卢那察尔斯基的讲述，他感觉到教育的确十分重要，苏联人也真的重视教育，但是他觉得苏联的教育支出还是不够——尚且没有占到财政支出的三分之一；参观共青团组织，看着那些步调一致的孩子，高喊口号，笑容像阳光一样灿烂，他觉得这是正确的，党组织就要从小开始培养下一代；参观工厂车间，在机器的轰隆声中，他看到工人整齐有序地工作，不需要规章制度，人们也会自觉遵守；而当他踏上冬宫的广场，看着宏伟的冬宫和广场上持枪立在寒风中的红军士兵，他所能感受到的是肃穆、庄重、神圣而不可侵犯。

参加十月革命纪念大会，看着广场上的连续的阅兵仪式和欢呼的人群，他感叹这个国家的人民情绪是那么的高涨，对政府的忠诚度更是令人惊奇；听取布哈林和加米涅夫演讲时，全场起立，热烈鼓掌，他也跟着鼓掌，也被现场的气氛所感染；拜访苏联中央执行委员会主席加里宁，则让他觉得亲切，这样一位领袖，却是地道的农民出身，其一切都是那么简朴，而且态度随和，言谈热情，蒋介石为他的魅力所折服。

他由衷地感叹道："观今日之运动，足知苏维埃政府对于人民已有基础，殊足以破帝国主义之胆。吾于苏俄无所间言。"

毕竟是苏联，是莫斯科，这里有冷空气，他承受不了。在异国他乡，他更加容易苦闷、消沉。

他来到这里还是有很多正事要谈的，比如中国的路在哪里；苏联应该怎样帮助中国；关于蒙古的问题；等等。他想见契切林，想见共产主义领袖、"红军之父"托罗茨基，甚至更想见见列宁，他对共产主义若有若无的崇拜。可以设想：如果他想见的人都见到了，也许他的思想和观点会有所改变。然而，这些人都是大忙人，无暇见他这个"小小的"中国代表，所以他觉得别人不重视他，所以他郁闷至极。

加之，20世纪20年代，是苏联的"第一次清洗"时期。

种种事件都让蒋介石有一种疏离感。难得闲暇时，蒋介石会带上一两个人，穿梭于莫斯科大街，沿着河畔散步，看来往的人群在忙碌。他听不懂那些妇女和孩子在说什么，但是可以看出那些人的表情。大街上所有的人都是一样的表情，一样的微笑，一样的不知疲倦。这些看上去让他觉得有些机械，加上冬天的莫斯科到处升腾着的白色水汽，立在岸边的光秃秃的白桦树，以及鳞次栉比的肃穆的俄罗斯风格建筑，更让他觉得这一切是假的，没有趣味。

无聊极了，他也会走下河畔，雇一条小舟，在河流上漫溯，这样他就能躲避开喧闹。更好的地方是，弃船上岸步行可达的莫斯科西南的"不寂之园"。这里的确是一个好地方，冬天很少有人来此，来此的人也不喧闹，所以很安静，又有些萧索。看着树木上凝固的冷霜，蒋介石觉得真的很美好，因为他是个不喜欢热闹的人。处在人群里他很容易暴露自己的弱点，因为他不懂得掩饰，所以很不安全，所以他也就不太喜欢应酬。"不寂之园"恰恰成了他在威严肃穆的莫斯科的一块"藏心之处"，是"寂寞之地"。蒋介石是怕寂寞却又需要寂寞的那种人。他需要在寂寞处思考，确定自我和周围的秩序，所以他的"确定"常常陷入"自我中心"，确定出来的是他所坚持认为的正确的、需要的，他不会为别人的想法而改变。他是来干大事情的，他不会忘记。大事来了，他怎么处理？

针对当时苏联出兵外蒙古，"策动""蒙古独立"，《孙越公报》中，苏联代表明确表示，苏联"无意继续奉行在外蒙古问题上的帝国主义政策，也无意使它脱离中国"。而就外蒙古问题他与苏共领导人契切林互通电函。契切林表示因为"蒙古人怕中国人"。

是表明自己态度的时候了。蒋介石说：

> 要知道蒙古人所怕的是现在中国北京政府的军阀，决不是怕主张民族主义的国民党，蒙古人惟其有怕的心理，所以急急要求离开怕的环境。这种动作，在国民党正想把他能够从自治的途径上，达到相互间亲密协作底目的。如果苏俄有诚意，即应该使蒙古人免除怕的状况。须知国民党所主张的民族主义，不是说各个民族分立，乃是主张在民族精神上做到相互间亲爱的协作。所以西北问题正是包括国民党要做工作的真意，使他们实际解除历史上所遗传笼统的怕。

然而，契切林对此没有回应。蒋介石极度不快，整天郁闷，感觉苏联人真的没把他放在眼里。后来，问题终于转移到苏联怎样支持中国的问题上来。

托罗茨基的意思很明确：中国应该面临一个相当长的思想政治工作时期，宣传和思想运动是第一位的，在这个相当长的时间之后，必要的军事支持才能实行。

蒋介石则认为："《孙越协定》之后，国民党加强了自己的思想政治活动，但同时也有必要开展军事活动。"他说得明确："在俄国，共产党只有一个敌人，而在中国，地球上的所有国家的帝国主义者都反对中国的革命者，所以，在中国采取军事行动是必要的。"

苏联方面没有同意，并仍旧表示：中国目前应该把主要注意力放在工农问题上，等到内部稳定下来，再追求大规模军事行动，否则必将失败。苏联可以帮国民政府培养军事人才，甚至支持建立军校，提供必要武器，但是苏联不赞成中国太早采取军事行动。可以看到，苏联在中国问题上是有想法的，但是说得很有道理，"诚想救国，必先自救"，内部不发展，发动战争是危险的。蒋介石说得也有道理，他想的是国民党迅速控制中国，大有"毕其功于一役"的想法。

诚然，苏联是希望中国走他们的道路，或者说希望用共产国际控制中国。但是，从根本上看，蒋介石原来赞同苏联是想靠苏联的力量让国民党尽快控制中国再摆脱苏联，而在蒋介石眼里苏联从某种意义上来说是想用国民党培植中国以为己用，这样在蒋介石心里就产生了尖锐的矛盾。谈判的结果对于当时在国内正处于弱势的国民党来说是好事情。但是，蒋介石却认为这不合自己的心意。

所以，当同行其他人要电告广州方面谈判的好消息时，蒋介石却像得了大病，精神萎靡，极度不安，吵着要进疗养院。他在日记中表达了自己的心境：

> （对外）无论为个人，为国家，求人不如求己。无论亲友、盟人之如何亲密，总不能外乎其本身之利害。而本身之基业，无论大小成败，皆不能轻视忽。如欲成功，非由本身做起不可。外力则最不可恃之物也。
>
> （论党）世人虚伪，本党同志，优秀者或死节，或远离，现在所见者，只有"趋炎附势，争权夺利，吹牛拍马，以公济私，卑陋恶劣，互相利用挑拨之徒"，其他人则"贪似狼，猛似狗，蠢似豕"。

后来，蒋介石终于见到了托罗茨基。托罗茨基极力地夸奖了孙中山，并请蒋介石转告孙中山："苏联将支持他的民族革命，将给予积极的军事和经济援助，但是苏联不会直接出兵。"这一切显然不能满足蒋介石的要求。他认为苏联是没有诚意的，且有企图。托罗茨基越是夸奖孙中山，他越是不安，他觉得，苏联想利用孙中山，扶持共产党来达到控制中国的目的。

回到国内后很长一段时间，蒋介石仍旧郁郁寡欢。他满脑子想的都是共产党，满脑子都是苏联没有失去沙俄时代的野心，苏联想吞掉中国。

孙中山知道蒋介石归国了，他在广州等着蒋介石报告出访结果。

可蒋介石却因为不高兴直接回了奉化老家。

在老家，思虑再三，蒋介石给孙中山去了一封电报，大意为：

苏联共产党不值得信赖，并且他在苏联遇到的党员，对于孙先生唯有诋毁与怀疑而已……俄党对中国之唯一方针，乃在造成中国共产党为其正统，决不信吾党可与之始终合作，至其对中国之政策，在满、蒙、回、藏诸部，皆为其苏维埃之一，而对中国本部，未始无染指之意。

蒋介石的担忧并非杞人忧天，但是，应该看到，苏联给的意见是对的。

孙中山是明白人：苏联肯定有他们目的，但是权衡来看，只要能救中国，行得正、坐得端，他就不怕，不怕与苏联合作，不怕与共产党合作，更不怕所谓丢失权力。中国的命运应该由自己掌握，不论是共产党还是国民党，都是一家人，共产党不也加入了国民党吗？思想控制？如果国民党也是这种思想又何来思想控制？都是中国人，如果苏联想控制中国，那么共产党会向哪一方？

所以，孙中山采纳了苏联的意见，拿来苏联的模式改组党务，建立军校。

共产党也是明白人：中国的共产党人，之所以能够成功不是因为苏联和共产国际，从根本上说是靠他们自己。他们就不清楚苏联的意思？但是，他们敢和苏联人合作，合作归合作，他们更是在中国走自己的道路，自己自强不息，不屈从于别人，怕什么别人来控制你？除非你甘心受人控制。

蒋介石则害怕了苏联，诚然面对赢弱的中国，外国的支持都难免带有他们的目的，但是因此就怕了他们而不敢合作，那么怎么做大事？蒋介石不懂吗？但是，他害怕，所以他不敢和苏联合作，不敢和共产党合作，后来甚至不敢彻底与美国合作。

总归说来，1923年，蒋介石在苏联"一游"，引发恐惧，继而排斥苏联和共产党，这个时候他还是孙中山的学生、政府年轻官员，他为了孙中山和国民党的利益而恐惧。这个"孙中山的利益"和"中国利益"在他那里画等号。这尚且是正常的。而当蒋介石统治中国后，他已经把"蒋介石的利益"和"中国的利益"画上了等号时，他的恐惧就不正常了。只能说恐惧是瘤，所以他要切除。他把全部精力投到共产党身上，不是怕别人拿走中国的东西，而是怕拿走他的东西，更不能说他"剿灭"共产党是因为他疑虑"共产党是苏联人用来控制中国的"。

蒋介石不敢与苏联合作、不敢与共产党合作、不敢与人民合作，结果造就了一个由武力制造的表面上统一内部却乱成一团的赢弱中国。苏联的预言是对的。这个时候，他还是因为"畸形的恐惧"选择了更下作的一步棋：变相地与日本人合作。虽然，蒋介石痛恨日本人，他想打！但是，他恐惧日本人，又不敢打！

早年毕业于日本振武学堂，蒋介石深知"武士道精神"的厉害，这个深知的同时他已裁定中国打不过日本。这个问题，可以追溯到"济南事件"。

1928年5月3日，蒋介石在日记中写道：

> 忽闻远方微有机枪声，以为军队试枪，正令调查之际，忽得日军与我各部士兵冲突，在街上开火，各军皆有加入。

日本人动武是他所不能想到的，也是他不想想到的，可问题摆在眼前，他只能派人前去谈判，但是谈判代表居然遭到日本人的残忍杀害，这是侮辱。

蒋介石居然忍了。但是，他没有忘记在当天的日记里写下"耻辱！""雪耻！"他不敢与日本人打，发誓卧薪尝胆，等待时机，扬眉吐气。因此，在现实操作中，他不得不又耻辱地接受了日本提出的条件。从此，"雪耻"成了他日记中对日本人用得最多的词汇之一，而另一个用得的最多的词汇是"和（谈）"。

1931年，九一八事变，他又忍了！

日记中出现的又是"雪耻"和"和（谈）"。

这次的手段是依靠国联。

结果依旧没有成功。

1933年，热和沦陷，日本人越过长城。他主张签订了《塘沽协定》，在华北建立"军事缓冲区"。随后，日本仍旧在华北活动，肆意闹事，培植傀儡。

1935年5月，日本侵略军为控制华北，借口中国援助东北义勇军孙永勤部进入滦东"非武装区域"，指为破坏《塘沽协定》，从东北调遣日军入关，进行武力威胁。蒋介石又无奈地签订了《何梅协定》，主要内容如下：

一、取消河北省的所有国民党党部；

二、中国撤退驻河北的东北军第五十一军、国民党中央军及宪兵
第三团；

三、撤换河北省政府主席于学忠及平、津两市市长，撤销北平军
分会政训处；

四、取缔反日团体及反日活动。

甚至西安事变，全国形成对日统一战线以后，蒋介石对日本还是十分恐惧
的。恐惧影响了他对日本的判断，贻误了战机。他的举棋不定使中国迈进了
深渊。

1937年7月8日，蒋介石在日记中写道：

一、倭寇在卢沟桥挑衅，彼将乘我准备未完之时使我屈服乎？
二、与宋哲元为难乎？使华北独立化乎？三、决心应战此其时乎？

蒋介石并不想这个时候发动全面抗战，按他的估计"总计全国财力战时统
制后可足军队二年之用"。他还想多准备一些时间，用以购买军火、飞机和坦
克等。但是此时不打不行了，可是他打得仍旧不坚决，看上去他还是畏惧。这
个时候他居然会把"华北独立"提为一个条件？他究竟还是有不打的打算。

不久，他又记录下对日本的观点：

倭寇于八日在卢沟桥挑衅，与我守军对战，其意在非夺取卢沟桥
不休，至今犹未告段落，此为存亡关头，万不使失守也。

抗日战争终于打响了，蒋介石出兵了。但是此时，他还是不想挑起全面抗
战。蒋介石的辩白是："如我不有积极准备示以决心，则不能和平解决也。"

由此可见，蒋介石出兵的用意很明显，让人联想到"中东路事件"。苏联
尚且不会如此妥协和谈，何况铁了心要侵略中国的日本？日本既然敢发动卢沟
桥事变，说明他们早已做了充分准备了，万不会轻易就范。蒋介石从先前"求

助国联以和谈"到"以打换和谈"竟是一退再退，他是真不想全面打起来。

此时，蒋介石的日记里仍旧出现了"雪耻"字样。

这并不是矛盾的，正是因为想"雪耻"，所以他以为可以忍着，"耻辱"越积累越多，他就更想"雪耻"，也就越恐惧日本人。

这无异于男人或者女人的自慰。

话说回来，中国当时准备得的确不充分，但是绝不能当作不抗日之理由。

因为，侵略者不会停止不前，等你准备好了再去打你。

抗战过程中，日本军队推进得很快，这是蒋介石意料之中的事情，也是意料之外的事情。他明白，抗战是必须的了。可是，他仍旧对日本要存有幻想，这在他的日记中也有体现：

> 不得停战之理由，此次抗战不仅争民族生存亦争民族之平等，以期与日本共在东亚造成为真正兄弟之邦，故此次抗战实为和平而战，且为东亚永久和平与中日两大民族确立平等关系而战。若一经停战，不仅中国在沦陷区内所丧失之人民生命与公私产业为无价值之牺牲，而中国且成为奴隶之国。

蒋介石还是没有忘记与日本和谈。说到底，他是怕日本人的，恰恰因为恐惧，所以他感到更耻辱。此时，他的腰板儿还挺不起来，他想求助于美国、英国等。但是，谁都知道这是不可能的事情，连墨索里尼都对张学良说得明白："中国要抗日，只能靠自己，我们自己都无暇顾及，也不要指望英、美、苏。"

1941年，日本人嚣张到了极点，伴随着德国在欧洲的嚣张，它们在太平洋呼应起来，摸了美国的"老虎屁股"。蒋介石盼望的局面出现了，腰板儿也挺直了，开始把"雪耻"变为行动。然而，此时，他既要面对英国、美国的压制和苛刻要求，同时又要应付苏联的土地侵吞。他的境地更不好了。

一个日本尚且如此，几个一起来，他只有苦闷、消沉、抑郁。

蒋介石的性格决定了他要做大事，但是不能成大事。蒋介石能看清楚形势，但是不会正确处理。张学良很早就意识到：中国人必须自救，靠别人不行。中国共产党更是将"自救"发挥得淋漓尽致。唯独蒋介石，没人帮他时他苦闷，有人帮他时他猜疑。帮他与不帮他，他都是恐惧，他不懂得自救。

1945年，日本投降了，蒋介石终于"雪耻"了。他在日记中写道：

> "雪耻"之日志不下十五年，今日我国最大的敌国日本已经在横滨港口向我们联合国无条件投降了，五十年来最大的国耻与余个人历年所受之逼迫与污辱至此自可湔雪净尽，但旧耻虽雪而新耻又染，此耻又不知何日可以湔雪矣，勉乎哉，今后之雪耻乃雪新耻也，特志之。

或者，蒋介石自己的耻辱真的烟消云散了，但是，他给这个国家带来的耻辱，不会像他日记所言"湔雪矣"。他清楚对日本他是有"耻辱"的，这还是一点"亮"色，不过如果真的说他是"忍辱负重""卧薪尝胆"未免就太过了。

性格决定蒋介石在当时之中国对共产党、对日本就是这个过程。这注定了在西安事变以前他的"'剿匪'先而不'抗日'先"的裁定。

这个"不'抗日'先"的期限没人知道，假如没有西安事变，蒋介石的性格会变得更加模糊。因此，可以说，西安事变成全了张学良，更成全了蒋介石。

4．一种信仰

张学良不怕与共产党谈，这一点他比蒋介石厉害！张学良到了西安之后，一个个人物悉数登场，历史的节奏变得通达、顺畅起来。"五全大会"和东北军的伤亡，让张学良消沉不已。怎么办？张学良没有丢掉自己的信仰：东北、祖国。在这种信仰里，张学良对历史上注定要与他结缘的人一一结识。

杜重远，东北著名爱国人士，早年就与张学良有所交往。

东北沦陷以后，杜重远在东北组织了抗日救亡会，募捐财物，支持东北义勇军抗战。热河一站，他和全国众多爱国人士齐聚北平，为张学良打气。热河沦陷以后，他和张学良天涯一方。后他因在《新生》周刊上发表《闲话皇帝》，被日本人控告"侮辱天皇"，国民政府于是以"扰乱中日邦交"的罪名把他抓了起来。

而当时，杜重远是以"狱外就医"的名义待在上海虹桥疗养院。

1935 年 11 月间，两个平常打扮的人，压低帽子，竖起衣领，悄悄走进医院。特设病房，病房门口有人把守。来的两个人，对守门人说想见见里面的人。

守门人说："里面关的是犯人，不准随便见面！"

来访者给了守门人一些钱财。守门人掂量着一叠大洋，笑着说：

"不过还是不能见，犯人说了，谁都不见。"

来访者把一封信函交给守门人，说："你把这个交给他，如果他还不见，我们马上就走。"

守门人拿了信说："那我试试吧。"

把银洋藏进衣服后，守门人进去了，来访者相视而笑。

"你们进去吧！不过只有一个小时的时间，不要说太多话。"守门人出来了，看了来访者一眼，有些纳闷儿。

"放心，我们知道。"来访者进到门里，门里是另外一扇门。

来访的其中一人，站到门边把守，另一人走进去。

"请坐吧！你是哪位？张将军可好？"说话的是病房里的"病人"杜重远，显得有些疲惫。来访者笑了，摘掉帽子。

"少帅！"杜重远吃惊地跳起来，精神立刻好起来。

"杜老师，此行有不方便，所以才这身打扮，没吓着您吧？"张学良笑着说。

杜重远笑着说："可是把我吓了一跳，真是高兴得很！"

张学良说："此次来，我是碰到了难题，特来向您请教。"

杜重远笑着说："哦，少帅，请教不敢当。有何难题？说来听听。"

张学良皱着眉头，给杜重远看了中国共产党号召"全民一致抗日"的

233

《八一宣言》，把西安和南京的事情一股脑儿地说了出来，越说越激动，越说越痛心。

张学良说完，杜重远思量一番说："眼下这步田地，东北军再打下去，恐怕万劫不复，有抗着'丢家弃国、不抵抗之'的罪名而又要被共产党消灭掉的危险。"

张学良说："我不怕死，咱们东北人也都不怕死，但是要知道为什么而死。为打共产党而死，我不甘心。"

杜重远说："少帅说得极是，我不主张你再打下去。咱们东北人是有罪的，丢了老家，害了国家。我们要赎罪，要抗日。"

张学良说："是啊，我们是有罪的，罪更在我，所以我一定要打回东北。我怕的就是蒋介石本意不想抵抗。从现在这个情况来看，《上海协定》《塘沽协定》《何梅协定》一个比一个让我失望。如果我等东北男儿死在对共产党的战斗中，而他于后来又不抗日，那谁来给我们东北人收回老家？我东北男儿不都白死了？所以我也有不打之心，关键是我一个人的力量怎么违其意而行？"

杜重远说："少帅主张抗日是对的，你考虑的也不是没道理。但是，西北的局势不同。共产党主张抗日这个你我都清楚，杨虎城久居西北，有爱国热情，也是可以联合的，新疆有与苏联交好的盛世才，这些是可以联合的，在西北组成抗日阵线，就不再是你一个人孤军作战，这对全国抗日形势也都是有好处的。这样蒋介石也就不得不三思而后行了。我东北男儿也才有出路。"

杜重远这番话算是说到张学良心坎儿上了。"东北、中国！"他的信仰重新主导了他。可是，要怎么组成联合阵线？特别是和共产党联合，他没有底。

张学良没先找共产党，正在犹豫之际，共产党送来一"封"活生生的信。

1936年1月，在洛川前线被共产党俘获的团长高福源活着回来了。

高福源曾经做过张学良的卫队营营长，张学良颇为器重。

"副司令！"高福源跑进指挥所，看到张学良激动地叫出来。

"高福源，你还活着！"张学良有些意外，见到爱将归来，高兴地说："他们怎么愿意放你回来了？"

高福源敛起笑容，低着头说："副司令，我们不该再打红军了！"

"你说什么？"张学良吃惊地问。

高福源突然理直气壮地说："副司令，我们不应该再打红军了，我们应该联合他们。我回来是劝你的。"

张学良大为光火："混账东西，当了俘虏，还敢回来让我通'匪'。我毙了你！"

高福源立刻跪倒在地，流着眼泪说："副司令，我知道您军法严，这次我敢来劝您就没打算活。反正，被共产党俘虏是死，回来劝您不成也是死。但我要让自己的死有点价值。说真的，我是一心为您和咱东北军。您枪毙我之前，先听我说几句话，话说完，我死了也甘心。"

这些人说话，怎么都跟共产党一个腔调？一个不怕死的人要让死有价值。这情景很能触动张学良，他松了一口气，说："有什么话，你倒是说说！"

高福源站起来，毫无惧色，慨然道："红军的确是为东北军好，他们对东北军十分优待，不是别人口里的'匪军'。共产党也是真心抗日的，他们是为咱们好。少帅，没人逼我，是我自告奋勇来劝你的，所以我来的时候就把脑袋拴裤裆上了，我死了不怕。但是不能忘了三千万父老乡亲沦为亡国奴，不能忘了大帅是咋样去的呀，想咱们东北人为啥子要活得这么憋屈，咱东北人不是孬种，人家好心要和咱们一起打小鬼子，咱为啥子要拒绝。"

高福源说着说着，哭得竟然流出鼻涕，眼泪流到了下巴，只剩呜咽之声了。

"你的话说完了？"张学良故作镇定，冷冷地说。

高福源忽然一抹脸，笑着说："说完了。少帅，你枪毙我吧。"

王以哲当即求情："少帅，福源也是为东北军好，你就饶过他这回吧。"

张学良突然也笑了，说："谁说要枪毙他了？"

高福源一听，愣住了。张学良走近他，握住他的手，说："其实，你一来我就知道要干吗。不过，你来得正是时候，我哪里会舍得杀你？我还要谢谢你呢，你立了一大功。"

张学良正为"怎样与共产党接触"发愁，现在问题解决了。

随后，为了表达诚意，共产党将所俘虏之东北军悉数放回。

回归西安的东北军对共产党赞不绝口，联共抗日情绪空前高涨。

在东北军的一片"收复东北"的呐喊声中，张学良也采取了应有的行动。

1936年3月，西安金家巷，张学良府邸迎来了一位特殊的客人，客人对外的身份是假的，名字是假的，客人真实的身份只有张学良清楚：共产党。

张学良也不清楚这位特殊客人的真名：来人叫刘鼎，他的真名叫阚思俊，字尊民，但是用过的名字却有阚泽民、甘作民、戴良、周叔、刘鼎等。他本是上海共产党组织成员，但是上海失陷后，他被俘入狱。获释后，他逃到江西苏区，在中国爱国将领方志敏手下工作。苏区失陷，他又被俘，后来只身逃到上海。上海党部已经被破坏，幸得美国青年作家史沫特莱的帮助，才得以维持生计。

张学良把刘鼎请到密室，对赵一荻说："今天不见客，任何人来就说我不在。"

赵一荻笑着说："知道了！你们放心谈，我准备饭菜。"

张学良进到屋里，两人握手问好，坐定。

张学良说："刘鼎先生，李杜向你说明我的意思了吧！"

刘鼎说："李杜先生讲得明白，这是张将军与共产党合作的诚意。"

李杜，原为东北将士，东北沦陷，他率领部队抵抗日本人，后退到苏联境内，与苏联红军取得联系。当时，李杜正在上海。张学良在上海见了杜重远，后见了李杜，让他寻找一中共人士，以方便他了解共产党，更好地与共产党交流。实际上，如果不是高福源早先牵线搭桥，张学良是希望通过李杜与陕北方面取得联系的。

张学良很快就把话题和刘鼎扯开了。虽说是要联共，但他心里还是有些不爽。他直言道："你是共产党员，所以我想问问你关于贵党对张某人的看法。"

刘鼎喝茶道："张将军请讲！"

张学良有些许不快地说："我张某人仇恨日本人，日本人与我有杀父之仇。九一八事变，贵党却说我有'不抵挡'之罪名；中东路，我东北军死了那么多人，贵党却说我勾结日本人，'反共反苏'；既然想联合，贵党在西北打我东北军还打得那么厉害。张某想听听你的说法。"

刘鼎见张学良有些兴师问罪的意思，难免有些紧张。他停了一下，缓缓地说："九一八事变，将军手握重兵，却没放一枪，导致日本人迅速占领东北，此不为'不抵抗'是什么？我党说你'不抵抗'说明我党抗日决心；中东路本是商业性质，将军却打着搜查'共匪'之名，挑起战争，怨不得别人。实际上，日本不是更应该打的一个吗？'南满铁路'比'中东路'问题严重得多。我党说你'勾结'日本人，正说明我党不希望与日本人有任何妥协；再说东北军在西北之损失，我想问问将军，比之东北军在江西对我军造成之损失哪个更为严重？"

刘鼎所言，句句切中要害。言下之意即是：共产党对张学良有诸多不满也愿意坐下来谈，那么张学良是否可以不计前嫌，也坐下来谈呢？和谈的根本点就是大家都是想抗日的。共产党是有诚意的，看你张学良诚意够不够。

应当说，刘鼎说得直接，却并非胡扯。

张学良听着虽不是滋味儿，倒却也欣赏他的真诚和胆识。

若干年后，在张学良的遗稿中（虽然遗稿是奉蒋介石之命令而写，但是有些内容还是真切的），叙述到西安事变时，在谈到自己和共产党和谈时，讲出了如下理由：

> 一个人讨厌的是，常把自己挂在口头上。可是现在我必须得把我的性格说一说，使人明了，俾容易去研究与我们有关的那些历史上的问题。我这个人，用好的话来说，是从善如流，知过必改。用另一个字眼来讲，是轻信易惑，见异思迁。我对于中国的传统礼教，是接受的不大多。自幼就具有不柔顺的性格：违犯我的父母，违犯我的老师，违犯我的长官。富有同情感：同情他人，同情对方，甚至钦佩我的敌手。我想，实际情况许是由于我爱好运动而来的，所谓公正处理、竞技精神。

刘鼎在张学良家里"指着"张学良的鼻子说他的不是，的确需要足够的胆识。这种勇气源于他有信仰，追求生命的价值。这正是张学良欣赏的地方。此番话过后，张学良和刘鼎成了朋友，既然要和共产党和谈，他也想听听刘鼎的意见。

张学良说："早前，我已经与陕北方面李克农有过会面，详细谈了一些事情，就通商、停战等问题有了初步协议。"

刘鼎说："这是好现象。你是怎么联系上陕北方面的？"

张学良说："说来惭愧，我手下一个被你们俘虏的团长亲自传的口信。"

刘鼎说："看来陕北方面的诚意是足够的。"

张学良说："很多问题上还是取得了一致性意见，但是有一点我始终不赞成。我问你，你们共产党为什么一定要反蒋？"

刘鼎说："全国都在要求抗日，可是他偏偏处心积虑地要'剿灭'我们。这是违背人民意愿的。不反蒋怎么进行抗日？我们不反他，他要消灭我们。"

张学良说："你们扯他的后退，他就要'剿灭'你们。虽然你们的政策是好的，得民心的，也是抗日的，但要想联合抗日就不能反他。这是我的立场。"

刘鼎说："这个可以好好谈，我个人意见，只要蒋介石不打我们，我们可以和他谈。但是，要陕北方面说了算。"

张学良说："我正有此意，我已经托李克农带个口信，希望可以与毛泽东先生或者周恩来先生当面谈。"

"哦！"刘鼎对此有些吃惊，他看出张学良的确十分有诚意，"如此甚好。"

"还有一件事情我想问你。"张学良说，"我军'剿匪'八年，贵军还能保存实力，就是经过万里长途还是能打败我军？你们为什么如此有底气？"

刘鼎说："因为我军思想统一，信念坚定。"

刘鼎一席话，让张学良对共产党有所认识，也化解了他心中一些对共产党的积怨。剩下的就是与谁谈、在哪里谈了。

张学良通过前线王以哲与共产党方面取得联系，商讨会谈时间、地点等。

1936年4月6日，毛泽东、彭德怀就双方会谈问题密电张学良：

敝方代表周恩来同志偕李克农于八日赴肤施，与张学良先生会商救国大计。定七日由瓦窑堡启程，八日下午六时前到达肤施城东北二十里之川口，以待张学良先生派人至川口引导入城；关于入城以后之安全，请张学良先生妥为布置。

双方会商之问题，敝方拟定为：

- 停止一切内战，全国军队不分红白，一致抗日救国问题。
- 全国红军集中河北，首先抵御日帝逼进问题。
- 组织国防政府、抗日联军具体步骤及其政纲问题。
- 联合苏联及选派代表赴莫斯科问题。
- 贵我双方订立互不侵犯及经济通商初步协定问题。

张学良先生有何提议，即祈预告。

我们可以看到，毛泽东所提拟方案，实际为全国方案和地方方案相结合，此时，他尚且不能确定蒋介石的问题。现在他想确定的是张学良的问题、西北问题，想把西北连成一片。就像当年他所后悔的没有跟十九路军在福建联合一样，现在他要在西北与另一支主张抗日的军队——东北军联合。

此时，张学良同意联共还是因为想抗日，说到底因为东北是他老家，东北是从他手里丢的。现在的东北军无家可归，他被逼上梁山了。推动张学良放弃"剿匪"的正是骨子里的信仰。如果东北不丢，张学良走的也许是另一条道路。

现在，张学良身上已经不存在困惑或"问题"，只剩决心和"信仰"。

5. 阴差阳错的会谈

历史就是这样的阴差阳错。当时，为了掩人耳目，张学良在洛川设立了前沿指挥所，所以，他常去观察"敌情"。蒋介石深感欣慰，于是放松了警惕。

1936年4月9日，肤施，清凉山下桥儿沟天主教堂。天色快黑了，暮霭中，雪雨大作，风刮得正紧。陕北高原苍茫一片，看不见天，也看不见远方的道路，近在咫尺的清凉山荒凉得很。教堂外，雨水把黄土地淋得稀烂，道路完全被掩盖。

蒋介石 与 张学良

教堂里，几个人正在来回踱步，手脚发凉，身子有点颤抖。西北的雨夜迅速降临了。很快，教堂里亮起灯。教堂周围的一切全部淹没在黑暗里。

"副司令，你看共产党还会不会来？"说话的是王以哲，他有些焦急。

张学良锁着眉头说："倘若他们有心和谈，这点风雨算不了什么。"

刘鼎笑着说："来是肯定会来的，共产党做事你放心。如果情况有变肯定会通知你们。只是昨日大雪，道路封锁，今日又大雨，想必这陕北的泥土小道已经不成样子。耐心等等吧。"

教堂的吊灯亮着，昏黄的灯光洒满每个角落。孙铭九在教堂的长桌上布置茶点酒水。张学良还在踱步，刘鼎则站到门口张望。片刻，刘鼎叫道："有人来了！"

张学良和王以哲也站到门口，黑暗里一盏灯正在向教堂移动，可以听见清晰的马嘶和渺茫的人语。

"只身前来我军营，周恩来果然是号人物。"张学良想着，说："准备迎接！"话毕，站到了教堂中央。

很快，教堂里进来五个人。为首者是一长须男子，穿着朴素，但是干净整齐，面如刀削，成熟俊美，眉宇间气定神闲，神情肃穆却又大度。

后面跟有一男子，张学良见过，乃李克农。

张学良走过去，握住那位"美髯公"的手说："这位一定是周先生，久仰！"

此人正是周恩来。周恩来客气地说："张将军，你真是好眼力。恩来久闻将军大名，今日一见，果然名不虚传。"

"哪里，哪里！"张学良还是有点紧张。

民国的两位美男，是头一次握手。周恩来笑着说："张将军，恩来见你可是有故人的感觉哪，你是地道的东北人。"

张学良笑着说："哦，周先生何出此言？"

周恩来说："将军不知道吧，我是在东北长大的，吃着东北的高粱米，做过张大帅三年臣民。"

对于周恩来的这番话，张学良听了很温馨。他笑着说："'臣民'就严重了，这样说来咱们的确是同乡。不仅同乡，还是同师呀。"

这下该是周恩来有疑问了："将军说说看。"

张学良说："张伯苓先生是我的老师，听闻你在南开时，那是第一美男，戏剧名伶'孙小姐'。"

周恩来有些讶异，也是笑着说："美男就不必提了。伯苓先生是你的老师？"

张学良说："伯苓先生对我有再造之恩。当年在东北，我常听伯苓先生讲座，受益匪浅，不然我张某可能就走上歧途了。后来办东北大学，我还请了伯苓先生负责改组学校呢。"

周恩来笑说："这样看来你我确实是同师。伯苓先生常教育我们中国崛起人人有责，所以咱们今天走到一起了嘛！"

此时，众人就座，气氛良好，言谈甚欢。仿佛不是来谈战事、谈时局、谈合作，而是来拉家常的。

张学良话锋一转，说："周先生可能不知道吧，我差点就来不了这肤施了。"

周恩来说："哦，将军说说看。"

张学良笑着说："早前我军对陕北轰炸，乘私人飞机，视察前线，被贵军开枪扫射，差点就掉下去咯。"

周恩来是何等的机灵，他也笑着说："将军可知道周某当日就在你们轰炸现场？我可是差点吃了你们的炮弹。"

双方你一言我一语，平淡中互有博弈，婉转中含着针刺。

张学良佩服周恩来"五意"，周恩来也敬张学良"三分"。

终于，会谈进入合作主题：联合战线形成以后，停止双方一切冲突，共产党往哪里去？军用器材从哪里来？对日怎么作战？坚持孙中山"三民主义"、保障苏区非军事区的安全和人员生活、张学良向苏区提供经济援助、苏区给东北军培养干部等问题进展得都比较顺利，但是一谈到蒋介石，矛盾立刻就来了。

张学良有点来气，说："我不明白你们为什么一定要反对蒋介石。"

周恩来同样不悦，说："此日本侵略之时，中国人民生活在水深火热之中，国家领土丧失，东北沦陷，华北危机，可是蒋介石却违背人民的意愿，一意孤行地要'剿灭'我共产党，对日本人委曲求全，实为人民的敌人、国家的罪人、历史的叛徒。所以我们主张反他。"

张学良说："蒋介石不是不想抗日，他对日本人恨之入骨，这个我可以作证。蒋介石为什么要'剿灭'你们？因为你们所有的政策都是针对他的，你们针对他，所以他才要'剿灭'你们。"

周恩来凛然道："这是矛盾所在嘛。如果他主张抗日，我们自然不会反他。他违背人民的意愿，弃国家于不顾，我们就要反他。《塘沽协定》，特别是《何梅协定》，整个河北省名存实亡，华北岌岌可危，倘若再不抗日，中国有亡国灭种的危险。"

须知，周恩来此行，主要目的还是劝张学良"反蒋"，但是张学良不赞成，这也是意料中事。所以中共做了多种考虑，"联蒋"是其一，关键还是看周恩来随机应变。

张学良说："我认为不能反蒋。蒋介石是中国最有实力的军事者，如果抗日争取不到他，抗日恐难成功。再者，不争取他，而在西北我们统一抗日，恐会引起更大的内战。前车之鉴，冯玉祥在张家口就是例子（察哈尔抗战后冯玉祥销声匿迹），他会跟咱们对着干，那更麻烦。"

周恩来说："将军是何意思？"

张学良说："南京政府，有很多成员和派系是主张抗日的。蒋介石也只是政策错误，主张先'安内'后'攘外'。只要你们不反对他，应该可以把他联合来抗日。"

周恩来喝了口茶，想了想，说："以当下形势看，蒋介石没有和日本人打的任何迹象。张将军怎么保证他会主张抗日？"

张学良寸步不让地说："我说明白，除非蒋介石投降日本，否则我不会'反蒋'。我们是来讨论抗日的，不要把'反蒋'和'安内'都附带到抗日中来，日本人不会等你们'反蒋'成功或者他'剿灭'你们才发动侵略，日本人正在侵略。必须尽快组成抗日统一战线。"张学良有些激动，但是说得清楚。

周恩来也听得清楚。无论是话中有话，或话外之音，对这等人来说，都不成问题。周恩来笑着说："那么该怎么办？"

张学良说："拥护蒋介石为领袖，组成全民抗日统一战线！"

周恩来思量片刻，说："我们可以联合蒋介石，不再'反蒋'。可以进行'第二次国共合作'嘛！但是，怎么拥蒋？必须要他不在与我们为敌的基础上。"

这样，周恩来甩给张学良一个大问题，听起来却似乎很在理。

处在亢奋状态的张学良应承道："好，这事情我可以处理！我去说服委员长。"

周恩来趁热打铁，说道："如果蒋介石能放弃对我苏区和共产党的'围剿'，那么我们可以一切服从南京方面，军队也可以改编为中央军，交给你领导。"

双方会谈了整整一夜，结果是双方想要的。最后，张学良和周恩来举杯共饮，预祝抗日救国大计早日成功。初次会面，张学良领略了周恩来的风采，周恩来也感受到了张学良的魅力。二人惺惺相惜。

"共产党中有周恩来这样的人物！怪不得他们越搞越大！"这是张学良的心里话。他还没见过毛泽东和其他共产党将领。一个周恩来，足以让他肃然起敬。

随后，张学良把库存军用民用物资大量拿去支援和装备"苏区"，而共产党方面则派遣相关人员帮助张学良建立王曲军官训练团，培养军事干部。

晚年的张学良说：

> 周恩来这个人厉害！
>
> 中国的现代政治人物，我最佩服周恩来，我最佩服他。我们一见面，他一句话就把我给刺透了。当然他也相当佩服我……我们俩一见如故。

周恩来的橄榄枝伸得好，伸得是时候；张学良接得也明智，接得也果决。

蒋介石 与 张学良

事实上，张学良是很不简单，看形势看得透彻，想问题想得周全；中共、周恩来更不简单，早想到张学良可能会走这一步，所以顺水推舟。于是，张学良百密一疏，接了中共周恩来的一个大问题："怎么让蒋介石放弃'剿共'？"

结合后来的事情，晚年的张学良深有体会地说：

> 我自个当时也太骄傲，太自信了。我说我去说说蒋先生，我可能会把他说服了，但是，也不是说就肯定有把握，不过我一定负责任，如果你们的说法是诚恳的。周恩来就说，好吧！
>
> 我哪能说了的话不算话？大家都说好了的事，说了就要算数。
>
> ……

张学良为了"尽快全民统一抗日"，就要解决一个问题：怎么让蒋介石放弃"剿共"？

从共产党方面来看，此时的西北形势和当年江西形势那么相似：同样有中央苏区，同样有最积极抗日的国民革命军来"围剿"，同样从国民革命军北部传来对蒋介石的不满。共产党联合张学良的目的主要还是在西北构建"三位一体"，建立一个"反蒋联盟"，完成江西之遗憾。而张学良着眼的是"第二次国共合作以全民抗日"这步大棋。应该说，这是中共梦寐以求的，但在当时却是"第二策略"，正是因为梦寐以求，所以不敢奢望，尤其不敢奢望张学良能完成。

不管怎样，为了稳定陕北苏区，"三位一体"的建立是必须的，杨虎城的妻子更是共产党方面的，他是个有抗日救国之心的将领，甚至在张学良之前他就与共产党有了接触。"共产党、东北军、西北军"的"三位一体"建立了。

此时着眼于"抗日联盟"，这是成功的；然而，着眼于"反蒋联盟"，则是不成功的。而针对张学良的"第二次国共合作以全民抗日"，中共没有单单指望张学良，他们还要尝试寻找更好的途径。

1936年8月14日，毛泽东亲笔写了一封信给宋子文，希望他能够在"抗日"和"联共"等孙中山先生的"三民主义"所倡导的事情上做出努力。

子文先生：

　　十年分袂，国事全非，救亡图存，唯有复归于联合战线。前次董健吾兄来，托致鄙意，不知达左右否？弟频年三呼吁，希望南京当局改变其对内对外方针，目前岁有若干端倪，然大端仍旧不变，甚难于真正之联合抗日。

　　先生邦国闻人，时有抗日绪论，甚佩甚佩！深望竿头更进，起为首倡，排斥卖国贼汉奸，恢复贵党一九二七年以前孙中山先生之革命精神，实行"联俄、联共、辅助农工"三大政策，则非惟救国，亦以自救。寇深祸亟，情切嘤鸣，风雨同舟，愿闻明教。

　　匆此布臆，不尽欲言！

　　顺颂公绥

毛泽东
一九三六年八月十四日

　　所谓"目前岁有若干端倪"想必指的就是张学良和"三位一体"，而"然大端仍旧不变，甚难于真正之联合抗日"则表明中共毛泽东对通过张学良实现"全国统一战线"并不抱太大的希望。然而，无奈宋子文也有心无力，一个"巴掌"让他知道蒋介石的中国只有蒋介石说了算，别人插不上嘴。

　　"国舅"爷尚且不能奈何蒋介石"剿匪"之丝毫，张学良怎么说服蒋介石呢？此时此境，无论是毛泽东还是周恩来，应该都是有些许失落的。可是，他们低估了张学良，谁会想到张学良居然走了一步"惊人之棋"？这一步棋彻底改变了中国的历史。

第八章　兵　变

张学良并没有否定蒋介石，只是否定了蒋介石的政策；张学良并不是想毁灭蒋介石，只是想挽救蒋介石；张学良并不是想求功，只是想抵过。张学良想挽救中国和他最后的希望。实际上，他成功了。

很多年后，蒋介石咬牙切齿地想：他与毛泽东的差距仅仅是一个张学良，所以他才失败了。其实，他错怪了毛泽东，更错怪了张学良。他与毛泽东的差距是对苦难的中国和苦难的人民的了解，从一开始就注定他要失败，张学良只是加速了他失败的命运罢了。

1. "劝谏"

张学良为什么觉得自己可以劝得了蒋介石？张学良说："我与蒋先生的问题是政见不同，他主张先'内'而'外'，我主张先'外'而'内'！"

张学良是蒋介石"外来的自己人"，蒋介石承认，张学良也承认。张学良不是阎锡山、冯玉祥，张学良给了他最重要的东西：两次统一中国。他牺牲了张学良最重要的东西：东北。他感恩、也愧疚。张学良不是汪精卫、胡汉民，中国统一后，张学良跟着他走，拥护他处处为他着想、替他顶罪、解决难题。

他感恩，也愧疚。张学良一心为国，而这个国的支点正是他，张学良没有别的私欲，纯洁、坚定，十分尊敬他。

西安事变前不久，8月的"艳晚事件"，国民党宪兵抓了学生运动领袖，抓人抓到张学良头上。张学良一气之下查处了陕西省党部，收缴了全部机密文件。蒋介石正在召开关于粤桂问题的会议，会议上的嫡系军官出离愤怒，收到消息，蒋介石却收住火气，拟订电报："汉卿吾弟，此案处理，殊失莽撞，既知错误，后当注意，所求处分，应免置议。""汉卿吾弟"是有真感情的。

蒋介石敏感、多疑，张学良单纯、热情；蒋介石疼他，爱他，张学良敬他，爱他。这一切都建立在张学良的服从之上，蒋介石只对自己负责。

既然张学良认为能够劝谏成功，且看他是怎么劝谏的吧。

张学良"一谏"可以说是："代谏"加"电谏"。

张学良在《西安事变回忆录》中记录：

> 财政部曾派一专员持公函来西北总部见我，并出示孔庸之致我的私函，请我帮此人到"匪区"去调查经济状况。我十分诧异，再三询问，该员不肯吐实。我说你如不肯明白说出真情，决难获得通过。彼不得已说出真实任务，是要向"共匪"有所接洽。

孔庸之去西安和苏区干什么？先前无关张学良，后来却有关张学良。

1936年9月，张学良在西安主持"旅陕东北军民九一八五周年纪念大会"，说是"旅陕"，实际是"流亡"！面对东北的父老乡亲，张学良声泪俱下地表示："率领东北男儿披甲还乡，报仇雪恨，驱逐日寇，收复家乡。"

此时，日本人有进攻内蒙古之意，绥远危急。张学良托孔庸之将他的意思转达给蒋介石："我意统帅所部，抗日图存。与其'剿匪'尽损，不如抗日覆灭。"

随后，张学良电告蒋介石，表示：

> 居今日而欲救亡图存，复兴民族，良以为除抗日外，别无他途。

247

比来寇入益深，华北半壁河山，几全沦陷，而多数民众咸感觉忍无可忍，抗日声浪，渐次弥漫于全国，中枢（有）领导民众之责，似应利用时机，把握现实，坚民众之信仰，而谋抗敌之实现。否则民气不伸，骚动终恐难免。彼时中枢或反处于被动地位，其失策孰甚！良年来拥护统一，服从领袖，人纵有所不谅，我亦矢志不渝，固为分数当然，情不自已，亦以深仇未复，隐痛日甚，愧对逝者，愧对国人。所日夜隐忍希冀者，惟在举国一致之抗日耳……欲救亡必须抗日，欲抗日必须全国力量之集中。良此时在钧座指挥下尽"剿匪"之职责，尤愿早日在钧座领导下为抗日之牺牲。

此电告语意明确，但是相当委婉含蓄，是希望蒋介石自省而自觉抗日。所谓"省觉"太遥远，尚且不能搔痒蒋介石皮肤，但是他很生气，因为这是从张学良口中说出来的。蒋介石也心生狐疑：汉卿入驻三秦，眨眼一年，自年初就再没有军事动静，此为何故？此时，粤桂问题基本平息。他一方面派胡宗南系进攻陕北，一方面计划亲临西安，督战"剿匪"。于是，他再三核实电报真伪。

以上，可以看作是张学良之"一谏"。

张学良"二谏"可以说是"隐谏"。

是年10月，蒋介石偕同宋美龄"亲征"西安。张学良和杨虎城不由捏一把汗，他们在西北不好好给委员长办事，委员长要找他们麻烦了？

飞机落地，张学良、杨虎城和邵力子恭敬地迎接。张学良更是在等着挨骂。

"委员长！"张学良站得笔直，给他敬了个军礼。

蒋介石微笑着还他一个军礼，竟不多看他一眼，走向后面的迎接队伍，握住杨虎城的手，笑着说："虎城，为党国尽忠，你辛苦了。"杨虎城心里忐忑不安，不知道蒋介石什么意思，只是用力地微笑，说："委员长，此我辈职责所在。"

蒋介石言毕，走到邵力子身前，两人握手，谈得甚欢。

蒋介石摆明给张学良难堪。倒是宋美龄笑着说："汉卿，别来无恙吧！"

张学良笑着说："托夫人的福，汉卿好得很。"说罢，看了看蒋介石。

宋美龄笑了，干脆挑明，说："你别怪他，他在生你气呢。"

张学良开玩笑地说："我哪里又惹他生气了？他倒是真爱生气。"

宋美龄说："也只有你知道他的脾气，能体谅他。"

张学良说："这一点我可比不上夫人。"

蒋介石又在飞机上说张学良的不是了。蒋介石生气，宋美龄替他打援。难为了宋美龄，一次次下来，成了不成文的约定，两人的"双簧"很是默契。

随后，众人散开，张学良、杨虎城和邵力子陪同蒋介石走向汽车。

西北的10月，风沙渐大，蒋介石裹了裹衣襟，宋美龄挽着他的胳膊，他的神情也逐渐好起来。张学良见状，刚想说话："委员长，西北军情……"

"我不要谈军事！"蒋介石一下子把张学良的话给堵住了，声音洪亮地说："我来是看看西安的风景，西安是古都，中华悠久历史尽在此地，以后几天你们陪我走走。尤其是汉卿你！"

随后，蒋介石和邵力子谈起西安的古建筑，众多风景名胜，甚至陕西小吃。

宋美龄则和张学良说："委员长最近身体不适，我们来主要是散心。你到这里有段时间，觉得西安怎么样？"

张学良面带微笑，告诉宋美龄西安之见闻和感受。

蒋介石、张学良等上了汽车，车队过渭河，来到临潼骊山下，蒋介石和宋美龄进驻华清池。

后来数日，蒋介石果真对军事、"围剿"等只字不提，在张学良、杨虎城、邵力子等陪同下，蒋介石夫妇二人游历西安大小历史遗迹，之后是参观汉代帝王陵墓，并在汉武帝宏伟的坟墓——茂陵前合影。

蒋介石年近半百，身体稍微消瘦，略显疲态，但是脸上镌刻的是他标志性的忧郁和冷俊；张学良年方三十有五，健壮魁梧的身材，意气风发，嘴角则挂着标志性的热情和微笑。于凤至还是和"干姐姐"宋美龄手挽着手像一家人，但不安的气氛却在各人心底深处涌动，毕竟这不是家事，而是国事，家事的法则行不通。

蒋介石与张学良

"他到底要干什么？他还真能耐住性子。"张学良暗想。

蒋介石能控制自己，张学良也能。你不动，我也不动。

随后，他们又去了西岳华山。"自古华山一条路！"蒋介石和张学良等人就走在那同一条路上。杨虎城扶着蒋介石，张学良扶着宋美龄，一路上走走停停，停停走走。西岳之顶就快到了。张学良驻足高处，极目望远，作旧题绝句一首：

> 偶来此地竟忘归，
> 风景依稀梦欲飞。
> 回首故乡心已碎，
> 山河无恙主人非。

旁边的杨虎城附和："副司令好诗呀，委员长您说呢？"

蒋介石正在喝水，装作不知道，片刻后，不冷不热地说："大丈夫哪来那么多感慨？纯属文人无病呻吟。汉卿，我劝你少些文人之病，对你没好处。"

张学良诵诗"暗喻"，无奈蒋介石一口回绝了。不仅如此，蒋介石还警告了他和杨虎城一番。眼看就到山顶，蒋介石回头对宋美龄说："Darling！西岳胜，胜于险，险于唯有一条路，你与我现在就在这条路上。"

宋美龄说："是又怎么样？"

蒋介石接着说："就要到山顶，千万不能失误，一失误，就会离开这唯一之路，掉进万丈深渊。"

宋美龄则笑着说："你是在危言耸听，我怎么会失误？"

蒋介石说："Darling！是我失言了。"

走在身边的张学良听得清楚：你"暗喻"劝谏，我也隐晦地警告你！

以上，可谓张学良之"二谏"。

张学良的"三谏"可以说为"直谏"。

接连几日的游玩，蒋介石的状态调整好了，他认为对张学良的安抚工作也做得差不多了。回到西安城，他开始布置东北军、西北军的"剿匪"工作。

张学良当即反对。"委员长，不能再'剿共'了，现在必须抗日。我们应该联合共产党建立统一抗日战线。"张学良说。

"娘希匹！你说什么？"蒋介石大为光火。

"委员长，这不是汉卿一个人的意思。这是东北军、西北军全体官兵的一致意见。"张学良说。

"虎城，你也是这个意思吗？"蒋介石问。

"委员长，以目前形势看，我们应该……"杨虎城刚开口，蒋介石严厉地说："好了，你不要再往下说了。我看这不是他们（士兵）的意思，是你们的意思。"

蒋介石还想耐心地劝他们，说："八年'剿匪'大计，成败在此一举。如今'共匪'已经穷途末路，势必可以尽快消灭。回头可谈对日问题！"

"共产党不是那么容易被消灭的！"张学良话从口出，已收不回来了。

"混账！你说什么？"蒋介石勃然大怒。

张学良说："虎城兄不是外人，我就直言了。委员长的'剿匪'军都是杂牌军，都有自己的地盘，个个都在考虑自己的利益，不是真心'剿匪'，官兵军心涣散，而'匪军'上下一心，士气高昂，一时半刻，消灭不了共产党。只有抗日，杂牌军为保自己的利益，军心才会一致，他们才会真心为你卖命。"

蒋介石见张学良如此放肆，说："娘希匹！一派胡言，长他人志气，灭自己威风。妇人之见，小肚鸡肠，我看你是担心你那点东北军。"

张学良说："我就事论事，问心无愧。请委员长明鉴。"

想到张学良的特殊地位，蒋介石的火气稍微消了，说："我谅你也不敢——军心涣散，我看是你们这些当官的人心涣散。军人以服从命令为天职，让你往东，你不能往西；让你死，就得死。士兵没有士气，责任在官，不在兵。士兵跟着军官走，只要军官士气高涨，以死效忠，士兵也会跟随。反观，如果军官畏首畏尾，临阵脱逃，那么士兵必然要萎靡的。"

张学良说："委员长说得甚是，诚然，兵随将走，但是必须是良将，是真正为国为民之将，而且要看清路子，看对路子。否则会把士兵带上邪路。眼下，日本人侵略我河山，士兵群情激昂，要求抗日，如果要士兵打内战恐怕很难调动，反而，如果是抗日，我保证他们步调一致，誓死杀敌。而共产党是主张抗日的，所以我们认为应该停止内战，中国人不打中国人，要一致抗日。"

蒋介石大呼："谬论，谬论！一派胡言。你是中了共产党的毒，上了他们的当，是非不分，轻重不明。共产党无论标榜如何，不足为信。"

气氛再次尴尬而紧张。蒋介石不悦，张学良不悦，杨虎城也不敢说话。许久，蒋介石的情绪缓和了，说："方才你说他们军心涣散，'剿匪'毫无斗志，我看这是你们的过失，此不足为惧。我亲自到军中教育他们，必可士气大振。"

"汉卿认为，倘若想士气大振，必须停止内战，把枪口对准日本人。中国人打中国人，何以振奋起来。"张学良的声音已经不再十分自信。

"你不必再说了！"蒋介石的火气一下又上去了，叫道："娘希匹。我说了算，抗日？中国之内所有红军被消灭，所有共产党被监禁，你再来跟我谈抗日！"

张学良的心一下子凉到底，但是，蒋介石还是安抚了他，蒋介石相信他只是"为了抗日才受到中共'蛊惑'"，蒋介石说："我十分清楚你们的意思，日本人我痛恨，也是要打的，眼下'剿共大计'胜利不远，抗日再等片刻不迟。"

蒋介石话说到这份儿上，张学良和杨虎城感觉再争下去也没什么结果，而且会断了后路，所以不再说话。随后，蒋介石到了东北军中发表演讲，到王曲军官培训团考察，所到之处，深情激昂地宣讲他的"中共'标榜'说""中共'罪魁'说"，台下的东北军、西北军却是或充耳不闻，或出离愤怒。

以上，便是张学良的"三谏"。

张学良的"四谏"可以说为"空谏"。

所谓"空谏"是没有实行"劝谏"，但是，却不是毫无意义。

话说蒋介石在西安的行程结束了，他和宋美龄则回中国北部空军军事重地洛阳，适逢他五十大寿。张学良想再次"劝谏"，这次他邀请了阎锡山一同前往。他把西北可能形成的抗日战线和先前的"劝谏"说给阎锡山听，想让阎锡山一同劝谏。

阎锡山心中五味杂陈。此时，日本军队逼近内蒙古，他的山西悬了。蒋介石肯定不会帮他打，不仅不帮他打，还要他支援打共产党。他是左右为难，必须保住地盘。前车之鉴，他可不想成为第二个张学良，他更不想成为第二个冯玉祥。这个时候张学良想联合他，帮他打日本，他还是欣慰的。但是"劝谏"这种事情，他不想和蒋介石闹得厉害，只是一切由张学良给他顶着，他也就不怕。

还没等张学良开口，蒋介石就在洛阳的军事大会上给他难堪。蒋介石言之凿凿地说："日本乃皮肉之患，不足为惧；共产党才是彻骨之痛，非彻底消灭不可。'剿共'乃我们之第一要事，就是被人用枪指着脑袋，我也不能改变。"

张学良心疼、心冷。随后的话，让知道内情的人哗然。

蒋介石居然说："当前我们断不能因任何之理由，而主张联共，这是卖国，与'匪'应和者，实为'共匪'之下之'二等汉奸'。"

张学良脸色煞白，默不作声，阎锡山朝他看了几眼。张学良叹一口气，接着自嘲地轻笑了一下。蒋介石此话，不是在骂张学良，而是在提点张学良，让他回头是岸。直到此时，蒋介石还是相信他的。

几天后，宋美龄张罗了蒋介石的生日宴会，张学良和阎锡山依旧恭敬地微笑着赴宴。蒋介石的精神好了很多，和他们把酒言欢，言曰："党国复兴大业，仰仗诸位仁兄。汉卿，你不要再有什么情绪，尽快'剿灭''共匪'；百川，日本人进攻内蒙古，绥远危急，能忍则忍，不能忍则量力而行，万不可伤了和气。"

张学良和阎锡山洗耳恭听，笑而不答，碰了杯子，喝了酒，心里却各有打算。

张学良私下问阎锡山："百川兄，内蒙古危机你打算怎么解决？"

阎锡山拿着酒杯说："靠他（蒋介石）无望，靠统一战线也无望矣。我量力而行，但不能拱手相让内蒙古。"

说罢，阎锡山残酒下肚，不禁讪笑，此行目的落空，他不敢提"联共"，更不能违背蒋介石意思，只有靠他自己了。

张学良对同行的何柱国说："内蒙（内蒙古——笔者注）危急，我只能眼睁睁看着了。希望阎百川抵抗到底，我估计他会打。倘若内蒙古丢失，山西不保，他应该知道轻重缓急。"张学良说得有理。蒋介石的杂牌军对抗日都是积极的，因为有各自的地盘。

阎锡山不愿意内蒙古失陷。中原一战，他元气大伤，但是，此后五年，在晋地养精蓄锐，势力重新壮大。山西富足，军精将良，打得起，也必须打。当年11月初，阎锡山手下干将傅作义部在绥远东部重镇红格尔图与日本激战七八昼夜，打了一场胜仗。与日本人作战取得胜利，对中国军队而言还是头一遭。

但是，洛阳此次"劝谏"不成，也让张学良下定决心：蒋介石决意如此，我也就豁出去了，不再讲什么情面，大不了最后摊牌。

别无选择。张学良在酝酿更大的"劝谏"，这次他是动真格了。

张学良的"五谏"可以说是"怒谏"。

引发张学良"怒谏"的，除了之前"空谏"受辱外，还应该牵扯到他一次绝望的"私谏"，以及上海救国会沈钧儒、邹韬奋、李公朴等"七君子"因宣传抗日而被蒋介石下命令逮捕之事件。

"绥远危急"，张学良料定阎锡山要真打，傅作义的胜利更是刺激了他。对于张学良来说此是"一雪前耻"的良机：与阎锡山联合，东北军要复仇，山西军要守地，所以胜算为大。日本侵略中国从他张学良开始，反击日本之胜利理应也由张学良开始，张学良这样想，于是向蒋介石发出一封行文浩荡的《请缨抗敌书》。结果，电文东去，音信全无。直到12月2日，他接到复还的《请缨抗敌书》。

张学良大为光火，将《请缨抗敌书》弃而入室。随后，于凤至定睛一看，《请缨抗敌书》洋洋洒洒的激昂文字之上是冷冰冰的六个扎眼小字："时机尚未成熟！"

张学良决意再去洛阳！黎天才问张学良："副司令此去洛阳有何意义？"

张学良说："我决定和他撕破脸皮来谈，这是最后一次。希望他能听我劝告。"

黎天才说："景况很不乐观，副司令此去难免自讨苦吃。"

张学良说："此次如果再不成，我就死心了，我将实施我的办法。"

黎天才说："副司令此话怎讲？"

张学良说："大不了'落草为寇'，带着东北军投奔共产党去。"

　　话虽如此，但是应该看到，张学良有些言过其实。对他而言，不到穷途末路，他是万万不会归顺共产党的。他之所以"联共"，说到底，是为了尽快抗日，而为了抗日，他甚至也可以抛弃"联共"，《请缨抗敌书》就充分表明了这一点。

　　黎天才说："如果谈不拢，请委员长来坐镇怎么样？"

　　张学良看了他一眼，说："我一定把他请到西安。"

　　黎天才在想什么？张学良又在想什么？

　　12月的西安，青灰的天，冷冷的夜，星子闪动。一切都在下沉，一切都在上升。午夜时分，于凤至枕着柔软的枕头，盖着温暖的被子和张学良一起失眠。张学良靠着枕头，抱着身子，眼睛看着窗外的夜色，思绪万千。

　　12月3日，张学良独自乘坐军用飞机，直飞洛阳，蒋介石却避而不见，时间一推再推，天色近晚，蒋介石才见张学良。张学良一进门，蒋介石就言情不悦地说："你回来干什么？"

　　"沈钧儒等先生犯了何罪，你将他们逮捕？他们是爱国人士，主张抗日是正确的，应该把他们尽快释放。"张学良单刀直入。

　　蒋介石说："他们蛊惑民心，污蔑领袖，扰乱国事，你说当抓不当抓？不能释放，坚决不能释放。"此语一出，后话难续。

　　话不投机，张学良只好将话题转到"抗日"上。张学良说："委员长没有批准我的《请缨抗敌书》。究竟什么时候才是抗日之时？"

　　"我说过，共产党被'剿灭'再来和我谈抗日，抗日有阎百川足够了。"蒋介石说。

　　"共产党没那么容易被'剿灭'，眼下必须联合抗日。"张学良说。

　　蒋介石压住怒火说："你仍旧执迷不悟。我早已经警告过你，你就是不听。"

　　张学良说："恕我直言，共产党是'剿'不完的，'剿灭''苏区'，不等于'剿灭'共产党。全国各地都有共产党，你怎么'剿'得完？共产党有人民支持，我们没有，所以我们'剿灭'不了他们。"

　　蒋介石冷冷地说："以你之见，该如何是好？"

见蒋介石松动，张学良坦言："委员长，我们应和共产党合作，不能怕和他们合作。国共合作有先例，也是孙先生之主张。共产党的问题从政治上解决。"

蒋介石鼻孔里"哼"了一声，说："这是你的意见？！"

蒋介石站起来，在书桌旁来回踱步，慢慢地，他的表情越来越凝重，气息起伏不定，夹杂叹息。突然，他坐下去，大声说："一派胡言！我看你中'共匪'之毒至深，已无可救药。八年'剿匪'，历尽艰辛，成功只在朝夕，万不可和谈。对付共产党，只有消灭，只能屠杀，不能手软，全中国皆'共匪'，我宁可杀全中国人，而不放过一个。不要用总理来压我，我是领袖，我说话算话，你必须服从我的命令。我让你死你不能活，我要让你知道什么是领袖。"

张学良这怒火再也控制不住了，站起来，望着蒋介石，脱口而出："我一心劝谏你不为所动，一意孤行，唯你专制、摧残爱国人士、纵容日本侵略，你是什么领袖，和袁世凯、张宗昌之辈有何分别？"

蒋介石一跃而起，巴掌重重地拍到桌子上，吼道："放肆，放肆。娘希匹！"

蒋介石浑身颤抖地在房里走来走去，拐杖不停地敲地。片刻，他用拐杖指着张学良，气喘吁吁地说："汉卿，中国之内唯你一人胆敢如此放肆！除了你张学良，没人敢对我这样讲话。我当你是自己人，故对你一再忍让，你竟得寸进尺，放肆到如此地步。我要让你知道什么是领袖，什么是革命。我就是领袖，我所作为就是革命，不服从我，就是反革命，反革命我就要铲除他。"

张学良也脸色铁青，心中一阵翻江倒海，他忽地年轻气盛地笑道："什么是革命，什么是反革命，我张学良今天算是看明白了。"

蒋介石怒目圆睁："不要以为这是你的天下。你清楚不服从命令的后果！"

张学良说："若只有我张学良一人如此，那么是我错，我让你治罪！但骂你的人大有人在，只是敢怒不敢言，今日我为委员长提个醒。你心里也清楚！"

蒋介石一听语塞。张学良年富力强，火气上来尚且无恙，可是蒋介石已过了半百，原本身体就欠佳，加之敏感阴郁，此时已经面红耳赤，气得直哼哼。

僵持许久，蒋介石负气说："我不要给你谈了，你走吧。回去好好地反省。"

张学良说："我也不想和你谈了。你要是不改变主张，坚持打内战，东北军我是没能耐说服，学良无能，只有请委员长亲自说服。"

蒋介石歇斯底里地说："我明天就去，我倒要看看你东北军是听我委员长的，还是听'共匪'的。"

张学良松了口气，说："你也别发那么大火，对你身体没什么好处。"

蒋介石愤愤地说："气死与你无干，你走吧。"

张学良咬了咬牙，说道："那好，学良在西安恭候委员长。"说罢，走了出去。

蒋介石呆呆地站在屋子中央，看着门被关上。门关上了，大戏即将上演。

至此，"怒谏"的张学良首先对蒋介石实行"断职"。

张学良的"六谏"可以说是"泪谏"和"情谏"。

蒋介石之所以和张学良谈，是因为张学良是他的自己人，所以他可以和张学良生气吵架；张学良之所以对蒋介石一劝再劝，的确是为蒋介石着想，他有资格和蒋介石发火。然而，蒋介石不会听张学良的，于是，张学良也不再听蒋介石的。几回劝谏下来，私情基本用尽，再作为军事政治策略来谈已经没有意义。

回到西安，张学良又气又火，却一筹莫展。他和杨虎城碰了面。

"我看劝谏已经没有任何意义。"张学良苦闷地说，"他这个人只允许他一个人说话。他认定要先'剿灭'共产党，然后才能抗日，就只能这样。你我恐怕也无能为力。我算看清楚他这领袖是要独裁到底了，亏我先前还主张法西斯。狗屁！"

"要'内战'，委员长说了算；要抗日，也是委员长说了算。是他一个人的问题。"杨虎城说。

张学良顿了顿，问："虎城兄，你有什么高见？"

"主任是否真心想抗日？"杨虎城反问道。

"国仇家恨到这个份儿上，虎城兄觉得我是不是真心想抗日？"张学良问。

"办法不是没有！"杨虎城犹豫片刻说。

"虎城兄讲来听听！"张学良说。

"挟天子以令诸侯！"杨虎城敲着桌子，一字字地吐出来。

张学良沉默了，看他半天没反应，杨虎城说："你就当我没说过这话。"

张学良立刻说："你这是什么话？你还信不过我？咱们敞开了说话。我不会卖友求荣——只是这恐怕不行，太冒险，搞不好会出大乱子。"

杨虎城说："我当然信得过主任，可是还有什么办法？"

张学良说："还是走一步看一步吧。"

要说"挟天子以令诸侯"，张学良还真往这上面想过，可是他一心为了抗日，也一心为了蒋介石。如何两全？杨虎城此话一出，他好一番琢磨。

蒋介石如约而至西安，但是，不是简单地对东北军"训话"。他带来一整套"剿匪"方针，调集了飞机、坦克、军用物资，中央军队也开始开进陕西。蒋介石下令："东北军、西北军要么进攻'苏区'，要么调去福建、安徽。"

蒋介石不再指望张学良了，他要另起炉灶。

张学良也只能不再指望蒋介石了，他要行他的方法。

正所谓"抽刀断水水更流，举杯消愁愁更愁"。张学良在屋里坐立不安，不思茶饭，这个时候没人知道他在想什么，他自己也不知道想什么。杨虎城来了。

还没等杨虎城脱去棉大衣，张学良就把他拉过去。

"岂有此理！我料到他又是这招，没想到！"张学良说给杨虎城听，"他可真是毫不手软，下手够快！"

"张主任，现在怎么办？"杨虎城也焦躁不安地问。

"怎么办？还能怎么办！安徽、福建不能去，去了一切全完了。他是对我来的，要么我辞职，把东北军交出去。要么趁现在还有时间，'兵谏''留下他'让他答应停止内战！"

"主任不能辞职，辞职乃懦夫所为。我等应不求后世千古，但求轰轰烈烈。"杨虎城说。

"好，好一个但求轰轰烈烈。虎城兄，有你支持，我张学良豁出去了。"张学良激动地说。

后来，张学良评价："杨虎城很时髦，手下结交了很多人，很多是共产党，所以受他们的影响，也特别想做一个爱国救国的人。但是他看问题不深刻……"

如果事事都要求看得透彻、深刻，难免畏首畏尾。张学良思考问题，有西方的理性逻辑，也有东方的热情，但是还是没有"豁出去"的大勇气，如果有，他早在九一八就豁出去了。"兵变"这种事情，必须要有一些非理性逻辑，要有人"头脑发热"并有大无畏的精神，杨虎城弥补了张学良的这一点。

"我还没有最后绝望，再给蒋介石一个机会，我再劝他最后一次，如果不行……"张学良说，"那么我也仁至义尽，再没有顾虑。"张学良经过"怒谏"已经与蒋介石"断职"，但是，他有理由还没最后绝望，因为他还没"断情"。正因为他和蒋介石关系非比寻常，他决定以所有的感情为赌注，再劝一次。这是别人没有的资本。

1936年12月7日，夜，华清池。盛唐的繁华早已经埋入地下，骊山风雨也早已经碾作尘屑，剩下的只有寥落的灯火，灯火在漠北的冬天里颤抖，池水则在黑暗里渐渐安静。蒋介石的住处，张学良又来了。

"汉卿，你想清楚了？是调到福建，还是进攻共产党？"一见面，蒋介石就直截了当地问。

张学良也回答得干脆："我不希望被调到福建。"

蒋介石说："那就打共产党！此'剿匪'大计最后五分钟之事，不可再做任何耽搁。"

张学良沉默片刻，话题另起，说："委员长，我想向你做最后陈述。"

蒋介石说："陈述什么？还是洛阳那一套？"

张学良说："是的！"

蒋介石说："不准再陈述，我不要听。"

张学良说："我一定要说——日本先占东北，后占河北、内蒙（内蒙古——笔者注），一路南下，其野心昭然若揭，日本人决意要占领我中国。如今全国上下，人民一致盼望抗日，民心所向，不可逆转。据我所知道，共产党不但主张抗日，还主张拥护你为领袖。我们应该停止内战，中国人不要再打中国人，枪口应该一致对外。学良完全为你和国家着想，你会成为民族领袖，国家会在你的领导下得救。"

蒋介石怒起，说："娘希匹！食古不化，冥顽不灵。不要拿这套戏弄我，我是去过苏联的，共产党我比你清楚，你现在甘心做'共匪'之下'二等汉奸'。"

张学良一听，顿时哭了，伤心地哭了。"委员长，你骂我是'二等汉奸'。汉卿对你忠心，处处为你着想。九一八之事，我放弃东北河山，国人全骂我不抵抗，只有委员长体谅，委员长支持我，所以我想报恩，委员长的恩情，汉卿粉身碎骨，难以回报。汉卿向来以委员长的事业为中国的事业，委员长当日言曰，对日之战尚且需要两年准备，所以汉卿放弃了东北。可是两年又两年，两年再两年，如今我东北人无家可归，流离失所，委员长难道就不心疼？热河失败，全民不察，委员长送我出国，又召我回来，委以重任，学良感激涕零。学良能有今日全赖委员长所赐，所以我尊你为领袖。学良已数日难眠，茶饭不思，深思熟虑之下以为委员长必须放弃内战，领导我等东北男儿和全国军民一起抗日。学良已有必死信念，誓要跟随委员长将最后一滴血洒在抗日战场。"

张学良痛哭陈词。蒋介石见张学良哭，又气又疼，说："你想抗日，我不反对，但是，不能做无谓之牺牲。最后五分钟之事情你尚且不能坚持，更不必言抗日，你既然推我为领袖，就应当听我的命令。"

"委员长，中国人不要再打中国人。袁世凯以后，军阀混战，人民苦难重重，国家故而羸弱。你当日北伐，不是图消灭内战，换取统一吗？如果共产党愿意谈，为什么还要打，兄弟相残，只为外人窃喜。"张学良还是哭。

"兄弟？共产党的问题不一样，必须消灭，不能谈。"蒋介石厉声说。

"孙先生当年可以谈，为什么现在不可以。同样是领袖，你继承先生之革命，为什么就不能遵守先生之主义，搞党外联合？"张学良哭着说。

"你懂什么？总理遗训我比你清楚，不用你来教我。为党国着想，共产党绝对不能联合。"蒋介石愤怒地说。看张学良仍旧眼中带泪，他话锋一转："你不要再哭了，眼泪都是假的。我知道你是什么居心——身为军人，打了败仗，就想投降敌人，还有什么气节可言！哭哭啼啼，不行大丈夫之事，你还能做什么！"

此话一出，情断义绝！张学良以所有恩情作为赌注"劝谏"；张学良更是指出蒋介石的条条不是，把一段段感情砍断。与其说他是来"劝谏"的，不如说他是来"断情"的，想他早知道此行也是虚妄，但是，不把感情砍断，他下不了手。

张学良走出华清池，自言自语道："委员长，我已仁至义尽，对得起你了，以后我所做之事情只求对得起良心。看我做什么大丈夫之事！"

回头，张学良见到杨虎城时，自嘲地说："我果然失败了！"

杨虎城说："接下来怎么办？"

张学良说："按你的意见——'挟天子以令诸侯'。逼上梁山，还有什么法子？华山一条路，跌下去粉身碎骨，我张学良认了。"

杨虎城说："算上我一份。凭司令一句话，我杨虎城与十七路军与你共存亡。"

张学良说："虎城兄，有你支持，我心里踏实，我们共同进退。把他们（东北军、西北军各将领）都找来，好好商量商量。"

话说明白，张学良这心里反而亮堂了很多。人最怕的就是不知道该怎么办。而一旦知道要干什么，即使再苦再难，都可以坚持，即便会死亡。张学良受传统文化影响很深，骨子里甚至把蒋介石当作"万岁爷"看待。当他动了"反骨"之念时，他感觉大逆不道，对着临潼方向，默默地说："委员长，学良可要失礼了！"

铤而走险，需要勇气，更需要承担责任。

2. 兵谏

爰于十二月四日由洛入关，约集秦、陇"剿匪"诸将领，按日接见，咨询情况，指授机宜；告以"剿匪"已达最后五分钟成功之阶段，最以坚定勇往、迅赴事机之必要；又会集研究"追剿"方略，亲加阐示。虚心体察，实觉诸将领皆公忠体国，深明大义，绝不虑其有他。

在《西安半月记》的引言中，蒋介石如是说。应当说，蒋介石敢在这个时候独自赴会西安，他有些高估了自己。

张学良捉拿蒋介石之悲情和抗日救国之大义是因为一段话被彻底点燃的！

"他们无视政府，无视领袖，聚众闹事，破坏秩序，殴打政府官员。是什么爱国青年！爱国青年不是这样的。学生不好好读书，搞什么游行。我看都是些受到蛊惑的暴徒，对付他们没有别的办法，只能武力镇压，用机关枪扫射！"

这哪里是国家领袖说的话，分明是人民的公敌！

1936年12月9日，"一二·九"运动一周年，西北各界群众代表组成浩大的游行队伍，要求"停止内战，一致对外"。游行队伍从西安内城出发，经过"西北'剿匪'司令部""陕西省党部"，然后直奔三十里外的临潼，誓要向蒋介石请愿。闻讯的蒋介石对保护游行学生、称呼学生为"爱国青年"的张学良破口大骂，并派军队在西安到临潼的路上架设机关枪，严阵以待。

张学良怒火中烧，再也忍不住了。他在心中反复叩问自己：这是一个领袖该做的事情吗？面对手无寸铁的学生，一群为了中国的命运而奔走呐喊的青年，一个中国领袖居然说出这样的话。仰天长啸，他夺门而出，直奔西安方向。

十里铺，一片荒原，一个关卡。寒风如刀，刀刃如麻。纸片如雪，雪大如席。喊声如雷，雷声震天。蒋介石的卫队在这里与前来请愿的学生对峙。一边是军装，胆怯，刺刀和枪；一边是标语，激昂，热血和青春。卫队宪兵捏紧了枪栓，学生们一步步走向前。流血事件一触即发！远远地，从临潼方向驶来一辆汽车，汽车飞快，而且越来越快，车轮扬起一道尘土。旷野里，车喇叭却响个不停。

学生正在和卫队宪兵相互推搡。卫队宪兵喝令学生赶紧回去，不然就要开枪了。学生毫无畏惧，义无反顾，有的甚至拿起土块、石块，扔向卫队宪兵。

"最后一次警告你们：再向前走，就开枪了！"一个宪兵小头目说。

"和这群不知好歹的东西讲什么，妈的！架机枪！扫射。"另一个头破血流的头目怒气冲冲地吼道。

机枪已经在不远处的土堆上架好，宪兵就要下达命令。

"嘎！！！"一辆小汽车紧急地停在不远处。

一位军官急匆匆地跑下车，高声喊道："不准开枪！不准开枪。"

"张副司令！——"正准备下令开枪的小头目有些吃惊，暗自嘀咕了一句。

学生们一见是张副司令，变得更加骚动，群情激愤。

卫队宪兵赶紧在游行队伍面前搭建一条人墙。

张学良走过来，定睛一看，为首的正是东北大学的学生。

1934年底，张学良到西安任职，在他的帮助下，东北大学在天津、北京等地借读的学生被召集到西安，东北大学在西安重新成立。此刻，那些学生在寒冬里冻得面容通红，但却是那么的纯洁、执着。他们举着大标语和小标语，高呼："停止内战，一致对外！""打回东北老家去！""誓死不做亡国奴！"

张学良的心又热又疼，滚烫的眼泪再次落入风中！他才36岁，可是历史已经让他苍老，他是一个"不抵抗者""民族的罪人""丢掉东北老家的军人"。

耻辱！羞愧！激动！热血沸腾！张学良再也控制不住了。他登上旁边的土堆，面对黑压压的游行队伍，高声喊道："同学们，不要再往前方去了，你们不清楚前面的情况。请回去吧，我张学良一定把你们的意愿转达给委员长。"

"我们不回去，我们一定要见委员长。""他是领袖，我们要向他请愿，请他抗日。""国难当头，中国人不打中国人，一致对外，打倒日本帝国主义！""我们誓死也不回头，我们一定要到临潼，让委员长给我们一个说法。""我们要委员长带领我们打回东北去，夺回老家，我们要回我们的地方……"

游行队伍当中，各种呼喊声响成一片。

热！疼！张学良心胸激荡，但是他明白一定不能让学生前行，自己尚且劝不了蒋介石，学生怎么可能？更何况前方有一排黑压压的机关枪在等着。

蒋介石与张学良

张学良心疼地说："同学们！同胞们！我张汉卿和你们的心情是一样的。日本人占我国土，杀我百姓，我没有一天不在想要和他们决一死战。东北是我的老家，我发誓要打回东北去，已经是时候了。我也赞成停止内战，一致对外。我东北男儿，决不当亡国奴，我东北军随时准备为抗日洒最后一滴血，死也要死在东北。请各位放心，我和你们是一起的，我会向委员长讲明白各位的意愿。"

"不行，我们一定要见委员长""死也要死在请愿的路上""一致抗日，打倒日本帝国主义"……

学生对张学良的耐心劝说不予理睬，哭声喊声连成一片，他们手挽着手，成群结队地向前冲。看样子真要以身殉法。张学良急了，泪流满面地说："同学们，真的不能再往前面去了，你们到不了委员长那里。不要做白白牺牲。"

学生们仍旧不予理睬，人群是一片喊声哭声的海洋。

张学良横下心来，发出肺腑之言："同学们，请你们相信我。你们且暂行回去，关于抗日救国，我张学良十分珍爱和赞同，我可以给你们一个保证，一周之内一定给你们一个满意的答复。我张学良乃一名军人，说话算话。如果我张学良食言，那么以后你们任何人可以在任何地方将我打死，决不追究你们的责任。请相信我，不要再去临潼了，都回去吧！"

听到张学良如此铿锵有力的言语，游行的人的心终于平定了，纷纷表示相信张学良，集体返回西安。"一个满意的答复。"张学良要动手了。"兵变捉蒋"！这是张学良向请愿的学生作出的答复，更是向历史作出的答复。

12月9日，夜，临潼，华清池。蒋介石"清心寡欲"、深居简出，卫兵、哨所一重又一重，风有些大，背后的骊山的树木哗哗地响个不停，深山暗夜里只有一个"静"字。远远地看过去，这里只是一处平常人家。蒋介石的屋子里灯光摇曳、昏黄。蒋介石身披轻裘，在灯下写字，思考，叹息声不断。

实际上，要说西安张学良实施"兵变"的事情，蒋介石毫无察觉那是说不过去的，只是，他万万没有想到那么严重。《西安半月记》里记录：

中正于二次入陕之先，即已察知东北军"剿匪"部队思想庞杂，

264

言动歧异，且有勾通"匪部"、自由退却等种种复杂离奇之报告，甚
至谓将有非常之密谋与变乱者。

然而，蒋介石更在乎的是"拨乱反正"，更相信的是他委员长的威力。

"张学良到底还能不能用？东北军看样子已经不在我的控制之下，军队太
特殊，弄不好会成为又一个十九路军！小心为妙。东北军可以用，但是不能再
指望，汉卿可以用，但是不能再依靠，必须动用中央军。"

蒋介石这样想，风从窗子缝隙吹进来，灯火不停地摇曳。蒋介石起身，关
窗。轻轻用力，他的肩膀疼痛起来，近来他的身体真的欠佳。诸事不顺，蒋介
石尤其想骂："娘希匹！为了汉卿我操心太多。"

听着窗外黑暗里的风声、夜鸟哀号声和落木声，蒋介石掖了掖衣角。庄
子、韩非、朱熹等一个个走到他的脑子里，"仁义"之说也纷纷占领了他的
思想。

正所谓"无边落木萧萧下，不尽长江滚滚来"。

蒋介石咳嗽了几声，他想："我老了吗？身子骨已经不听使唤？娘希匹，
谁说我老了！"他的额头上暴出青筋，牙齿咬得正紧，以至于牙床隐隐作痛。
他拎着拐杖在房间里走来走去，敲击地板。他想得心寒："八年'剿匪'之
功，预计将于二星期可竟全功。不消灭共产党我无法成为真正之领袖，不消灭
他们，他们就会消灭我，现在是时候了。此最后五分钟之事情，万不可有半点
退却。"

"汉卿……张学……张学良……！"这个名字一直萦绕在他脑海里。

"人行大义，士行大忠，张学良毕竟是我蒋某人的左右之士，谅他也不敢
怎么样。然而，陈诚说得不无道理，决非空穴来风！今日之学生运动，汉卿表
现为两面派，估计他已经受到'共匪'影响，我的确不能再依靠他了，也不能
再依靠东北军。是时候另择他人了。"蒋介石再次掖了掖衣角，坐到书桌前，
映着昏黄的灯光，拿起毛笔。旁边，一杯茶就要凉透了。蒋介石在纸上挥笔
写下：

力子主席勋鉴：

可密嘱驻陕《大公报》记者发表以下消息：蒋鼎文、卫立煌先后皆到西安。闻蒋委员长已派蒋鼎文为西北"剿匪"军前敌总司令，卫立煌为晋、陕、绥、宁四省边区总指挥。陈诚亦来陕谒蒋，闻将以军政部次长名义指挥绥东中央军各部队云。但此消息不必交中央社及其他记者，西安各报亦不必发表为要。

中正

十二月九日

这道密令如果真的实施了，那么张学良就完了。但是，密令的执行、人员到位和军队调集尚且需要几天。对于张学良来说，这几天就足够了。

山雨欲来风满楼。历史的天空，被犀利的闪电划破了。

同样是在这片夜空下，西安城却明显有些躁动不安。

爆发前的寂静。很少有普通的市民出门，街道两旁，大门是紧闭的，屋子里的灯也是胆怯地亮着；三三两两的学生仍旧在西安大街上行走，他们试图"夜奔临潼"；东北军、十七路军和国民党特务到处可见，却是神态各异，一边加紧巡防，一边则吊儿郎当；远远地，听到汽车紧急的刹车声和妇人尖利的叫骂。

西安易俗社却是另一番景象，欢声笑语，觥筹交错。张学良、杨虎城在此宴请国民党大员，这是大员们最后的歌舞升平。历史的走向有许多可能，但此时，历史只朝一个方向行走。躁动，不安，压抑。风起，有些汽车被砸坏了，有人在隐蔽的巷子里放火，几个官兵则在西安高高的古城墙下点烟、望风、窃笑。

一切的征兆都预示着西安城在未来的几天将不会安宁。

当晚，为了防止学生再去临潼请愿，张学良特别派卫队营营长孙铭九带队，全副武装，举着火把，开着汽车，冲出西安古老的城门，前去临潼方向巡逻。

"介公，你这个固执的老头子！你让我忍无可忍，我一而再地违背自己和自己的良心。现在，我要做一回清清白白、堂堂正正的人，即使粉身碎骨！"张学良站在窗口，暗暗发誓。风钻进他的衣服，有些冷，他却纹丝不动。

历史通过长时间的聚焦，终于定格。

张学良已经和杨虎城商议过：此是兵变之最佳时机和最后时机！

1936年12月10日、11日这两天，历史的钟表突然转得很慢，凝重又肃穆！骊山仍旧一片静谧，寥落地迎接访问者的前来；平常的汽车声、叩门声和求见声虽然很轻，却足以震动整个山谷。张学良和平常一样毕恭毕敬地来见蒋介石，端茶、递水，言听计从，竟不再提"停止内战，一致抗日"之事，这样蒋介石的耳根子总算清静下来。但是，清净得有些不对劲。

蒋介石来西安已有一周的时间，他曾断断续续与张学良吵了几通，他的全部心思一直放在"剿匪"和怄气上，现在张学良听话了，他竟突然觉得太安静、不习惯了。就像一个长着双目的人被关进一个黑房子里的恐慌一样，一个双耳灵活的人突然处在一片寂静当中，总会不免多想一想，有些时候能悟出些道理，而有些时候的思考则带来孤独和恐慌。此刻蒋介石就感到孤独和恐慌。

11日上午，临潼，华清池更加安静。太阳笼罩在尘埃里，散发着白光，没有温暖的气息。华清池门口的哨兵冻得直哆嗦。突然，一辆汽车远远地驶过灞桥，朝华清池行来。汽车停在门前，哨兵上前观察。"张副司令！"哨兵探了身子看清楚是张学良，立刻挺直腰杆敬礼！"张副司令这两天来得倒是勤快。"哨兵想。

张学良笑着回敬一下礼，带着两名军人走进门里。他们在华清池四处走动，亭台楼榭，阡陌道路，花园拱桥看了个遍，最后停在蒋介石的房间门前。

张学良对卫兵说："禀告委员长，东北军军官前来聆听训话。"

"昨天才来过，今天这么早又来……"卫兵心里的这些话当然没有说出来，只是悻悻地去内室禀告蒋介石。

张学良气定神闲地对两位军人说："好好听委员长讲话，一定要服从。"

两位军人肃穆地说："请副司令放心，我们知道该怎么做！"

"汉卿又来干什么？"蒋介石嘀咕一句，穿着棉布睡衣走出来，神情枯槁，他的肩膀痛得厉害，不想见什么人。但是对东北军的训话，他认为必须做，这是显示领袖的威严和稳定军心之需要。自从来到西安，他在东北军中没有少走动，集体演讲举行不少，对东北军各个将领的私人训话同样接二连三。12月8日，他曾邀请了六十七军军长王以哲和一〇五师师长刘多荃在临潼共进早餐。虽然，现在他对东北军已经失去信心，但是，无奈，作为领袖，训话他还必须硬着头皮去做，教训人、向军人灌输他的思想是他所乐意的，只因为他是"领袖"。

张学良进去后，蒋介石面带愠色，说："来的那位是谁？"他是指骑兵军团长刘桂五，因为早时，在庐山他已经认识前来的师长白凤翔。

张学良笑着说："白凤翔师长，委座见过；另一位是我骑兵军的团长刘桂五。"

"团长？何柱国（骑兵军军长）呢，他怎么没有来？"蒋介石厉声问。

"何柱国军务在身，不便抽身。刘团长是骑兵军里的精英，对'共匪'作战十分勇猛，屡立战功，是骑兵最好的代表。"张学良十分虔诚地说。

蒋介石不悦地说："叫他们进来吧！我想单独谈谈。"

张学良"哦"了一声，有些意外。但他没有多问一句，径直出门，回头向白凤翔和刘桂五二人望了一眼。二人坚定地向张学良点点头，进到门里。

"委员长！"二人向蒋介石鞠躬。

"都坐下吧！"蒋介石强忍着疼痛和不耐烦，威严地说。

二人坐定，昂首挺胸，与蒋介石对视，集中精神打量蒋介石的面容，并用余光观察屋里的摆设，同时，正正经经等待委员长的训话。稍坐片刻，蒋介石的情绪酝酿好了，大道理和气愤的话如子弹一样，噼里啪啦地响个不停：

"你们副司令说军心涣散，不要打共产党。你们觉得呢，我倒要听听！"蒋介石严肃地问。

二人不敢乱答，只恭敬地说："请委员长明鉴！"

"军心涣散！一派胡言。军心为何涣散，问题出在你们这些将领身上。士兵的士气是将领带动的，将领不做表率，将领自乱阵脚，畏首畏尾，军心怎会高涨？你们要好好地反省。"蒋介石的火气一下蹿到头顶，声音也渐渐高了起来："我一再强调，陕北'剿匪'乃最后五分钟之功，你们一定不能放弃，要坚持到最后。坚持到最后就是英雄，临阵脱逃就是叛徒。"

二人点头称是，军人气质不改，纹丝不动。

蒋介石越说越气，把平时对张学良的不满和怨气一股脑儿撒在二人头上。

二人只有招架之力，他们成了名副其实的出气筒。

领教了蒋介石的一番训话之后，白凤翔和刘桂五极度压抑地走出门来。

张学良在大门口的车上等候。二人严肃地和门口的哨兵敬礼，很快钻进车里。张学良示意谭海开车。车子发动，白凤翔和刘桂五长出一口气，说："这老头子火气还真大，听他的意思，咱们东北军都成了叛徒似的。咱们要是没有一点定力，真要和他当场翻脸。这大活人也差点让他给憋死咧。"

张学良笑着说："怎么样？你们这才领教一次，就难受了。要知道，这样的训话，我是隔三岔五就要享受呢。"

刘桂五也笑了："副司令，你真够胆大。你就不怕我们在老蒋面前揭发你？"

张学良严肃地说："揭发我？我枪毙了你！"说罢大笑，"你们二人我要是信不过，我还信得过谁？让你们去见他，我就压根儿没怀疑你们。"

"副司令！"白凤翔和刘桂五看着张学良，颇为感动。

"咋样？认识委员长了吧？"张学良回到正题上来。

"清楚了。地形和布局也都清楚了。"二人说。

"好，好，我可是把要命的事情交给你们了。你们一定要办好。"张学良说。

二人坚定地说："副司令放心！"

此次，白凤翔和刘桂五名为听委员长训话，实际是来临潼认人，认的对象就是蒋介石。这两个东北军亲信都是神枪手，张学良决定好了，让二人参与捉蒋介石的任务，因为此前刘桂五不认识蒋介石，所以张学良特地安排此次会面。

历史的时钟越来越接近事件的核心。

11日傍晚，没有一丝风，西天最后的残阳消逝，留下发冷的灰白色的天空。

骊山静到了极点，华清池静到了极点。冬天，就是这个样子，天色晚得早，晚得落寥和阴沉，只有冷清和寂寞环绕四周。蒋介石拄着拐杖，穿着棉袍，在水池边的小道行走。他还是想南京，想上海，想家的温暖和妻子的温暖。宋美龄不在身边，他感到怅然和无力。旁边，枯萎的莲蓬浸泡在水中，几条白色的鲫鱼懒懒地游动，显得安静而无聊。可是，蒋介石刚走过去，鲫鱼倏地钻进水底不见了。冷清！寂寥！不安！冬天的水池中，清冷得只有他的影子。看到自己的影子浸泡在水中，他突然感觉自己就是那颗莲蓬，仿佛穿着湿透的衣服。原本以为是王者，结果发现自己"茕茕孑立，形影相吊"！

天色一点点暗下去，周围，房子里的灯一盏盏亮起来。灯光在水池中晃动！"起风了！"蒋介石裹着衣服，一步步往回走。果然，风顿起，然后大作。天色全黑了，整个骊山的树木都在咆哮，无数的夜鸟的哀号混杂其间。蒋介石回到屋子里，看着暖暖的灯光，一切安静得很！外面越是混乱，里面越是安静。这样反差强烈的安静让他不安。摆满的一桌饭菜就快凉了，蒋介石还是没有半点食欲。

此时，卫兵报告："张副司令来了。"

"让他进来！"蒋介石些许不高兴地说。

张学良穿着军大衣，走进来，后面跟着一干东北军的将领。

"委员长！"张学良笑呵呵地说，他心里也没底，这个时候老蒋突然让他来是何缘故？莫非事变计划暴露？张学良不敢肯定是不是"鸿门宴"，但他心里想，如果事变败露，一切自己扛，决不连累杨虎城等人。假如蒋介石要"杯酒释兵权"，今晚就要把东北军、西北军遣散到闽、皖，他要奋力一搏。

好一会儿，蒋介石才缓缓地站起来，他不满地说："汉卿，怎么只你和你的手下来了，虎城和于学忠呢？"于学忠乃东北军二号人物。

"他们在西安城内宴请南京代表，请帖早就发出去了，不好推辞，所以临时无法抽身前来。"张学良说。他的手心捏了一把汗。

蒋介石沉默了，眉头紧锁，拐杖轻轻地敲着地板，若有所思。张学良不知道他是什么意思，只见华清池里外到处都是哨兵和守卫，手持乌黑发亮的长枪。

"众位党国同仁，各位将军，都入座吧！"蒋介石开口，面带微笑。

张学良松了一口气，大家纷纷落座。张学良紧靠着蒋介石坐下。

蒋介石偏头问张学良："汉卿，你们在哪里宴请中央官员？"

张学良说："新城大楼。"

蒋介石说："如此，那么晚餐过后我们一同前往，我去看看他们如何。"

张学良刚才还在佯装微笑，这时，心头一颤，面露不安。蒋介石去西安，这可如何是好？这一瞬间的不安让蒋介石发现，蒋介石有些不解。张学良又笑起来，说："啊，当然好极了啊。委员长亲自去，他们当受宠若惊啊！"

张学良的心里想的却是："去西安也好，就在西安捉你！一网成擒。"

蒋介石摸不透张学良的微笑，心里一阵恐慌，他是一个提防心极强的人，半辈子的军旅生活让他养成了宁可信其有不可信其无的自保性格。这种性格使他拿起刀子对准共产党时就演变成"宁可错杀一千，也不放走一个"。

张学良还在说什么，蒋介石却没有听进去。他的思维定在了张学良那瞬间的不安上，并进而放大：眼下局势混乱，看来，西安还是去不得，那还是张学良的地盘。不怕一万，就怕万一，还是提防一点好。临潼应该安全得多。一番言谈后，张学良正要和蒋介石与一行人往外走，蒋介石却打了退堂鼓。

蒋介石自嘲地说："我身体不适，背疼得厉害，西安此番还是不去了。"

不去，当然更好。张学良笑着顺势说："听说委员长要去，我心里好暖的。相信西安将士也是如此。不过，既然委员长身体不适，那就以后再说吧，汉卿先回了。天气渐冷，您多注意身体！"言毕，张学良大步出门。

蒋介石站在门里，又突然觉得应该跟他们去。如此反复，他被自己的迟疑不决折磨得苦不堪言。处理一些公文后，时间不早了。蒋介石便洗漱一番，穿上睡衣，坐到床上，心里还是困惑：杨虎城、于学忠到底想干什么，汉卿要干什么？快刀斩乱麻，中央军准备就绪就会撤换三人，并遣散东北军和十七路军（西北军）。这些靠不住的人留着就会捅娄子。可是，躺到床上，他仍旧是困惑和心烦。突然间，他竟有了"深入虎穴"的感觉。不过，随即摇摇头，责备自己太过敏感了。

窗外的风声已经平息。夜，像一潭乌黑发亮的井水，又静又深。

当天夜里10点，张学良返回西安新城大楼，一切进展得有条不紊。

宴会完毕，张学良、杨虎城和东北军、十七路军各将领，五十一军军长于学忠，六十七军军长王以哲，五十七军军长缪澂流、一〇五师师长刘多荃、总参议鲍文樾、西北"剿总"秘书长吴家象、办公厅中将主任米春霖、骑兵军六师师长白凤翔、办公厅主任洪钫、第四处处长卢广绩，政训处副处长黎天才，抗日同志会书记应德田和营长孙铭九等众多将领聚集在张学良的金家巷公馆。

夜很深，西安城静悄悄一片，金家巷中一盏灯高悬。张学良、杨虎城宣布：明日凌晨5时以闪电战术实施"捉蒋计划"。他们做了最后的部署："东北军方面，以一〇五师师长刘多荃为临潼行动总指挥，一〇五师第一旅两个团在华清池周围较远地带警戒，防止蒋介石的卫队突围；一〇五师第二旅旅长唐君尧率孙铭九的卫队第二营两个连和王玉瓒的卫队第一营守卫华清池头道门的一个连（二道门以内由蒋介石带来的卫队守卫），担任'扣蒋'任务。此外，还调回驻甘肃固原的骑兵第六师师长白凤翔和在长安军官训练团受训的骑兵第六师第十八团团长刘桂五参加行动，因二人枪法准，必要时可以有效地对付蒋介石卫队的反抗。十七路军方面，以十七师五十一旅旅长赵寿山为行动总指挥，特务营营长宋文梅所部主要担任扣留住在西京招待所等处的蒋系军政要员的任务；孔从周的警备第二旅和李振西的教导营负责解除宪兵一团、省保安处、警察大队、省政府常驻的宪兵连和飞机场驻军的武装，并占领飞机场，扣留作战飞机，以及担任西安各街巷口的警戒；炮兵团负责车站方面的警戒。"

随后，张学良站在东北军将领前，做了最后的动员："我们东北军亡省亡家，又背了不抵抗的骂名，为全国人民所不谅解，这几年的闷气，我们实在受够了。几年来的事实证明，不抵抗是根本错误的。10月间在西安，11月在洛阳，最近在临潼，我多次向委员长痛切陈词，反复说明停止内战、一致抗日的必要，要求他领导全国抗战；只有先抗日，然后才能统一，不能'先安内而后攘外'；只要抗日，共产党和红军的问题可以用政治方法解决。这些请求都遭到他的严词拒绝，并且受到他声色俱厉的斥责。现在他硬逼着我们去打内战，不服从他的命令就要把我们调离西北去闽皖，实际是要吃掉我们。我们实在忍无可忍了。我们东北男儿是有血性的，对他已经仁至义尽，我们被逼上绝路了，别无他途。我已经和杨主任商定，明晨5时临潼、西安同时行动，用强制手段请委员长到西安城里，逼他停止内战，一致抗日。我的指挥部设在新城，与杨主任共同指挥。"

说到动情处，张学良竟声音嘶哑，但仍竭力控制住自己的情绪，提高声音，真诚地对杨虎城说："此次事变乃历史的转折点，不成功便成仁。如果失败，你就押我去见委员长，不要让自己万劫不复！"

杨虎城激动又感动："主任，此时你我不分彼此，你我同舟共济！"

张学良又叮嘱孙铭久、白凤翔："你们记住，去临潼有两个任务，捉住委员长；千万不能让他有事。带他活着回来，如果他出意外，你们就不要回来了。"

孙铭久、白凤翔果决地回答："少帅，这一点我们清楚！保证完成任务！"

深夜2点，蒋介石带着一肚子的困惑入睡了，但是腰疼让他睡不安稳！

5点左右，西安市没了任何动静。几辆卡车载着荷枪实弹的军人，悄悄开出城门，直奔临潼。车上坐的是负责"捉蒋"的军人：孙铭久、白凤翔、刘桂五、王玉瓒。沉沉的夜里，汽车的声音显得很强，靠近听，可以吵醒熟睡的人们；汽车的声音也很弱，莫大的夜，几辆汽车的声音填不满，声音刚起，就消失掉。

深夜将历史的事件淹没得"神不知、鬼不觉"！

睡了不到3个小时，蒋介石早早醒来，腰疼得厉害，他不打算再睡了。

凌晨5点，他起身，坐在床上闭目养神，窗外的世界静得可怕，他仿佛处在一个深深的黑洞里！

凌晨6点，突然，枪声响了！第一枪的声音格外响。蒋介石一激灵，睁开眼睛，从床上跳下。他的胃开始痉挛。但他的手用力捂着腹部，侧耳细听。紧接着，第二枪响了！蒋介石让一个卫兵出去看看什么情况，结果卫兵没有回来！

刹那间，蒋介石意识到所有这些枪声都是冲着自己来的。张学良那瞬间的奇怪表情再次浮现在他心头。他的脑袋顿时一沉。此时，已经分不清是第几枪了，枪声响成一片。知道大事不妙，他气得大骂："娘希匹！真的造反了！"

他又让第二个卫兵出去打探。结果，卫兵还是没有回来！蒋介石急傻眼了。

"委员长，有人造反，叛军已冲过二桥，请速速离开。"突然，有人气喘吁吁地跑进来，上气不接下气地叫道。蒋介石慌乱作一团，脸色煞白。往哪里逃？

院子里喊声四起，火光冲天！犹豫之际，又有人匆匆来报："委员长，叛军已冲入二门，各处都有叛军，唯后山哨所安静，请委员长快快撤退到那里。"

听到后山安全，蒋介石慌张地连衣服和鞋子都没穿好，只套了一双拖鞋，便和两个卫兵一起狼狈不堪地往后墙方向跑。后墙从里面看很矮，一伸手就上去了，一个卫兵先上去，跳下。接着，蒋介石爬到墙上，双手因为发抖没有抓牢，顿时掉到墙下。没想到墙外是个坑。这一摔，正好摔在腰上，他"哎哟"一声，疼得他眼泪直流。但他顾及不得疼痛，挣扎着爬起来。两个卫兵慌不择路，拖着蒋介石不顾一切地往后山跑。骊山荒野里，蒋介石深一脚浅一脚地挪动、爬行。

天就快亮了，华清池的枪声渐渐平息！几个打头的东北军冲进了蒋介石的房间！眼前却是人去屋空，假牙放在桌子上，被窝还是温的。"他跑不了多远，快搜！"追捕者大声喊道。他们便漫山遍野地搜寻！居然没有结果。

新城大楼里电话响个不停。临潼那端的声音有点沮丧：

"副司令，委员长跑了。"

"你们怎么搞的？是不是不小心把他给……"张学良紧张地问。

"没有，没有，我们查过了，委员长没死。跑了！"

"赶紧把他找出来，找不到你们就别回来了！"张学良焦急万分。

躲到后山一巨石下的蒋介石惊魂未定，喘息不止。他紧张地问身边的人：

"看清楚叛军的模样了吗？"

一个卫兵答道："都戴着长皮帽子！"

蒋介石的心一下凉了："是东北军，东北军要造反了。张学良是怎么教训手下的？谁下的命令？难道是他？娘希匹！"

天已经大亮。蒋介石愤愤地想："上帝，请保佑我逃过此劫难！娘希匹，不论是谁，我回去一定要军法处置这些叛乱人等。"

就在这时，石头旁，响声大作！蒋介石绝望了！

"委员长可在石头后面，我知道你在后面，请委员长出来说话。否则我要开枪了！"说话的竟是孙铭久。

"不要开枪，我是委员长。"蒋介石沮丧而胆怯地走出来，神情枯槁。他穿着睡衣，赤着脚，满身满脸都是泥灰，浑身发抖，嘴唇冻得又紫又青。

蒋介石看见孙铭久和一帮东北军，脸色顿变，生气地说："你们打死我吧！"

"我们不会打死委员长。奉副司令之命我们是来请委员长回去抗日的！"孙铭久一字一句地说。

此话一出，蒋介石心凉到底。原本他奢望或者以为只是东北军一小撮人哗变，他还等着张学良出来救他，不想这正是张学良的意思——这个最不希望看到的局面却变成了事实。蒋介石绝望了，一屁股坐到石头上，怎么也不肯往前走了。

电话再次打到西安，张学良长长地松了一口气。

"快把他安全带回来，一定不能伤害他。"张学良小心地说。

蒋介石已经在石头上坐了好一会儿，任凭谁劝，他都不愿移动。他赌气说："我腰疼，不能动，让你们副司令来接我。"

孙铭久说："委员长腰疼，我背您！"

蒋介石却故意出难题，说："我要骑马下山。"

孙铭久看出来他是闹脾气。几人商议一番，软的不行来硬的，于是，一群人不由分说地把蒋介石架下山，一路上蒋介石仍旧耍脾气，手脚不停地扭动。最后，他自己也累了，只能接受现实。上了汽车，见到谭海，如见张学良，他更气愤。蒋介石却只能把气愤吞下肚。唐君尧和孙铭久分别坐在他两边，更让他不爽，他觉得丢尽了领袖的尊严。可是此时，他又想到什么——杨虎城？张学良"叛变"了，还有十七路军在。这是他在西安城为自己寻找的一点自欺欺人的希望。

当他听到要把他"护送"到新城大楼时，他更绝望了：杨虎城和张学良一起"叛变"了，西安完全不在他的控制范围内了——因为新城大楼是杨虎城的地盘。

一点儿没错，就在临潼捉蒋的同时，杨虎城配合东北军封锁了西安的交通、通信等，解除了西安国民党宪兵团的武装，并且包围了"西京招待所"，所有来陕的中央官员都住在那里，陈诚、蒋鼎文、蒋百里、卫立煌等被一网擒获。

蒋介石成了"阶下囚"。他在后来的日记里写道：

八年"剿匪"之功，预计将于二星期（至多一月内）可竟全功者，竟坐此变几全隳于一旦。

历史一定格，犹巨石击浪，全国上下沸腾起来。

张学良注定是蒋介石的恩人，又注定成为蒋介石的冤家。

这是两个人的命运，也是国家和民族无法绕开的背影。

3. 冷战

一个人要做事，特别是做大事，一定要有"一人做事一人当"的勇气。这种勇气不是一时的冲动，而是理性的选择。这种勇气包含着个人对所做事情的认知、后果，以及对历史的艰难承担。正因为此，行事者要着眼全局，思虑周全，有勇有谋，不能逞一时之能，更不能推御责任，或为自己辩护。从这个意义上讲，张学良展示了他那迎难而上、义无反顾、敢于担当的铮铮风骨。

大幕是拉开了，可收场戏该怎么演呢？我缓缓起身，毅然向众将领说道："我和虎城兄胆大包天，把天给捅了个大窟窿。现在，国家和民族的命运掌握在我们手里，我们大家都要负责。"

关于西安事变，许多年后，张学良如是说。的确是这样的，兵变的关键其实不在武力捉住蒋介石，而是在武力达到目的之后，怎么对待蒋介石和蒋介石怎么反应。"捉蒋"不是为了"杀蒋"——后者在当时情势下只能给局势添乱；"捉蒋"只是为了"逼蒋"——这不仅是张学良个人的想法，也几乎是当时全中国人民的共同想法。只要蒋介石愿意抗日，人们就会还他权力，并且拥护他。

可是，蒋介石能不能给张学良、东北军和全国人民一个满意的答复呢？

答案在蒋介石那里，没有人知道接下来会发生什么。

事实上，就在11日当晚，当张学良高调宣布"捉"住蒋介石的行动后，很多东北军领导当即提出一个问题："捉住委员长以后怎么办？"

张学良三思而不敢大言，他没有把握。诚然，事情是一步步地做，没有捉到蒋介石之前，"捉蒋"最关键。但是就整个事变来看，张学良自己也承认当时想得太简单，没有充分考虑"捉蒋"以后该怎么处理。面对众人的问题，张学良只能说："捉到委员长再说，只要他在我们手里，一切都可以待后面解决。"

听起来似乎也是对的。但是，当真的"捉"了蒋介石，"捉蒋以后之事情"立刻变得紧迫和棘手，这不再是张学良的问题，蒋介石的问题，或者东北军的问题，共产党的问题，甚至不是抗日的问题，而是关系中华民族生死存亡的问题。

张学良有能耐"捉"住蒋介石，未必有能耐制服蒋介石。

正如后来史学家常说的那样："捉蒋容易放蒋难。"因此，张学良必须联合各方力量，集中大家的智慧，共同解决这个难题。在历史的风尖口，张学良的当务之急就是绝对保证蒋介石的生命安全，让他妥协，和谈，抗日！

12日上午，蒋介石"住"进新城大楼。宽大的房间，生活用品齐全，且都是上好的，但是，在蒋介石眼里，被子不暖，褥子不软，桌子上，芳香的茶水已经冷了，丰富的饭菜也冷了，甚至连为他准备好的止痛药丸也是冷的。

蒋介石的眼里，一切都是灰色的，与他无关。这时，他的腰痛更加厉害，所以他想躺下，但是躺下反而更不舒服，于是又坐起。坐着还是不舒服，于是起身。起身仍旧不舒服，于是行走。行走还是不舒服，于是又坐下，仍旧不舒服！

蒋介石气愤、害怕、羞愧、躁动而又乖戾。

外面的热闹够了吗？"共匪"兴高采烈了吧？"张学良……娘希匹！"蒋介石不愿想起这三个字，觉得字字刺眼，字字穿心。他坐在椅子上，斜着眼，看着窗外的一片天空和一丛枯树枝。天空是灰的，树枝也是灰的。一抹阳光从窗子照进来，投射到地板上。阳光也是灰的，灰色的阳光却刺疼了他的眼睛。寥落而渺远的人声从窗子传来，微弱得无法分辨，微弱的人声却震疼他的耳膜。他站起来，不停地叹气。他走到门前，贴着门上的一扇小窗，小心地向外打量。没有人！

突然，一个人的脸出现在眼前，四目相对。蒋介石警觉地后撤。那张脸是捉他的孙铭久的脸！蒋介石又坐到桌子前，肚子已经呱呱叫，看着食物和水，他想吃，拿起筷子，却没有一点食欲。一阵军靴声响起，蒋介石放下筷子。

门开了。张学良一身戎装走进来，面容肃穆却又恭敬。

"委员长！"张学良谦卑地喊道。

"哼！"蒋介石气愤难耐，把身体转过去，背对着张学良。

张学良料定会是这种情形，心里却仍旧有些许恐慌。然而，他既然敢捉住蒋介石，就豁出去了。他也生气，但还是咬了咬牙，把所有怨恨先咽下。

"委员长！我们以全国人民的要求，发动这次事变，我们的动机是纯洁的，完全是为国家着想，绝对没有考虑个人利益。"张学良不卑不亢地说。"我既不是夺权，更不是争利。这一点你应该清楚。"

蒋介石十分激动，身体颤抖，"哼哼"声不绝于耳！"娘希匹！你张学良打着国家和人民的旗号来整我，将我置于不义之地，好像是我辜负了大家似的。呸！"蒋介石越想越生气，尤其想到"刘桂五认人"的事情，他就更加恼火。

只听张学良继续说："希望委员长能够静下心来，勇于改正错误，联合全国力量，坚决抗日，带领我们拯救民族，汉卿别无他求。"

"'抗日'，'抗日'！我就知道你们要来这一套！"蒋介石悻悻地想，因为这的确是他的软肋。

"委员长！我……"张学良还要诚恳地说下去。不料，蒋介石却一下跳起来，冲着张学良怒吼道："你不要叫我委员长，我不是你的长官，你也不是我的部下！"蒋介石青筋暴起，眼里迸射出团团烈火。

张学良知道他在生气，便极力压住自己的性子，细声而和气地说："我知道委员长受委屈了，但这也是迫不得已。汉卿当然是委员长的部下！我们这么做，唯一的目的就是拥护委员长为领袖，带领我们抗日。"

"混账东西！"蒋介石歇斯底里地骂道："既然你认我是委员长，你立刻送我回洛阳。否则全国混乱，经济崩溃，民不聊生，还谈什么抗日？"

张学良说："委员长，恕我直言：今天的事情不是这么简单，恐怕您要给大家一个交代。东北、西北各将士无一不希望委员长您能承认错误，改正路线，同心协力，抗击日本人。这件事情，汉卿一个人说了不算。"

蒋介石气得坐回床上，脸色煞白，心里想："你说了不算？就是你张学良的问题，不要和我玩儿这一套！"这话差点喷出口。

张学良见蒋介石腮帮子发颤，便继续说："委员长，您应该看清楚时下局势，不要一错再错，如若不然，那……只有让民众来公裁。"

此语铿锵有力，掷地有声！这句话，无异于让蒋介石接受人民的公审！

"娘希匹！"蒋介石再次从床上跳起来，勃然大怒，"公裁？我成了人民的公敌呐？你、你们太过分了！"蒋介石说到这里竟然红了眼圈，声音也低沉下来："我如何对你，你如何对我——你既然说是为国家，那么先送我回洛阳。"

"委员长，不是我不想送你，事情没那么简单。"张学良意味深长地说。

蒋介石气呼呼地坐下，也不再和张学良说话。站了半天，张学良知道没有结果，只好说："委员长，您好好地考虑，注意身体。我会再来看您。"

蒋介石的鼻孔出了一口冷气。张学良转身离开。出了门，他看了蒋介石最后一眼，只看见蒋介石因生气而起伏不定的背影和肩膀。张学良心里琢磨：事情很不好办，要蒋介石妥协不是一时半刻的事情，甚至是希望渺茫的事情。

蒋介石是那个时候中国的领袖，那个时候中国的国情决定了蒋介石是一颗威力无比的炸弹，弄得好，可以炸飞日本人，弄不好，会把中国炸得支离破碎。事不宜迟，张学良马上吩咐下去，着手办几件大事：赶快筹划起草文件；请陕北共产党派人来西安；军事方面，组织一个参谋团；政治方面成立一个设计委员会。

当天，张学良就西安事变通电全国，澄清事变的性质和目的。

　　东北沦亡，时逾五载。国权凌夷，疆土日蹙，淞沪协定，屈辱于前，《何梅协定》，继之于后。凡属国人，无不痛心。近来国际形势豹变，相互勾结，以我国家民族为牺牲。绥东战起，群情鼎沸，士气激昂，当此时机，我中枢领袖应如何激励军民，发动全国之整体抗战。乃前方之守土将士浴血杀敌，后方之外交当局仍力谋妥协。自上海冤狱爆发，世界震惊，举国痛愤，爱国获罪，令人发指。蒋委员长介公受群小包围，自绝民众，误国咎深。学良等涕泣进谏，屡遭重斥。日昨西安学生举行救国运动，竟唆使警察枪杀爱国幼童，稍具人心，孰忍出此！学良等多年袍泽，不忍坐视，因对介公为最后之诤谏，保其安全，促其反省。

电文附带八项主张：

　　（一）改组南京政府，容纳各党各派共同负责救国；
　　（二）停止一切内战；
　　（三）立即释放上海被捕的爱国领袖；
　　（四）释放一切政治犯；
　　（五）开放民众爱国运动；
　　（六）保障人民集会结社一切政治自由；
　　（七）确实遵行总理遗嘱；
　　（八）立即召开救国会议。

　　电文上附带的是张学良、杨虎城、于学忠、王以哲、马占山、何柱国等的名字，还有被抓南京人员陈诚、蒋鼎文、蒋百里、卫立煌、钱大钧等的大名。
　　电文一出，举国哗然！有人偷笑，有人忧虑，有人害怕，有人恐慌，有人思考。中国，风雨交加，电闪雷鸣。中国的历史走到了一个奇特的瓶颈。作为事件的中心，西安城已经沸腾。各界群众纷纷涌上街头，要求惩办蒋介石。与此同时，忧郁的蒋介石在新城大楼会见了邵力子，卫兵营营长宋文梅寸步不离其左右。

听闻南京官员钱慕尹在西京招待所中枪不治身亡，蒋介石又气又怕。

随后，在灰色的房子里，蒋介石愤懑地写下了遗嘱，仿佛在办理身后事，决心一死。蒋介石给宋美龄的遗嘱是这样的：

贤妻爱鉴：

兄不自检束，竟遭不测之祸，致令至爱忧伤，罪何可言。今事既至此，惟有不愧为吾妻之丈夫，亦不愧负吾总理与吾父吾母一生之教养，必以清白之身还我先生，只求不愧不怍无负上帝神明而已。家事并无挂念，惟经国与纬国两儿皆为兄之子，亦即吾妻之子，万望至爱视如己出，以慰吾灵。经儿远离十年，其近日性情如何，兄固不得而知；惟纬儿至孝知义，其必能克尽孝道。彼于我遭难前一日尚来函，极欲为吾至爱尽其孝道也。彼现驻柏林，通信可由大使馆转。甚望吾至爱能去电以慰之为感。

廿五年十二月二十日
中正

蒋介石给蒋经国、蒋纬国的遗书是这样的：

又嘱经、纬两儿：

我既为革命而生，自当为革命而死，甚望两儿不愧为我之子而已。我一生惟有宋女士为我惟一之妻，如你们自认为我之子，则宋女士亦即为两儿惟一之母。我死之后，无论何时，皆须以你母亲宋女士之命是从，以慰吾灵。是嘱。

父
十二月二十日

还有一封告全国人民书：

> 中正不能为国自重，行居轻简，以致反动派乘间煽惑所部构陷生变。今事至此，上无以对党国，下无以对人民，惟有一死以报党国者报我人民，期无愧为革命党员而已。我死之后，中华正气乃得不死，则中华民族终有继起复兴之一日。此中正所能自信，故天君泰然，毫无所系念。惟望全国同胞对于中正平日所明告之信条：一、明礼义；二、知廉耻；三、负责任；四、守纪律，人人严守而实行之，则中正虽死犹生，中国虽危必安。勿望以中正个人之生死而有顾虑也。中华民国万岁！中国国民党万岁！三民主义万岁！国民政府万岁！国民革命军万岁！
>
> 蒋中正

蒋介石当真想死？当真不怕死？非也。诚然，蒋介石此刻已经有些绝望，但是还远没有到万念俱灰的地步。张学良明确保证，不是要他死，而是要他"认错"。可他是领袖，向部下"认错"，这是面子上的事情！面子是要命的，他要表现得大义凛然，以保领袖之气节。而"认错"就是要放弃"剿共"，眼睁睁地看着这"最后五分钟之功"溜走，他怎能心甘？他也要做"最后五分钟之挣扎"！

话又说回来，他所写之遗嘱，其实也是给张学良看的。新城大楼，从他房子里出来的东西，张学良都清楚。所谓遗嘱，蒋介石交给宋文梅转发。他当然清楚，宋文梅会把遗嘱拿给张学良。很明显，他是向张学良示威。

张学良看了遗嘱，清楚蒋介石玩的是什么把戏，他不会轻易放人，但是，还是要解决问题。为了打破僵局，张学良立刻给宋美龄发电，恳切陈情，表明事变的动机是绝对纯粹的，没有任何私欲，只是希望委员长能够抗日。同时，为了获得国内最大范围的支持，张学良又向南京政府各重要官员发电，向陕北中共中央发电，向阎锡山、李宗仁、冯玉祥等各大小军阀势力发电。

此时，西安城成了中国的焦点，也是世界的焦点。

自大唐盛世千年以后，西安再次成为历史的大舞台！

事件之初，宋美龄还在上海主持全国航空建设会。闻蒋被捉，她心急如焚，飞回南京。南京政府各官员反应各有不同，大部分人同意立刻解除张学良的一切职务，派兵讨伐，尤其"人小鬼大"的军政二号人物何应钦强烈要求出兵西安。作为蒋宋一脉，宋美龄、孔祥熙、宋子文坚决主张和平解决，能谈则谈。

意见之所以分歧的一点原因是：张学良有没有对蒋介石怎么样？一些人认为蒋介石已经遭遇不测。宋美龄也担心，虽然张学良电文明确表明，动机纯粹，不会伤害委员长，但宋美龄对西安的看法也是微妙的。她明显地偏向张学良，而仇视杨虎城。因了一份特殊的情感，她可以原谅张学良，却决不宽恕杨虎城。

宋美龄在《西安事变回忆录》中写道：

> 是日晨，得张学良来电二通：一致孔部长，一致余者，皆经中途阻碍，延搁已久。读其致余之电，涉及委员长，语多不逊。余初愤甚，继念，安知此电果为张所亲笔签发者？安知张非与其部下有隔阂者？即此电确为张所亲发，又安知张非在激昂情绪下措辞失检耶？

读此，我们不难明白，为什么西安事变之后，她要力保张学良。甚至在后来，她听信了他们夫妇的驾驶员爱而德所叙述的关于西安事变的版本：

> ……事件发生，实属意外；当日天明时，西安城中张学良部队已为杨虎城缴械，杨氏统制全城，即张学良部下出入城门，亦必先向杨氏领取通行证；张学良部队在城中者，只有卫队四百人，在城外者亦只六千人，是即驻守飞机场之防空队也。

她信张学良。正因为此，她坚决反对何应钦等人的"讨伐"，"讨伐"反而会造成万劫不复的后果，不如谈判。13日8时，宋美龄去电张学良，协商端纳去西安事宜。选择端纳去西安，是很有远见的。此时，端纳已经不再是张学良的顾问，而是他们夫妇的顾问。让这样一个外国人前去西安，一探虚实，再好不过。

此时，短短两天时间，西安引爆了世界的恐慌、猜疑和仇视！舆论和传言中，西安成了这个星球上最暴乱的城市。暴动、游行、杀戮、阴谋等，都被外界描写成丑陋的姿态，疯狂的姿态。全国各个省份基本一致地站在南京一边，公开讨伐张学良，英、美、德等国斥责西安之事为阴谋，美国《生活》杂志甚至将张学良选为当周"恶棍"！日本人自然跟着火上浇油。令张学良和中共想不到的是苏联，斯大林明确表示不支持西安事变，把张学良描写成一个企图夺取政权的"旧军阀"，并声称，如果蒋介石有什么意外，苏联将和中共断绝一切关系。

前所未有的压力压向张学良，这是他始料未及的。

张学良恳切地希望周恩来来西安，甚至言称"用自己的飞机去陕北接"。14日，在西安城内，在蒋介石身上发生的一切更让他忧心忡忡。蒋介石赌气，不再答理他，甚至连续三天绝食。情况越来越危机，朝着不可预知的方向发展。蒋介石要是出问题，事情就不好办了。张学良担心得很。于是，他想把蒋介石从新城大楼接到高桂滋公馆，因为高桂滋公馆距离金家巷公馆比较近，方便他照看蒋介石。可是，蒋介石居然死活不依，硬是说他有阴谋，想骗自己过去，然后谋杀自己。为此，张学良一天跑四趟新城大楼，蒋介石每次都假装睡觉。

此时的蒋介石宁愿信杨虎城，也不信张学良。他接见了杨虎城，坦言杨虎城"万想不到尔等受人煽惑，中人毒计至此……"蒋介石这话的意思到底是说中共还是说张学良？或者两者皆有之吧。站在蒋介石的角度看，他原来和张学良太亲了，所以现在不能有半点屈服，否则大失面子；他与杨虎城私情不深，反而可以放下身段。他就是要做给张学良看！你让我丢脸，我就给你难堪！

这场戏演得真是别扭！本来绝望的应该是蒋介石，现在居然调换了角色，张学良有些绝望了。此时的蒋介石像一个因"被伤害"所以怄气而得到万千宠爱的孩子，张学良则成了"伤害别人"所以遭到众人抛弃的不听话的孩子。

端纳终于到了西安！张学良欢欣鼓舞地跑到机场去接他，似乎他不是蒋介石的救星，而是张学良的救星。几句寒暄后，张学良陪同端纳立即去见蒋介石。端纳进门，张学良只能站在门口。他知道，他进去，委员长肯定又要"睡觉"了。

见到端纳，蒋介石心头一热，多日愁绪稍微散去。端纳对他好言相劝，说汉卿本无恶意，出于一片爱国之心，绝无伤害委员长之意，请他放心。

更为重要的是端纳带来了宋美龄的亲笔信：

夫君爱鉴：

　　昨闻西安之变，焦急万分。窃思吾兄平生以身许国，大公无私，凡所作为无丝毫为自己个人利益着想，只此一点，寸衷足以安慰。且抗日亦系吾兄平日主张，惟兄以整个国家为前提，故年来竭力整顿军备，团结国力，以求贯彻抗日主张，此公忠为国之心必为全国人民所谅解。目下吾兄所处境况真相若何，望即示知，以慰焦思。妹日夕祈祷上帝赐福吾兄，早日脱离恶境。请兄为国珍重。临言神往，不尽欲言，专此奉达，敬祝健康。

妻美龄
二五年十二月十三日

看着妻子的信，蒋介石眼里有泪。被关几日，他无时无刻不在思念妻子。如今看到妻子身边的人，又看到妻子的手迹，他怎能不感动、不感怀？端纳随即劝他："蒋先生，你要听夫人的话，好好保重身体，还是住到高桂滋公馆吧。那里环境好些。张将军也说了，只要您同意搬到那里，一切都好商量，并表示尽可能快地送您回南京。"此刻，蒋介石竟然吃饭了，也同意迁往高公馆。

进了高公馆，蒋介石仍旧吃不香，睡不着，猜疑心越来越重。他不想死了，甚至怀疑有人想杀他。孙铭九给他送饭，吃之前，他不安地要求孙铭九先吃吃看！

张学良的压力并没有减轻，蒋介石还是指望军事解决。虽然，端纳表示：

285

"夫人意见，此事最好和平解决，不要指望军事进攻，军事进攻暗里藏刀。"蒋介石也听出话外之音。然而，没有了蒋介石指挥，一切事情都有可能发生。

16日，中央军5个师的兵力已经冲破潼关，濒临西安！洛阳飞来的轰炸机，在西安上空盘旋，轰炸了渭南、华县。中央军的强大攻势下，东北军、西北军内部意见出现分歧，很多人主张杀掉蒋介石，甚至出现将领叛变去投中央军的情况。

蒋介石的机会来了，他开始和张学良谈，但是要张学良面对中央军的攻势妥协于他！张学良不干，声称：如此境况，他别无他途，决定一死。一个人难免一死，当一个人真正将生死置之度外的时候，那种力量是异常强大的。张学良有可能敌不过中央军，但是，对握在手中的鸡蛋，还是可以捏碎它的。

看清形势后，蒋介石最终妥协了。端纳所言中央军"暗里藏刀"，蒋介石也清楚是什么意思。炮弹没长眼睛，他自己就在西安城，说不定被炮弹炸死，阴谋者也不用负责任。而军事行动一旦过激，张学良怎么对他，他心里也没底，于是，他派蒋鼎文回南京，传令停止军事行动三天。蒋鼎文辗转数日，于19日才回到南京。何应钦遵命暂时停止了军事行动，宋美龄这才稍稍放心。因为，她一直怕西安被攻占，张学良可能押蒋介石飞去陕北或者新疆，那样麻烦就大了。

16日的一个转折点是：周恩来到了西安。

之所以周恩来16日才到西安，很大一部分原因是中共要和共产国际"博弈"。"博弈"的主题自然是蒋介石和张学良。张学良捉住蒋介石，这完全出乎毛泽东、周恩来的预料，他们惊讶的同时也看到了契机。中共开始趋向于"审蒋""除蒋"，支持张学良；但苏联、共产国际的意思是"联蒋""保蒋"，反对张学良。最后才形成一致意见：支持张学良，保蒋，然后联蒋，和平解决西安事变。

周恩来来了，张学良欣慰！见到剃了长须、俊美的周恩来，张学良紧紧地握住他的手，迫不及待地对他说："我们实在忍无可忍才捉了他！"

"捉蒋"实在出乎预料，但是解决这个问题，共产党人可以做到。周恩来的出现让张学良看到他不再是孤军奋战，西安的天空开始出现一丝阳光。周恩来向他分析了西安事变的走向。总体来说，要么和平解决，说服蒋介石，停止内战，一致抗日，中国得救；要么一拍两散，杀掉蒋介石，中国必然重新陷入军阀混战，如此一来内忧外患，国将亡矣。而延安方面是主张和平解决西安问题。

周恩来又向他解释了苏联方面的态度问题，让他不要担心。

张学良心里明白，"中东路事件"他在苏联人眼里留下了不好的印象。

随后，周恩来在东北军、西北军内部，在杨虎城和众将军之中不停地走动，努力平息不和谐的声音，让"三位一体"统一到"和平解决西安问题"上来。

17日、18日、19日三日，蒋介石在焦躁之中度过，精神极度萎靡。张学良每天都来看他，他仍旧不冷不热。20日，宋子文来到西安。本来南京政府不希望任何要员抵达西安，但是和宋美龄商议之后，宋子文和端纳毅然以私人名义到来。

宋子文，这个张学良的兄弟，蒋介石的妻兄，是另一个身份恰当的人选。他是继端纳和周恩来之后来到西安的又一重要人物，也是关键性的人物。虽然他和蒋介石有隔阂，但是在生死和国家的问题上，他自然是向着妹夫的。

二人见面，依旧热情，但是在西安的天空下，两个人的握手有了另外的含义。

宋子文直言不讳："汉卿，这次你做得太出格了。"

张学良无奈地说："事出有因。我没有别的办法了，你不也主张抗日吗？"

宋子文说："抗日是对的，但是不能如此胡来。"

张学良说："不能胡来，我还能怎么办？"

宋子文无言以对，沉默片刻，说："现在关键是怎么解决这个僵局。"

张学良说："我希望委员长能和我好好谈，否则……"

宋子文眉头紧锁。头一回来到西安，西北的空气有点冷！他担心蒋介石，其实他更为张学良忧虑：这个烂摊子看你怎么解决！

宋子文、端纳由张学良陪同到达高公馆蒋介石所在房门口。

到了门前，宋子文对张学良说："我要和委员长单独谈谈！"

宋子文就是宋子文。张学良敬他几分，张学良也想他能与蒋介石谈出个结果。当即卫兵都撤出了蒋介石的住所，端纳和张学良在门外守候，宋子文走进房间。

蒋介石看到他的一瞬间，激动地差点哭出来，仿佛受尽了人间的委屈！

见到蒋介石憔悴的样子，宋子文心里很难受。毕竟有一份亲情在，无论两人之间有多少恩怨，也不管蒋介石曾经掴过他的耳光，但眼下，想着他成了一头受困的老虎，实在有些可怜。宋子文递给他一封信，出自宋美龄之手。蒋介石读着信，毫不掩饰地哭了！宋子文递去一张纸巾。这是宋子文头一遭见蒋介石哭。没有几个人真正见过蒋介石在人前哭。蒋介石也并非容易掉泪的人。但是，看了妻子的信，他还是止不住。虽然，信写得并不长。

宋美龄在信中写道：

如子文三日内不回京，则必来与君共生死！

蒋介石读到此，哭得更厉害。人受"委屈"时总是希望别人来安慰的，而受了"委屈"的人在亲人面前最脆弱。蒋介石不例外，他不由自主地想回南京。

宋子文听说他先前绝食，现在身体又是腰疼，又是肩膀疼，而他又抱定"不妥协"的态度。想起事件的前因后果，宋子文开始为蒋介石的安全担忧。

宋子文悉心地安慰他，正如他在日记中记录的那样："我对其安慰。告诉他，彼并未蒙羞。相反，整个世界均在关心他，同情他。"

蒋介石读完了信，也稳定了情绪。宋子文认真向他谈论了西安问题的解决途径："军事上之成功并不能确保其性命之保全。……惟国家将陷于分裂，内战四起。"宋子文向他明言：他们（张、杨）已走向极端。若其遭受失败之打击，他们甚有可能挟持他退往其山上要塞。甚至，他们可能变成一伙"暴徒"，并在"暴徒"心态下杀死他。"暴徒"言过其实，但是如果真到山穷水尽时，张学良未尝不敢杀掉蒋介石，至少杨虎城敢。

在宋子文的劝说下，蒋介石终于有所松动。当天，蒋介石会见了张学良，并讨论了一些问题，会谈总算有些进展，这是可喜的。张学良也是乐意和他平心静气地谈的。但是，进展仍旧不大。蒋介石铁了心不做大的让步，要玉石俱焚！

21日，宋子文返回南京，此时，他对西安的形势已经透析：

> 一、此次运动不仅系由张、杨二人所发动，而且亦得到全体官兵上下一致之支持。二、张、杨与中共两方军队联合一起，将成一令人生畏之集团，以现有之兵力，加之有利之地形，在目标一致之条件下，他们完全可固守战场数月。三、中共已毫无保留地将其命运与张、杨维系在一起我坚信，拯救中国唯一之途——只能借政治解决。

可是，回到南京，宋子文竟然成了西安事变的所谓"幕后黑手"！

宋子文和张学良走得近不假，他赞同抗日也是真，他和蒋介石不和也是流传在外。于是，此去西安，他竟能全身而退，南京方面不免有人怀疑。

实际上，他能安全地回南京，还是因为张学良要放他回来，等着他解决这个问题。蒋介石现在是块"烙铁"，在手里一天，张学良就要煎熬一天。

宋子文传达了蒋介石的意思，暂时停止大军压进，以委员长性命为重。而他自己则建议尽快派出一个谈判团体去西安，整个方案他已经谋划于胸：

> 我不知何种政治解决切实可行，但我决定先行如下几点：1. 应让蒋夫人来西安照顾委员长，并改变其听天由命之态度。2. 由戴雨农（戴笠）代表黄埔系前来西安，亲身观察此地之局势。3. 派一将军来西安，以处理可能产生之军事问题。

"应让蒋夫人来西安照顾委员长，并改变其听天由命之态度。"这是决定性的一步棋，无论对张学良还是对蒋介石。

端纳、周恩来、宋子文都是真心想解决西安之事的人！虽然所出发的角度不同。他们的到来，一点点地融化蒋介石和张学良身边的坚冰。但是，蒋介石终究不会做决定性的让步，张学良也不会做软弱性的妥协。因为端纳只是一外国人，是一个希望中国早日崛起的外国人；周恩来是共产党代表，蒋介石通缉的对象，绞杀的对象；宋子文是张学良的朋友，甚至知己，这是私交，是蒋介石的妹夫，是私情，是蒋介石的部下，是行政关系，与蒋介石有隙，是私仇。

从历史的角度分析：西安问题关键在于蒋介石能否放下"领袖"的面子，不再坚持己见，做出突破性的让步。蒋介石不可能在这些人面前彻底放下一切颜面，这样他不好下台。从大的方面看："领袖"级的人物总要引发领袖级的折腾，让张学良承受与触犯"领袖"相对应的煎熬，这样蒋介石才好下台。而此领袖级的折腾，无疑在宋美龄到西安的瞬间达到极点。这是对历史的某种契合。

从私情方面看：丈夫蒋介石性格乖僻，最依恋和最重视的是妻子宋美龄，只有在宋美龄面前他才能完全放下面子。举一个例子：两家人吵架，如果只有男人和男人，那么很容易打起来，而一旦女人参与进去，一般就打不起来，只因为男人要面子，是钢，趋向折断，明明是可以解决也想谈的事情，最后还是打下去；而女人的劝架则是润滑剂，女人在一旁就是男人保住面子的阶梯，男人依附于女人。这个时候的确只有宋美龄能够让蒋介石彻底软下来。更何况她和张学良的关系非同寻常，她同样可以让张学良彻底松弛。

历史与人性在宋美龄身上结合，联系的是蒋介石和张学良。

融化的是西安的上空积聚了十天的阴郁！

毕竟，起风了，积云开始松动。

4．释谏

"捉蒋"需要勇气，"释蒋"需要勇气和智慧。张学良接受着历史的考验。

很多人讲，我不该亲自把蒋先生送回南京。那怎么讲话？这话不对！我这个人不同，也许与旁人不同的是，我这个人是这样，我是个

军人，我自个儿做的事情，我自个儿负责任，杀我的头我也负责，我
不在乎，我真的不在乎，我不是在说假话。

　　晚年谈"释放并陪同蒋介石回南京"时，张学良如是说，颇有将生死置之
度外、一人做事一人当的味道。事实也是如此，他对得起自己，对得起蒋介
石，也对得起历史。不说"陪蒋"回南京是否得当，"释蒋"却是绝对正确的。
为什么？因为当几个关键性的人物先后达到西安，明确了唯一可行也必须可行
的一点：和平解决西安问题。

　　22日，宋美龄偕同宋子文、端纳、戴笠等从南京出发，转洛阳，去西安。
在洛阳机场，轰炸机林立，战车穿梭，广场上堆积着炮弹，士兵正忙碌地往轰
炸机上装弹。这些飞机是飞往西安的。宋美龄把心提到了嗓子眼儿。"何应钦
之辈，你们没安好心！"宋美龄想。她又生气，又恐惧。

　　飞机从洛阳起飞，沿着黄河飞行，又沿着陇海线飞行，中原大地苍茫一
片，向西，再向西，山脉林立，云层一会儿厚，一会儿薄，很快就看见下面的
黄土高原。潼关过去，塞外风沙逐渐浓烈，再向西，就到西安了。当飞机经过
西安事变后中央军的进攻区域时，只见满目的废墟和废墟上冒起的浓烟。宋美
龄难免紧张起来，对着窗子，想象西安会是什么样子。她的心跳得厉害。

　　"夫人，那就是临潼！委员长就是在那里被……"端纳突然指着远处下方
山林中的一点建筑说。

　　宋美龄望着临潼，暗暗向上帝祷告，眼里流下泪水。

　　突然，她从手提包里掏出一把手枪，递给端纳。

　　"机场不会检查你吧？"宋美龄小心地问。

　　"不会，我是外国人。"端纳说。

　　"那好，把这个收下！"宋美龄立刻决绝地说："到了西安，如果他们要抓
我，你要一枪把我打死，不要犹豫，就用这把枪。"

　　端纳望着宋美龄，双手颤抖地接过手枪。宋美龄对他一笑，之后转头继续
看着窗子。心想："汉卿，我就不信你会忍心将我也抓起来。"

　　西安到了，偌大的机场空旷一片，只有几个士兵持枪而立。宋美龄顿生疑

云："难道他们没有收到电报？怎么没人前来迎接？莫非想对我等不利？……"

她命令飞机不要降落，在西安市上空盘旋。

端纳说："夫人，您也不必过于焦虑。张将军应该不会对您怎样。"

"汉卿呀，汉卿！"宋美龄心里默念、叹息！

许久，看见有车队到达机场迎接，她才放心让飞机降落。机舱打开，站在门口，她立刻感到了西安的寒冷！她是以一个女人的身份感受到的。下面站着的是让她又爱又恨的张学良。张学良一身戎装，身穿军大衣，抬头望着她。宋美龄在人群之中看见他，立刻收回目光，镇定地走下机门，毕竟，她不是来叙旧的。

随行官员的行李一律被拿去检查。

"夫人，您好！"张学良有些局促。

11年前的张汉卿消失了！张学良在微笑，但是，现在他是"叛徒"，是对手。微笑真诚，却无奈。该说些什么呢？能说些什么呢？

"汉卿！"宋美龄控制住自己，不失风度地微笑着说："我的行李不用检查吧？"

"夫人，这是哪里话，我怎么能查您的行李？"张学良诚恳地说。

张学良只能给她这点诚恳。此刻，她也只敢希望得到这点诚恳。但是这点诚恳足以让她相信张学良。而她的到来也让张学良看到了希望。他抓了她的夫君，他能和她多说什么？她的夫君被他抓了，她又能和他多说什么？宋美龄看着张学良，想着怎样和张学良交谈。

"我要见见委员长！"宋美龄只会这样说。

"请您先去行辕休息。"张学良只能这样说。

宋美龄坐上去金家巷的车，心里难免紧张。此去竟是末日，还是黎明？看着西安大街上铺天盖地的"反蒋"标语和行色匆匆的军人，宋美龄又开始担心起蒋介石的安全。

宋美龄先到了金家巷。一步之遥的高公馆里，蒋介石尚且不知道。张学良差人说："去报告委员长，说夫人已经到了，稍后就去看他。"

宋美龄却说："先不要告诉委员长，免得他焦虑、担心，我直接过去！"

张学良答应了，心里有些许酸味。他能感觉到宋美龄的细心，她为蒋介石想得周到，不想让蒋介石处于焦躁、担心的等待当中，免得伤了精神。

而更深层的意思是，宋美龄尚且不能确定自己是否绝对安全。

张学良顺从了。虽然，张学良还是微笑，虽然在事件主题问题上，张学良仍旧是一块坚冰，坚定自己的信念，但是在情感上、私人交往上，张学良对宋美龄是真诚的，从前是这样，现在仍旧是这样。他终究不是南京许多人说的那样"丑恶"，宋美龄本来就不相信。现在她更放下心来！张学良并没想扣押她，这一点让她高兴。从根本上来说，她此来不仅仅是挽救蒋介石，也是挽救张学良。

宋美龄去了高公馆。看见她，蒋介石仿佛见到千年的恋人，在绝望中看到生命的绚丽。

"果真是你来了？吾妹。"蒋介石哭了，激动地扑过去。

"我来看看你。"宋美龄也哭了。

"你入虎穴了！"蒋介石悲哀地说。

"我要与你共赴生死！"宋美龄坚定地说。

蒋介石拉着宋美龄，坐下。半天，应了那句话："执手相看泪眼，竟无语凝噎。"

许久，蒋介石动情地说："今日清晨偶翻《旧约》，得某章有'耶和华今要做一件新事，即以女子护卫男子'，下午你果然就来了。"

此语一出，蒋介石所有的防线全部崩溃！宋美龄哭着笑了，两人相拥良久。随后，宋美龄向他分析了南京方面的军事阴谋，陈述了张学良的用心以及可能存在的凶险，陈述了整个国家的局势，陈述了对共产党的可行性处理方法，最后明确一点：只能和平解决西安问题。

她把蒋介石的心结一层层解开，蒋介石像个孩子一样全部依了她。

就这样，宋美龄把惊涛骇浪渐渐平息下来。

和谈进入实质性阶段！但是，蒋介石不愿意出面会谈。这是面子问题。宋家兄妹成了全权代表。23日，南京代表宋美龄、宋子文、中央政府在陕和来陕官员，西安代表张学良、杨虎城、东北军和西北军各将领，陕北代表周恩来、博古、叶剑英，在西安召开"三方会谈"，会议在24日上午继续。

会议经过很长时间的讨论，主要达成六项协议。

最重要的和最具决定性意义的是"停止内战"和"一致抗日"。

会议还讨论了怎样对待委员长的问题。宋子文提出，应尽快送委员长回南京。

"停止内战"和"一致抗日"，是西安事变爆发的原因，而会谈结果也把中国带向了这两个主题。然而，会议并没有签订书面协议。

蒋介石拒绝签字，只口头承诺，以领袖的人格担保。

西安事变到此还远没有结束。

口头承诺。蒋介石的人格到底可不可信？该不该放蒋介石走？

可是，张学良已经放心了，并且决定放他走。他之所以放心，不完全因为相信蒋介石的人格，同时他更相信宋美龄和宋子文的人格。而他本来就不是要蒋介石的命，发动事变正是为了树他为领袖。张学良自嘲："委员长就好像是盏灯，我暂时把它关一下，我把它擦一擦，我再把它打开，让它更亮。"他是这么想的，也是这么做的。这就是他所说的"纯洁"的理由。

会谈有了结果，二宋又在身边，张学良的立场已经向"保蒋"转变，他再也不是孤军奋战。他放心了。可是，周恩来还不够放心，杨虎城也不放心。对蒋介石的"人格担保"，东北军、西北军许多将领更是不放心，甚至就此出现激烈的矛盾，要求继续囚禁蒋介石，甚至杀掉蒋介石。

24日，周恩来单独会见了蒋介石。由张学良和宋子文引见，周恩来走进高公馆。周恩来、宋子文和张学良进了门，门里，只有蒋介石和宋美龄。门"砰"地关上，木门封锁里面所有的秘密，成为一个谜，引来后人的无数遐想。这次会面对西安事变的解决和释放蒋介石到底起了多大作用？张学良晚年，众多的记者就这次会面向他提问。他始终只有一个回答："这是尖锐的问题，请不要问了。我不但在场，而且是我领周恩来去见蒋先生的。"

而记者再追问，会面谈了什么时，他更是始终只有一个回答："对不起，我不能再往下讲。请体谅我的苦衷。这件事情不应该出自我的口。我也不愿意伤害他人。"

25日，周恩来向陕北发电，汇报会谈情况，表示蒋介石做出以下承诺：

子：停止"剿共"，联红抗日，统一中国，受他指挥；丑：由宋、宋、张全权代表他与我解决一切（所谈如前）；寅：他回南京后，我可直接去谈判。

显然，周恩来已经默认放蒋，中共中共也是同意的。但是，杨虎城还是不愿意放蒋。25日上午，问题突然尖锐起来。张学良和杨虎城就此争辩不已。

杨虎城坚决表示："不能放虎归山，他会反咬一口。"后来的事实证明，杨虎城的观点是对的。至少，对他是这样的。

张学良表示："当初兵变正是为了停止内战，一致抗日。现在，目的已经达到了，如果不放蒋介石那么势必引起更大的内战，这不是违反我们的初衷吗？"

张学良有理，因为他相信蒋介石，相信一切大计已定，所以应该放；杨虎城也有理，因为他不相信蒋介石，他想让蒋介石签订书面协议，所以不该放。

可是无论相不相信蒋介石，两人后来都是遭殃了。

其实，杨虎城所谓不放蒋，并不是要杀蒋。"释蒋"的反面是"不释蒋"，包括"杀蒋"，也包括"囚蒋"。杨虎城主张的不是"杀蒋"，而是"囚蒋"，晚些再"释蒋"。杨虎城说："放他肯定要放的，但是问题是何时放，怎么放。"

这是核心，也是关键。但这核心、这关键，在张学良那里已经变得不重要了。此时，张学良已经受了太多折磨和中伤，西安事变是他起的头，所以他承受的压力最大。他"保蒋"，自然"信蒋"。口头承认已经足够，张学良天真地认为："领袖"的人格是可信的。而且，作为领袖，他也应该有个顺势而下的台阶。

讽刺的是，后来的事情证明蒋介石的领袖人格是残缺的。既然杨虎城如此坚持，张学良也没办法。

重担落到了周恩来身上。周恩来说服了杨虎城。

这一点是肯定的，宋子文在日记里也给予了肯定。

同时，张学良向周恩来表示了一个想法，他亲自送蒋介石回南京，给蒋介石壮领袖的面子。这是张学良早已经计划好的。周恩来却忧虑重重，劝他从长计议，或者周恩来可以劝服他不去"送蒋"。杨虎城答应了"放蒋"，可是此时，如何放蒋，何时放蒋，杨虎城和周恩来一样，还都在考虑之中。

同时，周恩来接到陕北电报，还有一些政治话题要和蒋介石谈。

可是，周恩来没料到，张学良会走得那么急。

张学良要送蒋介石回南京的消息传开了。东北军、西北军将领更加恐慌。现在恐慌的不仅仅是要放蒋介石，还有副司令要走。所以，他们群情激奋，联名要杀蒋。矛盾尖锐起来，蒋介石的安全令人担忧。

25日上午，宋子文急忙来找张学良。

"你自己看看！"宋子文递过来《联名杀蒋书》。

张学良震动很大，心里着急。

"委员长必须尽快离开，越快越好。"宋子文说。

宋子文这样说，宋美龄也说过："希望可以回南京过圣诞节，越快越好！"

"我联系飞机，如果可以，今天下午委员长就动身回南京。我送委员长回去。"张学良认真地想了想，说："给他壮面子！"

宋子文看了张学良一眼，笑着说："如此再好不过。"

下午3时，蒋介石、张学良、杨虎城等一行人悄悄赶往西郊机场。

哪知道，机场却是人山人海。蒋介石大惊失色，以为是群众前来阻拦他们登机。明白情况后，才知道群众是来机场欢迎抗日有功的山西将军傅作义。临登飞机，蒋介石让张学良不要送他，但是张学良坚持送他去南京。

周恩来从孙铭九那里接到蒋介石下午离开的消息，立刻赶去机场。但到了机场，却晚了一步，张学良已经走了。浩浩蓝天，空空荡荡，张学良走了。友人一别，竟是永诀！他留下一纸手谕，把西安军政先行交给杨虎城负责。他走得很急，很少有人知道，就连赵一荻也是在他临走之前才知道，甚至没有为他准备几件像样的衣服。

张学良以为"送蒋"之"送"是给蒋介石"壮面子"，给他台阶下，蒋介石却把送他的张学良看成阶梯，回到南京，只有踩着这阶梯走下来，他以后才能在人前抬起头。

到此，西安事变结束，西安成了一座"空城"。留下张学良在历史上最绚丽的背影，也是他最憔悴的背影，最悲情的背影。

第九章　放　逐

飞机腾空而起。飞机上的蒋介石会对陪伴在身边的张学良信守承诺吗？

很遗憾，没有。残酷的事实告诉我们：善良而纯洁的张学良没有再回到西安。是蒋介石把张学良放逐，进而放逐出历史；是张学良选择把自己放逐，进而放逐出历史；那么，历史只好也把张学良放逐，并再也没有让他回来。而在蒋介石放逐张学良的同时，历史也放逐了蒋介石。

这是蒋介石与张学良之缘，也是蒋介石对张学良之罪。

1. 高渐离之筑

由西安到洛阳，再由洛阳到南京，蒋介石见到送行和迎接的官员，总是微笑，却很勉强，勉强因为他丢了面子，更因为张学良陪伴在其左右。

张学良也总是微笑，却很真诚，那是对中国和蒋介石的一片真心，微笑里掩盖着不可名状的未知，因是未知，所以他还是有些畏惧。

宋美龄，一个女人，坐在两个男人中间。从西安到洛阳，一架飞机里，仿佛是一家人，所有的事情都是家事。她一面对汉卿微笑，她在感谢汉卿，她称如此对待领袖"不啻为国家送上一份最好的圣诞礼物"；她一面安慰愁眉不展的夫君，她要告诉夫君，显示了领袖的气质，做了领袖该做的事情。

整个行程蒋介石和张学良没有说一句话。蒋介石唯一做的竟是让张学良看他的日记，看看他在这些年里对日本、对中国的想法，他要张学良反省。

飞机在洛阳降落，洛阳是一切的中转，也是历史的中转。

机门打开，蒋介石走下去，宋美龄出来。众多的学生、官员和士兵涌上前去欢迎，鞭炮齐鸣。蒋介石的心情稍微好了一些，微笑着。宋美龄也松了一口气。接着，张学良走出来，几个荷枪实弹的士兵迎上去，人群跟着骚动起来。

"你们要干什么？"宋美龄厉声说。

"我们杀了他！"有人说，其他人跟着附和。

张学良有些许愠色，蒋介石却不说话，静静地看着一切。

"委员长！我们要杀了他。"士兵怒不可遏地喊道。

宋美龄生气地说："放肆！有我在此，看你们哪个敢动他？"

士兵们突然停住脚步，人群也安静下来。

片刻过后，几个士兵又要靠近张学良。蒋介石还是看着，不说话，也没有任何表情，或者说一成不变地一脸铁青。士兵们越激动，越是在替他分担尴尬；士兵们越凶狠，越是在为他鸣不平。蒋介石需要这些，尽管他还拿不准应该如何处置张学良，但是，杀杀他的威风，倒也解气。重要的是，这是士兵们对领袖的一份忠诚和崇拜，因而蒋介石觉得很受用。他不会制止，至少不是时候。

士兵们见蒋介石没有表示反对，便又蠢蠢欲动起来。

"你们还想干什么？"宋美龄怒斥道，并不满地看了蒋介石一眼。

"我们押送他走！"一个士兵大声说。

"谁让你们胡来的？让他自己走。"宋美龄命令道。

士兵们见宋美龄如此坚持，只好作罢！这时，蒋介石脸色晴朗了许多，他在人们的簇拥下和欢呼声中，频频挥手，微笑着，慢慢走进汽车。张学良则孤身一人，应对着众人故意扔的鞭炮，冷清地走进另一辆车。直到此时，张学良才突然感到戏演砸了，他有些许沮丧和不安，这种不安来自对"领袖"的"冒犯"。

蒋介石 与 张学良

> 我决定陪蒋先生到南京，那我是早就打定的主意，就是叫南京政府把我整瘪就是了，我真的是去死呀！我后事都准备好了。自个儿说，要是我的部下这样对我，我早就把他整瘪了，早就把他枪毙了。

尘埃落定后，张学良曾经这样说。张学良有这样的想法是正常的，也是可以理解的。因为他是一个军人。西安事变在蒋介石离开西安的刹那并不等于终结了，它必须有一个收尾。蒋介石对张学良做了一个交代（虽然交代很勉强），那么张学良作为他的部下，也要给他一个交代。这是上下级的问题。但是，如果是上下级问题，就不应该罪不可恕。话又说回来，张学良更想看到的是他眼里的蒋介石的人格和他的心胸。他相信蒋介石人格高尚，不是小肚鸡肠。蒋介石可以惩罚他，但应该会放他一马，应该按照在西安承诺的去做。毕竟他是负荆请罪去的。可是，事情的进展让他失望。

洛阳机场的闹剧仅仅是给他一个下马威，大戏还在后头。

26日上午，在洛阳停留。张学良的主要任务还是拜读蒋介石的日记，好好反省。随后，蒋介石让"御用笔杆子"陈布雷写下对张学良、杨虎城的训词：

> 今日尔等既以国家大局为重，决心送余回京，亦不再强勉我有任何签字与下令之非分举动，且并无任何特殊之要求，此不仅我中华民国转危为安之良机，实为中华民族人格与文化高尚之表现。中国自来以知过必改为君子。此次事变，得此结果，实由于尔等勇于改过，足为我民族前途增进无限之光明。以尔等之人格与精神，能受余此次精神之感召，尚不愧为我之部下。……总之，现在国家形势及余救国苦心，尔等均已明了；余生平做事，惟以国家之存亡与革命之成败为前提，绝不计及个人之恩怨，更无任何生死利害得失之心……

蒋介石明确表示："余生平做事，惟以国家之存亡与革命之成败为前提，绝不计及个人之恩怨，更无任何生死利害得失之心。"这样的话似乎是要让张学良放心，他不会失信于人。可是，蒋介石并没有承认错误。在他的眼里，西安事变的错误都在张学良、杨虎城。西安事变，张学良就是要让他认错，改变政策。回头，他改变了政策，却又言"错全在张学良"。这两点是明显相互抵触的。

蒋介石就是要张学良认错，不仅仅是给张学良定罪。

飞机又在洛阳起飞。这一次，蒋介石和宋美龄乘坐容克飞机，先飞往南京。随后，张学良、宋子文乘坐波音飞机，再飞往南京。这是一个不祥的信号。

从洛阳到南京途中，宋美龄已经开始把心思放在张学良身上，宋美龄握着蒋介石的手，是让他大度，让他不要生气，千万不要为难张学良；而另一架飞机上，宋子文坐在张学良身边，他从离开西安的时候就开始担心张学良。他倒是清楚自己这个妹夫能够做出情断义绝的事来。历史的天空，云朵来了又去，去了又来。飞机轰鸣、蓝天颤抖，忽高忽低的轰鸣声，奏响的却是高渐离之筑。

1936年12月26日，南京中山陵，中午时分，蒋介石的容克飞机落定。千百大员、民众，向前迎接。鲜花、军乐、礼炮和着人们的欢呼声，热闹成一片，仿佛盛大的节日。这一天，的确是节日：西方的圣诞节。但是，有几个中国人知道这个节日？是蒋介石和宋美龄的回归把圣诞节带给了普通的南京市民。

机场的人群散去，远处的浩浩长江向上仰望。偌大的机场上风起，冷！几辆汽车开过来，几个人下车。一个多小时以后，机场上落下另一架飞机。张学良下来，宋子文也下来了。迎面走上一人——宁恩承，张学良的老乡、老部下。张学良曾经送他到英国牛津大学深造，回国后，他长期在张学良身边处理东北大学事务，后担任过东北大学校长。此时，他只有一个身份——特务，这个身份连他自己都不知道，因为他不明白让他接张学良的目的。

下了飞机，张学良感觉到中山陵的萧索！南京的天是灰色的，但是他的心却还是热的。看见宁恩承，他笑了，上前和他握手。然而，整个广场也就只有宁恩承在欢迎他，甚至整个南京都是这样，其他人都冷眼以对。

宋子文跟在后面，他知道张学良将去哪里，但是却不清楚张学良为什么要去那里。这些特务是先行回南京的戴笠派来的，送他去的地方是蒋介石同意的，也是宋子文知道的。为什么送他去那个地方，只有蒋介石一个人知道。

此时的张学良，命运早已掌握在别人的手里。这不，张学良旋即由宁恩承陪同被送上一辆老式吉普，同车的还有一名警卫（特务）。紧随张学良车子的是特务警察的几辆车子，特务头目张严佛的车子和宋子文的车跟在最后面。气氛不太对劲！张学良隐约有所感觉，但是，他并没有想得太糟糕。

车上，张学良不忘和宁恩承叙旧。宁恩承一句又一句地叫"少帅"，见到"少帅"，他欢喜，也难过。张学良突然笑着问他："老宁，你觉得南京怎么样？"

宁恩承思量半天，说："南京不比奉天。"

"南京怎么不比奉天？"张学良明知故问。

宁恩承说："少帅，南京不是咱们的天下！"

张学良没再说话，拍了拍宁恩承的肩膀，只是微笑，却有些不安。当人在揣测一种潜在的危险时总是焦虑的，而一旦危险变为现实，反而就不会太焦虑，然而在危险变为现实之前，人总是希望危险只是自己的揣测。张学良也是如此。

过了一会儿，张学良突然没头没脑地说："我这么大个子，他这么大个子，我说了算，他说了就不算？"张学良说的是谁、说的什么意思，宁恩承听得明白。

车队缓缓行驶，穿梭于南京城，无声无息。一切没有预兆，一切明明又有预兆。车队行驶到鸡鸣山，沿着幽静的公路，一直向上，山上的树木大多光秃秃的，有些树木则挂着枯黄的树叶，风一吹，树叶哗哗作响。绿叶也曾辉煌过，但到了冬天，却是凋零的命运。车队到达山巅，一幢优美的别墅出现于青松之中——北极阁，宋子文的公馆。张学良和宁恩承下车，特务们下车，宋子文也下了车。

终于到家了，宋子文长长地舒了一口气，欣慰地笑了，他甚至在想怎样和张学良一起过圣诞节了。突然，那群特务持着枪，冲到张学良身前，把他和宁恩承隔开，二话不说，将他押送进北极阁的一个房间。宋子文大为吃惊。

"你们这是干什么？快把张副司令放了！"宋子文怒斥道。

"宋部长，恕我们无礼，委员长的命令，让我们好好照顾张副司令。"张严佛不冷不热地说。

知道自己预感的事情发生了，张学良反而坦然得很。他是预备来受死的，他就是要看看"领袖人格"究竟是完美的还是残缺的。他没有意识到这样用生命来检验是否值得。历史将他推到这里，他只有接受事实。退一步说，按他自己的道理："如果我是蒋介石，我会杀掉张学良。"他的确有心理准备，但是，他不愿意看到这样，不是他怕死，而是怕"领袖人格"让他失望！他可是把自己的身家性命都搭上，只为了成全蒋介石。可是，"领袖人格"真的很让人失望。

蒋介石做出了这样的事情——软禁张学良。也许蒋介石心里想的是：你张学良"软禁"我一时，我要"软禁"你一生。这不是对你的报复，而是对犯上的严惩。有意思的是，张学良到了南京，同样是入了虎穴。不同于蒋介石在西安的是，没人担心他的情况，他没有砝码，只能任人鱼肉！在南京，只有两个人担心他，一个是宋子文，一个是宋美龄，而二人的位置决定了他们的态度不同。

2. 一个人的"审判"

事不宜迟！宋子文当即驱车前往蒋公馆。

宪兵挡驾，告诉匆匆而来的宋子文："委员长说，行程劳累，不见客。"

"不见客？"宋子文将宪兵一拽，冲进去，朝着蒋介石大叫："你在西安是怎么说的，现在是怎么做的？"为了兄弟情谊，他什么都顾不上了。

宋美龄见大哥这么激动，慌忙劝阻。蒋介石却气得满脸通红。"他在西安怎样对我，我会在南京同样对他。你无须如此激动。"蒋介石冷冷地说。

"你说话不算数！"宋子文大声说道。

"娘希匹！准许他软禁我，就不许我软禁他？"蒋介石竟说得理直气壮。

"分明是蛮不讲理！"宋子文毫无惧色，声音高过蒋介石，说，"汉卿哪里软禁你了，在西安哪一样不是以礼相待，样样周全？况且，在西安，你是答应过我们，要保证汉卿的安全，你是以人格做了保证的。你敢反悔吗？"

"哎呀，别吵了。"宋美龄前来劝说，"你要相信委员长，委员长说话算话。"

"那他为什么要软禁汉卿？"宋子文对妹妹偏袒蒋介石很恼火。

"他是领袖，你要让他好下台。他这样不过是做个样子，为了堵住别人的嘴。几日后一定将汉卿安全送回西安的。放心吧。"这话似乎也有道理。

宋子文相信了，他也相信蒋介石的"领袖人格"。事实上，宋美龄也相信夫君的人格，虽然，在很多事情上，她是和夫君演双簧戏，但是，在张学良的问题上，她是绝对认真、绝对有自己独立的角色的。

可是，二宋所相信的"领袖人格"到底怎么样？心情平静一些，宋子文坐了下来，蒋介石耐心地告诉他，请他转告张学良，让张学良写一份《请罪书》，这样好方便向众人交代，也方便以"有悔改之意"为由在随后放他回西安。

这个好办，宋子文欣然同意。回到北极阁，宋子文差人准备了饭菜，和张学良好好地吃了一顿。张学良虽然已经不能自由离开北极阁，也不能自由见外人，但是有宋子文在，他有些许安慰。对于西方的圣诞节，他也是过的。听闻写《请罪书》，委员长会放他走，他颇为振奋。毕竟他是抱死念而来，只因相信"领袖人格"，如今看来，他有希望回西安，他相信的"领袖人格"也是真的。

张学良和宋子文多喝了几杯。《请罪书》一挥而就。写得真诚，写得从容。

介公委座钧鉴：

学良生性鲁莽粗野而造成此次违反纪律不敬事件之大罪。兹腼颜随即来京。是以至诚，愿领钧座之责罚，处以应得之罪，振纲纪，警将来，凡有利于吾过者，学良万死不辞。乞钧座不必念及私情有所顾虑也。学良不安，不能尽意，区区愚忱乞见谅！

专肃，敬叩

钧安

张学良谨肃

十二月二十六日

27日，南京中央党部召开会议，欢迎蒋介石平安返京，同时讨论了对张学良的处理方案。会上，有人提出"军法会审"。是日，蒋介石同父异母的哥哥死亡的消息传来，他大为悲痛，蒋家只剩他一个男子了！而肩膀痛的老毛病又犯了，在西安落的腰疼又开始发作，他大为不快，但晚上，他还是会见了张学良。

蒋介石以为张学良受到软禁的小小惩戒，就会有些惧怕，所以满以为他会悔改认错。但是，张学良却以为"领袖人格"可信，以为蒋介石诚心悔改了，要改变政策，践行诺言了。于是，两个人根本没想到一块儿去。

张学良意气风发地建议他如西安事变中所说的那样改组政府。

蒋介石万分愤怒，却隐在心底，不好发作。心想，现在到了南京，就用不着你多费口舌了。于是，他环顾左右而意味深长地说："政府拟订对你军法会审，不过你可以放心，我会请求特赦，只要你认错，我会让你戴罪立功。"

张学良又坚定地说："西安之事，汉卿以国家利益为重，望委员长明鉴！"

真是不识抬举。蒋介石在心里骂道。张学良在心里郁闷。两人终究没想到一块儿去。蒋介石生气了，却极力忍着，张学良则有不祥的预感。

回到北极阁，张学良闷闷不乐。对于"军法会审"，宋子文还被蒙在鼓里，政府尚且没有决定。然而，蒋介石提前明确地告诉了张学良。这意味着什么？意味着如果有"军法会审"，那么，一定是蒋介石做出的决定。二宋全然不知，西安方面驻南京人士回西安前来看望张学良，问起张学良的情况，他们二人不约而同地表示："张副司令几日后就可回西安，请告诉西安方面，让他们放心。"宋美龄更是说："汉卿在西安对委员长照顾入微，诚意十分，南京和委员长不会难为他，不会以怨报德，只是留他几日，应付一些人的口舌。他很快就会回去的。"

29日，国民党召开中央常务委员会议。会上，蒋介石沮丧地以"率导无方，督察不周之过"为由请求下野，结果当然是和从前一样，众人极尽所能地挽留他。自然，他也没有下野。随后，大会一致通过对张学良进行"军法会审"，而张学良的"请罪书"成了"军法会审"的铁证！得知一切，宋子文勃然大怒。

宋子文冲到蒋介石那里，大骂："你出尔反尔，叫我怎么和汉卿说？"

蒋介石装糊涂："什么事情？"

宋子文说："'军法会审'，《请罪书》！你这是把我给卖了。你想让我做一个千夫所指的人，是吗？"宋子文话中有话，他希望蒋介石不要变成"千夫所指的人"。

蒋介石哪能听不出来，他说："子文，你别激动。我这样做没有错。"

宋子文大骂："你不想做人，我还要做人呢。"

蒋介石见状，便安慰他："'军法会审'只是走个过场，我保证汉卿可于五日之内安全离开南京！"

这是真的吗？宋子文感到诧异，又有些许安慰。他再次相信了"领袖人格"！回到公馆后，宋子文心神恍惚，在张学良门外徘徊许久，才进门。张学良面色凝重地看着他。宋子文羞愧："汉卿，我没脸见你了！"张学良挤出几丝微笑。

宋子文接着说："委员长要我告诉你一件事情，你听了千万不要激动。"

张学良脸色阴郁地说："我有心理准备，你说吧。"

宋子文说："他们要对你'军法会审'——不过你放心，这只是走个过场，出于对形势的考虑，委员长要做个样子，这样他好有面子，他已经承诺，'军法会审'后赦免你，五日之内定放你回去。"

张学良对"军法会审"早有准备，此时，他越来越感觉到自己回不了西安了。尽管蒋介石再一次给予承诺，但这时，他已经对蒋介石"领袖人格"的态度有所保留了。要他认罪，可以！罪是人定的，不认不行。但是，他不会认错，错是天理人心所定，他认为他没有做错！对得起良心，对得起国人，对得起历史！

30日晚，宋子文和张学良在北极阁漫步，也只能在北极阁漫步，因为他们的身后跟着特务。天色即将黑下来，南京城的万家灯火温暖地亮着。远远地，长江无声无息地流淌，点点灯火倒映其中。新年将至，满城车水马龙，人们熙来攘往，都在庆祝即将到来的新年。各种酒会，晚宴，派对在夜幕时分开始，无数的情人穿着时尚的衣服，在南京街头约会，喧闹的人群中，卖花童挎着篮子，不停地叫唤，有风度的男式纷纷微笑着从花童那里买一枝玫瑰送给身边的女士，女士会心一笑，然后双双进入高级餐厅。孩子们怀里热乎乎的银币，三三两两跑到商店买到爆竹，揣着鞭炮，他们满街地跑，燃放鞭炮，快乐地笑着。而无数的寻常百姓，躲在温暖的屋子里，和家围在饭桌旁，其乐融融地吃饭，商议新年的计划，女人为孩子夹菜，男人为女人夹菜。满城都是笑声，满城都是伴侣，满城都是团聚，满城都是自由，唯独鸡鸣山山巅，一片凄冷，夜色里亮着一盏微弱的灯。

"汉卿，晚饭你想吃点什么？"宋子文问。

"你看着办吧。"张学良心不在焉地说。

"怎么能随便呢？要不要找几个朋友，喝点酒？"宋子文有些伤感。

"为了什么？明天的'军法会审'？"张学良自嘲。

"你只记着'军法会审'了。"宋子文说。

"我还能期盼什么？"张学良无奈。

"明天过年了！"宋子文说，"军法会审以后我要回上海，陪家人过节去。"

"哦！"张学良恍然大悟："明天是旧年的最后一天了。"

孤独、落寞突然一下子沉沉地笼罩在他的心上。他不禁想起"大姐""小妹"和在英国的儿女，想起一家人的欢聚，他也想起往昔的奉天，想起他还那么年轻的时候，想起父亲和大帅府里辉煌的灯火和自由的温暖。往事总是那么美好！

过眼云烟，逝者如斯，如今在这南京，他的命运只能握在别人的手里，未来怎样，天知晓，反正天天有人跟着他，反正他离开不了北极阁。是遥望西安呢，还是远眺东北？反正他早已经没有家了！少帅不老，张学良却老了，35岁，却只能流浪。无根的浮萍，把他过去青葱的年华和无比的辉煌碾作湿碎的花泥。

"大哥，委员长会枪毙我吗？"张学良突然悲伤地问。

那一刻，他突然那么害怕死亡，死亡离他那么近！

"汉卿呀！你不要担心，委员长不会杀你。"宋子文心里却是沉甸甸的。

"大哥，我还能回西安吗？"张学良又问。

宋子文裹了裹尼龙大衣，说："他承诺会审后五日放你回去，相信他不会食言吧。"现在只能是"死马当成活马医"，宁可信其有，不可信其无。

张学良道："是吗？哦，是这样，是的。这样好。"

长江沿岸，突然升起焰火，在空中耀眼地爆炸，映得江水一片明丽。张学良眺望着焰火，不知不觉留下滚烫的眼泪，眼泪落入风中，冷却，干掉。

那一夜，张学良失眠了。

1936年12月31日。那一年的最后一天，张学良对自己说，可以认"罪"，但不会认"错"。他必须面对"审判"，一个人的"审判"。然后是未知的放逐。放逐到历史之外，放逐到野草之外。

张学良整理了自己的衣装，身穿一级陆军上将军装，脚蹬乌黑的军靴，腰挎发亮的手枪，胸前佩戴一枚枚勋章。他最后对着镜子，动了动军帽。

军人！一个绝对忠于那个党国的军人，一个绝对为了中国的军人，行将接受那个中国、那个党国的主人的"审判"。张学良无所畏惧！

上午9时，国民党军事委员会高等法庭，庄严，肃穆。

张学良由宋子文陪同，下车，镇定地大步走上台阶。尽管沉重，仍然一步一步向前。他没想到自己会来到这里。走到法庭门口，张学良却被卫兵拦下。

"你们要做什么？"张学良厉声问。

"请将军留下配枪。"士兵答道。

几个士兵，不由分说走上去，抢走他的配枪。

出乎他意料的是，士兵同时摘下他胸前的勋章和肩头的军衔肩章。

"你们在做什么？"宋子文大吼。

"请宋部长息怒，我们只是奉命行事。"士兵朗声答道。

张学良咬了咬牙，闭上眼睛，深吸一口气，坚定地走进法庭。

台上，已经坐着审判长李烈钧，审判官鹿钟麟、朱培德等。

李烈钧最轰动的事情就是当年在江西起事，支持孙中山，讨伐袁世凯。他和张学良早在1924年就在天津认识，算是老相识。鹿钟麟虽然原来为冯玉祥的部下，却是与张学良换帖的兄弟。而其他人等，无不曾经敬佩于张学良东北"改旗易帜"和"中原大战入关调停"的壮举。此刻，他们要"审判"他。尽管他们都知道这只是走过场，但没人知道，"走过场"是为了什么。

李烈钧手里拿着"审判"表格，上面罗列着"犯人"的姓名、籍贯、职务等，拿着那张纸，他的心情很复杂。审判的几位官员已经商定好，此类条目均由他们自行填写，不再要张学良在大庭广众之下自己说出来。整个"审判"像是老相识之间的谈论会，"走过场"的事情，却是简单到没有一点温情，没有温情是因为蒋介石做了决定。关键看张学良怎么表态。李烈钧三分恭敬，张学良问心无愧。

"我们拟订了一个问话条目，你看一下是否妥当？"一刻之间，李烈钧不知道该如何称呼少帅。张学良看了过后，一笑置之。随后，李烈钧提问，他回答。

的确是"走过场"，事关全局的问题不多，有个问题却很有含义。

李烈钧问张学良："西安之事，你逼迫统帅，是否是受到了别人的指使？"

张学良坦言："是我自己的主意。一人做事一人当，我所做的事情，我就要负责。我是别人所能指使的人吗？我更不是推卸责任的人！"

张学良反而不卑不亢地向李烈钧发问："审判长，学良倒有一事想要请教！"

李烈钧说："请讲！"

张学良意味深长地说："民国二年，审判长在江西起事讨伐袁世凯，可有此事？"当然有此事情，中国人都知道。

李烈钧说："是的。"

张学良接着说："审判长当初反对袁世凯，因为袁世凯专制，可是这样？"

李烈钧仍旧说："是的。"

张学良说："那么，审判长是功臣还是罪人？"

李烈钧恍然大悟，遂勃然大怒："袁世凯怎么能和蒋委员长相提并论？"

此时，张学良对蒋介石的埋怨之情甚重，对李烈钧表示了漠视。

鹿钟麟赶紧对张学良说："汉卿，你应该好好说话，把西安的事情都说出来，这样对你有好处，我们不想为难你。"

李烈钧想到自己的身份，也息事宁人地说："汉卿，这是最后的机会，你要如实回答，你是否受了外党的摆弄，所以才对领袖不敬？"

张学良笑着说："我已经说了，学良一人做事一人当，所有的事情都是我一人策划和实施。这就是实情。"这是至关重要的！张学良完全可以把责任推给共产党。蒋介石就是希望他将责任推给共产党，这样他就不用履行在西安的承诺，这样他就可以继续"剿共"，内战将继续下去。其时，"围剿"陕北的中央军仍旧按兵不动，原地待命。待命的时限就在当天，待命的结果就在当天。蒋介石希望张学良为了洗刷罪名而将战火引向共产党。可是，张学良一人担了下来。

最后，法庭宣判：张学良首谋伙党，不顾大局，对上官暴行胁迫，判处有期徒刑10年，剥夺公权5年。张学良坦然以对。"军法会审"结束。李烈钧向张学良直言：这也是上头的意思，他只是照办。张学良表示理解。李烈钧向张学良扔下一句话："不愧为张大帅的儿子！""有种"没有说出，也用不着说出。

多年以后，张学良回忆说，李烈钧的这句话，他非常喜欢。

张学良无愧于国家，同样他无愧于父亲。想到此，他心头涌荡起抗日复仇的决心。只要能够抗日，他个人受点委屈算得了什么？然而，他还有机会抗日吗？

"军法会审"结束，真正的"审判"并没有结束！

法庭上，张学良明确表示是自己发动的事变，自己的行为没错，甚至还像当初一样指责蒋介石像袁世凯。蒋介石觉得他毫无"认错悔改"之意思！

会审结束，宋子文总算松了一口气，他等待着委员长特赦张学良。张学良也在期待着，但是他的心里有种不祥的预感，这种预感，在离开法庭的瞬间已经到来。张学良和宋子文分手道别。张学良由特务陪同上车，准备回北极阁。宋子文则上了另一辆车，前往蒋公馆，询问特赦情况。法庭门口，二人惜别。

汽车开动，第一个转弯，张学良就发现这不是去北极阁的方向。

"你们要带我去哪里？"张学良大声问道。

特务们沉默、冰冷。他们像押着普通犯人那样押着身边的这个人，甚至比普通犯人看得更紧。只因为，蒋介石的"终极审判"还没下来，这是个未知。

其实，蒋介石的"终极审判"已经做出，不过，只有他自己知道。

3．放逐

张学良的车究竟要开向哪里？南京太平门外孔祥熙的公馆。

宋子文又去找蒋介石。蒋介石正和端纳商议事情，宋美龄在旁。蒋介石面带愠色，像跟谁争吵过似的。端纳则像往常一样平静。宋美龄面露微笑，大方又优雅。端纳说："那么，蒋先生打算什么时候赦免张少帅？"他是在问宋美龄。

宋美龄说："委员长说了，'军法会审'只是做样子，一结束就赦免。你放心，很快的。"接着，宋美龄也心存不安地问蒋介石："你打算什么时候赦免汉卿？"宋美龄心里没底，他知道夫君是什么样的人，尤其是在汉卿的问题上。

蒋介石思量了半天，说："我说话算话，很快就赦免他。赦免是一定会的。"

此时，宋子文走进来，宋美龄立刻站起来问："会审结束了？"

端纳也站了起来，蒋介石却显得泰然自若。

宋子文笑着说："结束了。刚结束我就赶过来了。"

宋美龄拉大哥坐下。端纳和宋子文用英语交流几句，只见二人会心一笑。他们是在谈论张学良在法庭上的事情。蒋介石自然听不懂，他也没想去听，仿佛一切事情都在他的预料之中，张学良逃不过他的决定。

随后，宋子文问："委员长，你打算什么时候赦免汉卿？"

蒋介石说："他是一定要赦免的，两个小时以后就可以！"

宋子文、宋美龄和端纳同时露出笑容。宋美龄当即说去给他们几个沏茶，并特别问夫君要喝什么。显然，这个决定是她想要的，她甚至要为此"巴结"夫君，生怕他再有变卦。蒋介石深情而严肃地说："随便吧，你决定。"

宋子文又问："那么，委员长打算什么时候送汉卿回西安？"

蒋介石有些不悦，又有些窘迫，说："放他走是很容易的，什么时间都可以。"

端纳表示："越快（The quicker），越好（The better）。"

没有看到张学良离开南京，宋子文就不安，因此，他进一步探问道："那么，到底是什么时候？"

蒋介石不耐烦地说："两个小时后，他就可以回西安。"

宋子文大喜，端纳则极力保持镇定。他知道蒋介石还有后话。果然，蒋介石突然站起来，来回走动，仿佛很不安，或者说，很烦躁。宋子文说："委员长，你还在想什么？你所说两小时可是真话？如果是，我就去立即通知汉卿。"

蒋介石却猛地怪腔怪调地问了一句："你们觉得这样好吗？"

听到此问，宋子文的心又一下子凉了！这么说，才一下子，就起变卦了？

端纳则感叹，果然还有下文。宋子文说："有何不好？这样可以显示委员长胸怀宽广，不计前嫌，提高委员长的领袖威信，同时可以稳定西北局势。"

端纳也用生涩的中文表示支持。

"太轻易让汉卿走，恐怕堵不住南京某些人的嘴。他是我的部下，软禁领袖，总要让他吃点苦头。西安的事情说明，他的修为还远远不够，无法成大事。赦免他是为了不让他遭受牢狱之苦，不等于立刻放他走。他需要好好反省自己，完善人格，我是为他好。"蒋介石如此说，语言显得平静，仿佛在安抚宋子文，突然话题一转，又严厉地说："我决定特赦他，但是把他交由军事委员会严加管束。"

宋子文懵了！呆了！这不啻晴天霹雳！宋子文跳起来说："你是什么意思？我不干，什么'交由军事委员会严加管制'？如此，他又怎能回到西安？"

蒋介石从容地说："管制就是管制，你不必再过问那么多。"

宋子文说："我不过问？我以人格向他做过担保。告诉我，你的意思，到底还放不放汉卿？"

蒋介石说："放是会放地，现在不是时候。以后会放的。"

什么叫以后？宋子文知道，这句模糊的表示，实际是一种残酷的裁定。

"早知道，我不会让汉卿送你回南京！"宋子文一激动便大叫起来，"不行，你不能关他，必须放汉卿回去，你不放他，我不干。"

端纳在一旁，也甚为沮丧，他表示："蒋先生，您应该遵守诺言，这是领袖该做的事情，对张学良和中国都有好处。"

见大家连成一气，蒋介石顿时怒气冲冲地说："你们不要说了，我蒋某人只是把他关起来，不会吃了他。"

宋子文怒骂："你真是个混蛋！你和土匪没有什么分别。"

当然他是用英语骂的。蒋介石不懂，不以为然。随后宋子文又用中文怒气冲冲地说："你这个样子，你等着西北造反吧。我以后不会再跟着你干了，我回上海，做我自己的事情。"宋子文的确对蒋介石绝望了。想到在西安的时候，周恩来、张学良曾请他组建内阁，但是出于对蒋介石的爱护，他断然拒绝了。这次绝望让他以后更多地处理经济和银行上的事情，后来成为大金融家。

而端纳虽然没有多少过激反应，但是，心里也失望透了。

此时，去倒茶的宋美龄没有回来！实际上她早就回来了，但是当听到"把张学良交由军事委员会严加管制"时，她气愤万分，端着茶盘的手乱颤，她不知道怎么面对大哥，她又想发火，但是在大哥和端纳面前，她又不能对蒋介石发火。

作为夫人，她有难处！她躲在暗处，始终没有出现。

等宋子文和端纳离开。蒋介石不悦地起身，碰见她。

"你打算把汉卿怎样？"宋美龄面无表情地问。

"你是不是听到什么了？"蒋介石冷冷地问。

"怎么能这样对待汉卿？"宋美龄问。

"有何不妥？"蒋介石问。

宋美龄说："在西安汉卿怎么对咱们的？你现在怎么能这样对他？你当初答应的事情怎么能反悔？"

"我关他是让他好好地反省，我不会害他。你要理解我！"蒋介石说，"你一向都是理解我的嘛。"

宋美龄却不理会地说："我还是希望你能尽快把汉卿送回西安。这样我也好交代，否则我以后怎么面对汉卿？"

蒋介石发怒了。"汉卿，汉卿！你想着怎么面对他，你没想过我该怎么面对政府？南京的压力有多大，你不是不清楚，放走他，以后我更做不了人。"说到这里，蒋介石坚决地说："我必须牺牲他一人，保住全局。"

"放了他你一样是领袖，别人会更推崇你。你的胸怀就不能大一些？"宋美龄仍旧力争，说道："你样样都要计较。你不要把'放汉卿'的事情看得那么严重，长远来看我们没有什么损失。我一直劝你把胸怀放开，你倒好，变本加厉。"

"这件事情非同小可。总之，不能放就是不能放。"蒋介石说。

"不释放汉卿，对你只有坏处。"宋美龄说，"难为汉卿对你仁至义尽……"

宋美龄越想越气，以妻子的身份和他吵起来。

"仁至义尽？如果不是西安事变，我兄介卿（蒋介石的胞兄）不会如此担心我，他就不会死。我不会成为孤家寡人。"蒋介石说。

"你怎么不讲道理，生老病死，人之常情。哥哥之死和汉卿有什么关系？"宋美龄说。

"怎么没有关系？他让我受辱，就是让蒋家受辱——放了他，承认他没做错。他成了英雄，我就要做狗熊。"蒋介石没好气地说。

"你只想着你自己。"宋美龄心里凉了。

蒋介石难堪地说："我说了不能放，就是不能放，没有回旋的余地。做了错事就要受到惩罚，他必须反省。"

蒋介石和宋美龄从来都是一唱一和的夫妻，但这次真的都动了火气。

"汉卿不要钱，不要地，要的却是自我牺牲，你还想怎么样——我把丑话说在前头，如果你敢对汉卿不利，"宋美龄瞪着蒋介石，扔下手中的茶水，"我把你的丑事都抖出去。"说罢宋美龄转身，决绝地走向房间。

"我有什么丑事？我对得起党国，对得起人民。"蒋介石大吼。

宋美龄"砰"地关上门！门外，蒋介石站着一动不动，脸涨得通红，浑身颤抖，咳嗽出来，竟有几分窘迫和慌张。

27日，"军法会审"结束几小时后，国民政府宣布：判处张学良10年有期徒刑，本刑特予赦免，仍交"军事委员会"严加管束。蒋介石似乎履行了承诺！但明眼人一看，蒋介石恰恰违背了承诺。此时，张学良坐的汽车，早开进了孔祥熙公馆。

孔祥熙公馆早已经成为一间"囚室"，只为接纳他。墙外是武警宪兵，院内有宪兵，阶梯上是宪兵，公寓门口是宪兵，客厅有宪兵。张学良住的房间门口还是宪兵。张学良被彻底软禁起来，再也没有了自由，连听电话和写信都受到控制。

分明，一切早已经"定夺"！蒋介石早就给张学良定了"罪"，一个人的"审判"，没有任何温情，其他的一切都是走过场，果然是走过场。

孔家沉沉的大铁门关上的刹那，张学良的一生就被毁了！

当天晚上，特务给张学良送饭，张学良躺在床上，蒙头大睡。

特务端饭进来，叫道："张将军，吃饭！"却看他毫无动静。特务站在旁边等了好一会儿，退出门外，和门口站着的宪兵打了个眼色。门并没有关上，半掩着，门口的宪兵，每隔几分钟就把头探进门里一次。他们怕张学良自寻短见。

很长时间过去了，张学良起身，坐到饭桌前，似乎在竭力控制什么。桌子上摆的是丰富的西餐：牛排，鸡翅，沙拉，红酒，燕窝汤等，色香味俱全，这一顿要几百块，可是，他毫无食欲。他拿起刀叉，吃了两口，便停住，反而大口大口地喝起红酒。喝完酒，他站到窗子前，窗外挂着一轮橙黄的大月亮。

周围寂静一片，院子里，宪兵走动，手持乌黑发亮的长枪，枪头的刺刀在月亮下闪着寒光。寒冷的空气中，两个人正在对火，悄悄地咬耳朵。

张学良哭了，就在那轮月亮下。坐到床边，他把头埋进臂弯里。

回顾前半生，很小就跟着大帅南征北战，后来年纪轻轻就带兵打仗，不到三十岁就权倾一方，掌握千军万马，名动中国。胸怀国家民族，反对内战，"改旗易帜"，入关调停，跟随"领袖"，忠心不二，煊赫功绩，一时无两。中国实际上是他和蒋介石二人打下来的，然而坐拥天下的只能有一个人，他让步，他是部下，别人是领袖。可是，日本入侵，拱手相让家乡，热和抗战，丢失华北门户，多年间，疲于"剿匪"，背负国仇家恨，忍辱负重，其中滋味，几人能知？可是他承受了，因为他相信蒋介石，相信他的委员长能够救中国，他把所有身家都给了"领袖"，可是直到现在，他才看清楚"领袖人格"。这次

"囚禁"且不知道何年何月才是尽头，他没有和"领袖"谈条件的砝码，唯一的砝码——西安囚禁的南京中央大员，他早已经在26日就电令西安方面，把他们释放回南京了。

现在，他只能是摆在案板上的鱼，听人处置了。他是来求死的，但是谁想死呢？更何况不是让他死，而是让他没有自由。如此，没有自由，不如给他一死。

1937年的第一个早晨，太阳升得很高了，阳光从窗子探进屋内，投射到张学良的被子上。他还在蒙头大睡。昨晚他失眠了，天快亮的时候他才睡着。他就那样醒着睡，睡着醒！一辆汽车停在孔公馆外，宋子文来了。

宋子文本来是打算去上海过年的，可是他没有。如此"审判"张学良，他哪里还有心思过年。他提着新年礼物走到门前，宪兵看到他，向他敬礼。

"张将军还在睡觉。"宪兵说，"我去叫醒他。"

"不要！"宋子文拦住宪兵，然后把手指压在嘴唇上，"让他睡，我等他。"

"宋部长，如果不叫醒他，他能睡一天。"宪兵说，"昨天来到这里他就躺到床上，蒙着被子。"

"我进去坐一会儿，等会儿我自己叫醒他。"宋子文走进房间，小心关上房门。他刚进去，坐定，宪兵就打开了门。他十分恼怒，走到门前狠狠地瞪了宪兵一眼，又把门关上。但是，很快他发现，门，又处于虚掩状态！宋子文出去，把门关上，对宪兵说："怎么，连我也要监视！"

"宋部长，请见谅。我也是奉命行事。"宪兵笑着说。

宋子文说："不要拿蒋介石来压我，出了事情我负责。"

宋子文走进门内，关上门。这次，门，没有再被打开。宋子文静静地望着张学良的床榻，看见张学良随着呼吸起伏的身子，疼惜得要命。他不说话，只想让张学良多睡一会儿。半晌过去，张学良在床上不停地翻动，轻微咳嗽了两声。

宋子文这才走过去，小心地叫："汉卿！汉卿！"

张学良从被子里探出头，头发蓬乱，眼睛通红，胡须布满脸颊和唇际。

"大哥！"张学良失声叫道，坐起，眼泪已经流下来。

宋子文也哭，良久，他说："汉卿，我带了点儿好酒。陪你过年！"

两人坐到桌子旁，桌子上放着宋子文带来的五粮液和几个小菜。门又半开了。宋子文极度恼火。张学良却劝他："由着他们去吧，他们也不好做。"

两人喝了几杯，宋子文悲哀地说："汉卿，我本来没有面目来见你的！"

"大哥这是什么话？"张学良喝下一杯酒，"我谁都不怪，只怪我自己信错了人。"

宋子文说："果真是你我信错了人，才把你搞到这地步。"

"大哥，我还有机会抗日报国，打回老家吗？"张学良黯然地问。

"他会给你机会的，你不用太担心。"宋子问说这话很心虚。

"为了你的事情，我和老头子吵过几次。可是，他始终不听我的劝告。"宋子文说，"眼下你只有忍一忍。经济上有什么困难，尽管和我说。"

张学良说："你已经为我竭尽全力了，我知道你的心意。不要再为我操劳，会误了你的前程。"

两兄弟谈了很久。宋子文走的时候，张学良把他送到房间门口，看着他下楼。临出大门，宋子文给了他一个微笑，他还宋子文一个微笑。微笑都很苦！

下午，宋美龄也专程到了孔公馆。宋美龄还没进门，宪兵就把张学良叫了起来。

"张将军，蒋夫人看你来了！正在楼下等。"宪兵传话。

张学良从床上跳起来，整理了衣服，走到客厅。

"汉卿！"宋美龄从座位上站起来，迎过去说，"你住得可还习惯？"

"谢谢夫人关心，我还好。"张学良说。

停了一会儿，宋美龄才开口说话："汉卿，委员长让我给你带些补品，还有一张毯子。他要你一定注意身体，过得舒服，这样他才放心。"

"委员长真是有心了。"张学良不无嘲讽地说，"夫人，请代我转告委员长，学良一定虚心钻研学习，修身养性，不辜负他的一片苦心。"

宋美龄自然明白张学良的意思。她说："你且放心，他还在气头上，我回去和他好好说说，等他气消了，一定放你回西安。"

张学良诚恳地说："夫人，学良扣押领袖，应当受到这样的惩罚。"

宋美龄竟无言以对。

从1937年的第一天开始，张学良再也没有回到属于自己的天地，他活着"死"在人间和历史，直到20世纪80年代末。这是一场彻头彻尾的放逐，这是蒋介石的"终极审判"。

4. 在历史的暗处行走

1937年来了，蒋介石含泪去了溪口。此来经年，一切萧索得很，一切都变了模样。蒋家的坟地又多了一座新坟。对于胞兄介卿的死，他痛心疾首。他甚至没有道理地联想到胞兄的名字：介卿，这不是蒋"介"石和张汉"卿"二人合一吗？此介卿一死，是否意味着他与张学良的情谊断了？

这当然只是无端的猜测。不过，对蒋介石而言，心情的确不是很好：亲人一个个去了，到如今，儿子尚在苏联被流放，只剩妻子宋美龄一人在身边，触景生情，他苍老了很多。看着兄弟的新坟，他格外的孤独。在故乡的山野里，迎着无边的落木，他只有流泪。他要为兄弟守丧。而且，人到半百，适逢寒冬，裹着白绢，身体多有微恙，蒋介石恰好在老家休养。同时不难看出，这样也可以避开南京的风浪，避免与张学良直接发生关系，仿佛置身事外，而无能为力。

1月4日，忽然有人传话：南京方面，已经执行了决议！

他含着眼泪，用颤动的声音说："希望汉卿能够明白我的一番苦心。"

他的眼泪是为死去的兄弟流的，还是为汉卿而流？或者两者合二为一？

来到南京，张学良返回西北唯一的筹码就是"三位一体"和东北军，也就是西北造反，蒋介石却不怕，因为，这恰恰是张学良不愿意看到的。

1937年1月4日，国民政府委员会再次一致决议通过：张学良所处10年有期徒刑，特予赦免，仍交"军事委员会"严加管束。消息一出，西北方面，群情激奋，杨虎城与东北军将领发布"忭电"：不惜以战争来救张学良。

中央军原地待命，形势悬于一线。

杨虎城本来就反对张学良到南京去。张学良临走之时，将西北军务交由杨虎城全权处理，然而，杨虎城终究当不了东北军的家，很难控制局势，而且他十分想张学良回到西安，共同主持西北大局，形成抗日阵线。

早前，12月27日，张学良刚到南京，就给他写信：

虎城兄大鉴：

京中空气甚不良，但一切进行，尚称顺利，子文兄及蒋夫人十分努力。委座因为环境关系，总有许多官样文章，以转圜京中无味之风，但所允我等者，委座再三郑重告弟，必使实现，以重信义。委座在京之困难，恐有过于陕地者。吾等在陕心中仍认为蒋先生是领袖，此地恐多系口头恭维，而心存自利也。此函切请秘密，勿公开宣布，恐妨害实际政策之实行，少数不清密知何也。

此请

大安

弟良顿首

二十七日夜中

张学良此信，一方面是安抚杨虎城，不希望西北出乱子；另一方面是维护蒋介石。南京方面的确复杂，但是，应该还没有复杂到蒋介石说不了话的地步。

在当时的张学良心里，他仍旧力保蒋介石这个"领袖"，替蒋介石想得周全。

"军法会审"和"特赦令"的颁布，让西北方面开始出现骚动。但是，他们对张学良还存有一丝希望。而随着国民政府委员会的一致决议，"囚禁"张学良，西安方面坐不住了。张学良在南京已经极度愤懑，西北的事情更让他担忧。

为了大局，张学良又写信给杨虎城：

虎城兄大鉴：

委座返奉化为其老兄之丧，南京之处置，有多不合其意。兹由奉
化七日早之函，委座也十分难办，但此事仍有转圜办法，切盼勿发生
战争，在此星期容弟在此间设法。委座另嘱，彼决不负我等，亦必使
我等之目的可达，但时间问题耳。请兄稍忍一时，勿兴乱国之机也，
仍能本我等救国之心，全始全终为祷！

专此并颂

近安

弟良顿首

（三七年一月）七日

同时，张学良给东北军各将领写信，信中同样写道：

中央之处置已见公令，委座为兄丧去奉化，七日由奉化来书，已
见另函。委座对中央之处置，似亦不满意，但为中央威信计，谅亦有
难处，弟已在此设法运用，使勿生战事，保东北仅有实力，而留为抗
日之最先锋。我们的血是洒在日敌身上者，不为内战而流的，切盼诸
兄在此短暂期间设法勿发生内战。

张学良心想：事变因我而起，现在之祸由我而生，万不可因我而祸起萧
墙，重燃内战，否则当初起事还有何意义？他以拳拳之心，避免战争。也许，
他对自己的未来尚且抱有一线希望——正是因为西北方面还可以给南京些许
压力。可是，此时，这些压力反而又压在他身上，他的压力要比蒋介石的压
力大。

怎样抉择？"规劝西北，避免内战"是最重要的。于是，整个西安事变，
前后一切都让他一个人扛了。而此时，再言论"委座"种种，张学良已经不能
那么坦然，但是，为了平息西北乱局，他只能这样。

同一日，蒋介石从老家给张学良写信：

汉卿吾兄勋鉴：

　　在乡医嘱静养，山居极简，略愈当约兄来此同游。关于陕甘善后办法，中意：一、东北军应集中甘肃，其统帅人选可由兄推荐一人往率领，使免分散，以备为国效命。二、虎城可酌留部分军队在西安，使其能行使绥靖职权。请兄手谕告虎城及各将领，勉以切实服从中央命令，不可再错到底。若再不遵中央措置，则即为抗命。国家对抗命之制裁，决不能比附于内战。而中央此次处置，全在于政治，而不于军事。兄如有所见，并请酌为补充为荷。

中正
于民国二十六年一月七日

　　西北局势、东北军的问题，只有张学良说了算。蒋介石还是要靠张学良来处理，他知道张学良会这么处理，无论是对"领袖"，还是对国家，张学良都会这样做。而信中所言"略愈当约兄来此同游"似乎影射了什么。

　　果然，张学良去了溪口，只是没有"同游"。不久，张学良离开南京，一行人转道宁波，浩浩荡荡去了奉化溪口，去"领袖"的故乡感受与学习"领袖"的成长和气质来源，或者只有张学良这样的"犯人"才有资格。而此时，蒋介石"刚刚好"离开老家。二人没有擦肩而过，却是相背而去。或者张学良真的累了，需要休息，奉化美丽的山水，的确是个好地方。然而，这个地方是蒋介石的故乡。他的故乡在东北。蒋介石可以经常回故乡来看看，或凭吊，或休养。而自己呢？打从离开后，就再也没有回去过。因此，让他休息，他怎么能坐得住？

　　虽然，他已经游离到历史的舞台之外，但他的一只脚仍然停留在舞台的一角。西北局势仍旧堪忧，他必须平息。拿自己的自由当筹码换取和平，他认了！

　　1月13日，张学良给东西安各将领的信："弟今早同瑞峰来溪口。为目前救此危局，勿为乱国计，商定办法二，请兄速下最大决心，使委座及弟易收束陕甘之局。关于改组政府及对日问题，准我等可在三中全会提出，公开讨论。

关于两案，盼兄等速即商讨，下最后果断。"

1月19日，他又致信杨虎城，信中说："关于弟个人出处问题，在陕局未解决前是不便谈起，断不可以为解决当前问题之焦点。"

1月27日，他还写信给东北军诸将领："今因迁延，引起误会，委座实属为难万分。若今日之再不接受，而仍以良之问题为先决条件，则爱我即害我。"

1月29日，他再次写信给东北军诸将领："目下大局及国家问题重于良个人问题千百倍，诸兄对良之爱护，听闻之下，十分感愧。"

此时，西北局势极度混乱。东北军决议要救少帅，杨虎城控制不了，东北军内部少壮派起事，责怪将领当日太轻易放走南京中央大员，以至于没有人质救少帅；又怪有些将领领导无方，听信唆使。"二二事件"爆发，东北军少壮派杀死了军中几位将领，包括军长王以哲，这位当年直接面临九一八之夜的东北将领，抱着一腔热血，终究没有回到老家打日本人，反而死在自己人手里。

何柱国专程从西安赶到溪口，面见少帅。听闻王以哲当日被杀情形，张学良无语泪流。随后，他再悲痛地给杨虎城写信：

虎城仁兄大鉴：

柱国兄来，悉兄苦心支持危局，闻之十分同感。现幸风波已过，盼兄为过努力，不可抱奋（愤）事之想。凡利于国者，吾辈尚有何惜乎？！弟读书思过，诸事甚好，请勿念。西望云天，不胜依依！

弟良启

二月十七日

"西望云天，不胜依依！"张学良希望西北能够大局平定，保住"三位一体"，保住东北军的命脉，保住抗日的最坚定的联合。他把东北军交给于学忠率领。然而，一切已经不受控制。猜疑、中伤和内讧之下，"三位一体"散了。

东北军各军被调配到各个省份，短短几年，张学良丢尽了张作霖留下的所有财产，皆因蒋介石。从此，张学良再也没有摆脱"软禁"的砝码！只有孤独和数不尽的孤独的山水。之后的日子里，赵一荻从西安赶往溪口，陪伴张学良。在英国得知消息的于凤至也赶来陪伴张学良。随后，二人约定，轮流陪伴张学良。

1937年7月7日，卢沟桥事变发生，蒋介石开始抗日了，全国开始一致抗日了。这个抗战局面是张学良用全部身家换来的。可是，终于可以打日本人了，这个中国最想抗日的人，却只能行走在奉化山水之间，阅读王阳明、朱熹。

讽刺，耻辱。张学良拿着笔颤抖地给蒋介石写信：

介公钧鉴：

卢沟桥冲突，日渐扩大，日本军人之凶焰，肆行无厌，真令人发指！良知钧座宏谋，早有成竹，万一不幸，中日问题，必须以兵，俯乞钧座，赐良杀敌之机，任何职务，任何阶级，皆所不辞。能使我之血，得染敌襟，死得其愿矣。如蒙钧座之允诺，良生当陨首，死当结草。钧俯临华夏，决不令匹夫一志之伸，临书惶悚，不知所云，俯乞鉴宥。

专肃，并叩

钧安！

学良谨肃七月十八日

蒋介石的回信却是让他虚心修学，潜心钻研。

只能握笔，不能握枪，张学良从此报国无门。抗日的年月里，他前后向蒋介石多次请战，可是得到的答复都是空的。"我的家，在东北松花江上"，他落寞悲愤！他是一个"秘密"，蒋介石必须把他好好藏着，不让他死，也不让他见光。

日本人的侵略速度很快！浙江已经不安全，整个中国也开始不安全。

随着日本人的推进，张学良开始了无休止的流浪、放逐：1937年10月，安徽黄山；11月，江西萍乡；1938年2月，湖南郴州苏仙岭；3月，湖南沅陵凤凰山；1939年9月，贵州阳明洞；1941年中，贵州黔灵山麒麟洞；1942年2

月，贵州开阳县刘育乡；1944年12月，贵州桐梓县无门洞小西湖……

放逐之中，张学良始终想着东北，想着抗日。

1939年4月5日，他写信给原东北军刘多荃："好久没有通信，时常想念。听说你们打得甚好，弟虽隐居山中，听了也十分快慰。但是又知鲍文樾追随汪（精卫）逆做了小汉奸，闻之令人发指。他忘了谁是敌人，谁杀害我们的同胞，谁强占了我们的田园，谁要灭亡我们，九一八的火药气味，他已竟忘了吗？真是令人可恨！这真是东北人的耻辱，更是东北军人的耻辱，弟个人更是又气又愧。"

十余年，在放逐生涯中，张学良更是写下众多诗篇，以寄报国杀敌之情。

这是1938年的《无题》：

> 剡溪别去又郴州，
> 四省驰车不久留。
> 大好河山难却脚，
> 孰堪砥柱在中流。

这是1939年的《鹧鸪天》：

> 欣闻长沙传捷报，
> 敌骑难越旧山河。
> 关军能继先哲志，
> 碧血黄水把敌却。

> 民欢庆，
> 我亦乐。
> 乘胜直捣长白山，
> 松花江畔奏凯乐。

抗日是那段历史最沉重的主题，可是他却进不了历史的大门。历史的大门已经被蒋介石重重地封锁了，并且在门上贴了符咒。他打不开，更进不去。多年里，"领袖"给他吃好的、穿好的，不让他死，也不让他"活"。他能够做什么？"领袖"希望他做什么？1964年4月19日于贵州桐梓，他写信给蒋介石：

介公钧鉴：

莫柳忱先生奉命来山，述及钧座爱护良之深情，一如往昔。刘秘书乙光前来渝返，转致钧谕，嘱良静养。并告读书要有系统层序，聆听之下，使良感愧莫名。除将良一切日常生活及读书情形详告莫先生外，兹略为钧座一陈：十年以来，良涉猎书籍门类甚广，自从病后，专以明史为目标，一切文艺掌故，皆为明代为着眼。本想研究明清两代史，又恐涉及过广，先未敢存此奢望。因前读《明儒学案》《王文成公集》，等等，对明代事小有印象，故先就明史着手，以后如有成就，再进一步研究清史，此良研究明史之大略来由也，兹特禀明。

学良谨启

四月十九日

1945年，日本终于投降了。万民欢庆，有人提出释放张学良，让他管理东北。可是，局势是微妙的，日本人走了。蒋介石的主题又回到共产党身上，此时的共产党已经今非昔比。经过抗日战争，依靠正确的路线，共产党、毛泽东已经空前强大起来。蒋介石同时还要应付美苏，这是他最不善于处理的。

蒋介石感到危机，而他把危机的责任全部怪罪于西安事变。

在共产党崛起的过程中，蒋介石已经被历史放逐！只因为他放逐了张学良，缺少"不放逐张学良"的那种人格。从大的方面看，人民抛弃了蒋介石之路。我们则从两个人的选择中寻找这种历史的"放逐"：1937年，张学良被放逐后不久，端纳终于忍受不了蒋介石，含恨离开蒋氏，虽然他还在中国、亚洲，但是他不再坚定于蒋介石，而是坚定于中国。后来，他间或陪同宋美龄在美国访问，宋美龄的种种风光的演讲，都是出自他之手，可是毕竟他已经选择了离开蒋介石；1948年，蒋介石的御用"笔杆子"，替蒋介石写下诸多文章、训词、书籍的陈布雷，无法承受撰写虚假文献、铁腕政治文字的重负，精神低迷，在南京自杀。从抗日战争开始，到内战结束，从头至尾都清楚地表明，历史之路不是在蒋介石的脚下。

日本人走了，共产党崛起，蒋介石会怎样对待张学良？

蒋介石把全部的幽愤都发泄到张学良身上！如果说之前他对张学良还只是幽怨，那么，现在则是恨之入骨了，因为，他认为是张学良成全了共产党。

1946年，贵州息烽，国民党"集中营"。张学良刚刚大病一场，得了急性肠道炎，为此宋子文特地从美国发电报，询问他的情况。想着子文大哥，张学良心存感激。这么多年里，宋子文和蒋夫人对他的关怀无微不至，虽然见不到面。但是他的确清楚自己没有死的原因。已经10年，当日法庭判决10年刑期已满，日本人都已经投降了，"委员长"没有理由再关他，应该放他回去了。

北望南京、西安、东北，张学良满目苍凉。是年盛夏的一天，东北老友莫德惠来看张学良，捎话说："委员长可以放你，但是要你答应三点条件。"

张学良关切地问："哪三点？"

莫德惠答："第一，承认西安的事情是上了共产党的当；第二，交换九一八事变时他在南京给你的电报；第三，自由以后必须出国。"

张学良笑了笑，坚定地说："做不到！我宁愿不要自由。"

9月，突然传来好消息：10年已过，委员长决定让你回南京了！

张学良大喜，守得云开见月明，他又有希望了，"领袖"的人格也突然可信了，党国似乎也有了希望。张学良先被遣送回"陪都"重庆，作为中转，他住在戴笠的房子里，此时戴笠已经死了。可是，临上飞机，张严佛才告诉他，飞机不是去南京，而是去另外的地方。这次是更遥远的放逐。11月，他被秘密押送到远离东北的岛屿台湾，软禁于新竹。他最后一次相信"领袖"，"领袖"又一次将他放逐！

历史绝望了，历史也开始对蒋介石彻底放逐。或者，张学良没有死已经是很幸运了。因为，在放逐过程中，蒋介石不止一次地想过处死他，他甚至给张学良的贴身特务刘乙光有命令：如果被日本人抓到，一定要杀死张学良。言外之意，张学良成为一种象征，而不仅仅是一个秘密。所以，张学良必须活着。

与张学良一起发动西安事变的杨虎城则没有那么幸运。

1937年上半年，杨虎城被迫离开西安。临行时，有万人到机场送行。他去了庐山，拜见蒋介石，然后，去了中山陵，拜谒孙中山。之后，偕同家人出国。抗日战争全面爆发，他在国外请求回国复命。可是下了飞机，他就被软禁起来。1941年，张学良被"囚禁"在贵阳黔灵山麒麟洞时，他就在咫尺之外的息烽玄天洞。然而，两人怀抱相同的惆怅和凄冷，竟然不相知。

1945年，抗日战争胜利，他被押回重庆。"国共冲突"后，他又被押解到贵州。1949年，"蒋家王朝"已经穷途末路，歇斯底里的蒋介石不从自己身上寻找失败的原因，简单地全部怪罪于张学良和杨虎城。而杨虎城又与张学良的位置不同。他再次被押回重庆。蒋介石离开大陆前，命令军统毛人凤把杨虎城全家杀光，包括他的副官和副官的孩子。死后，他的尸体被泼上硫酸，埋于污水池中，空留下他的壮志雄心："烽火连三季，风物倍凄然，骊山吐皓月，清辉满长安。"

很多年以后，张学良喃喃自语："提起杨虎城，我心里十分难过。直到现在，我也不明白，（蒋介石）为什么要这样对他（杨虎城）。"

1949年，蒋介石从成都落魄地乘飞机逃到台湾！从此再也没有踏上大陆。

张学良同样也没有再踏上大陆，没有回到故乡东北。

第十章 囚 岛

蒋介石和张学良在台湾不期而遇。

张学良是名副其实的囚犯，他被囚禁在台湾这座岛上。

蒋介石同样也是一名囚徒，他同样被囚困在台湾这座岛上。

他们在历史之上和之下行走；后来，他们以不同的方式被囚困于孤岛之上。

两个人都在眺望大陆，心中所想却大不相同。

1. 两种"囚禁"

1946年，刚刚从日本人手里收复回来的台湾还绝对是中国政治版图上的一块边缘地带。此时，只有张学良一个"落魄"的政治代表团在这个陌生的岛上。经历10年的"囚禁"，来到台湾之后，张学良已经彻底死心了！他习惯了停在历史的暗处这个角色，对参与历史不再抱有希望，他淡定和平静了。

新竹，井上温泉，位于深山之中，是台湾本地高山族栖息之地。张学良的住处，风景优美，空气清新，绿树环抱，鸟语花香，有清泉、溪流，有温泉、香荷，还有高高的蓝天上一小块一小块淡淡的浮云。他很快融入其中。虽然，他早就不满意贴身特务刘乙光的所作所为，但是，作为陪伴了自己10年的人，不是家人，不是朋友，却是真的伴侣，他又能怎样呢？这个人还将继续陪伴自己下去！

放逐初始，刘乙光对张学良十分尊敬，因为张学良是被困在笼子里的老虎，说不定有一天会重新出山，那个时候肯定是一人之下，万人之上。然而，随着放逐的继续，看不到一点张学良可以再起的迹象，刘乙光也就大胆起来，慢慢把张学良看成他手下的犯人，有时还公然地侵犯张学良的利益。比如，政府寄的钱财、衣物、食品，他随意克扣分给他的近十口人的家用物资。不仅是政府的物品，甚至是宋美龄、宋子文和东北军将领送来的私人物品，他也敢私藏。

1946年的一段时间，张学良突然有了出山的苗头，他顿时害怕起来，又开始百般讨好张学良。后来才知道，那不过是骗局一场，张学良最终被押解到台湾。刘乙光才恍然大悟：张学良再也没有出头的日子了，于是又开始嚣张起来。

初到新竹，刘乙光甚至和张学良、赵一荻抢房子住，他让张学良住条件差的房子，自己一家人则住好的。可是，又能怎样呢？此时的张学良连摆脱刘乙光的能力都没有，只能忍着，和他尽量好地相处在一起。张学良离不开刘乙光，刘乙光就是蒋介石给张学良的枷锁牢笼。张学良已经心如止水，学会在绝望中寻找新的希望，学会在牢笼中寻找安静，学会在孤独中寻找平衡。

在井上温泉的日子，远离大陆历史风云，张学良和赵一荻的生活简单、平凡却充实。他经常扛着鱼竿垂钓，阳光明丽，照映在平静的水面，身后，鸟鸣山更幽，日本人留下的樱花绚烂地开着。兴致好的时候他能立刻赋诗一首。多年里，他烧了一手好菜，钓上来的鱼带回去，亲自下厨，做一顿好的，让赵一荻享用。夜晚，由刘乙光陪同，他则到温泉里泡澡。月亮很好，他能看清楚自己的身体。赵一荻则像农村普通妇女一样养鸡、养鸭，看到自己养的鸡鸭长大下蛋，她无比兴奋。只是偶尔吃饭的时候，她要承受刘乙光那位精神有问题的老婆的冷言冷语，他们吃饭都是和刘乙光一大家人一起的。两个人吃饭似乎太冷清，人多反而热闹，但是人太多，又太乱、太脏，终究没有两全的办法。时间长了，他们都坦然了。

天气好的时候，他们会坐在一起，在太阳下小睡，闲谈。而井上温泉附近最多的是庙堂，所以他们常常去庙里上香、念经，平凡的日子里总要寻找精神寄托。时间久了，张学良皈依佛门，超然淡定，他让赵一荻也信佛。

张学良极力要让世人忘记他；人们也似乎真正做到忘记他了。

岛内的人不会来看他，因为要到井上温泉，要经过30多公里的石子路，路上高低不平，一般的小车子，底盘都太低，会碰到石头，很难开进来。

大陆的人要来看他，更难，不只是一个海峡的问题，而是要过蒋介石这关。所以，每当有党国故人前来，张学良都十分激动，与他们说一些自己政治上的想法和牢骚——那些东西都是他平时积聚在心里不能说的东西。而几年里，从大陆去看他的人也就张治中和莫德惠，特务头目张严佛或者也可算上一个。

此时，大陆，"国共两党"剑拔弩张，蒋介石本身就无暇顾及张学良，加上他把张学良视为罪魁，问得就更少了。反而宋美龄更加关心飘零岛屿的他。

1946年底，为了让美国人支持蒋介石，提供立场支持、资金支持和军用支持，宋美龄出访美国。百忙之中，她专程前往美国加州探望在此定居的于凤至。

1940年，在贵州陪同张学良最后一程，于凤至无奈地远赴英伦，因为，孩子们需要她。作为人父，张学良不能陪伴孩子，那么她这个母亲必须过去，况且孩子们的身体都不太好。随后，她又带着孩子渡洋去美国，在那里定居了。

1947年，宋美龄从美国回来，特地差人把于凤至给张学良带来的药品和食品送到岛上，附信说："凤妹妹在加州的家得体气派，让我想起你们从前在北平时的顺承王府格局，而且让我惊奇的是，她是月炒股票所得的收入，在昂贵的美国高级居住区买的这幢带花园的房产。凤妹妹如今很好，唯一烦心的，就是二公子的病。"

信的内容和平常人家无异，不涉及政治。张学良回信："夫人钧鉴：……附所赐果物及凤至捎来的药品统统领到，夫人对良护念周至，使良感谢无极……"

1949年，当毛泽东庄严地喊出"宜将剩勇追穷寇，不可沽名学霸王"的时候，蒋介石彻底绝望了，他最终被历史放逐到岛屿之上。台湾不再平静。早前的1947年，"二二八"事件，国民党军队与台湾本地居民爆发冲突是起点和证明。

在台湾，蒋介石虽然绝望，但仍旧不甘心。"反攻大陆"的美梦成为他活下去的唯一支撑。金门海战，乍起又落，对峙的局面形成。至此，一方面，蒋介石在岛上和附近岛屿严密布置军事防务；另一方面，他时刻等待机会和寻找支持，妄图"打回大陆"。然而，时间一点点过去，从朝鲜战争到越南战争，看样子都是机会。可是，他和他的追随者都心有余而力不足，他注定打不回去。他早已经被历史放逐：从杜鲁门到艾森豪威尔，美国人一会儿支持他，一会儿不支持他。

人走茶凉，成王败寇，蒋介石感到无奈。台北士林官邸，像一个森严的城堡，时刻军事戒严，闲杂人等难以入内。蒋介石在里面，年复一年地叹息、发怒，图谋各种计划，布置各种间谍活动。但是，他可以违背历史，却无法违背生命的规律。他正一点点老去。台湾变成一个军事森严的岛屿，人人自危，个个不安！在千百次的反攻计划破灭之后，他的"雄心"开始暗淡。回忆过往，他固执地把张学良看成是他失去大陆的最大的历史罪人，遂严加看管，没半点情面可讲。

随着国民党集团整体搬迁，台湾热闹起来，一些老朋友也多方打听，并比较方便来探望张学良。宋美龄也来到台湾，她对张学良的照顾更甚，或者，她更多的是为了弥补蒋介石的罪过。总之，张学良不再那么孤独了。

一晃十几年不见，宋美龄急切地想去新竹探望张学良。1950年，她写信给张学良，说她想过去看看他，问他需要些什么，她亲自带过去。

张学良接到消息，受宠若惊，但是，想了想，又忍痛拒绝了。他写信给宋美龄说："欣悉夫人有来新竹的打算，良闻知后倍感不安。亦知夫人自南京一别，多年来始终有探望之意，可是良感到现在仍多有不便。首先由新竹市到井上温泉，汽车往返约五到六个钟头，路况之坏，使夫人难以想象。竹东到井上一段，因石头露出地面，轿车不堪通行，只有吉普车或卡车方可行驶，并且险处甚多，颠簸万分，而良之寓所，对夫人功用更有种种不便，切请夫人不可前来。何时何地，请夫人随时吩咐，良即可前往。"

最难的其实不是新竹到井上温泉的路程。

张学良写得隐讳，宋美龄看得明白。

什么时候才能方便呢？宋美龄有些急。

1950年6月2日，晚上，过惯夜生活的宋美龄，突然很早就回房间了。蒋介石正在打坐。宋美龄给他端来一杯茶，给他铺床。蒋介石笑着说：

"你今天为何这么早？被子我自己可以铺。"

宋美龄温柔地说："Darling！明天就是6月3日了。"

蒋介石不解地问："如何？"

宋美龄说："你是不是该做点事情？为汉卿？"

蒋介石听了，脸色沉下来，说："提他做什么！"

宋美龄说："明天汉卿就50岁了，我想你应该有所表示。"

不提50岁还好，一提50岁，蒋介石火了。当年，西安事变，他正好刚刚过了50岁生日，张学良还亲自为他庆生，没过多久，张学良却抓了他。

蒋介石说："西安事变，我是50岁给他抓的！"

宋美龄笑着说："这么多年了，你倒是一点也没有忘记。"

蒋介石铁青着脸说："忘记？共产党崛起，我丢掉大陆，都是拜他所赐。"

宋美龄和气地说："没有让你为难，只是写一封贺电。你是领袖，要大度点！"

蒋介石振振有词："不行，不行。"

宋美龄有些生气，转身往外走。临出门她又停住了，说："我向来很少请求你做事情，汉卿是例外。我认为你还是写一封贺电为好，否则对汉卿太不公平。"

蒋介石气得满脸通红。

6月3日，张学良50岁的生日。这一天，张学良把各界人士送来的礼品分给"守护"他的士兵，他和赵一荻絮叨而谈。回忆往日种种，回忆母亲，父亲，大帅府，兄弟姐妹，回忆戎马生涯。他想到父亲在哪天死的，怎么死的；

想到凤姐也是这两天的生日，凤姐却已经不在身边，难为她一个女人带着孩子在异国他乡生活。他想到，自己十几年的放逐，孤独活于世上，竟然流下眼泪。

但是，当接到一封电报时，他突然失态地跳起来，拿着这个电报，他欢喜了半天——原来，那是蒋介石在妻子的督促下给他的"庆生"电报。很多年了，张学良没有从蒋介石那里听到暖心的话，此时，蒋介石居然恭贺他的生日。

赵一荻也跟着欢喜，但是，欢喜过后，她说："你别太高兴，人家未必是本意，我估摸又是夫人的功劳。"

张学良平静下来说："夫人对我那是没说的——不管他是真是假，给我这封电报已经很难得了。"他心里还是惦记"领袖"，惦记"领袖"对自己的态度。

1951年1月12日，宋美龄给张学良写信："自来台后，余忽对绘画兴趣浓烈，大有寄情山水，两眼皆空之感。而蒋先生也主张余以习画养性，余即延请黄君壁先生教山水，而郑曼青先生之花卉，乃是台湾首屈一指翘楚，两位才华不逊于张大千和徐悲鸿。如此一来，余反倒觉得每日过得充实起来，再没有刚来台湾时那种终日惶惶、神不守舍的情绪。"全是生活日常，温暖之情可见一斑。

2月，春节的时候，台湾经济萎靡，货物紧缺，宋美龄怕井上温泉情况吃紧，从台北专程寄去一批年货，让张学良过个好年。收到夫人的信和礼物，张学良激动得哭了。来而不往非礼也！他要表示表示。张学良被放逐多年，很多私人财产都随他流动，包括当年在北平和东北时收集的名画、古玩。于是，他把珍藏的苏轼的《少年游》手卷赠送给了宋美龄，并鼓励她好好学习画画。

宋美龄回信："汉卿，得照片与手卷极美，多谢！早当致谢，惟两年来苦于支气管炎，不便作书，目前始渐愈。《生活》拟刊一文，附余画作照片，出刊后当寄奉一本。余习石涛、沈石田甚勤，以余师谓余笔法风格近此两家之故。然台岛难得真迹亲炙，尽力而为。"附有临摹的画作送到新竹，请张学良雅正。

蒋介石与张学良

是年12月29日，张学良隔了很长时间才给宋美龄写信，答谢此前种种："十一月二十七之钧示及杂志十五本，和良之家书、打字机俱已经受领。承蒙优厚，感戴莫名。良以罪余之身，何德得蒙垂顾之斯乎？令人惭愧无地。前贺寿之柬，得蒙总统垂青，良闻之何胜欣幸，此中温情亦夫人所赐也！"

1952年，秋。张学良已经搬到新竹阳明山。宋美龄差人给他送来亲手种植的兰花。这不是一般的礼物，这是品格的象征。张学良喜出望外，从此爱上兰花。晚年以养兰为好，多次赠予友人。

赵一荻对阳明山的气候不适应，张学良又给宋美龄写信，请求转移地点，而当初，阳明山的房子就是宋美龄和蒋经国一起为他找的。

蒋经国，张学良在台湾岁月中又一个重要的蒋系人物。

张学良说："我和经国先生是很好的朋友，我们无话不谈。"虽然，蒋经国是他的晚辈，但是年龄上差异并不大，蒋经国乐于把他作为兄弟和朋友看待。

张学良和蒋经国的相识可以追溯到1937年。

1937年，蒋经国结束了在苏联的流放，回到奉化老家，与他一起的是他的妻子，一位俄罗斯姑娘，中国名字叫方良。蒋介石给儿子的头一个任务就是去探望正在那里反省学习的叔公张学良。蒋介石对蒋经国说，他同张学良关系如同父子，情谊如同兄弟，所以不能以国法论处，一定要尊敬。从这一点来看，在私人角度，蒋介石的确是十分重视张学良的。但是，从另一方面看，要改造刚从苏联回来的儿子，最好的教育方法也正是让他从张学良那里汲取教训。再从家事角度讲，蒋经国要带妻子回家看老母亲，虽然，蒋介石不认毛福梅为妻子，蒋经国却疼惜母亲，于是，也不免"顺路探访"之意，而不是专门探访。

蒋经国和夫人一起去见了张学良和赵一荻。看见温文尔雅的叔公张将军，他甚是敬爱，怎么也不相信这个人居然囚禁了他的父亲。但是，叔公对父亲的这个国家所做的贡献他皆知。短短相处，二人相谈甚欢，相互欣赏！到了台湾，张学良更是被直接交给他负责。此时，他在政治上已经成熟起来。他的气度和成熟的思想超越父亲，这和他在苏联生活不无关系。对张学良，在蒋经国的身上必须体现三个人的意志：父亲、宋美龄、自己。他处理得很好。换句话说，他把政治关系和私人关系处理得很圆滑和体面。不可否认，他和张学良有

334

真友情。

每到逢年过节，蒋经国都会差人给张学良和赵一荻送些私人礼物，洋酒、雪茄、名牌衣服、香水，等等，甚至在1959年还送了一辆美国产的大轿车。

张学良偶有生病，他也十分关切，派最好的医生过去为他医治。

蒋经国对张学良的关心，从1959年张学良给蒋经国的信可见一斑：

经国秘书长仁兄赐鉴定：

　　贱眼疾承关怀选聘医诸多，分神令人感愧。尚无缘致谢，适又承书赐食品，实不敢受。我在此生活一切均好，万勿再劳神赠送珍果为好！

张学良再拜

九月二十七日

蒋经国设定了张学良的"关押"路线，让张学良尽量过得舒服些。张学良不满意刘乙光，他就把刘乙光给撤了，让熊仲青代替，每年直接向他汇报张学良的情况。后来，他升任秘书长，事情逐渐忙碌起来，亦没有断了对张学良的关心。在他和宋美龄的努力下，张学良最终得以离开山野，搬到高雄西子湾居住。

1956年，张学良突然被接到台北，被带到士林官邸的一个大厅里等候。从来没有见过传说中的士林官邸，他心里还在想，到底什么人要见我？难道解禁的事情有所眉目？殊不知要见他的人竟然是蒋介石。此时蒋介石年近七旬，许多事情自然是想通了，虽然仍旧信誓旦旦地要"反攻大陆"。当时，他正在写《苏俄在中国》这本政治书籍，"探讨"共产党为什么会在大陆胜利。

张学良志忑地等着，一位老者喊了他一句："汉卿！"

定睛一看，是蒋介石！蒋介石的胡子已经很稀少了，仅有的一点也全白了，身上依旧穿着长袍，手里拄着拐棍，步履有些蹒跚，精神却很饱满。

尤其见到张学良的一刻，蒋介石居然笑了出来！

"委员长！"张学良激动地喊出来，他做梦都没想到会是委员长。

"汉卿，我们有多少年不见了？你老了很多。"蒋介石说。

"委员长，有十八年了，我能不老吗！"张学良笑着说。

"我也老了！"蒋介石说，"要油尽灯枯了。"

张学良说："委员长看着还硬朗，不显老。"

蒋介石干笑两下说："听经国说，前几年，你的眼睛不好，现在怎样？"

张学良说："在油灯下看书，成了习惯，把眼睛用坏了，这两年好些了。"

蒋介石说："读书是好事情，我以前和你说过，现在还是这个道理，只有多读书才能明志。"蒋介石把他请到楼上，一路和他寒暄。

张学良不知道让他来是什么意思，激动又紧张。莫不是解禁有望？

坐定，蒋介石让人给张学良上茶，说："汉卿，眼睛不好，一定注意休息，但是不能懒惰，要有毅力，还要继续学习，等待为国效命。"

张学良无奈地说："我老了，身子骨也不行了恐怕心有余而力不足了。"

蒋介石说："不能这么说话，你对党国还是很重要的，肯定有贡献的地方。"

话题最终转入正题。蒋介石说："今天我请你来，主要是想见见你，看看你的身体情况。另外，我想请你写点东西。"

张学良疑惑地问："委员长请吩咐，想让我写什么？"

"我们失去大陆，原因是多方面的。最近，我在写一本书，意于总结'共党'给我们的教训。"蒋介石轻描淡写地说，"我记得你好像搞过一个'兵变'，你是当事人，最清楚，想让你写写。"

听着蒋介石的话，张学良只想冷笑：好个委员长，如此表现，仿佛早已经忘记当年事情，那么何故还扣押我不放？到底是让我写点东西，还是调查我？

"请委员长指示，我该怎么写？"张学良明知故问。

"你是当事人，最清楚，按照事实写。"蒋介石淡淡地说。

"杨虎城该怎么写？"张学良不无气愤地说。

"虎城的问题你要照实写，他与你的情况不同！"蒋介石含沙射影地说。

"那么，周恩来呢？"张学良笑着问。

蒋介石说："一切遵照事实。"

何为遵照事实？当年蒋介石的《西安半月记》、宋美龄的《西安事变回忆录》均对周恩来只字未提，现在要来考验张学良不成？

张学良答应了，说："我会按委员长的指示好好写。"

蒋介石显得很满意。随后问起张学良的生活："你现在生活是否习惯？"

张学良说："早都习惯了——清净，适合学习。"

"没人照顾你，我多有不放心。"蒋介石说。

"有小妹在，我过得还好。"张学良说。

"汉卿呀！不能灰心，好好读书，等待国家给你任务。"蒋介石最后说。

该怎样写西安事变？张学良苦恼了很长时间。他不愿意背叛事实，但是又不能得罪蒋介石，最后，他以倾向于蒋介石的口吻，同时按照事实写成了《自述》，自然其中很多言不由衷，但是，主体大致符合历史事实。

《自述》交到蒋介石手里，蒋介石比较满意，然后交给蒋经国处理。

蒋经国把它当成机密文件，在党内高层传阅。不想，有人修改了《自述》，遮盖某些事实和锋芒，并堂而皇之地把《自述》重命名为《西安事变忏悔录》，刊登于《希望》杂志上。张学良气愤难耐。蒋经国立刻处理了《希望》杂志，尽量缩小影响，并亲自登门向张学良道歉。不难看出，无论蒋介石还是蒋经国都十分重视张学良的动向，他身上藏着太多秘密，而且秘密直接与蒋介石的秘密有关。

而当时蒋经国正在撰写《从中国国民党的历史看国民革命的前途》，写成之后，他送给张学良看。

张学良投桃报李，回信说：

经国秘书长仁兄阁下：

　　前承惠大著，捧读之下，慈孝忠爱，溢于纸上，美兄有文，亦庆领袖有子，"生子当如孙仲谋。"史话不能专美于前矣，大著置之案头，以为座右铭……兹又承惠赠珍果，自大陆来台已多年未尝此味……，深希瞻奉教领，暑热为国珍卫……

张学良顿首再拜

（一九五七年）六月十四日

蒋介石与张学良

初来台湾，蒋介石和张学良就是这个样子：蒋介石"囚困"于岛屿之上，窥视历史；张学良则"囚困"于蒋介石这个岛屿上，仍旧没有自由。

2. 蒋介石之死

1957年7月，听闻张学良眼睛不好，宋美龄差人送去一盏台灯和礼物，信曰："汉卿，近闻你患严重眼疾，寄美国台灯一盏，此灯不拘位置角度，极为方便。余在美用之，甚感满意，另奉上旧金山BIUMS糖果店名产些许。"

8月6日，高雄西子湾张学良的住宅，街道戒严。不是张学良又犯什么错误，而是有大人物来了。来者不是别人，而是蒋夫人宋美龄。南京一别转眼三十载，中间虽然有书信来往，以寄托相思，但是两人始终想见一面。

为了见夫人，张学良和赵一荻都好好打扮了一番。

宋美龄也仔细地化妆，用的是传说中尊贵无比、价格昂贵的法国香水。

此前，张学良一次次婉拒宋美龄来看他，主要有三个方面的原因：

一、自己有如"困兽"的现状跟蒋介石有关；二、宋美龄在上，自己在下。他很敏感，不希望被别人怜悯。更为重要的是，多年的颠沛流离，使昔日英俊的少帅变成了落魄的丑汉，这模样怎能让宋美龄看见？

然而，岁月流逝，时不我待。张学良越来越感觉到宋美龄身上散发出来的超越恩怨和情感之外的真诚。他意识到，自己的"被囚"怪不得她。至于长相等外在的东西，更是自然规律。宋美龄也不是当年的那个风姿绰约的"宋小姐"了。想到这里，张学良豁然开朗，他们终于相见了。

时隔多年，再次见面，几乎没有任何犹疑，也删去了所有的礼节，见面的一瞬间，宋美龄抓住张学良的手，心疼地说："汉卿，你都这么老了！"

此时的张学良，头发基本掉光了，脸上出现皱纹，眼疾让他精神涣散。

听了宋美龄的话，张学良感到心酸，老泪一下子涌到眼眶。这一天，张学良难得地穿着西服，打着领带。他高兴地说："夫人，您还是这么年轻！"

"哎，小妹，你别来无恙吧！"宋美龄又向一旁的赵一荻说。

"夫人，我还好。"赵一荻笑着说，"只要汉卿好，我就好。"

宋美龄把所有的卫兵都请出去。张学良把宋美龄请到座位上，他的一旁是赵一荻，另一边是宋美龄。宋美龄看着张学良，微笑着说："汉卿！这么多年了……你的头发都掉光了！什么时候掉的？"说这话的时候，她的眼里泪光闪烁。

"刚来台的时候就掉了。我说我老了，岁月不饶人呀！"张学良轻轻地说。

忽地，宋美龄有些颤抖地说："这些年你过得好不好？给我讲讲。"

此时，张学良反而坦然，他立即回答说："一个人有什么好与不好？我每天能吃能睡，看看书，《明史》我已经前后看了几遍，一切典故人物，都熟记于心，可以成为专家啦。只是应该没有委员长看得透彻。闲来无事，我还钓鱼、做饭、写写诗词，难得清静呢。"

"真的是这样吗？唉，真是苦了你了，汉卿。"看张学良说话的样子，宋美龄放下心来。

"哪里有苦？夫人，我很逍遥。"张学良笑着说。

宋美龄迟顿片刻，苦涩地说："汉卿，别逞强了。身为军人，你的感受我理解。确实让你受苦了。"

张学良"哦"了一声，不说话。

"日本人走了。我们却丢掉了大陆。你却——如果有你在……"宋美龄说。

"大陆之失乃多方原因。汉卿本是莽撞武夫，于国为无用之人，夫人不要这样感叹。"张学良说。

宋美龄低下头，左手握着右手，半天说出一句话："汉卿，这么多年，你有没有怪过我？"

她静静地望着张学良。这是她一直埋藏在心里的一句话！

"夫人，学良是'大罪人'，能够活着，学良应该感恩。我对您只有感激之情，何来恨意？夫人对学良的心意，学良心里清楚。"张学良诚恳地说。

宋美龄掉下眼泪："不知怎么的，如果你说你恨我，我好像还好受些。可是，我又真的不希望听到你这样说。"

"我真的不恨你。"张学良一脸庄重，真诚，"我也不恨'委员长'。要恨，只能恨我自己。"

"我也不恨'委员长'。"这是宋美龄来最希望听到的话。虽然，她知道两个男人的恩怨并不是一两句话就能化解得了的。可毕竟，岁月能够冲淡一切。

"你受苦了，汉卿！你都老成这个样子了。"宋美龄哭着说。

"夫人，您千万别这么说，汉卿已经很知足了。"张学良反而劝慰道。

"是啊，夫人。他知道您的心意。"赵一荻终于插上一句话。

宋美龄笑着说："小妹，我要谢谢你，这么多年，如果没有你，汉卿不知道要怎么捱过来。"一滴滚烫的眼泪在笑容里掉下来。

"大姐，您不要这样说。照顾他我是自愿的，我也需要他。"赵一荻说。

"汉卿，听经国说，你的身体不好？你千万好好保重身体，好好学习，国家以后还需要你的。"宋美龄擦了擦眼泪说。

"我随时准备着再为'委员长'效命，只是我的确老了。"张学良叹了一口气，说，"不知道还能不能跑起来。"

"你的眼睛怎么样了？"宋美龄说，"听说时好时坏？"

"好些了。早年在油灯下看书留下的毛病。"张学良说。

"你要注意嘛。"宋美龄有些嗔怪地说，停了一下，又道："回头我会请最好的医生给你看看，一定要医治好。对了，我送你的台灯在用吗？"

"谢谢夫人。您的台灯真的很不错。"张学良说，"夫人，我今天特别高兴，我亲自下厨，让您尝尝我做的菜。"

宋美龄笑着说："那好啊，听说你成了美食家。我看看我们张少帅的手艺究竟怎么样。"

一句"张少帅"，烟云重现。时间已经匆匆流过几十载，物是人非，不变的是最初的感动和后来的真诚。张学良孩子般地看着宋美龄。

"汉卿，我带了一幅画给你看看。"宋美龄说。

张学良笑着说："是吗？我来看看。"

宋美龄让人送进来一幅山水画，铺到桌子上。张学良眯起眼睛，仔细端详那幅画。片刻，他让赵一荻回身取来放大镜。拿着放大镜，他弓着身子一点点地观察。"好笔法，有石涛山人风格。"他欣喜地说，"这是夫人的画作吧？"

"是美龄拙作。"宋美龄谦逊地说。

"夫人进步真快！"张学良说，"画得很有意境，有魏晋风骨，很有禅意。"

"禅意？"宋美龄问。

"夫人不知道吧？汉卿现在信佛，我也信。"赵一荻在一旁解释。

"心有所向，方可无为、无欲、无求。"张学良笑着说。

宋美龄听了，故意惋惜似地笑着说："汉卿啊！你又走错路了。"

张学良不解地叹了一声："噢！"

"你应该相信上帝，不要再信佛教了。"宋美龄是信仰基督的，她说，"你可以读读《圣经》《旧约》《新约》。"

"洋玩意儿我不太懂。"张学良笑着说，"不过也可以看看。"

"'有人要打你的右脸，连左脸也转过来由他打；有人想要拿你的里衣，那么连外衣也让他拿走；有人要强迫你走一里路，那么你就同他走三里路'。这种宽容、隐忍，多么好啊！"宋美龄诵读起基督的语录，言外之意毕呈。

"这个的确很有讲究。"张学良听着起劲，说，"早年我在奉天接触过，夫人可否再说几段？"

宋美龄笑着说："你们的话，是，就说是；不是，就说不是。若再多说，就是出于罪恶。当你施舍的时候，不要让左手知道右手的作为；要你施舍的事情要在暗处进行，你父（天父）在暗中看着，必然报答你。"

张学良越听越入迷，说："以前倒是没有在意，（基督）的确很有学问。"

宋美龄笑着说："上帝说，不要为明天忧虑，因为明天自有明天的忧虑，一天的难处一天当就够了。上帝还说，你们不要论断人，免得你们被论断，因为你们怎么论断人，也必怎样被论断。"每句话，对张学良都是告诫和抚慰。

"夫人，您是对的，我要多和上帝交流。"张学良虔诚地说。

"那好呀！如果没有《圣经》，我给你弄一本。"宋美龄说，"怎么样？"

"好啊！"张学良说，"那我可真要谢谢夫人了。"

从那以后，张学良成为虔诚的基督教徒。

从高雄回台北，宋美龄和蒋经国一起努力，1959年，张学良解禁了！

随后，蒋经国特别在台北市北投给张学良批了一块地。张学良用自己的钱修建了房子。就这样，他住到台北市，像一介平民，终于有了自己的家，他终于可以自己开着车子，在市里兜风、买菜，可以自由自在地在海边晒太阳，可以自由地出入教堂。多病的儿子也被接到台湾，生活在他身边。这点自由弥足珍贵。

但是，要完全解禁是不可能的，因为蒋介石还活着。宋美龄明确地告诉他：时间还要久呢，你需要忍耐，一切都是上帝的安排，愿你多做祷告！

要见什么人，什么人来访，张学良必须向蒋经国报告。而蒋经国究竟尊敬他，因而会尽量满足他的要求，甚至在百忙之中抽时间，以私人名义陪他和赵一荻看戏。而最让张学良高兴的事情是，经历了万水千山，他终于和小妹结婚了！

1964年，赵一荻已经与张学良相知相识、共同生活了近四十年，尤其是西安事变后不弃不离地相伴了他三十年。出于私人和政治方面的双重考虑，宋美龄建议，张学良该给赵一荻一个名分。宋美龄也确实是为张学良好，更是为赵一荻好。而赵一荻好了，张学良就会更好。是时候了！张学良欣然采纳了建议。

他把离婚协议寄到遥远的美国的大姐于凤至的手里，大姐虽然仍旧对他牵肠挂肚，但还是理解并同意他们结婚。在好友张群等人的张罗下，张学良和赵一荻顺利完婚。当时岛内外媒体纷纷对此事做了报道，看看下面这些标题，我们真要感叹汉语之美、婚姻之美、爱情之美：

卅载冷暖岁月·当代冰霜爱情

红粉知己·白首缔盟

夜雨秋灯·梨花海棠相伴老

小楼东风·往事不堪回首了

基督见证·宗教婚礼

妾似朝阳常伴君·此情感动于夫人

遥想公谨当年·何曾蝴蝶翩翩

……

这些报道几乎浓缩了张学良的情感历程。宋美龄对他们的完婚感到十分高兴。这种高兴不仅反映出张学良对她的意见的尊重，更重要的是，她对张学良的生活有了更大程度的放心。虽然，她也清楚，即便张学良不给赵一荻名分，赵一荻也会全心全意地侍候好张学良。但既然如此，给了她名分岂不更好？

当宋美龄把张学良结婚的消息告诉蒋介石时，蒋介石的反应出奇的平淡。他轻轻地"哦"了一声，此时的蒋介石接近暮年，他服老了，把主题放到台湾的建设上来，靠着美国的支持和"反攻大陆"的心理，加紧台湾的经济建设。同时，他把大部分事情逐渐由儿子蒋经国处理。他更多的是和宋美龄到各地视察，在士林官邸经营琐碎的生活。他特别喜欢小孩子，虽然他和宋美龄没有儿女，士林官邸的小孩子却有很多，他的孙子，宋蔼龄的孙子也在那里，英语、中文乱成一小团，他和宋美龄一起高兴。只是，虽然老了，他还是像军人一样生活，与从前无异。

但是，蒋介石在台湾的生活警戒从来就没有放松过，从士林官邸的高度机密可以看出一二。另外一个，就是出行的安全。蒋介石几乎每天都要通过的是住处"士林官邸"到他的"总统府"之间接近4公里的路程。为了保证他的绝对安全，这4公里上布满便衣，哨所林立，不准闲杂人等长期逗留在路边。

每当蒋介石经过的时候，各路口均提前开放绿灯。而在中途唯一的障碍是一条铁路交道口。蒋介石难免要停下来，但是，他不能停，停下来就意味着可能有危险，这令他苦恼。虽然他的汽车是美国产防弹汽车，但他仍旧紧张。于是，后来在铁路交道口建起高架桥，如此畅通无阻，他才放心。

进入20世纪60年代，蒋介石此类的警戒仍旧一点没有放松，反而因为人老了，更敏感、更多疑。或者，别人的暗算不是最危险的，如此的疑神疑鬼、谨小慎微，神经的弦绷得那么紧，这才是危险的。长期高度紧张引发了问题。

1969年7月。台湾的天气已经很炎热，阳光直直地照耀，风也很少见，像从前一样，夏天来临，蒋介石夫妇开始从"士林官邸"迁移到同样戒备森严的台北郊区的阳明山避暑。此阳明山是蒋介石来到台湾后特别命名的，因为，他太喜欢明代大儒王阳明及其学说了。

仰德大道，专门为蒋介石私人建设，连接"士林官邸"和阳明山别墅。这

蒋介石与张学良

一天，蒋介石又要去阳明山了。军警开始准备，沿途各主要路口设立了哨卡，高度戒备。蒋介石与宋美龄坐在高级轿车上，后面跟着宪兵车辆，前面是导路车。沿途，树木茂密，浓绿的树叶遮蔽了一切，只听见蝉在暗处不停地鸣叫。车内，蒋介石仍穿青布长衫，戴着帽子，额角有汗流，他拿着白手帕，轻轻擦汗；宋美龄穿着旗袍，手里拿着精致的扇子，不停地挥动，香气充满整个车子。蒋介石正发尼克松的牢骚，因为，尼克松的政策似乎有利于大陆方面，他很不高兴。

仰德大道，空空荡荡，只看见耀眼的阳光和升腾的热气流，所以司机也放心地加速疾驰。车辆行驶到一个角度很大的拐弯处，导路车已经开过去，道路两边和前方只能看到浓密的树木，此处树荫很好。蒋介石稍微舒坦一些。车辆快速地转向，开过去。突然，前方的导路车急停下了——原来，前放正停着一辆公车，公车在卸载客人。而此时，正巧一辆军用车辆从公车后面的坡上冲出来。导路车不明白状况，担心是行刺人员，就紧急停了下来，刚刚从拐弯处开过来的蒋介石的车辆措手不及，硬生生地撞到前导车车尾。车上的蒋介石毫无准备，只是下意识地用拐棍撑地，这一撑，让他整个身子飞起来，从后排飞到了前排。

年近八旬的蒋介石，结实地撞到防弹玻璃上。这一撞，令他头晕眼花，口中的两排假牙全部飞出，胸骨严重受伤，并且压迫到心脏。而宋美龄因为坐在"弯向"一侧，所以前冲力小很多，只是双膝受伤。"啊！——"宋美龄惊声尖叫。司机也严重受伤，但是，司机顾及不了自己，连忙看蒋介石怎么样。其他随从纷纷下车，往蒋介石身边赶。宋美龄看见自己腿上是血，喘息连连，呻吟不止。鼻孔和手都沾着血的蒋介石，胸口剧烈起伏，却紧闭嘴唇，一声不出。

蒋介石受伤的消息飞到张学良家里。张学良焦躁地在房子里走来走去，一言不发。赵一荻唤他吃饭，他却拉着赵一荻坐下。他大声说道："小妹，你知道不知道蒋先生出了车祸？不知道他伤得严不严重？"

他把报纸给赵一荻看，慌张地指着头条新闻："就是这里，仰德大道上。"

赵一荻说："我已经看过报纸了。"

张学良忧虑地说："他都这么大把年纪了，这次车祸哪能受得了？"

赵一荻安慰他："报纸上也说了，蒋先生没有生命危险，你不必太担心。"

"我怎么能不担心？"张学良站起来说，"难道真是有人谋害蒋先生？"

赵一荻说："肇事车辆还没找到，不要这么说。你紧张也没用，先吃饭吧。"

张学良说："我还是想申请去医院看看他。"说着，他就往外走。

赵一荻拦住他，说："你想干什么？"

"我给夫人打个电话。"张学良说。

"夫人不是也受伤了吗？"赵一荻说，"你打到哪里找她？"

"那我和经国先生打电话。"张学良惴惴不安地说。

赵一荻建议说："你冷静点，你这么急着见蒋先生，先生未必想见你。先发个电报过去吧，等几天看看情况，如果情况不好再过去不迟。"

"唉！也罢。"张学良沮丧地叹气说，"希望他能熬过这关——小妹，你说他会不会有事？"

赵一荻没说话，把他拉出去吃饭，但是，满桌子饭菜，他食之无味。

经此一遭，蒋介石虽然好起来了，但老得更快了。他只好把大小政务交给儿子蒋经国。和大部分的老人一样，他所做的更多的是回忆和伤感。他常常会一个人坐在海边，看着脚下自己布置的军事防务，看着波涛汹涌的台湾海峡，眺望着大陆，眺望着他曾经的天下。他的心里只有中国，没有"中国""台湾"之分，台湾是属于中国的，他在台湾揣着他的中国，他是那个中国的主人。海风一阵一阵地吹过，吹得岁月出现了褶皱。此时的中国毕竟不再是他的。

但是，他是中国人，是溪口蒋家的后代，是中国曾经的统治者。他经常会怀念少年时代在奉化陪母亲的日子，一家人一起吃饭、过节、谈天，虽然，日子平凡、清苦，但是温暖，因为有母亲。日记有云：

今日为旧历大除夕，余自十九岁在家中度岁以后，至今三十四年间未得在家团圆度岁。少年时凡在家度岁之家人今皆逝去……，当年团叙天伦而不觉为乐，今则虽始得而不可能矣。当二十一岁暑期回家，尝闻戚属告余曰，去年度岁，因余不在家中，余母饮泣，竟不能

> 进食，全家亦皆不能食，吾母此种爱子之情景与当时家庭惨澹之苦况，若回忆诚不知不孝之身，将何以赎罪矣，悲乎。

不管一个人老到什么程度，他都是某个人的孩子，这一点永远改变不了。

蒋介石想象母亲曾经的容颜，此时，母亲的坟墓是否已经荒草丛生？或者早已经被愤怒的人们拆了？都是他做儿子的错，他内疚，耿耿于怀，他想回去给母亲上香，给母亲添坟，想看看老家的旧房子。可是，他回不去了。

风太大，部下想劝他回去，他却沉默不语，摆手作罢。部下给他披上毯子，他仍旧毫无反应，一脸凝重和严肃，并有淡淡的哀伤。

这时期，张学良经常能够见到蒋介石，在台北士林镇士林教堂。蒋介石来做礼拜，张学良也来做礼拜。但他们却没有发生关系，甚至讲话。是无话可说，还是有太多的话想说，以至于不知从何说起。脱离了生死问题，蒋介石和张学良又回到原来的状态，永远隔着一道鸿沟，也就是"最熟悉的陌生人"。

80多岁的蒋介石，满脸皱纹、嘴唇收缩前凸、骨头松弛，仍旧一身长袍，拄着拐杖，头发雪白稀疏。带着多年的腰疼、肩疼纠缠的身子和车祸留下的创伤，步履蹒跚地挪步，牵着保养得很好的宋美龄，走在教堂里，所有的人见到他，都会向他敬礼，包括张群等元老，当然，也包括张学良。张学良也70岁了，已经秃顶，剩余的头发稀疏，但是，整个人还很精壮，除了眼睛有些毛病。他改信奉基督好些年了，他是和赵一荻一起过来的，虽然他向蒋介石敬礼，但是也只是敬礼。蒋介石更是一脸铁青，宋美龄也很少说话，仿佛并不熟识张学良。1974年8月、9月间，张学良在士林教堂见到蒋介石最后一面，他们仍旧无话可说。

蒋介石总是坐在最前排，张学良则坐在距离他较远的位置。神甫诵读《圣经》，大家都闭上眼睛，虔诚地向上帝祷。二人向同一个神灵祷告，寻求安宁。

礼拜结束，大家出门，蒋介石和宋美龄走在最前面，张学良和赵一荻则排在后面不远处，看着那个人衰老的背影，张学良心如止水。偶尔见到蒋介石咳嗽两声，艰难的低头弯腰，宋美龄吃力地扶着他，张学良心里总会心生悲凉。

进入生命末期，蒋介石已经没有任何气力，很少起来走动，大部分时间躺在床上。宋美龄、孔家二小姐（宋蔼龄之女）、医疗小组、士兵共同守卫着他。他出现气喘、腿肿等心脏病的前兆，大便甚至都需要别人将药物放进他的肛门，方能顺利排出。而政务繁忙的蒋经国，此时已经身患糖尿病。但是，他十分孝顺，每天都会抽时间去"士林官邸"照顾父亲。宋美龄也得了乳腺瘤，为了不让蒋介石担忧，她偷偷地到美国治疗之后，才独自微笑着回到夫君身边。

进入1975年，就在中国的其他三个巨人（毛泽东、周恩来、朱德）一起离开的前一年，蒋介石一天天走近人生的终点。

4月到了，台湾的冬季似乎还没有结束，天气依旧冷。

5日，蒋介石心脏病发作，他终于不行了。

宋美龄、蒋经国等都在他的身边。躺在病床上的他神情枯槁、脸色蜡黄、呼吸微弱，拉住宋美龄的手，平静地说："三妹！Darling！我就要去见上帝了。我要谢谢你，谢谢你对我的忠诚和爱护，照顾和谅解。我这个人脾气很坏，可是你包容了我一辈子，替我收拾很多残局。你对我是最好的，从来没有背叛我。"

宋美龄含着眼泪说："Darling！别急。你会好起来的，上帝会保佑你。你还有许多事没有做。我们会再生活在一起的。"

蒋介石苍白地笑了，又让蒋经国来到身边。他对儿子兼自己的继任者说："你一定要把我运回老家，我要葬在你祖母身边。答应我！"

蒋经国含泪点头。

蒋介石的眼神和灵魂慢慢地向深处坠落，他平静地躺了很久，看了看子孙围绕在身边，他感到些许安慰。同时，他若有所思地向西方瞥了一眼，并再次把蒋经国召唤到身边，向他耳语一句。随后，他说："好了。我就要去见总理了。"

未几，他平静而安详地走了。

蒋介石始终没有忘记的是"光复大陆"，也没有忘记母亲和总理孙中山。可是，他是否忘记了一生恩怨情仇相互纠葛的张学良？

就在蒋介石去世前，张学良感到异常烦躁。说不清为什么，就是莫名其妙地感到心烦。北投，张学良的寓所。赵一荻不停地问张学良哪里不舒服。张学良说不上来，他说口渴，要喝水，赵一荻立即端来一杯茶水。岂料，张学良刚刚接过茶水，正要将杯子递向嘴边时，杯子突然自动爆裂，茶水弄得张学良满身都是。张学良怔怔地看着手中杯子的碎片，赵一荻大惊失色。就在这时，张学良接到一个电话，他刚一听，顿时震惊了！话筒从手中脱落。

"怎么啦？"赵一荻连忙问发生了什么事情。

张学良没说话，呆呆地走进卧房里，把门关紧。赵一荻敲门，没人回应。过了小半天，赵一荻再敲门，还是没人管理。最后，赵一荻只好推门进去。张学良坐在床前，背影苍老。赵一荻把手放到他的肩膀上，轻声问："怎么了，汉卿？"

那一刻，张学良的身体微微摇晃。赵一荻又柔声问了一遍。张学良看着她，眼睛通红。好一会儿，悲怆地说："介公走了！"那天，张学良对着窗子，坐了整整一下午。

回到生死问题上，张学良始终割舍不掉与蒋介石的缘，他忘记了那个人给他的"罪"。他甚至没有去想他可能由此获得自由。那一刻，被生死本身所掩盖。

人走了，应该去看看他，为他写点什么。平静下来之后，张学良安静地回忆往事种种，终于写了一副挽联：

关怀之殷，情同骨肉；

政见之敌，宛若仇雠。

一切都在不言中。这就是他俩的缘，也是他俩的罪。

看着蒋介石最后的面容，张学良悲伤又平静。

蒋介石再也不能说话了。风暴委实太久，风暴之后，一切渐渐平息，蒋介石并没有忘记张学良，蒋介石离开之前对儿子的耳语正是："莫要放虎！""虎"是谁？原本尘埃落定，哪知尘埃仍然飞扬。蒋介石始终记得是张学良"囚禁"了自己，然后自己失去了大陆。他无法原谅张学良，他用自己的方式表达立场。

蒋介石死了，蒋介石却没有离开，他的声音还在，他的身影还在。

在宋美龄那里，在蒋经国那里，更在张学良的心头。

历史翻开了新的一页，可是，张学良的历史仍旧停留在旧时代。即便到了蒋经国时代，张学良仍然没有充分的自由。那是蒋介石的政治遗嘱。或者说，是蒋经国所理解的政治遗嘱。不过，蒋经国时代，台湾岛内是比较自由的。张学良也是相对比较自由的，甚至是相对充分的自由，但这种自由只限于日常的言论自由和政治主张的自由。但张学良不能随意参加公共活动，更不能随便说话，尤其他不能提及历史和历史的人。不管怎么样，张学良获得了平常人的自由。

这一时期，著名的"三张一王"也形成了，张学良和老友张群、张大千、王新衡经常在各自家里轮流聚会，谈论诗学画作。张学良的女儿也可以带着丈夫来看他，孙子也可以生活在身边，张学良十分欢欣，甚至俯身让孙子"骑马"。

蒋经国对"囚禁"的张学良十分珍重，无论多么忙碌，每年蒋经国都会特地抽出时间，和张学良会面。1980年，蒋经国甚至安排张学良到金门岛参观防务。

1988年，蒋经国因糖尿病引发多重器官衰竭，病逝于台北荣民总医院。

……

经过那么多的年月，张学良已经坦然，他要向上帝负责，向历史负责，他想诚实地说点事情，说点故事，关于自己的、关于父亲的、关于蒋先生的、关于中国的，历史的、个人的、民族的，家事、国事。

记者、作家、政界人士纷纷到访，试图挖掘他身上的秘密，他大度而小心地应对。张学良是想说点什么，但是，他要选择合适的时间和合适的人。

1990年6月1日，由国民党元老张群等发起的"张学良将军九十华旦寿宴"在台北圆山大饭店举行。张学良第一次以主角身份在台湾公开亮相，并且在随后，第一次接受公共媒体的专题访问。这个媒体是日本NHK（日本广播协会电视台）。虽然是专题，但有关历史特别是涉及自己和蒋介石的部分，他还在刻意地回避。历史的真相，被挡在他的齿唇之外。可是，在当时，他已经尽力了。

1991年，张学良和赵一荻飞往美国，探访亲人和朋友。他从美国西海岸一路探访到东海岸，各地的新朋老友纷纷为他举行宴会，他也不停地在公众面前接受访问，访问的主题自然都是关于那段大历史的。但关于那段历史的种种事情，他仍小心翼翼，随后，做出选择。为了防止授人以柄，也为了防止伤害他人，更为了接近历史的真相，张学良终于坐了下来，分别让哥伦比亚大学的历史学教授唐德刚和哥伦比亚大学教师张之宇、张之丙姐妹为自己做了"口述历史"。

五十五载过去，五十五载烟云，张学良享受着黄昏里难得的自由。他头发稀疏，牙齿松动，满面皱纹，长着老年斑，大部分时间坐在轮椅里，看东西基本上借助放大镜。面对涌向自己的热闹的人群，他心如止水，坦然以对，"看云卷云舒"。他对蒋先生也早已经释怀，他只想说一点藏在他身体里的大实话。

大实话是关于他和蒋先生的缘与罪，是他和历史的缘与罪！

可是，口述出来的往事就是历史的真相吗？

第十一章　后　世

张学良的前世如此漫长，漫长得穿过一个世纪；

张学良的后世更是漫长，漫长得仿佛看不到终点。

蒋介石的离开，毛泽东、周恩来的离开，那段大历史已经告别，虽然张学良还活着，却可以称为历史的后世。张学良活着，将那段大历史的尾巴拖到了现在。张学良活着，更像是那个大历史的注脚，像是那个大历史深处的某种镜像，或者一个时代的缩影，一个模糊的隐喻。这究竟是他的幸运，还是他的悲哀呢？

历史的后世与张学良的生命无关，只因为那段历史结束了！正像张学良自己所说："我的事情是到36岁，以后就没有了。真是36岁。从21岁到36岁，这就是我的生命。"历史的张学良早已经先于蒋介石而去。个人的张学良却比蒋介石活得更久，活着的人未必比死去的人更轻松。他有很多历史的秘密，如坐针毡，又心如止水，他要看着所有那些藏着秘密的人一个个都去了，等到历史剥去一层又一层的外壳之后，他才带着自己的秘密，悄然离去。

1.　历史之"外"的蒋介石

剥去历史，蒋介石是一个什么样的"人"？

蒋介石生前喜欢写日记，这是难能可贵的一种习惯。无论日记的主人使用了多少"曲笔"，我们总能从中发现一些闪光的东西。美国斯坦福大学胡佛研究所保存着蒋介石从1917年到1972年的日记。1917年至1972年，这样一个漫长的跨度，蒋介石居然从来没有间断过写日记，无论是他失落或发达，也不管他是商人或领袖，国家和平或战争，身在大陆或在台湾。

日记是生命的轨迹，也是灵魂的轨迹。

有些人写日记只是为了日记，记录平常琐碎。而蒋介石的日记，记录的是历史之"外"的蒋介石，更多记录的是情感、思考，更多的是反省、评述。

从这些日记中，我们能揭开蒋介石的生命密码。

第一个关键点：久病和情感依恋。

先说久病。

大病往往不是最可怕的，久病才让人烦躁不安。

蒋介石出生的时候不足月，这似乎也决定了他后天体弱的状态。虽然，老家的山水可以打磨他，母亲的爱护可以抚慰他，但是，体弱就像潜在人体内的"风寒病毒"一样，空气稍微一点异样，就会发作。他的体弱就是"久病"。肩痛这种痛并不是大病，却也是久病，纠缠了他大半生。西安事变中，他又落下腰痛，腰痛也不是大病，却也是纠缠了他后半生。所以，他的身上有久病气质。

再说情感依恋。

蒋介石绝对是一个情感依恋者。

首先，他失去了父爱，后来，他失去了弟弟，而换来的是母亲的溺爱，或者说换来的是他对母亲过分的溺爱。或者，他的母亲并没有爱他到某种程度，但是，他对母爱的渴望却达到那种程度，于是极度对母亲依恋，极度感觉母亲是那么爱他。

> 近日来右手股上臂膀肩角之动作时感苦楚与不便，但非麻木，此乃西安事变后出险时之旧症，卒因不断运动而告痊。现在因书写及伸提电话听筒过多，而致旧疾发崩，应勿忽略。

妻在沪就医，未知其病痛有否略减，孤独度岁，未免寂寞，然较禁留西安，则安危之状不啻天壤之别，可知生死成败冥冥之中自有上帝为之主宰也。

蒋介石这种类似的关于"久病"和"情感依恋"的日记，举不胜举。而由这些引发的孤独之感的日记更是多如牛毛。至于敏感、多疑、多思则嵌入他的灵魂，构造了他的终生性格。"暴戾、躁急、夸妄、顽劣、轻浮、侈夸、贪妒、吝啬、淫荒、郁愤、仇恨、机诈、迷惑、客气、卖智、好阔。"这是蒋介石在1920年之前总结的自我的16种性格缺点，是他"自己总结的""1920年之前的"，那么他"没有看到的"和"后来的"性格缺点到底又有多少？只是这个简单的总结就已经把西方的"七宗罪"尽收了，其他的呢？

这些性格特征，或许更适合一个作家、思想家去挖掘自我，因为，毕竟是挖掘自我，作家写作、思想家思考最主要的是灵魂的事情，是自我的事情。这种境遇放到一个身在中国最高端的蒋介石身上，会产生什么结果？至少，并不合适！否则，他后来不会败得彻底。蒋介石为什么觉得自己有那么多"性格缺陷"？因为他有强烈的欲望，这些缺陷是绊脚石，他必须改，他要求自我完善。

第二个关键点：欲望和自我完善。

所谓欲望，一开始或者可以视为抱负。

蒋介石的欲望表现在：很早的时候只是想成为母亲所期望的通过仕途而出人头地的人。可是，事与愿违。后来，他东渡日本，相遇陈其美，返回上海，名曰跟随孙中山，其实在上海就是"混世"，整个一个"江湖"中的人物。这个时候，种种恶习都在他身上泛滥。但是，他的抱负没有消失，而且善于抓住机会。

不久，站在孙中山的脚下，他开始在日记中豪迈地提出"灭英夷"，这个抱负实在是不小了。他的权力欲望的确够大，或者说"理想"的确大。然而此时，他的欲望与性格开始冲突。怎么办？一方面，他想摆脱性格的束缚，上海的束缚，"江湖规则"的束缚；另一方面，他又不能脱离上海和"江湖"。无论是跟随陈其美，出入于黑帮，风花雪月于妓院，还是讲义气暗杀兄弟的对头，筹钱与人炒股票，他都无力摆脱束缚，所以这些束缚让他仇视自己。

这一时期，他迷惘、踯躅、郁闷，所以更加乖僻，坏脾气极度加剧。与此同时，敏感、多疑、多思、易怒、仇恨、顽劣、淫荒等发展到极致。据他的日记中记载：有一次，蒋介石和戴季陶一起吃酒寻欢。戴季陶喝多了，口无遮拦，"匪气"尽显，"以狗牛乱骂"蒋介石。蒋介石头脑发热，不能忍受这种侮辱，于是当即摔了一个酒瓶，并想和他拼命。但是，"拼命"之事又不好发作，因为他胆怯，不知道如果自己真的动手会发生什么情况，所以这个念头藏在心里。于是，一个晚上，几个熟人都玩得尽兴，唯独他一人如坐针毡，一脸铁青。"和戴季陶拼命"的念头居然折磨了他一晚上，直到半夜回了住处，他写日记，尚且不能平愤。

他和戴季陶是拜把子兄弟，吃酒胡言几句，十分正常。即便如此，他都十分愤怒，铭记于心，考虑良久，前思后想，是否要和他拼命，并且把"拼命"的想法写于日记中。由此可见，蒋介石敏感和胆怯的心理发展到什么地步，其心胸也狭窄到了什么地步。我们说种种性格的阴暗面，都在折磨他，越是折磨，他越是不能自拔，越想自拔，循环不息。这些"阴暗面"形成发酵局面。

他也尝试剖析这些"阴暗面"形成的原因和解决办法。日记有云：

> 人在幼年时受了父母师长的威权压力到年长时必发生反动，就要谋脱离权威而求独立，在那时所发生的心理往往粗暴倔强，这个心理的过渡是充满了痛苦，正如鹰隼在脱换羽毛时病弱无力，他要得到他的新的利喙，须将旧有的在石上猛击，使它脱落，此为信仰意义书中之言，我读至此惟有痛悔无地，而吾少年时之人生，可谓于此描写殆尽矣。

> 忆儿时（十五岁时）先慈对我夏楚痛笞之状，余不肯向母求恕讨饶，因之夏楚益甚痛笞不已，及至最后，母痛哭曰，笞（打）儿即笞（打）我肉，我实心痛如割，儿速讨饶，免余再笞，免加儿罪，余乃头硬如故，毫不求恕，及至最后，亲友前来说情，命余讨饶，余乃顽强不服，亲友又曰，你如耳火讨饶，余曰，母愈打儿愈不讨饶，虽死

不变。亲友又曰，如你母不打你可讨饶乎？余曰可，母乃不打，儿乃
讨饶求恕，自后母亦不再打余。教子者当研究儿童心理为要也。

然而，这些恶习终究不是一时半刻能够改掉的。他习惯了每天都反省，每
天都明志，习惯了每天写日记。他认为，写日记，是实现自我完善的最好方
式。他是真的想改掉恶习，自我完善，达到完美，所以，他从1917年开始写日
记，每天不断，一直写到生命前夕，写到1972年。就这样，蒋介石所谓的自我
完善借助于写日记的形式，他实施的是"儒礼"和"戒条"。

"儒礼"是思想上的；"戒条"则是行为上的。

在"儒礼"学习上，他的主要体系是王阳明、朱熹、曾国藩，是古代帝王
的"礼训"。生活里，他几乎做到"事事必察，事事必思"，即便自己做的没有
错，他都要找出错误来思考，几乎达到偏执的地步。

1922年岁首，蒋介石曾节录曾国藩的"嘉言"作为自己的"借镜"，主要
内容有：

"虑忘兴释，念尽境空""涵咏体察，潇洒澹定，韬光养晦，忍辱负
重""以志帅气，以静制动，事亲以得欢心为本，养生以少恼怒为本，立身
以不妄言为本，居家以不晏起为本，做官以不爱钱为本，行军以不扰民为
本""军事之要，必有所忍，乃能有所济；必有所舍，乃能有所全"，等等。

而与思想反省、约束相对应的是，几乎每隔几天，他的日记中就能见到此
类语言：

> 中夜自检过失，反复不能成寐。
> 今日仍有几过，慎之。
> 存养省察工夫，近日未能致力。每日作（做）事，自问有无疲
> 心，朝夕以为相惕。
> 荒淫无度，堕事乖（怪）方。

这个时候，他有了一定的抱负，有了成为"人上人"、像孙中山一样的领

袖的想法，所以，他要求自己品格完美，要达到做一个合格领袖的标准。然而，如此"审判"自己，最纯洁的"圣人君子"尚且不能，反而容易起反作用。以"仇恨"为例子，他本来想以日记反省，而改掉"仇恨"，可是，每一件小的"仇恨"他都记录下来，以警告自己，反而让自己对每一点"仇恨"都很明确，都要铭记于心——这也正是他迟迟不愿让张学良获得自由的原因。同样的道理，对于"小气"等恶习更是没得说。

在"戒条"实施上，他主要表现在对行为的约束上。包括早睡早起，锻炼打坐，喝白开水，不进窑子，不喝花酒，不多喧哗，不多失态大笑。日记有云：

> 静坐工夫足有二十七年以上，至今且能朝夕无间，虽不见其有益于身心，然而以此可自试有恒不息，亦足以验事业之进步。床上运动约有五年，晨间体操亦有二年半，皆能按时无间，自励身心者，惟此而已。（1939年）

他要塑造自己在仪表形态上的"雕塑"。诚然，如他说的，这样可以锻炼人的意志。他每天都是5点钟起床，10点之前睡觉，再也不玩女人，也从不多喝酒。可是，他这种近乎对自己"思想虐待"的方式，究竟起到了多大作用呢？

从另一个方面讲，他写了那么长时间的日记，刚好说明，其实他一辈子都在反省，一辈子都没完美，甚至完善，许多恶习总是陪伴着他。

某种意义上说，他所罗列的16种缺陷中，夸妄、顽劣、轻浮、侈夸、吝啬、淫荒、客气、卖智、好阔或许可以因此改掉，然而，天生性格缺陷而致的暴戾、躁急、贪妒、郁愤、仇恨、机诈、迷惑却从来没有改掉，这些东西，是需要经过长久地修养学习，潜移默化地"柔性"改正，不是简单地记日记的形式所可以为的。他使用的矫正方式其实是一种"刚性"地压迫自我，结果只能适得其反，想"压迫"的"性格缺点"反而变本加厉。比如，他在后来的日记中写宋美龄：

> 妇女智慧愈高者虚荣心愈大而嫉妒心亦更高，做事且乏恒心，此妇女所以历来不能与男子共同建国之一因乎。

对于他唯一能够信任的人，唯一的"情感依恋"的对象他都开始怀疑、否定、攻击，可见他的多疑、敏感、多思、愤怒、小气等在写了十余年日记后达到了什么地步。性格缺陷的日渐弥深，他在写日记的过程中反而不察了。事情往往就是这样：错得多了，只能一错再错，但是心里不安，所以找个借口，寻求心安理得。于是，蒋介石写日记，成了例行公事，从写日记他寻求心安理得。仿佛写了日记，"负罪感"就可以消失，藏在日记里。

当他有了这个心安理得之办法，于是，把各种"性格缺陷"心安理得地完全施展，而自己不察，亦不许外人说。他的诸多与领袖不和的"性格缺陷"长期发作，形成一个"人格扭曲"的蒋介石，作为国家领袖，这是危险的，因为，"人格扭曲"和权力结合，将形成"扭曲的权力意志"——唯我的权力意志。

第三个关键点：唯我。

从蒋介石的"儒礼"中我们也能隐约感到，这个人不是朝着一个新时代的领袖发展，而是在向古代封建帝王看齐。从蒋介石的严格"戒条"，我们所能想到的是佩服他的意志力，但是我们更能感觉到一丝惊骇——如此类似凝固态的森严"戒条"，让人想到法西斯，而"戒条"如果真的和强大权力结合还真的就是法西斯。归根结底是他的"性格缺陷"最终与"权力意志力"结合了！

前文所述，敏感、多疑等性格缺陷，在某些作家那里，结合"韧力"，可能造就伟大的作家。但是，在蒋介石是身上，这是不合适的。"韧力"是弹性的，而蒋介石作为一个政治军事人物，他追求绝对的权力，想成为绝对的领袖。他拥有的是权力意志力，"意志力"是刚性的。在蒋介石身上体现的不是承受、享受性格缺陷，而是反抗、排斥性格缺陷，继而要控制性格缺陷。敏感、多疑、易怒，造成他的恐惧、不安全感，欲望则驱动他必须向前，那么该怎么办？

蒋介石选择用权力意志力控制恐惧和不安。结果就是：越是敏感多疑，他越要控制别人；越是要发怒，越是恐惧不安，他越是要控制周围的一切。敏感、疑虑加重，愤怒加重，恐惧和不安加重，他对权力的攫取欲望也加重，控制所有的人、所有的事他才能安心。

性格缺陷之下的权力意志力运动的直接结果就是"唯我"，凡是自己的都是对的，凡是反自己的都是错的。凡是自己坚持的一定要执行到底，凡是自己反对的一定要消灭。于是造就了"最开始的情绪就是最终定论"。为了消除恐惧，权力成为一种自我权杖。不想恐惧别人，他要让别人都恐惧他；不想恐惧一切，他要让一切恐惧他。

以西安事变为例。他认定共产党对自己造成不安全，那么绝对要"剿匪"，他恐惧日本而避开日本才安全，所以不主张立刻抗日。张学良怎么说都是徒劳，因为这超出了蒋介石的自我体系，他的体系里此时国家和民族不是主要因素、第一位因素。当张学良扣押了他，这个时候给他带来不安和恐惧因素的不是死，反而是"领袖"的气节，是人格的耻辱，因此，他宁愿玉石俱焚，也不想认错求和。而当全世界和整个中国都向他表达支持和怜爱的时候，他的尊严得到满足，恐惧逐渐消失，宋美龄到达西安，他的这种恐惧则完全得到释放了。等到他掌握权力之后，他的尊严又再一次面临恐惧和不安，这个时候他无处释放，他认定只有一种办法——放逐张学良，他不会去听人劝解，不会认为释放张学良其实更应是领袖所为，"释放"不在他的体系里。结果，他做了，于是才心安理得。后来，他与共产党合作，而没有尽"剿"之，也是因为"恐惧尊严丢失"占据主导地位。

在"唯我"体系中他评价张学良为：

> 汉卿怕死患失，毫无气节，到溪口后，不以余示意而彼自动函其所部服从中央早求解决，乃为党国计对彼处置觉未错误也。此为陕变转危为安最大之关键也。

天天反省的人恰恰不会认错。他们的体系里只有一个中心和主线：自我。我做的都是对的，坏的后果是因为别人不对。所以，蒋介石在后来长久地把共产党崛起、自己"丢掉"大陆归咎于张学良。

而他一生追求修身养性，总结了自我的若干缺点和病因：

> 甲：用人未及科学方法并无绵密计划；乙：用人专用其才而不计其德；丙：缺乏汇聚功能，部署中自生矛盾与冲突；丁：本人冲动性大，继续性少，手令多而变更性繁，此乃思虑不周行动轻率之过也；戊：感情常胜于理智；己：不注重提纲挈领，细事操劳过多；庚：长于应变，短于处常，用人行政皆于临急关心；辛：各部机关未能调整充实。从前只以豪杰自居而不愿以圣贤自持，今日乃以圣贤自待而不愿以豪杰自居矣。

他的总结还是有些见地的，但是几乎都是刚性的，有些方面则是从外人的角度出发，缺少对自己的深刻剖析。很简单，总结起来就是：小气、敏感、多疑、易怒、冲动，可是他不可能改正。而最有意味的是："从前只以豪杰自居而不愿以圣贤自持，今日乃以圣贤自持而不愿以豪杰自居矣。"蒋介石以前行的不是豪杰之道，是江湖之道；后来行的更不是圣贤之礼，而是圣贤之下的独裁，圣贤之下的王权。归为一个词就是："唯我"。

乍一看，蒋介石真的很像众多评论家眼里的"顽劣孩童"，不论是非黑白，唯我是对。他这样的人，允许在私人关系上和别人生"缘"，尽管和任何人交往，他心里都有"隙"，他的日记里对于他亲戚、朋友、故交，如宋子文、戴季陶、孙科等经常有漫骂、指责之词，但是私交上允许有"隙"。而上升到国家的角度，与权力相关时，私人之"隙"在他眼里都是"罪"，也只能是"罪"。

"缘里生罪，罪里牵缘"，这是蒋介石跟张学良关系的核心所在，也是蒋介石跟他许多跟随者关系的核心所在。蒋介石不相信任何人。

2. 张学良的"历史后事"

1988年，大风卷走了残云，张学良终于彻底得到了自由。此时，他想说点什么，关于历史，关于自己，向上帝发誓，以新时代的准则说说他的秘密。他必须说，他要对历史负责；他必须说，那些秘密压着他的头，他要对自己负责。于是，后来他做了两份"口述历史"，存放在哥伦比亚大学"毅荻斋"。他的历史，就是自我的回忆录。一开始，他说：

> 蒋介石和蒋经国都劝我写东西。经过很长时间的考虑，我决心写，但写出了大纲以后，还是决定不写了。为什么，我没法写。因为好的、坏的，都应该如实地写，我不能只说好的，有些事情不是不能说，而是不能从我嘴里说。
>
> 算了，回忆录不写了。这么多年，我一直在读明史，根据我的经验，记录下来的历史都不过是管见，人言言殊，常常很不正确。一来呢，我要写回忆录，涉及的都是当代人物，有时候难免会有批评，惹得人家不高兴。再说，我也不愿意（言）丑表功，千秋功罪，还是留待后人去评说吧。第三，我老啦，一回忆往事，我就会激动，会坐不住，我受不了。

可是，后来，他感觉必须说，时代也允许并要求他说。
于是，他给自己、给历史定下原则：

> 我当时对老朋友们没有保密，我告诉他们我已经把回忆录的大纲都拟好了。我给自己定了一个原则，第一是写自己经手办的，第二是写自己亲眼看见的，第三是写自己亲耳听见的。既不妄自菲薄，也不文过饰非，一切照历史的本来面目写出来。

尽管如此，有些事情，他还是不能直说，他归类为："有些事情不是不能说，而是不能从我嘴里说。他要对自己和蒋介石的那份缘分负责。"

对于他的口述，自然绕不过蒋介石、共产党、日本这几个存在，也绕不过"蒋介石和张学良"这个存在。在他的眼里，这些存在是怎样的？

日本，这个与他和他的父亲纠缠一生的存在，他是仇恨的、反抗的！从根本上说，中国的一切，他的一切都是拜日本人所赐。他说：

> 我的一生被日本断送了，我不希望日本的年轻人再犯过去的错误。
>
> 可以说，我自己整个一生的毁灭是出于日本人。我父亲被杀，我自己的家庭整个地毁掉了，我的财产一切都没有了。我是有反抗性的一个人，我要是看出这件事情不合理，我不管是谁。
>
> （以上为张学良接受日本NHK访问时说）

> 不客气地说，我恨日本！当然，不是指日本人。
>
> 在我手里不能有一根毫毛送给日本。
>
> 外国人说我神秘，为什么呢？记者对我说，你们中国人（热河失陷以后之中国）骂你不抵抗，但日本人说你最抗日，这到底是怎么回事？你为什么要抗日，你到底是怎么回事？
>
> 我就跟他说了一个笑话，我就借这事来解释，向这位外国记者解释。
>
> 我说，我们中国有一出戏，不晓得你看过没有，说的是两个人打架，中间有一个劝架的。有一方说，我骂他，不许他还口，我打他，不许他还手，我杀了他，不许他出血，那个劝架的"砰"的一枪就把他打死了。什么，杀了人还不能出血？现在日本人，我当时对那个记者说讲，现在日本人骂我们，不让我们还口，打我们，不让我们还手，杀了我们，还不让我们出血，这真没办法了，真要出血了，非要流血不可了！

那么他在九一八和"不抵抗"问题上，是怎样陈述的呢？

> 我要郑重地声明，就是关于不抵抗的事情。九一八事变、"不抵抗"，不但书里这样说，现在很多人都在说，说这是中央的命令，来替我洗刷。不是这样的。那个"不抵抗"的命令是我下的，说"不抵抗"是中央的命令，不是的，绝对不是的。
>
> 这事情不该政府的事，也不该蒋公的事。当晚，根本不知道这就叫作九一八事变，也不知怎么向政府请示九一八事变该怎么办，因为那时关东军经常寻隙挑衅，隔几天就找点事闹闹。
>
> 待到事变出来了，我就可以请示中央政府了，是不是这样？待日本人要打锦州了，就请示政府了，那政府就说你好自处理，擅自处理，那时都是这样。

当访问者唐德刚先生问他那封"蒋介石给他的电报"时，他说：

> 瞎说，瞎说，没有这事情。我这个人说话，咱得正经说话，这种事情，我不能诿过于他人，这是事实，我要声明的，最要紧的就是这一点，这个事不是人家的事情，是我自个的事情，是我的责任。

张学良在陈述事实，这个事实更多关系的是私人问题，虽然这个事实与历史有着巨大冲突，但是在他眼里归根结底是他和蒋介石的个人问题，不带感情色彩地说出来，对于他可能是好的。即便这一点也牵扯到国家利益上的"罪"，但是，他的确是有罪的，所以，他不会太过声张，只想陈述事实。但是从陈述里，我们能明显感觉出来，他要独自承担，仿佛这事情和蒋介石无关。其实人们都清楚，蒋介石的确给了他"不抵抗"的命令，即便当晚没有直接给予，不然，当年蒋介石在"解禁"他的三个条件里就不会有"归还九一八时的电报"。

这一点上，他是维护蒋介石的。

对于九一八当晚的事情，他愿意也必须承担责任，但是对于接下来的继续

"不抵抗"，包括东北三省沦陷之"不抵抗"，牵扯到国家利益和民族情感，他对蒋介石则有了感情色彩——指责。

而当提到西安事变时，他对蒋介石还是客气的。他说：

> 西安事变绝对是我一手策划的……至于你们问我，为什么会有西安事变，我只能这么说，我相信中国一定要统一，要枪口对外，不要再打内战了。这是我一贯的信仰，从东北易帜到西安事变都如此，谈不上什么后悔不后悔。

这点陈述已经足够，明确表示了西安事变他不是受"外党"唆使。至于他不愿提及整个过程，那是给蒋介石留面子，也是给自己留面子。

在自己被囚禁这一点上，牵扯到他的"罪"，是在国家利益上的"冤罪"，所以他是有怨的。张学良坚持认为：蒋介石是错了，错了还不承认。

他客气地说：

> 我张学良这辈子还没做过什么值得大悔的事，这一次（陪蒋）我算是领受了后悔的滋味儿。兄弟们一再劝我不要来，共产党的副主席周恩来也向我暗示过送人的危险，但我当时只想尽快结束西安的局面，又过度相信他这个领袖的人格，结果，就弄成了这个样子。

放逐之中说到莫德惠，张学良表示："老蒋的为人，你还不了解吗？他是恨我在西安扫了他的面子，想拿我做个受罚的例子。倘若他放了我，西安的事就被抹了。他是怕还有人走我的路，他再也经受不了这桩子事了。虎城实在是受了我的牵累啊！老蒋对他，早就存有戒心，现在正好借机翦除掉。"

放逐之中提到戴笠，张学良坦承："我就说，我同委员长之间并无个人怨怒。相反，这么多年，我张学良所作所为，无一不是在维护他的领袖尊严和权威。1930年的事自不必说了，就拿西安的事来说，我为什么会送他回南京，难道我不知道南京有刀丛箭雨？我还不是为了他领袖的面子，为了他的尊严？可是，现在他却这样对待我，连抗战的机会也不给，让人怎么思想得过嘛。"

对于蒋介石囚禁自己，何时还自己"自由"，他曾经说：

一是抗日战争取得胜利之时。西安的事情，我的初衷是为了让他领导民众抗战，抗战胜利，他自然没有理由不再让我出去。再说，抗战胜利，我张学良没放一枪一弹，而他是抗日英雄，放了我，一显得他宽宏大量，二来不怕我争抢抗日之功，三则我手下已经没有一兵一卒，他用不着对我再加防范。

第二种情况，这是要在抗战胜利之后，国民大会召开，全国各党各派合作，一致公推老蒋为大总统之日。他的声望可以在这个时候达到顶点，集党、政、军大权于一身。国家统一，内乱平定，人民都安居乐业了，他再扣住我已经没有任何意义。

可以看出来，他想得太简单了，更是高看了蒋介石的"领袖人格"。他压根就没有想到蒋介石会失败。我们说，蒋介石"释放"他的环境只可能有这两个：一是打败日本之后，他又消灭了共产党；二是他被共产党打败，直到他死亡。事实沿着第二个方向走，因为第一条路已经被蒋介石自己毁掉了，他"囚禁"张学良就预示着他的失败。他失败了，死了，张学良尚且还没有自由。

另外从这段话里，我们还能隐约感觉到，张学良认为蒋介石不放他的理由，是怕张学良夺去他的抗日之功劳。显然，张学良又高估了自己。

关于"红色印象"，即对共产党的态度，他自己从来都不明说，说了也是不带任何感情色彩。

事实上，作为一个国民党元老，他有自己的立场。我们不能说张学良就是爱共产党的，他毕竟是国民党，而且爱着他的心中理想的国民党。很清晰的一点就是：在党或者蒋介石的角度，他与共产党不相为谋；在爱国的背景下，不说他支持共产党，至少是他没有反对过共产党，甚至是欣赏和认同；而在个人上，他"愿赌服输"，承认和接受共产党的成功，承认和接受这个事实。

他对共产党的态度或者可以从与周恩来的交往中体现一二，但是，他和周恩来的交往和情感更多的又是私人之"缘"，所以又不能完全体现他的"红色印象"。他很多次地重复"周恩来这个人很厉害""我们彼此佩服"。他说：

八天九夜，我们彼此坦诚相见，肝胆相照。兵谏能和平解决，周先生是出了大力的。可惜我送蒋先生离开西安的时候，因为担心周先生劝阻我，动摇了我，结果连招呼也没打就走了。想起来遗憾得很，一别竟成了永诀。

事实上，在放逐生涯里，他还多次给周恩来写信：

恩来兄：

柱国兄来谈，悉兄一本初衷，以大无畏精神绥此危局，犹对东北仝人（同人）十分维护，弟闻之甚感。红军仝人（同人）种种举措，使人更加钦佩。

弟目下居读书，一切甚得，请勿远念。凡有利于国者，弟一本初衷，决不顾及个人利害。如有密便，盼有教我。并请代向诸仝人（同人）致敬意。

此颂

延安

弟良

（一九三七年）二月十七日

别来十年，时为想念，（兄）当有同感。现日寇已经驱出，实（为）最快心之事。尔来兄又奔走国事，再做红娘。愿天相（助），早成佳果，此良所视想（者）也。近日友人惨死，数难闻之。为之一痛，只心吊而已。良一切尚好，勿念，余不尽一。

弟良（一九四六年）四月十九日

他始终认为周恩来是一个人格可以信赖的人，可以与之商量的人。

同时，也能看出，他对周恩来私人情感上的思念。

周恩来对张学良也十分看重，曾经在1961年想方设法给"囚禁"于台湾的张学良转了一封"十六字"信笺：

> 为国珍重，善自养心；前途有望，后会可期。

周恩来也曾在纪念西安事变的公开场合落泪，眼泪是真诚的，是知己间的惺惺相惜。所以，张学良对周恩来也是真诚的。他说：

> 一九七六年周先生去世，听到这个消息我难受得很，连个吊唁的电报都发不出。听人说，周先生临终前，听说我患眼疾，有失明的危险，还让身边的人查明情况，看能不能为我做点什么。这样知我重我者，天下能有几人？

周恩来去世后，邓颖超和张学良还有联系。

张学良九十华诞，邓颖超专门送去贺电。

邓颖超去世时，张学良还送去挽联——邓大姐千古。

一句"大姐"说明他真的把周恩来看成"情投意合"的兄弟。无奈，两人只能怀着相同的理想，处于各自的位置，遥遥相望。但是，张学良与周恩来诸多的交往也没有且不能表明他的明确的"红色印象"，至于他是否借化名"李毅"加入了"共产党"，或者又将成为谜。但是，谈到四弟张学思（后来曾任中华人民共和国海军参谋长、副司令等）时，他说了一段有意思的话：

> 他是黄埔第十一期的学生。所以，我说国民党过去是大失败，整个学校叫共产党全渗透了，好多学员都是共产党。我四弟毕业的时候，我曾把他推荐到胡宗南那去，可他没去，他跑到东北军那去了，他的司令是吕正操，最厉害的是吕正操，他曾当过师长，以后"叛变"了，跑到共产党那里去了。

> 我曾跟你（唐德刚）说过这话，你记得吧，宁给好汉牵马提灯，
> 不给赖汉子当祖宗，你懂得这句话吧。我这四弟最有骨气。我所有的
> 弟弟中，他最有骨气。

所谓"宁给好汉牵马提灯，不给赖汉子当祖宗"，他说得明白！谁是"好
汉"，谁是"赖汉"？他坦然地承认。这似乎也说明了他对共产党的态度。在
个人方面，他对共产党缄默；在国家利益上，他对共产党至少不排斥。

说到底还是个人和国家的"缘罪"冲突，造就了他的"红色印象"。

而在谈到历史时，他还偶有涉及蒋介石和台湾问题：

> "二二八"事变，我认为还是蒋介石的责任。那时有一个厨师在
> 我们这儿做饭，他说，要是蒋总统来台湾，我就在他面前吊死，我让
> 他看看，政府是怎样蹂躏台湾人民的。对此事，我真是不服，这是历
> 史的事，你能抹掉吗？谁能把历史抹掉？
>
> 台湾的进步，应该说主要是经国先生的功劳。我对蒋经国这个人
> 非常佩服。经济问题、建设问题、军队的整顿、政治方面的整理，他
> 都下了很大的功夫。

他把台湾之"乱"归为蒋介石之过，把台湾之"盛"归为蒋经国之功。而
在后来，他说"蒋先生在国家统一这点上是有功的"。的确，蒋介石没有"台
独"之念，即便囚于岛上，他仍然以"中国之正统"自居，在他眼里，只有一
个中国，他的中国，他的愿望就是"打回大陆"，"统一中国"。

于是，1971年，联合国把台湾的"中华民国""赶"出去时，他落下老泪；

于是，"台独"分子在日本叫嚣时，他甚至派人去追杀；

于是，1974年，"西沙海战"有了又一次"国共合作"。

西沙海战，越南舰队的吨位和火力令中华人民共和国的南海海军吃紧，紧
要关头，中共中央火速调动东海舰队支援，舰队直接经过台湾海峡南下，蒋介
石没有阻拦。

蒋介石与张学良

蒋介石梦想中国统一，但是，是他的统一，他不可能向共产党低头。在他之后，蒋经国的思想开始转变。虽然，"统一""中国"的概念仍旧存在，却已经没有蒋介石深刻。他提拔了李登辉为"副总统"，他死后，"台独"开始叫嚣。

而对于"台湾民进党"的崛起，张学良痛惜，蒋介石尚且不会主张"台独"，张学良这位绝对忠诚于中国统一的将军更不用说。他谈论"台湾民进党"时说："一个党总得有个目标，民进党的目标何在呢？反对民进党为反对而反对，没有国家观念。民进党是假民主之名行'台独'之实。"

可以说，张学良和蒋介石在国家统一的目标上是一致的，这也成就了"蒋介石和张学良"这个整体，是他们结"缘"的基础。张学良说：

> 我把他（蒋介石）视为领袖是对的，即使现在我仍认为他是当时唯一能统一中国的人。

但是，在同一目标下路线有所不同，这是他们的"罪"的起源和根本。他说：

> 蒋先生主张先"内"而"外"，我主张先"外"而"内"。

从私人角度，"缘"的角度讲，张学良这样说蒋介石：

> 老先生对我是白粉知己，很关怀。我有病旁人就想让我死掉了，他特别爱护我，重新派了医生，派了中央医院的医生来看我。
>
> 我到哪儿去甚至到台湾他都是找个最好的地方让我住。他自己亲口告诉陈仪要给我好地方，他对我真是关切得很，一直还是关心。这里我还要说，那后来经国先生对我更好了，对我好得很，对我很关切。
>
> 当时（下野出国回来），老"总统"对我是很不错的。我不是在

老"总统"死的时候写过一副挽联吗？说实在的，老"总统"对我是不错的，回来后，他什么话都跟我讲。他说，汉卿，我知道你好玩，回来之后，你不要再玩了，这是第一；第二，过去，国内对你不谅解，你现在选择一下，愿意做哪样事情。

而有外国记者直接问他，你是怎么评价蒋介石的？他沉思片刻说："他是一个好人。"

从国家的角度，"罪"的角度讲，张学良又是这样评价蒋介石的：

是的，我说西安事变时看了蒋先生的日记，其实是给他一个台阶下。我是看了，但我看了更生气。唉，里面怎样写的我就不谈了。蒋先生太狭隘了，天下就败在CC和戴笠手上，总是安个特务在你身边。蒋先生就喜欢听这些人的话。

我认为蒋公失败了，是失败者！我很不愿意批评他，我今天跟你俩说句心里话。蒋先生这个人哪，是很守旧、很顽固的人。这么讲吧，我说一句话来批评他：假如能做皇帝，那他就做皇帝了。

蒋先生就是这么个个性，正像马歇尔说的那样，他是死拿着权不放的人。就像你（唐德刚）那本《李宗仁传》中写的那样，那李宗仁说的一点也不错，他说蒋先生，你不干了，你还在那儿操纵什么？你还照样在那儿下命令，你这样干，人家怎么办？你到底干，还是不干？这是蒋先生的错误。

而当他从"缘罪"的角度评价蒋介石时，他这样说：

蒋先生对我很好。一个人，有他好的一方面，也有他坏的一方面，仅仅是好的方面多，还是坏的方面多而已。蒋先生无论如何是有功的，多年，他在致力于中国的统一方面，是有功的。

蒋先生有大略，没有雄才。是啊，这也是我对他的批评。我把蒋先生跟我父亲比较，一个有雄才，一个有大略。蒋先生这人没有雄才。

他们之间的"缘罪"种种用张学良给他的挽联来表述实在是恰当不过——

关怀之殷，情同骨肉；
政见之敌，宛若仇雠。

至于他和蒋介石之间"缘罪"的由来，他在自己身上找原因，说：

我张学良一生最大的弱点就是轻信，毁也毁在"轻信"二字上。要是在西安我不轻信他蒋介石的轻诺寡言或者多听一句虎城和周先生的话，今日情形又何至于此！

再往前说，九一八事变，我也是轻信了老蒋，刀枪入库，不加抵抗，结果成为万人唾骂的"不抵抗将军"。一九三三年三月，老蒋敌不住全国民众对失土之责的追究，诱我独自承担责任，结果我又轻信了他，被迫下野出国。我和老蒋之间，他算是抓住我轻信的这一点了，结果我是一个跟头接着一个跟头，将来还不知要跌到何种地步呢。

3. 再见，少帅

巴金老人曾说：长寿，是一种惩罚。

对于张学良而言，这种惩罚尤其深刻。

1994年1月，风很冷。张学良和赵一荻搬到美国夏威夷檀香山。

那些年，一个又一个人去了。敌人，或者朋友。亲密者，或疏离者。每一个离开的人都让张学良感叹。他的一生见过无数的死者，生与死对他而言，原本不是一个问题。可是，当自己的生命真正走近一个拐点，油灯熄灭前，一团又一团阴影包围着他。

1990年，大姐于凤至已经逝世于洛杉矶，埋葬在洛杉矶玫瑰园墓地，坟墓是双人墓穴。据说临死，于凤至眼睛一直瞪着墙上挂着的一张照片，那是一位画家送给她的少帅的画像。她等待着有一天汉卿百年之后，与她重续前缘。

2000年6月，照顾了他一辈子的"小妹"赵一荻逝世，埋葬在夏威夷檀香山神殿之谷墓园，也是双人墓。少帅低语喃喃："她走了，我要把她拉回来。她关心我，她关心我！"张学良死死地抓住妻子的手，可他抓得实在乏力。

于凤至、赵一荻先后离开后，张学良陷入一种"孤独的绝响"中，他常常处于一种幻景，叨念了数十年的故乡、那条像时间一样古老的松花江让他魂牵梦绕。幸亏，还有宋美龄在。

原以为，他要为宋美龄送终，却不知宋美龄比他还坚强。

蒋介石走了，他让蒋经国看守张学良；

蒋经国走了，他让宋美龄看守张学良。

生命的长跑，怎么抵得住多人的接力赛？

终于，张学良该起身了。上帝已经在彼岸招手。

2001年9月28日，张学良因肺炎从容而宁静地走了。

花开有香，花落无声。张学良给那一段大历史画上了一个句号。重重帷幕徐徐地拉上了，活着的人依然欢乐或悲伤着。

得知张学良去了，宋美龄半晌没有说一句话。

然后，"哇"的一声，竟吐出一口血来，并且老泪纵横。

宋美龄原本要去送葬的，但她终究打消了这个念头：此时去看汉卿，应该是他所不愿的。就让他平静而安详地去吧。不过，宋美龄送了一个花圈，并亲笔题写："送张汉卿先生远行。蒋宋美龄敬挽。"短短一句话，隐含了一部传奇。

宋美龄在送张学良远行，也是在替早已远去的夫君送张学良远行。

她真希望夫君在天国用最诚挚的方式迎接张学良——

"夫君，汉卿，美龄随即就来看你们！"

张学良选择了神殿之谷墓园，最终和"小妹"在一起。坟墓西望祖国，那里有他永远也不能回去的故乡，有他父亲的坟墓。他曾经说过："我年轻时当然是家在东北。我飘荡不定，随遇而安。但我还是想我自个儿的大陆故土，我还是怀念故土，自九一八后，我就再没回过东北老家。"

他是少帅。这是历史赠送给他的文化符号，一个人们爱戴的称呼。少帅出来得早。可是，他一出来，就回不去了！每个平凡的人都可以轻松地回到故乡，可是少帅不能。甚至见了上帝，仍然不能回到故里。这一切，一定让少帅苦不堪言。少帅活得太长、太沉重、太累了。少帅心中有太多的秘密和无奈。

少帅是个性情中人，更是一个顾全大局的人。

在总结自己的一生时，少帅是这样说的：

我是个爱国狂，如果国家要我的脑袋，很简单，当刻就给！年轻时，人家说我是个花花公子，我放弃花花公子，出来做事就是决心对国家有所贡献。我起来，完全是仗着我父亲的环境和权势，当时我意识到，人家走两步，我走一步就到了，我为什么不利用这个机会为国家做点事？这是我的决心。从事内战使我心里很不舒服，因为我看到敌对的方面也不是真正的敌人，只是政见不合或是为了一些不相干的事。我们本来当面的敌人是日本，我从来就恨日本军阀，对日本军阀的狂妄和侵略，我是中国人，我受不了。我这一生最大的遗憾就是没有到抗日战场上去同日本侵略者拼！

回忆近一个世纪的人生历程，我对一九三六年发动的事变无悔，如果再走一遍人生路，还会做西安事变之事。

是啊，我的性子一点儿没变，要变就不是我张学良了。兵谏的事，功过后人自有评说。我张学良为抗日的一片拳拳之心，可以对天！个人的荣辱进退，又有何惜！

爱国这一点上，他上可对天，下可对地，中间可以对全体中国人民。

也许蒋介石并不这样认为。可是，历史并不是由蒋介石说了算的。也不是少帅自己说了算，尽管少帅自嘲地说：“我这一生是失败，一事无成两鬓白！”

百年沧桑，曲终人散。一切消失在风中，消失于太平洋的海水中。

只在他的大理石墓碑上留下“约翰福音”的不朽经文：

> 复活在我，生命在我。
> 信我的人虽然死了，亦必复活。

附录：参考文献

一、书籍

范克明著：《张学良传》，长江文艺出版社，1988年版。

窦应泰著：《张学良遗稿/幽禁期间自述、日记和信函》，作家出版社，2005年版。

【美】王书君著：《张学良世纪传奇（口述史实）》，山东友谊出版社，2002年版。

张友坤、王云鹏著：《张学良轶事》，华文出版社，2000年版。

司马桑敦著：《张学良评传》，香港星辉图书公司，1986年版。

张学良口述、【美】唐德刚撰写：《张学良口述历史》，中国档案出版社，2007年版。

张之宇著：《张学良探微（晚年记事）》，江苏人民出版社，2004年版。

窦应泰著：《张学良与随军夫人谷瑞玉》，中国文联出版公司，2002年版。

窦应泰著：《影响张学良的六个女人》，团结出版社，2006年版。

杨奎松著：《西安事变新探：张学良与中共关系之谜》，江苏人民出版社，2006年版。

【美】布莱恩·克洛泽著：《蒋介石传》，天涯在线书库，http://www.tianyabook.com，2007年版。

杨树标著：《蒋介石传》，团结出版社，1989年版。

齐鹏飞著：《蒋介石家世》，团结出版社，2002年版。

蒋中正、宋美龄：《蒋委员长西安半月记　蒋夫人西安事变回忆录》，正中书局，1975年版。

汪荣祖、李敖著：《蒋介石评传（上下）》，中国友谊出版公司，2004年版。

李敖著：《蒋介石研究（上下）》，中国友谊出版公司，2006年版。

张秀章著：《蒋介石日记：揭秘（上下）》，团结出版社，2007年版。

杨天石著：《蒋介石与南京国民政府》，中国人民大学出版社，2007年版。

萧心力、春明著：《蒋介石家事·家书》，华文出版社，2000年版。

李艳著：《风雨50年——蒋介石与宋美龄画史》，团结出版社，2005年版。

师永刚、林博文著：《宋美龄画传》，作家出版社，2003年版。

聂茂、李太保著：《乱世豪臣》，广州出版社，1997年版。

聂茂、李太保著：《草莽枯荣》，广州出版社，1999年版。

吴景平著：《宋子文政治生涯编年》，福建人民出版社，1998年版。

【美】泽勒著，林本椿、陈普译：《神秘顾问——端纳在中国》，译林出版社，2001年。

徐彻、徐悦著：《张作霖传》，百花文艺出版社，2004年版。

胡必林、方灏著：《民国高级将领列传》，解放军出版社，2006年版。

时影著：《民国万象丛书：民国名媛》，团结出版社，2005年版。

李辉著：《封面中国》，东方出版社，2007年版。

柳风著：《血祭太阳旗：百万侵华日军亡命实录》，中央编译出版社，2007年版。

【美】柯博文著，马俊亚译：《走向"最后关头"中国民族国家构建中的日本因素（1931-1937）》，社会科学文献出版社，2004年版。

杨树标、李灵革、李海红著：《陈立夫家事》，江西人民出版社，2005年版。

【美】陶涵著，林添贵译：《蒋经国传》，新华出版社，2004年版。

赵杰著：《九一八全记录（图文版）》，辽宁画报出版社，2005年版。

郝建生著：《西安事变前后的周恩来》，中央文献出版社，2004年版。

李义彬著：《西安事变史话／百年中国史话》，社会科学文献出版社，2000年版。

房成祥著：《西安事变史话》，陕西人民出版社，1980年版。

二、报刊文章

阎愈新：《蒋介石的密嘱与西安事变》，《报刊荟萃》，2006年5月。

杨奎松：《蒋介石、张学良与中东路事件之交涉》，《近代史研究》，2005年1月。

佚名：《张学良与宋美龄的柏拉图式情感》，《新闻世界》，2007年5月。

司久岳：《宋子文日记揭秘西安事变》，《党史文苑》，2007年7月。

胡震亚：《蒋介石早年性格特征及形象重塑述评》，2002年4月。

董惠云：《张学良首次南京之行》，《兰台世界》，2001年5月。

赵东阜：《张学良的处世之道》，《兰台世界》，1998年5月。

清涛：《张学良西行记》，《兰台世界》，2003年4月。

聂云霞：《从新公开的蒋介石日记谈张学良》，《档案与建设》，2006年8月。

薛念文：《〈蒋介石日记〉的史料价值》，《民国档案》，2007年3月。

杨天石：《1923年蒋介石的苏联之行——蒋介石日记解读之一（下）》，《世纪》，2007年3月。

崔文谨：《张学良与"五卅"运动》，《新闻天地》，2006年6月。

杨天石：《解读蒋介石日记》，《文史博览》，2005年3月。

张闻蘅、张闻芝、陈海滨：《张学良与宋美龄》，《书摘》，2007年3月。

李菁：《张学良在台湾的幽居岁月》，《三联生活周刊》，2004年3月。

杨东晓：《宣统皇帝的不静之园》，NEWS MAGNIZE，2005年8月。

三、电影/电视

《大国崛起》，中央电视台，纪录片，2006年。
《世纪张学良》，凤凰卫视，纪录片，2005年。
《蒋氏父子的台湾岁月》，凤凰卫视，纪录片，2007年。
《百年中国》，中央电视台，纪录片，2000年。

后记：历史过往的缘与罪

　　时间已经行进到21世纪，尽管这个世纪开始不到20年，然而人们已经有足够的理性称呼几年前才刚刚过去的世纪为"上个世纪"或者"20世纪"。的确，"上个世纪"是个表示过去的词，"20世纪"也走远了。20世纪前半叶刮起的时代风云走得更远，远到所有火焰不再灼烧，远到一切人与事成为历史的沉淀，远到一切的一切沉淀为历史本身。人们渐渐地可以用理性的思维，冷静地思考那些人物、那些事件，那些带有质感的伤与痛。在这样的距离范围内，是否足够我们进行思考、认识和谈及那些历史的脉络？似乎已经允许，虽未必最恰当。若干年后，我们现在看待那段历史的角度和过程也将注定成为历史，而20世纪前半叶的历史更将成为历史之上的历史，或者与民间成为传说的那部分历史一起成为一种"潜历史"。

　　时间就是这样演化的。然而，无论怎样演化，历史的主角永远是人。不过，究竟是历史构造了历史，还是历史构造了人？究竟是人的存在决定了历史的走向，还是历史本身决定了人的存在价值？这个界限似乎很难划分清楚。

　　众所周知，每个时代都有自己的历史和"潜历史"，每个时代也都在记录曾经的历史和散落民间的"潜历史"。创造的历史和记忆的历史永远不可能完全重合。当历史真的成为历史，历史也就变成了构造历史的时代和书写历史的时代之混合体。所以，历史的文字总带着某些意识形态，文字的历史也注定都有着"自我"的一面。这个现象在真实的历史、官方史家的历史与民间流传的历史之间存在着较大的差异上能够看出来。正因为此,历史慢慢成了时间以外的历史——传奇。是所有的历史都将成为所有的传奇,还是所有的传奇也将成为所有的历史?历史以外,历史之内,是历史更真实,还是传奇更美丽?或者无须争辩,历史与传奇各司其职,各得其所。

两个完全不同的人,完全不同的人生经历,完全不同的家庭背景和性格特征,可历史偏偏以悲剧的方式将这样两个人推到风口浪尖,让他们演绎那段历史以及各自己灵魂深处的苦痛。张学良是热爱蒋介石的,这种热爱带着中国传统文化因素——例如君臣文化的精神印痕,这种热爱与普通人之间情感上的依恋和欣赏是不一样的——这是一种被动的热爱。蒋介石对张学良是尊敬的,这种尊敬缘于张学良的家庭背景,缘于张学良手中的权力,缘于张学良拥有的能量,这种尊敬与普通人之间心灵的喜欢和敬畏是不一样的——这是一种被动的尊敬。

张学良与蒋介石的相遇是一种"缘",也是一种"罪"。蒋介石把与张学良的"缘"变成了"罪",而他至死不认为那是罪,而是张学良罪有应得。张学良把蒋介石给他的"罪"变成了"缘",他认为自己本该被处死,不死是因为两人的"兄弟情谊"。张学良仍旧认为,这一切的一切都归功于"委员长"。

在蒋介石与张学良之间,还有一个更深的"缘",那就是宋美龄。这种"缘"常常被所谓的大历史或所谓的大时代所遮蔽。没有这种"缘",蒋介石不会是今天的蒋介石;没有这种"缘",张学良也不会是今天的张学良。张学良没有让爱他的女人成为他的"夫人",这是他的"罪"。宋美龄没有让爱她的男人成为她的"丈夫"却不是"罪",至多是无奈。因为那里有一个蒋介石。蒋介石在接过了与宋美龄婚姻的同时,也接过了这种"罪"。可是,当他去世之后,他又将这份"罪"加倍地归还到宋美龄本人。张学良与宋美龄都活过了一百年,却未必是他们的福气。蒋介石走了,万事皆休。可是,两个活着的人,在异国他乡或同一片蓝天下分享"想见不能相见、见了不能相欢"的灼痛。从普通人的角度,很容易想起这样的一个场景:一座山或者一条河,将两个苦命的相爱者隔开,遥遥相望,千年不变。这场景用在宋美龄和张学良身上，是多么的合适，又是多么的动人！

　　总之，有关这一段历史、这些人，要说的东西真是太多了。无论是"缘"还是"罪"，我们写到的只能是冰山一角，我们所呈示的也只能是一孔之见。我们不做道德评判，我们要做的只是尽可能客观、尽可能公正地还原历史、彰显历史，虽然限于视界和学识，未必能做到这一点，但我们敢说我们尽力了。

　　值得我们欣慰的是，有关这段历史、有关这些人的发掘、研究不仅方兴未艾，而且越来越多的细节、越来越多的历史真相被一点点地剥离出来，呈现在阳光下。

　　我们深信，虽然时间会遮蔽历史，但时间同样会还历史以清白。

2007年11月29日初稿于长沙岳麓山下抱虚斋

2008年1月22日再稿于长沙远大路润心居

2016年9月18日三稿于长沙远大路润心居

2017年2月22日定稿于张家界禾田居木寨静月楼